王晴 编著

DIANLI QIYE BANZU JIANSHE
GONGZUO SHOUCE

电力企业班组建设工作手册

中国电力出版社
CHINA ELECTRIC POWER PRESS

内 容 提 要

本书依据《国家电网公司班组建设管理标准》，对照《国家电网公司班组建设评分表》，列举了大量实例，规范了班组记录和报表格式，提供了大量的现场资料。书中紧紧围绕班组建设八个方面，内容涵盖"三十条重点要求"，针对班组建设中存在的实际问题提出了重点解决方案，避免班组员工经常出现的错误。本书主要内容包括：班组基础建设，班组安全建设，班组技能建设，班组创新建设，班组民主、思想、文化建设，班组长队伍建设。

本书可以作为电力企业班组建设的工作手册，是各级班组、职工书屋必备的工具书，也可以作为企业管理人员和领导者的参考用书。

图书在版编目（CIP）数据

电力企业班组建设工作手册/王晴编著. —北京：中国电力出版社，2015.1（2020.4重印）
ISBN 978-7-5123-6267-3

Ⅰ.①电… Ⅱ.①王… Ⅲ.①电力工业－工业企业管理－班组管理－手册 Ⅳ.①F407.616.6-62

中国版本图书馆 CIP 数据核字（2014）第 173718 号

中国电力出版社出版、发行

（北京市东城区北京站西街 19 号　100005　http://www.cepp.sgcc.com.cn）
三河市航远印刷有限公司印刷
各地新华书店经售

*

2015 年 1 月第一版　　2020 年 4 月北京第四次印刷
710 毫米×980 毫米　16 开本　25.125 印张　469 千字
印数 5001—6000 册　　定价 **59.80** 元

前　言

　　班组是企业管理的基础，也是企业一切工作的落脚点，班组建设的好与坏，直接关系到企业的成与败，实践证明班组建设是班组管理最有效的载体和手段，通过加强班组建设可以持续改善员工职业习惯，提高道德素养，解决工作纪律松弛、执行力不强、生产效率低下、工艺质量落后、安全意识淡薄、投入产出不成比例等一系列基层工作人员存在的问题，随着班组建设工作的深入开展，管理协同化、工作标准化、安全遵章化、质量精益化、现场规范化将逐步形成，班组的工作流程进一步简化，管理指标进一步优化，班组基础管理更加牢固，班组建设最终实现常态化管理。但从全国企业班组建设总体情况看，班组与班组之间的建设差距还非常大，为了更好的总结和推广先进班组的建设经验，让更多的班组员工了解和掌握班组建设的方法和技巧，特编写了《企业班组建设工作手册》。

　　为贯彻落实国资委《关于加强中央企业班组建设的指导意见》和公司党组关于加强班组建设的决策部署，进一步统一和规范公司班组建设工作要求，全面提升班组建设工作水平，充分发挥班组在建设"一强三优"现代公司中的重要作用，国家电网公司制定了《国家电网公司班组建设管理标准》。本书依据《国家电网公司班组建设管理标准》，对照《国家电网公司班组建设评分表》，列举了大量实例，规范了班组记录和报表格式，提供了大量的现场资料。通过对本书的学习，可以使班组员工全面了解班组建设的整体内容，快速提高班组建设的综合技能，较好掌握班组建设工作的有效方法。

　　本书内容通俗易懂，条理清晰，重点突出，围绕班组建设中存在的实际问题提出了重点解决方案，使班组员工避免了经常出现的错误，通过此书学习，班组员工的管理效能、整体素质和协作能力必将进一步提升，员工服务社会的综合能力必定会加强。

　　由于编者水平有限，书中难免存在错漏，希望广大读者多提宝贵意见。

编　者

目 录

前言

第四篇　班组创新建设

第五篇　班组民主、思想、文化建设

第六篇　班组长队伍建设

班组基础建设

第一篇

第一章 班组岗位及人员设置

班组设置及班组岗位设置应由供电公司人资部门按照《国家电网公司供电企业岗位分类标准》和《供电企业劳动定员标准》结合班组所承担的工作合理配备，并确定与班组实际工作相适应的班组岗位说明书。对于供电公司在变电检修专业、变电运维专业、输电专业、配电专业、调度控制专业、信息通信专业、营销服务专业、物资专业和设计专业等专业范围内的工作发生变化，班组和岗位也要随之进行相应的变化，变化后由班组组织修订岗位职责说明书，报专业单位审核，由专业单位报人力资源部审核、发布。各专业单位组织班组全体员工学习各岗位说明书或工作标准。每个员工应熟知本岗位的工作标准或岗位职责说明书，明确自己的岗位职责。

第一节 班组设置

各专业班组设置情况以方框图的形式进行介绍。变电检修专业班组设置如图1-1 所示，变电运维专业班组设置如图 1-2 所示，输电运检专业班组设置如图 1-3 所示，配电运检专业班组设置如图 1-4 所示，信息通信专业班组设置如图 1-5 所示，电力调度专业班组设置如图 1-6 所示，营销服务专业班组设置如图 1-7 所示，物资供应专业班组设置如图 1-8 所示，规划设计专业班组设置如图 1-9 所示。

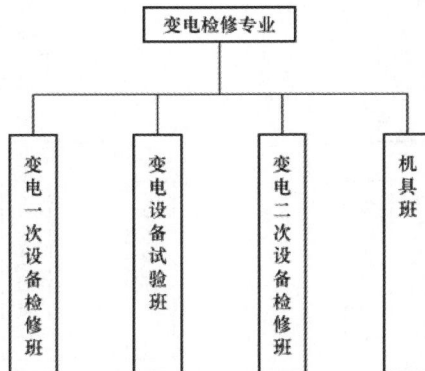

图 1-1 变电检修专业班组设置

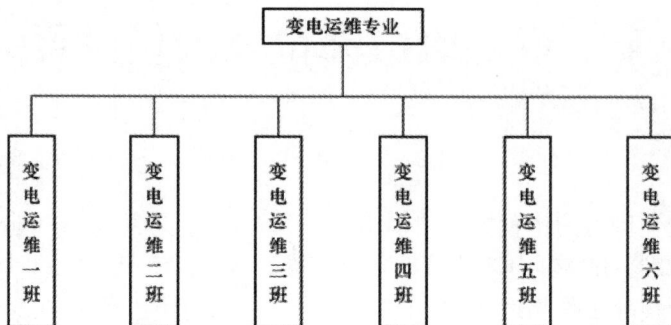

图 1-2　变电运维专业班组设置

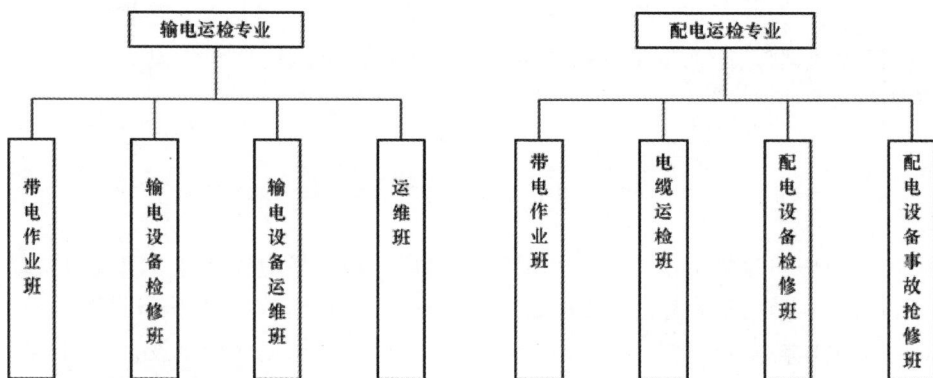

图 1-3　输电运检专业班组设置　　　　　图 1-4　配电运检专业班组设置

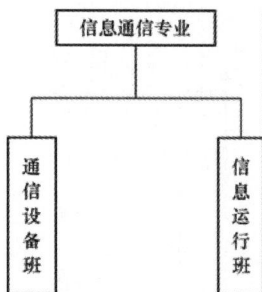

图 1-5　信息通信专业班组设置　　　　　图 1-6　电力调度专业班组设置

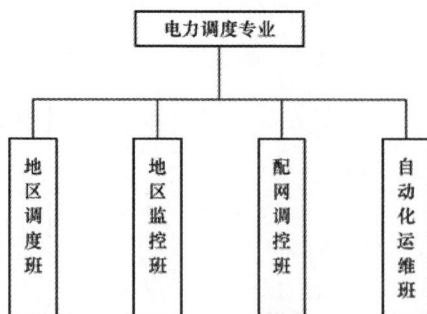

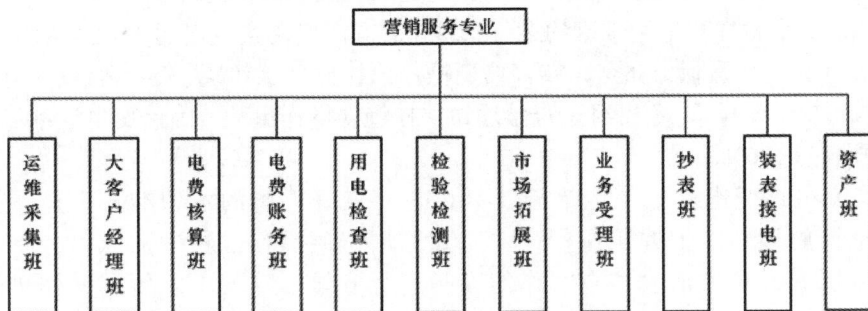

图 1-7　营销服务专业班组设置

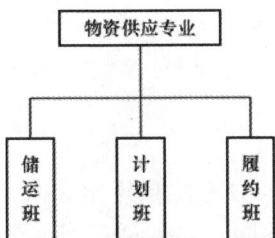

图 1-8　物资供应专业班组设置　　　　图 1-9　规划设计专业班组设置

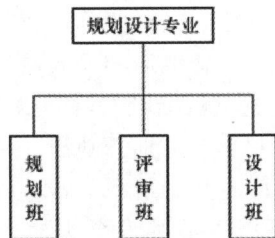

第二节　班组岗位及职责

一、班组岗位职责编写要求

班组的岗位职责是本岗位负有的责任,编写岗位职责时要力求全面,概括性强,语言表述规范、准确,不要写成工作要求和工作内容。要根据本岗位的工作要求来编写岗位职责,不能只局限在当前的分工情况来编写岗位职责,也不能按照个人工作内容来编写岗位职责,更不能写成因某人不能胜任此项工作,此项岗位职责在标准中就不体现。以下列举了变电运维和输电线路两个专业的班组岗位职责。

二、班组岗位职责实例

（一）变电运维班班长岗位职责

（1）变电运维班班长是变电运维班的安全生产第一责任者,对变电运维班的安全生产负主要领导责任。有权单独巡视变电运维班所辖变电站的电气设备。

（2）变电运维班长接受变电运行车间的直接领导,操作和事故处理接受上级调度部门当值调度值班员的指挥。

（3）负责落实变电运维班安全责任制及变电运维班安全保证体系的实施,审

5

查变电运维班反事故措施计划，督促变电运维班反事故措施计划的落实。

（4）负责做好变电运维班的运行管理工作，严格落实变电运维班"两票三制"规定，负责组织编制、补充、完善典型操作票、典型工作票。定期抽查变电运维班已执行的"两票"，负责组织查禁违章，杜绝误操作事故。确保变电运维班"两票"合格率100%。

（5）组织变电站大停电措施计划讨论，做好停电的各项准备工作，批准大停电措施计划，把握操作程序，重点开展倒闸操作过程中的风险分析，制定相应措施，对参加大停电工作的人员进行安排，对变电站倒闸操作进行到位监督。

（6）组织落实变电运维班人员的岗位责任制，定期开展思想政治工作，做好变电运维班人员思想工作，确保变电运维班队伍稳定。

（7）组织变电运维班人员学习上级下发的各类相关文件、制度、规范、规程、标准。向变电运维班人员提出贯彻落实相关文件、制度、规范、规程、标准的具体意见和措施，并监督执行。

（8）每周至少组织一次安全活动，制定和组织实施控制异常和未遂的组织措施。开展季节性安全大检查、安全性评价、危险点分析等工作。参与变电运维班事故调查分析，主持变电运维班障碍、异常分析会和每月一次的运行分析会。

（9）组织会诊性设备巡视工作，组织对变电运维班管辖所有变电站进行全面巡视一次，掌握设备运行状况，核实设备缺陷，督促缺陷消除，监督设备巡视质量。

（10）负责组织变电运维班人员编制、修订《变电站现场运行规程》及相关技术资料，检查审阅变电运维班及变电站运行记录。

（11）结合新技术、新设备的采用，搞好变电运维班人员的岗位培训，严格新上岗人员的培训考试，组织好变电运维班人员每年的《电力安全工作规程》、《变电站现场运行规程》考试。

（12）组织变电运维班人员按时完成上级下达的各项安全经济技术指标和各项工作任务，抓好变电运维班的班组建设工作。

（13）制定变电运维班人员的值班轮流表，监督变电运维班交接班制度和值班制度的执行情况。安排变电运维班人员上报变电站统计各类报表。

（14）根据变电运行车间的工作安排编制年度、季度、月度和周工作计划，并组织完成上级交代的临时工作。

（15）做好新、扩、改建工程的设备投运准备工作，组织或参与验收。按照变电站无人值班改造技术原则，组织配合监控中心对无人值班变电站监控系统的"四遥"功能，特别对有关保护信息、设备本身告警信号的通信做重点验收。

（16）负责变电运维班的交通安全，定期对驾驶员开展安全教育，遵守交通法规。确保变电运维班通信畅通，严格执行重大事项逐级汇报制度。

（17）负责组织完善修订变电运维班经济责任制，负责组织变电运维班各项承包指标的分解落实，提出变电运维班的考核意见并进行兑现。

（18）负责组织做好变电运维班及所辖变电站文明生产、设备维护、站容站貌的管理工作。

（二）变电运维班副班长岗位职责

（1）变电运维班副班长具体负责变电运维班的运行管理、技术管理、设备管理、安全管理、文明生产、技术培训等日常生产管理工作，有权单独巡视变电站的电气设备。

（2）变电运维班副班长受班长的直接领导，班长不在变电运维班时，受班长委托副班长可履行班长职责，协助班长做好变电运维班全面工作。

（3）根据上级要求和季节性特点，结合变电运维班管辖变电站的实际情况，组织开展安全检查，做到有计划、有检查、有总结、有整改、有落实，形成闭环管理。指导、督促安全员做好安全工器具的试验和管理，协助班长做好"反措"计划的落实。

（4）参与起草、修订变电运维班技术管理制度，定期审核、检查设备技术资料，设备变更后要及时更改设备台账。

（5）检查督促技术培训工作，定期审核有关培训记录。

（6）了解设备运行状况，督促缺陷消除，掌握变电站运行管理工作，定期审核值班工作记录、设备缺陷记录、倒闸操作记录等生产记录和报表，编制变电站电气设备巡视计划。

（7）严格落实变电站"两票三制"规定，查禁违章，杜绝误操作事故。对变电站倒闸操作进行到位监督，审查已执行的"两票"，确保变电站"两票"合格率100%。

（8）根据变电运行车间的工作安排提报年度、季度、月度和周工作计划部分内容，协助变电运维班班长抓好计划的落实。

（9）协助变电运维班班长定期召开变电运维班各种会议，起草变电运维班年度、季度、月度、周工作总结，每周组织安全活动一次，每月组织运行分析一次。

（10）参与变电运维班经济责任制的修订、完善，参与组织变电运维班各项承包指标的分解落实。协助变电运维班班长抓好定期考核。

（11）协助变电运维班班长组织搞好变电运维班所辖变电站的文明生产、电气设备运行维护、站容站貌的管理工作。

（三）变电运维班技术专责岗位职责

（1）变电运维班技术专责是变电运维班的技术总负责人，负责变电运维班技术管理工作和技术培训的全面工作，完成班长安排的临时工作。

（2）监督检查变电站班场运行规程的执行情况，按照班长安排，参加停电工作和复杂操作的监督把关，审核大停电措施计划，组织解决变电站技术问题。

（3）负责变电运维班各种技术资料的收集、整理、管理，建立健全技术档案和设备台账，及时填写有关记录。负责组织编写、修订《变电站现场运行规程》，负责绘制变电运维班所辖变电站一次接线系统图、设备间隔布置图。

（4）严格落实变电站"两票三制"规定，查禁违章，杜绝误操作事故。对变电站倒闸操作进行到位监督，审查已执行的"两票"，确保变电站"两票"合格率100%。

（5）编制变电运维班培训计划，每月组织技术讲座、技术问答、考问讲解、反事故演习和事故预想，完成变电运维班人员的技术培训和考核工作。

（6）负责新建、改建、扩建变电站，闭锁装置技术方案的提出，施工方案的落实，闭锁装置程序锁具的验收，人员的技术培训工作，负责变电运维班所辖变电站防误闭锁装置使用、维护规定的制定及落实，及时总结分析使用中存在的问题，督促有关单位及时处理。

（7）掌握设备运行状况，完成设备评级。负责变电运维班各种技术报表的统计、填报工作。

（四）变电运维班正值班员岗位职责

（1）运行正值班员作为变电运维班当值值班负责人，是变电运维班当值的安全第一责任人。运行正值班员在变电运维班班长的领导下，负责本值的安全运行、设备维护、值班管理、交接班管理等工作。

（2）组织本值运行值班人员接受、执行调度命令，正确迅速地进行倒闸操作和事故处理。认真审查副值班员填写的操作票，负责做好倒闸操作的监护工作，确保操作质量。

（3）掌握所辖无人值班变电站的倒闸操作、事故异常情况、设备缺陷情况和其他工作进度，向监控中心汇报无人值班变电站设备状况和运行方式变化情况。

（4）负责编写本值的大停电措施计划，受理和审查工作票，办理工作许可手续，组织或参加变电站现场设备的验收工作，配合监控中心对新建、扩建、改建、检修设备的"四遥"功能验收。在值班期间对于本值运行值班人员的违章、违纪行为有权制止。

（5）组织本值运行值班人员完成变电运维班年度、季度、月度和周工作计划相关内容，负责审查填写本值各种记录。

（6）按照变电站运行规定的无人值班变电站设备巡视时间、巡视路线组织本值运行值班人员做好变电设备的巡视检查工作，保证巡视到位和质量，发现并处理缺陷，对本值不能处理的缺陷应及时向有关人员报告。做到及时发现，及时汇报，督促消除。

（7）严格执行上级下发的各类文件、制度、规范、规程、标准。

（8）安排本值运行值班人员完成值班期间的各类报表的填写、统计、汇总、上报工作。积极做好交接班的各项准备工作。

（9）组织完成本值运行值班人员的培训工作、文明生产工作，做好变电设备的定期试验轮换工作和设备的定期维护工作。组织本值运行值班人员进行日常的卫生管理工作。

（10）参加变电设备的异常运行、事故处理的分析工作。落实好反事故技术措施。

（11）合理调度变电运维班本值车辆，满足正常运行管理工作的需要。完成变电运维班班长布置的临时性工作。

（五）变电运维班副值班员岗位职责

（1）变电运维班运行副值班员是运行正值班员的参谋和助手，在运行正值班员的领导下，做好本值的安全运行、设备维护、值班管理、交接班管理等工作。

（2）协助运行正值班员进行正确的倒闸操作和事故处理。接受运行正值班员命令，正确填写操作票，进行倒闸操作，并对操作票的正确性负责。在运行正值班员的指挥下参加事故及异常处理，严格遵循变电运维班的《变电站现场运行规程》及各种规程制度，执行运行正值班员的命令要正确、迅速、果断。

（3）完成运行正值班员安排的变电运维班年度、季度、月度和周工作计划，严格执行上级下发的各类文件、制度、规范、规程、标准。

（4）交接班时，对分管的交接项目做到交接清楚，发现问题及时向本值运行正值班员汇报。按照变电站运行规定的无人值班变电站设备巡视时间、巡视路线，按时巡视设备，及时发现缺陷并及时汇报，在正值班员监护下做好设备的定期试验、轮换工作。

（5）参加安全活动、事故分析会、运行分析会，能提出自己的意见和设想，并提出落实防范措施。

（6）加强业务技术学习，积极参加变电运维班组织的各种技术培训活动，认真完成当月的培训工作任务。

（7）当值期间负责保管好变电站的安全用具、工器具和钥匙、备件等物品，按照定值管理摆放整齐，达到不损坏，不丢失，使其保持清洁、干净。

（8）搞好本值的文明生产，主动完成本值的环境卫生清洁工作。服从运行正值班员的分配，协助运行正值班员作好本值的各项管理工作。

（六）监控班班长岗位职责

（1）监控班班长是监控班的安全生产第一责任人，全面负责监控班的各项工作。落实监控班的岗位责任制。担任无人值班变电站事故处理和正常情况下重要遥控操作的第二监护人。

（2）监控班班长接受调控车间的直接领导，操作和事故处理接受调度部门当值调度值班员的指挥。

（3）组织监控班运行值班人员进行政治学习，做好运行值班人员的政治思想工作，关心运行值班人员工作生活，搞好监控班运行值班人员的团结，确保职工队伍稳定。

（4）每周组织一次安全活动，制定和组织实施防止误操作的组织措施和技术措施，开展安全性评价、危险点分析等工作，参与电网事故调查分析，不定期对"四遥"缺陷进行分析，主持监控班障碍、异常和每月一次的运行分析会，掌握变电站设备危急、重大缺陷，督促调度自动化系统缺陷的消除。

（5）组织完成监控班培训计划，搞好运行值班人员的岗位培训，不断提高监控班人员的技术业务水平。

（6）组织监控班运行值班人员严格执行各种规程制度。加强安全思想教育，每周组织开展安全活动，定期组织监控班运行值班人员到变电站现场培训，熟悉变电站运行设备。

（7）严格执行上级下发的各类文件、制度、规范、规程、标准。组织监控班运行值班人员按时完成上级下达的各项安全经济技术指标和各项工作任务。抓好监控班的班组建设和文明生产工作。

（8）制定监控班运行值班人员的值班轮流表，监督交接班制度和值班制度的执行。

（9）组织并参与所辖变电站新建、扩建、改建设备"四遥"功能验收。掌握生产运行情况，做好安全经济运行及电能质量分析工作。

（10）组织修改《监控班运行规程》，收集及整理监控班技术资料，对监控班记录进行检查审查。

（11）负责组织完善修订监控班经济责任制，负责组织监控班各项承包指标的分解落实，每月对运行值班人员的工作情况提出考评，实施奖惩兑现。

（12）组织运行值班人员上报各种报表，对技术报表进行分析审查，对上报报表准确性、实效性负责。

（七）监控班运行正值班员岗位职责

（1）负责对无人值班变电站设备的监控、异常分析，按当值调度值班员的指令及时进行调整变压器有载调压装置和投切电力电容器无功补偿装置。按规定组织好交接班工作。

（2）在当值调度值班员指挥下，正确迅速的执行事故处理、正常操作、事故拉路、过负荷拉路等遥控操作，负责对无人值班变电站的信号进行确认和复归。负责监视无人值班变电站设备的运行情况，掌握设备的危急、重大缺陷以及电网潮流变化。及时发现和分析监控班监控设备的缺陷、异常，汇报有关单位并督促消除。

（3）负责无人值班变电站的远程图像监控工作，遇有火灾危险或被盗、告警时应及时通知有关变电运维班和有关职能部门。

（4）负责接受、执行调度命令，及时向各变电运维班转达调度通知、预告并做好有关记录。负责审查操作票的正确性，办理检修单位变电站第二种工作票。

（5）负责当值的各项安全运行工作，负责组织本值运行值班员执行各项安全技术措施。做好监控设备的维护工作、完成有关资料收集工作，参加无人值班变电站"四遥"功能验收工作。

（6）有权拒绝错误的调度通知、预告、指令，有权拒绝未经批准的停电计划。

（7）负责组织本值运行值班人员远程抄表系统的定期检查工作，利用远程抄表系统对无人值班变电站负荷、电量进行监视并及时上报有关数据报表。组织本值运行值班人员完成年度、季度、月度和周工作计划相关内容，负责审查填写本值各种记录。

（8）在值班期间对于本值运行值班人员的违章、违纪行为有权制止。利用远方图像系统对无人值班变电站设备进行检查巡视。

（9）组织完成本值运行值班人员的培训工作、文明生产工作，组织本值运行值班人员进行日常的卫生管理工作。完成监控班班长布置的临时工作。

（八）监控班运行副值班员岗位职责

（1）对电网设备进行监控，发现异常信息报文，正确判断汇报当值正值，根据电网运行情况在正值监护下进行电压调整和无功设备的投切。

（2）负责填写倒闸操作票，经运行正值班员审核无误后，在运行正值班员监护下正确执行遥控操作。在运行正值班员的监护下负责对设备事故、障碍、异常进行遥控处理。

（3）利用远程图像系统负责对无人值班变电站进行检查巡视，负责检查巡视无人值班变电站的信号报警装置运行情况，发现问题应分析判断并及时汇报运行正值班员。

（4）负责远程抄表系统的定期检查工作，负责利用远程抄表系统对无人值班变电站负荷、电量进行监视并及时上报有关数据报表。

（5）参加无人值班变电站"四遥"功能验收、试验工作。参加监控班的安全活动，执行各项安全技术措施。

（6）完成培训工作、文明生产工作和日常的卫生管理工作。完成监控班运行正值班员布置的临时工作。

（九）输电线路检修班长岗位职责

（1）贯彻执行国家和上级关于输电线路检修管理方面的方针、政策、法规、标准、办法和规定。

（2）负责落实输电线路检修班岗位责任制，负责输电线路检修班全面工作，负责输电线路检修班人员的考勤工作。

（3）编制输电线路检修班年度、季度、月度、周工作计划，并监督计划的实施，编制输电线路检修班年度工作总结。

（4）负责组织输电线路检修班人员完成管辖输电线路检修、维护工作。

（5）负责组织输电线路检修班人员完成管辖输电线路检修设备的事故抢修工作。

（6）负责组织输电线路检修班人员消除输电线路危急、重大和一般缺陷。

（7）负责组织输电线路检修班人员开展安全活动，组织召开输电线路检修分析会，组织制定输电线路反事故技术措施。

（8）组织输电线路检修班人员完成上级下达的安全经济技术指标和工作任务。督促输电线路检修班人员完成培训工作计划任务。

（9）负责组织制定、修订输电线路检修班经济责任制，并进行绩效考核，将工作任务和指标分解落实到输电线路检修班人员，监督实施。

（10）负责组织输电线路检修班人员进行政治学习，负责输电线路检修班班组建设和文明生产工作。

（11）督促输电线路检修班人员上报报表，对报表进行分析审查，对上报报表准确性、实效性负责。

（12）负责组织修编输电线路检修工艺规程和制度。负责组织输电线路检修班人员建立健全管辖输电线路检修设备的台账和技术资料。

（13）负责组织管辖输电线路检修设备的安全检查和专业性检查。

（十）输电线路检修班技术专责岗位职责

（1）贯彻执行国家和上级关于输电线路检修管理方面的方针、政策、法规、标准、办法和规定。

（2）负责修编输电线路检修工艺规程和制度。

（3）负责编制输电线路检修班年度反事故措施工作计划，并监督计划的实施。

（4）负责编制输电线路检修班人员培训工作计划，并监督计划的实施。

（5）负责编制输电线路大修开工报告和竣工报告。

（6）负责组织对输电线路检修班人员进行《电力安全工作规程》和《输电线路检修技术规程》考试。

（7）负责编制技术问答题、现场考问题，负责考问、评分和讲解。

（8）对管辖输电线路发生的事故、异常和缺陷，负责制定防范措施。

（9）建立健全管辖输电线路检修台账和技术资料，对设备台账和技术资料准确性、实效性负责。

（10）负责组织输电线路检修班人员开展新设备、新技术、新工艺、新材料的技术培训。

（11）负责输电线路检修班技术指标的检查、审核、统计上报工作。

（十一）输电线路检修班主责岗位职责

（1）贯彻执行国家和上级关于输电线路检修管理方面的方针、政策、法规、标准、办法和规定。

（2）组织本组人员完成输电线路检修班年度、季度、月度、周工作计划。

（3）负责本组管辖输电线路检修和维护工作。

（4）负责组织本组人员完成管辖输电线路检修的事故抢修工作。

（5）负责组织本组人员完成对输电线路缺陷的发现、登记、汇报和消除。

（6）负责组织本组人员完成管辖输电线路的设备评级工作。

（7）负责检修、施工现场办理工作票，向现场工作人员交代工作票内容，明确工作危险点。

（8）负责组织本组人员完成工作现场安全措施的布置，负责工作现场的安全监护，组织召开本组人员工作现场的开工会和收工会。

（9）负责组织本组人员完成管辖输电线路设备台账、图纸和技术资料的统计、汇总和整理，对管辖输电线路设备台账、图纸和技术资料的准确性、实效性负责。

（10）对检修、抢修和施工输电线路的工艺和质量负责，对检修、施工现场的安全措施正确性负责。

（11）负责组织本组人员对安全用工器具、生产用工器具进行保管、使用、试验。

（12）组织本组人员完成培训工作计划任务。

（十二）输电线路检修班作业岗位职责

（1）贯彻执行国家和上级关于输电线路检修管理方面的方针、政策、法规、标准、办法和规定。

（2）完成输电线路检修班年度、季度、月度、周工作计划。

（3）完成管辖输电线路检修设备的检修、维护工作，对检修、维护输电线路的工艺和质量负责。

（4）完成管辖输电线路的事故抢修工作。

（5）完成对输电线路缺陷的发现、登记、汇报和消除。

（6）完成管辖输电线路的设备评级工作。

（7）输电线路检修时，负责检修器材、图纸、安全用工器具、生产用工器具的准备和检查工作。

（8）完成培训工作计划任务。

（9）完成管辖输电线路设备台账、图纸和技术资料的统计、汇总和整理，对管辖输电线路设备台账、图纸和技术资料的准确性、实效性负责。

（10）负责对使用的安全用工器具、生产用工器具进行保管、试验。

（十三）输电线路运行班长岗位职责

（1）贯彻执行国家和上级关于输电线路运行管理方面的方针、政策、法规、标准、办法和规定。

（2）负责落实输电线路运行班岗位责任制，负责输电线路运行班全面工作，负责输电线路运行班人员的考勤工作。

（3）编制输电线路运行班年度、季度、月度、周工作计划，并监督计划的实施，编制输电线路运行班年度工作总结。

（4）负责组织输电线路运行班人员完成管辖输电线路的定期性巡视、夜间巡视、特殊性巡视、故障性巡视、监督性巡视、登杆塔巡检和维护工作。

（5）负责组织输电线路运行班人员完成管辖输电线路的评级工作，完成对输电线路设备缺陷的发现、登记、汇报工作。

（6）负责组织输电线路运行班人员完成管辖杆塔接地电阻测量工作，输电线路交叉跨越测量工作，绝缘子盐密值测量工作，零值（或低值）绝缘子检测工作，导线连接器测试检查工作，铁塔倾斜检查工作，铁塔、拉线技术及接地装置金属部分锈蚀检查工作，水泥杆裂缝检查工作。

（7）负责组织输电线路运行班人员完成《电力设施保护条例》的宣传工作，走访当地群众和护线员，组织制定技术措施防止输电线路被盗或输电线路遭破坏。

（8）负责组织输电线路运行班人员开展安全活动，组织召开输电线路运行分析会，针对管辖输电线路存在的重大问题和薄弱环节，组织制定反事故技术措施，并监督反事故技术措施的实施。

（9）组织输电线路运行班人员完成上级下达的安全经济技术指标和工作任务。督促输电线路运行班人员完成培训工作计划任务。

（10）负责组织制定、修订输电线路运行班经济责任制，并进行绩效考核，将工作任务和指标分解落实到输电线路运行班人员，监督实施。

（11）负责组织输电线路运行班人员进行政治学习，负责输电线路运行班班组建设和文明生产工作。

（12）督促输电线路运行班人员上报运行报表，对运行报表进行审核，对上报运行报表准确性、实效性负责。

（13）负责组织修编输电线路运行规程和制度。负责组织输电线路运行班人员建立健全管辖输电线路运行设备的台账和技术资料。

（14）负责组织输电线路运行班人员对管辖输电线路安全检查和专业性检查。

（十四）输电线路运行班技术专责岗位职责

（1）贯彻执行国家和上级关于输电线路运行管理方面的方针、政策、法规、标准、办法和规定。

（2）负责修编输电线路运行规程和制度。

（3）负责编制输电线路运行班年度反事故措施工作计划，并监督计划的实施。

（4）负责编制输电线路运行班人员培训工作计划，并监督计划的实施。

（5）建立健全管辖输电线路运行台账和技术资料，对设备台账和技术资料准确性、实效性负责。

（6）负责组织对输电线路运行班人员进行《电力安全工作规程》和《输电线路运行技术规程》考试。

（7）对管辖输电线路发生的事故、异常和缺陷，负责制定防范措施。

（8）负责编制技术问答题、现场考问题，负责考问、评分和讲解。

（9）负责组织输电线路运行班人员开展新设备、新技术、新工艺、新材料的技术培训。

（10）负责输电线路运行班技术指标的检查、审核、统计上报工作。

（十五）输电线路运行班主责岗位职责

（1）贯彻执行国家和上级关于输电线路运行管理方面的方针、政策、法规、标准、办法和规定。

（2）组织本组人员完成输电线路运行班年度、季度、月度、周工作计划。

（3）负责组织本组人员完成管辖输电线路的定期性巡视、夜间巡视、特殊性巡视、故障性巡视、监督性巡视、登杆塔巡检和维护工作。

（4）负责组织本组人员完成管辖输电线路的评级工作。

（5）负责组织本组人员完成对输电线路设备缺陷的发现、登记、汇报工作。

（6）负责组织本组人员完成管辖杆塔接地电阻测量工作，输电线路交叉跨越测量工作，绝缘子盐密值测量工作，零值（或低值）绝缘子检测工作，导线连接器测试检查工作，铁塔倾斜检查工作，铁塔、拉线技术及接地装置金属部分锈蚀检查工作，水泥杆裂缝检查工作。

（7）负责组织本组人员完成《电力设施保护条例》的宣传工作，走访当地群众和护线员，组织本组人员完成防止输电线路被盗或输电线路遭破坏的技术措施。

（8）负责组织本组人员实施反事故技术措施。

（9）负责组织本组人员完成管辖输电线路设备台账、图纸和技术资料的统计、汇总和整理，对管辖输电线路设备台账、图纸和技术资料的准确性、实效性负责。

（10）对本组人员巡视和检测输电线路的工作质量负责。

（11）负责组织本组人员对安全用工器具、生产用工器具进行保管、使用、试验。

（12）组织本组人员完成培训工作计划任务。

（十六）输电线路运行班作业岗位职责

（1）贯彻执行国家和上级关于输电线路运行管理方面的方针、政策、法规、标准、办法和规定。

（2）完成输电线路运行班年度、季度、月度、周工作计划。

（3）负责完成管辖输电线路的定期性巡视、夜间巡视、特殊性巡视、故障性巡视、监督性巡视、登杆塔巡检和维护工作。

（4）完成管辖输电线路的评级工作。

（5）完成对输电线路设备缺陷的发现、登记、汇报工作。

（6）完成管辖杆塔接地电阻测量工作，输电线路交叉跨越测量工作，绝缘子盐密值测量工作，零值（或低值）绝缘子检测工作，导线连接器测试检查工作，铁塔倾斜检查工作，铁塔、拉线技术及接地装置金属部分锈蚀检查工作，水泥杆裂缝检查工作。

（7）完成《电力设施保护条例》的宣传工作，走访当地群众和护线员，完成防止输电线路被盗或输电线路遭破坏的技术措施。

（8）实施反事故措施。

（9）负责对使用的安全用工器具、生产用工器具进行保管使用、试验。

（10）完成培训工作计划任务。

（11）完成管辖输电线路设备台账、图纸和技术资料的统计、汇总和整理，对管辖输电线路设备台账、图纸和技术资料的准确性、实效性负责。

三、班组班委会分工

按照班委会职责可分为"六大员",行使班组日常管理职能。"六大员"职责及分工如下:

1. 安全员(兼劳动保护管理员)职责

贯彻执行国家的劳动保护及安全规定,组织学习安全规程、事故通报、上级文件,结合班组实际制定落实贯彻措施。组织班组员工进行安全生产方针政策、纪律、法制等安全思想教育和安全知识技术教育,协助班长落实班组安全生产目标和措施。负责组织班组每周开展安全活动,负责制定班组年度"两措"计划并组织实施,负责组织班组员工进行消防演习。负责班组安全工器具的正常管理。检查与分析班组的安全生产和文明生产的情况。做好新工人、学徒工、临时工、培训人员、外借人员、实习人员等的安全教育。对严格执行安全规章制度的人员提出奖励意见。

2. 技术培训员职责

负责班组技术、质量管理,检查督促班组成员执行工艺规程和操作规程。负责组织班组现场技术规程的编制、审核并组织实施。宣传贯彻质量第一的方针,积极开展质量管理小组活动。组织班组成员开展岗位练兵,积极采用与推广先进技术和先进经验,负责编写班组培训计划并组织实施。负责完成上级下达的各类培训任务。负责班组技术资料管理工作。负责组织班组员工开展技术革新和合理化建议工作。

3. 材料工具员职责

掌握班组材料、工具的使用情况。按时上报和领取班组正常使用的材料,保证班组备品、备件的充足。及时领取各类备品备件,对缺乏的材料要及时与车间材料员联系补充,确保设备抢修和电网安全生产。负责领取各类记录,并负责保管好使用过的各类记录。及时补充班组的备品、备件,并检查数量与实物相符。负责备品备件、工器具及材料的管理工作,定期检验。执行材料、工具的领取和退库制度,并指导班组成员合理使用。负责班组使用仪器、仪表定期送检工作。负责班组仓库整理、清理工作。负责检查班组成员专用工具的使用和保管情况。

4. 经济核算员职责

负责做好班组各类文件的整理归档工作。协助班长做好经济核算工作,公布核算结果,记好台账,负责作好各类单据的填写上报工作,负责班组每月经济责任制考核填写上报工作。协助班组长进行经济活动分析。

5. 政治宣传员(兼民主管理员)职责

负责对班组员工宣传党的路线、方针、政策。协助班长做好员工思想政治工作，组织与动员班组员工参加政治、文化、技术、业务学习，开展读书、读报活动。宣传先进人物事迹，不断提高班组员工的道德水平。组织班组员工参加兴趣小组，开展健康有益的文娱、体育活动。根据班组每月宣传计划组织班组员工完成班组宣传报道任务。

6. 民主生活考勤员职责

负责班组员工考勤工作，负责票证和生活用品的领取和分发工作，抓好班组环境卫生工作。协助班长做好困难职工补助。配合医务部门，做好班组员工的防病保健工作，抓好班组计划生育工作。负责协助班长组织班组员工定期开展民主生活会，做好生活台账的建档工作。

第二章 工作过程管理

第一节 班组目标值

一、班组目标值的确定原则

为了强化班组关键业务管控，根据班组基本职责和工作要求，按照简约、实用、有效原则，建立健全班组可量化、可检查的目标值，针对目标值所涉及的关键指标进行全面诊断、分析和改进，持续提高班组管理水平和业绩水平。班组目标值的确定原则是依据班组实际工作情况、班组指标信息系统支撑情况，体现班组核心业务业绩水平和创新能力来进行班组目标设置。

二、班组目标值举例

以下列举了营销专业电费核算班、采集运维班班组年度目标值，分别见表2-1、表2-2。

表 2-1   电费核算班××××年度班组目标值

序号	评 价 内 容	目标值
1	《国网公司电力安全工作规程》考试合格率	100%
2	不发生重大火灾事故	0
3	不发生有责任的重大及以上交通事故	0
4	不发生重大电费差错事故	0
5	电费发行及时率	100%
6	专业知识考试合格率	100%
7	全员安全责任书签订率	100%
8	电费审核正确率	100%
9	电费信息审核正确率	100%
10	电量电费退补工单合格率	100%
11	电费工单超时率	0

续表

序号	评 价 内 容	目标值
12	应收凭证准确率	100%
13	员工违法犯罪率和严重违纪率	0
14	影响企业稳定事件	0
15	影响和损坏公司形象的重大事件	0
16	QC 小组注册率	100%
17	读书小组成立率	100%
18	合理化建议全民参与率	100%
19	"职工小家"建设完成率	100%
20	全员培训率	100%

表 2-2　　　　　　　**采集运维班××××年度班组目标值**

序号	评 价 内 容	目标值
1	《国网公司电力安全工作规程》考试合格率	100%
2	不发生人身死亡事故	0
3	不发生重大火灾事故	0
4	不发生有责任的重大及以上交通事故	0
5	不发生采集系统及相关服务器重大设备事故	0
6	不发生计算机外联事件	0
7	专业知识考试合格率	100%
8	全员安全责任书签订率	100%
9	设备完好率	100%
10	用电信息采集正确安装率	100%
11	用电信息采集系统累计覆盖率	100%
12	用电信息采集系统关口累计覆盖率	100%
13	用电信息采集终端在线率	99%
14	用电信息采集成功率	99%
15	损耗模型配置完整率	100%
16	员工违法犯罪率和严重违纪率	0

续表

序号	评 价 内 容	目标值
17	影响企业稳定事件	0
18	影响和损坏公司形象的重大事件	0
19	合理化建议全民参与率	100%
20	全员培训率	100%
21	读书小组成立率	100%
22	QC 小组注册率	100%
23	"职工小家"建设完成率	100%
24	全员培训率	100%

第二节　周工作计划、月度工作计划

　　班组要按照主管单位（部门）下达的年度、月度工作计划，制定本班组月度工作计划，检查年度、月度计划完成情况，对未按计划完成的工作应有分析说明，对发现的问题、相应的改进措施应列入下一个月度工作计划组织实施。要根据班组实际工作需要，将月度工作计划细化为周工作计划、日工作计划或每个轮值工作计划。班组计划可以由生产经营计划、安全计划、培训计划、综合计划等组成。以下是电费账务班月度工作计划、周工作计划、日工作计划。

　　一、电费账务班 7 月份工作计划

　　电费账务班 7 月份工作计划见表 2-3。

表 2-3　　　　　　　　　　　电费账务班 7 月份工作计划

序号	工 作 计 划	责任人	检查人	计划完成时间	实际完成时间	完成情况	未完成工作说明
1	统计 6 月份营销各单位低压用户电费离柜缴费率	吴××、林××、章××	李××	2013-07-03	2013-07-03	完成	
2	统计 6 月份营销各单位高压客户预收电费结转比例	吴××、林××、章××	李××	2013-07-03	2013-07-03	完成	
3	统计 6 月份营销各单位抄表准确率	吴××、林××	李××	2013-07-03	2013-07-03	完成	
4	统计 6 月份营销各单位远抄算费应用率	吴××、林××	李××	2013-07-03	2013-07-03	完成	

续表

序号	工 作 计 划	责任人	检查人	计划完成时间	实际完成时间	完成情况	未完成工作说明
5	统计 6 月份营销各单位居民客户缴费方式情况	吴××、林××	李××	2013-07-03	2013-07-03	完成	
6	统计 6 月份营销各单位远程费控应用情况	吴××、林××	李××	2013-07-03	2013-07-03	完成	
7	统计 6 月份营销各单位电费资金分时到账情况	吴××、林××、章××	李××	2013-07-03	2013-07-03	完成	
8	统计 6 月份营锁各单位负控终端预购电户数	吴××、林××、章××	李××	2013-07-03	2013-07-03	完成	
9	完成 6 月份营销业务应用系统结账工作	吴××	李××	2013-07-15	2013-07-15	完成	
10	完成 6 月份电费凭证装订归档工作	全员	李××	2013-07-15	2013-07-15	完成	
11	制作并审核 6 月份实收电费凭证	全员	李××	2013-07-05	2013-07-05	完成	
12	编制 6 月份银行存款余额调节表	全员	李××	2013-07-05	2013-07-05	完成	
13	截至 15 日，完成上划 7 月份电费30%比例	全员	李××	2013-07-15	2013-07-15	完成	
14	截至 25 日，完成上划 7 月份电费70%比例	全员	李××	2013-07-25	2013-07-25	完成	
15	截至 31 日，完成上划 7 月份电费100%比例	全员	李××	2013-07-31	2013-07-31	完成	
16	组织召开 6 月份班组指标完成情况分析会	李××	李××	2013-07-10	2013-07-10	完成	
17	完成工行电费账户更名、银行预留印鉴变更工作	全员	李××	2013-07-31	2013-07-31	完成	
18	打印并汇总 7 月份实收电费结算通知单	林××	李××	2013-08-01	2013-08-01	完成	
19	完成 7 月份 POS 手续费报销工作	马××	李××	2013-07-31	2013-07-31	完成	
20	统计 7 月份银行代收、代扣手续费	章××	李××	2013-07-31	2013-07-31	完成	
21	每日 10 点前，完成银行对账单下载工作	章××	李××	2013-07-31	2013-07-31	完成	

续表

序号	工　作　计　划	责任人	检查人	计划完成时间	实际完成时间	完成情况	未完成工作说明
22	定期处理 POS 单边账	马××	李××	2013-07-31	2013-07-31	完成	
23	协助收费人员解决 7 月份客户异常缴费问题	全员	李××	2013-07-31	2013-07-31	完成	
24	每日 09 点前，报送财务管控系统数据	林××	李××	2013-07-31	2013-07-31	完成	
25	组织开班务会	李××	李××	2013-07-31	2013-07-31	完成	
26	组织完成 7 月份管控系统与营销系统实收电费对账工作	吴××	李××	2013-07-31	2013-07-31	完成	
27	组织全员开展互助互济活动	吴××	李××	2013-07-31	2013-07-31	完成	
28	组织完成同城快递应用效果检查工作	吴××	李××	2013-07-31	2013-07-31	完成	
29	每日 16：30 前，监督收费人员电费解款工作	全员	李××	2013-07-31	2013-07-31	完成	
30	组织对 7 月份班组建设工作完成情况检查	全员	李××	2013-07-31	2013-07-31	完成	
31	打印并汇总 7 月份应收月报	全员	李××	2013-07-31	2013-07-31	完成	
32	每日组织人员完成班组建设管理信息系统资料录入	刘××	李××	2013-07-31	2013-07-31	完成	
33	组织完成全员技术培训工作任务	全员	李××	2013-8-31	2013-8-31	完成	
34	组织召开 7 月份电费账务班民主生活会	李××	李××	2013-07-31	2013-07-31	完成	
35	组织召开 7 月份电费账务班绩效沟通会，公开绩效考评内容	吴××	李××	2013-07-31	2013-07-31	完成	
36	组织开展 7 月份电费账务班"五小"活动	吴××	李××	2013-07-31	2013-07-31	完成	
37	组织对班组员工开展职业道德教育	吴××	李××	2013-07-31	2013-07-31	完成	
38	组织开展 7 月份电费账务班"安全日"活动	郑××	李××	2013-07-31	2013-07-31	完成	

二、变电检修班组班周工作计划

班组周工作计划如下。

班组周工作计划

班组名称	变电检修班	日期	2013 年 4 月 1 日～2013 年 4 月 5 日		编制人	赵××	
序号	工 作 计 划	责任人	配合人	完成日期	完成情况	未完成工作说明	检查人
1	登陆设备管理信息系统，修改完善设备台账	刘××	吴××、肖××	每天	完成		赵××
2	登陆设备管理信息系统，填写各种相关记录	孙××	仲××、何××	每天	完成		赵××
3	登陆班组建设信息系统，建立和完善相关资料	郑××	谭××、许××	每天	完成		赵××
4	110kV 北峪站设备停电检修、试验	邓××	全员	4 月 1 日周一	完成		赵××
5	220kV 东郊站 1 号变压器冷却装置消缺	李××	乔××、柳××		完成		赵××
6	110kV 西城站金沙线 56 断路器消缺	刘××	段××、常××		完成		赵××
7	220kV 南郊站、110kV 东城站、35kV 佛山站设备巡视	孙××	吴××	4 月 2 日周二	完成		赵××
8	将到周期的安全工器具送交试验单位	郑××			完成		赵××
9	220kV 西郊站 35kV 电容器跌落熔断器更换	胡××	朱××		完成		赵××
10	35kV 东庄站 10kV 分段 90 断路器 TA 更换	陈××	杜××、姜××		完成		赵××
11	220kV 南郊站东关线 21 断路器操作机构消缺	孙××	吴××	4 月 3 日周三	完成		赵××
12	110kV 南城站小镇线 61 断路器保护改定值	郑××	常××		完成		赵××

续表

序号	工 作 计 划	责任人	配合人	完成日期	完成情况	未完成工作说明	检查人
13	出 4 月份班组员工技术问答题	李××			完成		赵××
14	220kV 北郊站、110kV 金山站设备巡视	胡××	朱××	4月3日周三	完成		赵××
15	110kV 东郊站 1 号变 32 断路器端子箱门损坏消缺	刘××	乔××	4月3日周三	完成		赵××
16	上报 3 月份班组指标完成情况表	孙××			完成		赵××
17	110kV 楼山站 110kV 江水线保护改定值	胡××	朱××		完成		赵××
18	220kV 南山站、110kV 中心站设备巡视	刘××	段××		完成		赵××
19	35kV 肖镇站站用电设备消缺	李××	乔××	4月4日周四	完成		赵××
20	110kV 胶齐站 10kV 齐水线站内设备检修试验	孙××	杜××、姜××		完成		赵××
21	220kV 申东站 110kV 灵山线 12 断路器 TA 更换	陈××	常××、许××		完成		赵××
22	清明节保电值班	赵××	柳××		完成		赵××
23	110kV 沙湾站 66 断路器带电显示器更换	陈××	乔××		完成		赵××
24	统计 3 月份班组使用工作票填表报车间	郑××		4月5日周五	完成		赵××
25	编制下周工作计划	赵××			完成		赵××
26	班组召开班组"安全日"活动	郑××	全员		完成		赵××

续表

序号	工 作 计 划	责任人	配合人	完成日期	完成情况	未完成工作说明	检查人
27	组织班组员工开展新设备检修标准讲座会	李××	全员		完成		赵××
28	110kV 株山站防误闭锁装置消缺	刘××	段××		完成		赵××
29	参加班车间举办的变电检修分析会	赵××			完成		赵××
30	安排班组织员工参加公司组织的植树活动	赵××	全员	4月6日周六	完成		赵××

第三节 班组作业指导书

一、班组作业指导书的编写要求

为统一班组现场作业标准，规范现场标准化作业指导书（卡）的编制格式，提高现场标准化作业指导书（卡）的可操作性和实用性，全面推进现场标准化作业，保证现场工作的质量和安全，夯实班组的安全基础，班组人员在现场工作时要使用作业指导书（卡）。作业指导书（卡）范本在内容上包含人员行为的全过程控制、危险点分析及安全控制措施、设备的质量保证、人员分工等，体现了将现场标准化作业作为生产现场安全管理和质量管理的核心，贯穿现场工作的全过程，对现场工作的各方面进行有效管理。编制现场标准化作业指导书，应兼顾工作质量与工作效率，达到事前管理、过程控制、事后评估的要求和预控目标。标准化作业指导书（卡）应包含和符合上级有关法规、标准、制度、规范、文件的要求，明确工作或作业全过程中对人、事、物的要求，明确工作环节或作业环节中应填写的记录、报告、报表等，实现对关键环节进行控制和追溯。班组的主管单位（部门）要定期组织对标准化作业指导书（卡）执行情况进行评价，对班组在执行中反馈的意见和建议进行分析，不断完善标准化作业指导书（卡）的内容。

二、班组作业指导书举例

以《真空断路器检修作业指导书》为例

编号：　Q/×××

金声变电站 10kV 棉纺线

62 真空断路器检修试验作业指导书

编　　写：_____　_____年_____月_____日
审　　核：_____　_____年_____月_____日
批　　准：_____　_____年_____月_____日
作业负责人：_____

作业日期：　年　月　日　时至　年　月　日　时
　　　　　　　　　××供电公司

1 范围

本作业指导书仅适用于金声变电站 10kV 棉纺线 62 真空断路器检修试验工作。

2 引用文件

国家电网生〔2004〕503 号 关于印发《国家电网公司现场标准化作业指导书编制导则（试行）》的通知

GB 50147—2010《电气装置安装工程 高压电器施工及验收规范》

JB/T 3855—2008《高压交流真空断路器》

GB 50150—2006《电气装置安装工程 电气设备交接试验标准》

GB 50171—2012《电气装置安装工程 盘、柜及二次回路接线施工验收规范》

JGJ 46—2005《施工现场临时用电安全技术规范》

国家电网安监〔2009〕664 号《国家电网公司电力安全工作规程（变电部分）》

国家电网生〔2004〕634 号《高压开关设备管理规范》

《高压开关设备反事故技术措施》

《真空开关使用手册》

《电气设备故障检测手册》

《防误闭锁装置管理办法》

3 修前准备

3.1 准备工作安排表

√	序号	内 容	标 准	责任人	备注
	1	确定工作任务	（1）检查 10kV 棉纺线 62 真空断路器两侧引线连接情况。 （2）对 10kV 棉纺线 62 真空断路器防误闭锁装置进行检查。 （3）对 10kV 棉纺线 62 真空断路器支柱装配情况进行检查。 （4）对 10kV 棉纺线 62 真空断路器绝缘部分检查。 （5）对 10kV 棉纺线 62 真空断路器操作机构传动性能进行检查。 （6）对 10kV 棉纺线 62 真空断路器进行分合闸操作试验。 （7）对 10kV 棉纺线 62 真空断路器进行预防性试验。		

√	序号	内 容	标 准	责任人	备注
	1	确定工作任务	（8）对 10kV 棉纺线 62 真空断路器柜体的接地情况进行检查。 （9）紧固 10kV 棉纺线 62 真空断路器一次接线各连接部位螺丝。 （10）紧固 10kV 棉纺线 62 真空断路器二次接线各连接部位螺丝。 （11）对 10kV 棉纺线 62 真空断路器本体机构进行除锈防腐。 （12）对 10kV 棉纺线 62 真空断路器进行清扫		
	2	确定工作时间	××××年××月××日××时×× 分 至××时××分		
	3	确定工作负责人	工作负责人：×××　明确工作票中安全措施的布置，工作区域的危险点及相应的预控措施。会同工作负责人进行实地现场勘察，熟悉作业环境，根据工作任务，确定作业安全措施及作业的危险点，为编制作业指导书做好准备		
	4	确定工作班人员	工作班成员×××、×××、×××、××、××、×××、××		
	5	编写标准化作业指导书	标准化作业指导书符合工作实际，符合现场标准化作业指导书编写有关要求，并履行审批手续		
	6	提报停电申请	按照停电计划，提前 2 天提报停电申请		
	7	填写、签发工作票	填写工作票正确、安全措施具体完善，符合实际		
	8	学习标准化作业指导书	工作负责人组织工作班成员提前 1 天学习作业指导书，工作班成员必须达到熟悉、掌握作业指导书内容		
	9	材料、工器具、劳动防护用品、测试仪器、备品备件准备	工作负责人根据标准化作业指导书中确定的工作所需材料、工器具、劳动防护用品、测试仪器、备品备件表，安排工作人员进行准备，确保工作所需材料、工器具、劳动防护用品、测试仪器、备品备件齐全完好		

3.2　作业人员要求

√	序号	内 容	责任人	备注
	1	检修人员必须熟悉断路器的结构、动作原理及操作方法		
	2	作业人员无妨碍工作安全的疾病，情绪稳定，思想无波动		
	3	具备必要的电气知识，并经国家电网公司电力安全工作规程考试合格		

续表

√	序号	内　　容	责任人	备注
	4	进入工作现场，穿棉制工作服，扣好衣服全部纽扣（包括袖口），穿绝缘鞋，安全帽帽带系在下颌处，帽箍调整至适当位置（不得接触帽顶）		
	5	工作中互相关心施工安全及时纠正违反安全的行为		
	6	熟悉掌握试验仪器、仪表及工具的使用方法		
	7	检修前，作业人员对产品安装使用说明书和本作业指导书等相关技术资料进行学习		

3.3　备品备件表

√	序号	名　　称	规格/编号	单位	数量	备注
	1	合闸线圈		个	1	
	2	分闸线圈		个	1	
	3	辅助开关		个	1	
	4	空气开关		个	1	
	5	直流接触器		个	1	

3.4　工器具表

√	序号	名　　称	规格/编号	单位	数量	备注
	1	大螺丝刀		把	4	
	2	套筒扳手		套	1	
	3	开口扳手		套	1	
	4	活动扳手	250	把	2	
	5	活动扳手	300	把	2	
	6	手钳		把	2	
	7	毛刷		个	1	
	8	兆欧表	2500V	只	1	
	9	开关直流电阻测试仪		台	1	
	10	擦机布		件	3	
	11	万用表		个	1	
	12	电缆磙子		个	1	带剩余电流保护
	13	开关特性测试仪		个	1	

续表

√	序号	名 称	规格/编号	单位	数量	备注
	14	油壶		个	1	
	15	急救药箱		个	1	
	16	手机盒		个	1	

3.5 材料表

√	序号	名 称	规格	单位	数量	备注
	1	铜线	2.5平方	米	30	
	2	吹风机	750W	个	1	
	3	松动剂		瓶	1	
	4	防火腻子		包	1	
	5	扎带		根	20	
	6	绝缘胶布		盘	2	
	7	螺丝	M12×40	套	6	两平垫一弹簧垫
	8	电力复合脂		支	1	
	9	抹布		kg	1	
	10	钢锯		把	1	

3.6 定置图及围栏图

金声变电站10kV棉纺线62真空断路器检修试验作业定置图及围栏图

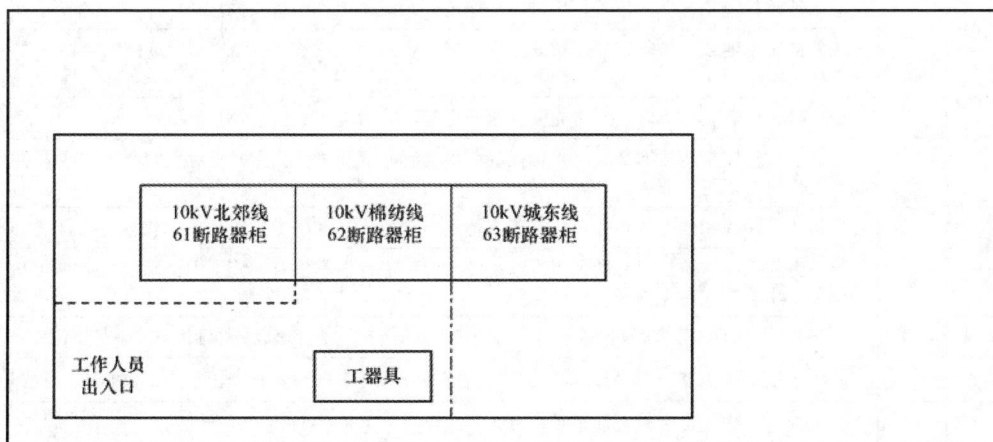

31

3.7　危险点分析

√	序号	内　　容
	1	本工作为部分停电工作，10kV 棉纺线 62 开关车上静触头带电，10kV 棉纺线断路器柜两侧相邻设备带电，易发生触电事故
	2	工作期间，人员跨过安全围栏，会造成人身触电事故
	3	派不符合要求的人员参加工作，引起人身伤害、设备损坏事故
	4	拆、接电源时，容易发生人身触电事故
	5	未按规定穿戴防护用品，引起人身伤害事故
	6	未进行安全、技术交底，作业人员对现场的安全、技术措施不熟悉，易造成人身伤害
	7	试验时，未断开电源就变更接线，容易发生人身触电伤害
	8	劳动防护用品使用不当，容易造成人身伤害
	9	试验设备和被试设备未可靠接地，造成设备损坏或人身触电伤害
	10	断路器机构维护储能弹簧分解时，分解前未将弹簧能量释放，造成人身伤害
	11	工作期间在开关室内打手机引起保护误动

3.8　安全措施

√	序号	内　　容
	1	工作人员与 10kV 带电部位保持 0.7m 以上的安全距离。中置式开关柜，开关车拉至柜外位置后，在开关柜内设置"防止人员误入开关柜内"的专用遮拦
	2	工作负责人（专责监护人）加强现场监督、检查，严禁任何人员钻、跨安全围栏
	3	严格工作人员身体状况审查，禁止职业禁忌者或其他不合要求者上岗；特种作业人员须经培训合格、持证上岗；严禁无证作业，无证驾驶
	4	装拆试验电源设专人负责，至少两人进行，一人监护、一人接线，并正确接线；接临时电源要在专用检修电源箱中引接，采用绝缘良好、无破损的导线。拆接前检查漏电装置无异常，将漏电装置打至"分"的位置再拆接；送电前，须征得工作负责人同意
	5	进入施工区的人员必须正确佩戴安全帽，帽带要系紧；严禁坐、踏安全帽或把安全帽挪作他用
	6	变更接线或试验结束时，应首先断开试验电源，并放电
	7	工作前进行安全、技术交底，并履行签字手续后方可开工；工作人员对无安全措施或未交底的工作有权拒绝作业
	8	严禁违章指挥和强令冒险作业，施工人员遇有违章指挥和强令冒险作业有权拒绝执行
	9	熟悉劳保用品和防护用品的使用方法；使用前应进行日常检查，施工中正确使用；安全防护用品、用具应设专人管理
	10	工作中严格执行工作票所列安全措施，工作负责人工作前向工作班成员详细说明现场安全措施
	11	断路器机构维护储能弹簧分解时，分解前应将弹簧能量释放防止崩出伤人
	12	开工前将工作人员手机存放于手机盒内禁止使用

32

√	序号	内　　容
	13	对参加检修的外协工作人员进行现场情况介绍，详细交代安全措施和注意事项，并履行签字手续
	14	现场搬运物件时要讲究方法，对较重物件应共同齐心合力搬运，不允许工作中嬉笑打闹和不遵守规定；现场搬运梯子、管子等长物件时，应由两人放到搬运，并时刻注意与带电设备保持足够的安全距离
	15	严禁任何人员在变电站现场吸烟，防止火灾
	16	试验设备送电前，试验人员必须检查试验设备是否可靠接地

3.9 人员分工表

√	序号	作 业 项 目	检修负责人	作业人员
	1	检查断路器两侧引线螺丝是否压紧，螺丝是否锈蚀，接触面是否良好，是否存在发热现象，断开操作机构中的电源，释放合闸弹簧能量，开关灭弧室清扫，检查断路器灭弧室有无裂纹、脏污、漏气点		
	2	绝缘支柱清扫，检查有无变形，是否存在裂纹、开裂等其他不良现象		
	3	在断路器传动拐臂、连板及传动部分加适量润滑油，各传动部位螺丝紧固。检查传动部分是否灵活，有无卡滞现象。绝缘拉杆不应有弯曲、变形或开裂现象		
	4	检查断路器本体紧固螺母是否松动		
	5	检查断路器操作机构辅助开关切换是否灵活，可靠触点接触良好，外观目测有无裂纹、锈蚀。开关触点接触面是否存在烧伤		
	6	断路器二次端子排检查、清扫，重新校紧每一个接线端子		
	7	对操作机构进行储能，分合闸操作试验		
	8	断路器整体清扫，断路器及机构金属件外观维护，断路器本体除锈防腐		
	9	断路器接触电阻测试		
	10	断路器绝缘测试		
	11	断路器分、合闸时间测试		
	12	断路器分、合闸线圈动作电压测试		
	13	断路器分、合闸线圈绝缘电阻测试		
	14	断路器分、合闸线圈直流电阻测试		
	15	断路器柜防误闭锁功能检查		
	16	断路器柜接地检查		
	17	扫尾工作及自验收		

4　流程图

金声变电站 10kV 棉纺线 62 真空断路器检修流程图

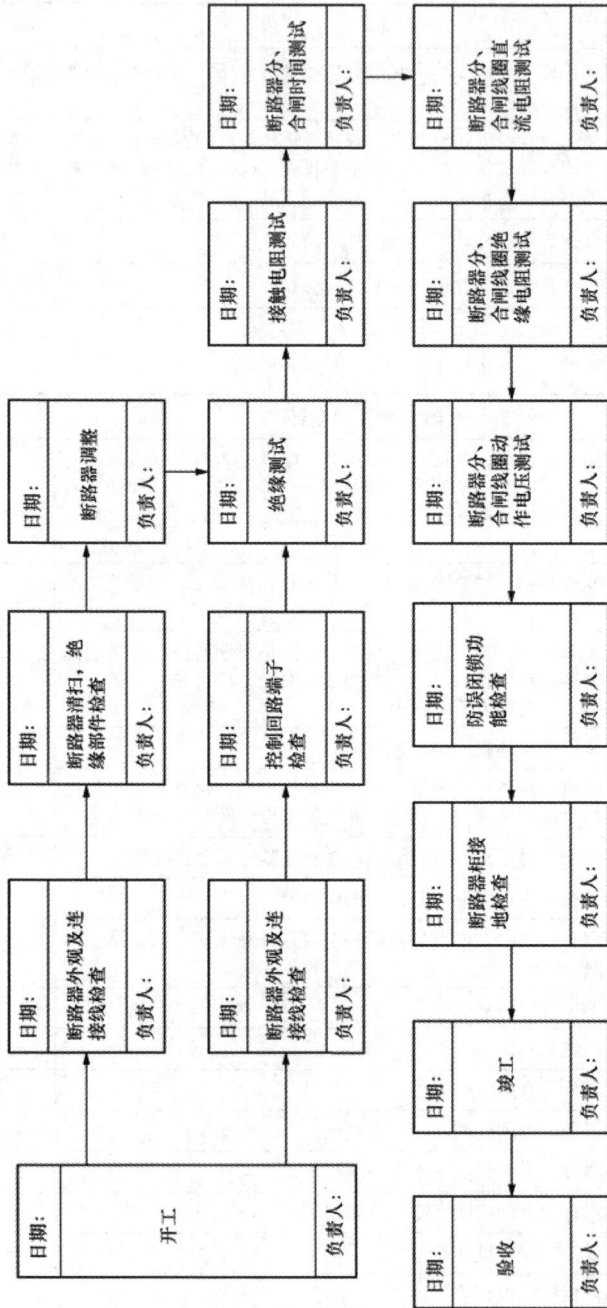

```
┌─────────────┐
│ 日期：      │
│             │
│    开工     │
│             │
│ 负责人：    │
└─────────────┘
       │
       ├──────────────────────────────────┐
       ▼                                  ▼
┌─────────────┐   ┌─────────────┐   ┌─────────────┐
│ 日期：      │   │ 日期：      │   │ 日期：      │
│ 断路器外观  │──▶│ 断路器清扫, │──▶│ 断路器调整  │
│ 及连接线    │   │ 绝缘部件    │   │             │
│ 检查        │   │ 检查        │   │             │
│ 负责人：    │   │ 负责人：    │   │ 负责人：    │
└─────────────┘   └─────────────┘   └─────────────┘
                                          │
┌─────────────┐   ┌─────────────┐   ┌─────────────┐
│ 日期：      │   │ 日期：      │   │ 日期：      │
│ 断路器外观  │──▶│ 控制回路端子│──▶│ 绝缘测试    │
│ 及连接线    │   │ 检查        │   │             │
│ 检查        │   │             │   │             │
│ 负责人：    │   │ 负责人：    │   │ 负责人：    │
└─────────────┘   └─────────────┘   └─────────────┘
                                          │
┌─────────────┐   ┌─────────────┐   ┌─────────────┐
│ 日期：      │   │ 日期：      │   │ 日期：      │
│ 断路器分、  │   │ 防误闭锁功  │   │ 接触电阻测试│
│ 合闸线圈动  │   │ 能检查      │   │             │
│ 作电压测试  │   │             │   │             │
│ 负责人：    │   │ 负责人：    │   │ 负责人：    │
└─────────────┘   └─────────────┘   └─────────────┘
       │                                  │
┌─────────────┐   ┌─────────────┐   ┌─────────────┐
│ 日期：      │   │ 日期：      │   │ 日期：      │
│ 断路器分、  │   │ 断路器柜接  │   │ 断路器分、  │
│ 合闸线圈绝  │   │ 地检查      │   │ 合闸时间测试│
│ 缘电阻测试  │   │             │   │             │
│ 负责人：    │   │ 负责人：    │   │ 负责人：    │
└─────────────┘   └─────────────┘   └─────────────┘
       │                                  
┌─────────────┐   ┌─────────────┐   ┌─────────────┐
│ 日期：      │   │ 日期：      │   │ 日期：      │
│ 断路器分、  │   │    竣工     │   │ 验收        │
│ 合闸线圈直  │   │             │   │             │
│ 流电阻测试  │   │             │   │             │
│ 负责人：    │   │ 负责人：    │   │ 负责人：    │
└─────────────┘   └─────────────┘   └─────────────┘
```

5 作业程序及作业标准

5.1 检修试验开工

√	序号	内 容	标 准	责任人	备注
	1	办理许可手续	现场安全措施与工作票所列安全措施一致且符合现场工作实际，明确工作注意事项		
	2	工作负责人检查工作班人员情况	按规定着装，戴合格安全帽，精神状态良好		
	3	宣读工作票中所列内容	声音洪亮，无遗漏		
	4	交待本次作业的"危险点"、控制措施、人员分工，及其他注意事项	分析全面，交待清楚		
	5	提问工作中的危险点及注意事项	回答正确		
	6	小组负责人在工作票签字确认	小组负责人全部签字		

5.2 检修电源的使用

√	序号	内 容	标准	责任人签字
	1	检修电源应取自检修电源箱，必须通过装有剩余电流保护器的配电箱使用，拆、接电源时必须由两人进行，拆接完毕应及时关闭电源箱门	剩余电流保护器动作正确	
	2	现场使用的配电箱及试验仪器等设备外壳必须可靠接地	接地良好	
	3	所有的电源线截面必须符合用电设备负荷要求，防止发热造成断路，引起火灾	电源线截面符合要求	

5.3 检修试验内容和工艺标准

√	序号	检修内容	工艺标准	安全措施及注意事项	检修结果	责任人签字
	1	外观及连接线的检查	三相搭头紧固，螺栓无锈蚀，导电部分无发热现象；绝缘支柱外表无污垢，无破损；开关灭弧室无裂纹及漏气现象；本体紧固螺母无松动；开关本体接地情况良好。开关柜内孔洞封闭严密	应在断路器置于分闸、机构未储能状态下进行，断开断路器控制及合闸电源开关（或熔断器）		
	2	断路器接触电阻测试	接触电阻不大于 $50\mu\Omega$	试验设备外壳必须可靠接地		

35

续表

✓	序号	检修内容	工艺标准	安全措施及注意事项	检修结果	责任人签字
	3	断路器绝缘测试	与前次试验比较无明显变化	短路线应接触良好,两人进行,测试时禁止触摸导电部分,试验完毕后放电		
	4	断路器特性测试	143V 可靠合闸,66V 不跳闸,143V 可靠跳闸,机构应动作良好,各断口间合闸不同期不大于3ms。各断口间分闸不同期不大于2ms	试验设备外壳必须可靠接地,断开断路器控制及合闸电源开关(或熔断器)		
	5	功能检查	五防闭锁程序正确	在工作负责人和工作许可人监护下进行		
	6	分合闸传动机构的润滑及检查	(1)检查轴销无脱落,无变形,无严重破损;轴销、轴孔配合间隙应大于 0.2mm,小于 0.35mm;检查拉杆接头螺纹是否有卡伤;检查接头、焊接缝不得有开裂现象,帽、弹簧垫应齐全;拉杆拧入接头的深度不大于 20mm。 (2)合闸机构检查:凸轮连杆机构无变形、锈蚀;扇形板无变形、无严重磨损、复位灵活、无卡涩;储能复位后与半轴间隙 2~3mm。 (3)分闸机构检查:半轴无变形,动作灵活,与扇形板扣接处无撞击凹痕;复位弹簧复位可靠,无变形。 (4)储能弹簧无变形及锈蚀,涂防锈漆。 (5)行程开关动作可靠,触点接触良好,动作灵活,拐臂接触滚轮行程开关应有 1~2mm 剩余行程。 (6)储能标志正确;开关分合闸标志正确	应在断路器置于分闸、机构未储能状态下进行,断开断路器控制及合闸电源开关(或熔断器)		
	7	绝缘部件检查	(1)绝缘拉杆不应有弯曲、变形或开裂。 (2)用洁净的干布擦拭绝缘拉杆,用毛刷去除表面粉尘。 (3)绝缘支柱不应有破损、开裂现象	应在断路器置于分闸、机构未储能状态下进行,断开断路器控制及合闸电源开关(或熔断器)		

续表

√	序号	检修内容	工艺标准	安全措施及注意事项	检修结果	责任人签字
	8	辅助开关检查	切换动作灵活可靠，触点无烧伤	应在断路器置于分闸、机构未储能状态下进行，断开断路器控制、合闸、遥信电源开关（或熔断器）		
	9	二次线端子检查	接触面无烧毛，端子紧固，绝缘良好；端子无损坏以及导线连接牢固	断开断路器控制及合闸电源开关（或熔断器）		
	10	扫尾工作及自验收	无漏检项目，设备检修后现场无遗留杂物，设备状态良好			

6 检修试验竣工

√	序号	内　　容	标　　准	责任人员签字
	1	清理工作现场	详细询问小组负责人工作情况，确认无工作遗漏	
	2	询问小组负责人工作情况	总结工作中的好的经验，对工作情况进行点评	
	3	恢复设备接线至开工前状态	确认与开工前设备状况	
	4	清点工器具、材料是否有遗漏	安排专人清理废旧材料	
	5	将检修情况记入设备检修记录簿，填写缺陷记录	齐全，完整，正确	
	6	在工作票上填写工作结束时间，工作终结	正确，时间准确	

7 验收

自验记录	记录改进和更换的零部件		更换绝缘拉杆两根
	存在问题及处理意见	存在问题	(1) 传动机构轴销锈蚀
			(2) 断路器辅助开关触点烧伤
		改进意见	(1) 将轴销取下除锈，并打机油润滑
			(2) 用 03 细砂纸打磨触头，烧伤严重使用辅助开关上的备用接点代替烧伤接点

37

续表

验收 单位 意见	检修班组验收总结评价		
	检修车间验收意见及签字		
	运行单位验收意见及签字		
	公司验收意见及签字		

8 作业指导书执行情况评估

评估内容	符合性	优		可操作项	
		良		不可操作项	
	可操作性	优		修改项	
		良		遗漏项	
存在问题	（1）传动机构轴销锈蚀				
	（2）断路器辅助开关触点烧伤				
改进意见	（1）将轴销取下除锈，并打机油润滑				
	（2）用 03 细砂纸打磨触头，烧伤严重的应使用辅助开关上的备用接点代替烧伤接点				

第三章 资料管理

第一节 班组建设记录

一、班组综合记录填写说明

（1）综合记录主要记录班组班务会、民主生活会、班组学习培训、思想文化建设等班组管理工作的开展情况，"类型"栏填写班务会、民主生活会、班组学习培训、思想文化建设等。各项活动可合并记录。

（2）班组名称参会人员、未参会人员、主持人、类型、日期、会议内容由班长填写。"参会人员"栏要填写实际参加班组班务会、民主生活会、班组学习培训、思想文化建设会议人员姓名，"未参会人员"填写没有参加会议人员姓名。"日期"栏要填写召开班务会、民主生活会、班组学习培训、思想文化建设等活动的时间，日期填写年、月、日。会议内容要条目性列出会议和活动的具体内容。

（3）班委会每月由班长主持并填写记录，每月召开一次，会议内容一般是总结班组当月工作完成情况、指标完成情况和讨论下月工作计划安排，应根据班组工作实际，将月度工作计划细化为周计划、日计划或每个轮值计划。在定期检查班组工作的基础上，对存在问题提出改进意见和具体措施。班委会记录由班长填写。

（4）民主生活会由班长主持并填写记录，每季度召开一次，会议内容一般是征求班组员工对班组工作的意见和建议，开展绩效面谈和双向沟通，及时受理班组员工绩效意见，妥善解决绩效考评的矛盾，发挥班组员工在安全生产中的民主监督检查作用，做好劳动保护监督检查工作，提高员工的自我保护意识和能力。民主生活会记录由班长填写。

（5）思想文化建设内容由政治宣传员主持并填写记录，每月召开一次。会议内容一般是分析职工思想动态和做好思想工作。搞好政治宣传教育，加强政治理论学习，开展社会主义、爱国主义、集体主义教育，引导班组员工树立正确的世界观、人生观和价值观，抓好班组员工的职业道德教育，培育企业主人翁意识，牢固树立遵纪守法、诚实守信、乐于奉献的理念，记录由班组政治宣传员填写。

（6）记录要用钢笔或签字笔填写，字迹工整，清楚正确。不准在记录上乱涂、乱画，不准撕页。

二、班组综合记录填写实例
【实例1】

班组综合记录

综合记录类型：□班务会　√民主生活会　□班组学习培训　□思想文化建设
班组名称：抄表班　　　　　主持人：吴×× 　　　　　日期：2013.10.15
参会人员：黎××、赵××、徐××、柴××、陈××、郑××、张××、刘××、赵××、王××、刘××、于××
未参会人员：无
会议内容： （1）组织班组员工学习班组新制定的业绩与考核工作实施意见，针对班组员工提出的合理化建议组织对班组新制定的业绩与考核工作实施意见进行修订，进一步完善班组制定的业绩与考核工作实施意见，在得到全员认可的情况下在班组开始正式实施。 （2）组织班组全体党员开展互帮互助活动，党员带头服务困难职工，党员带头帮助困难职工，开展为困难职工送温暖活动。 （3）深入细致的做好员工政治思想工作，维护员工队伍稳定，教育员工团结同志，遵守工作纪律，遵守工作章程，维护班组集体形象，每月对员工轮流面谈，在班组开展批评与自我批评，提高员工思想觉悟，对思想开小差的员工加强教育，保证班组各项工作圆满完成。 （4）组织班组员工对每个人的工作业绩、贡献和收入分配进行公平、公正评估。对班组员工提出的合理化建议组织落实，对班组员工提出的工作改进意见制定措施进行整改。对班组员工提出的班委会工作改进意见制定措施进行整改。 （5）班组工作人员不足问题已制约班组按时、保质保量完成工作任务，经班委会讨论已经形成书面材料汇报车间，做好沟通和说明，力争早日解决人员短缺问题。

【实例2】

班组综合记录

综合记录类型：□班务会 □民主生活会 √班组学习培训 □思想文化建设
班组名称：用电检查班 　　　主持人：于×× 　　　日期：2013.11.15
参会人员：吴××、黎××、赵××、徐××、柴××、陈××、郑××、张××、刘××、赵××、王××、刘××
未参会人员：无
会议内容：   **组织班组员工学习《电力供应使用条例》部分内容** 用户不得有下列危害供电、用电安全，扰乱正常供电、用电秩序的行为： （1）擅自改变用电类别。 （2）擅自超过合同约定的容量用电。 （3）擅自超过计划分配的用电指标用电。 （4）擅自使用已经在供电企业办理暂停使用手续的电力设备，或者擅自启用已经被供电企业查封的电力设备。 （5）擅自迁移、更动或者擅自操作供电企业的用电计量装置、电力负荷控制装置、供电设施以及约定由供电企业调度的用户受电设备。 （6）未经供电企业许可，擅自引入、供出电源或者将自备电源擅自并网。 禁止窃电行为。窃电行为包括： （1）在供电企业的供电设施上，擅自接线用电。 （2）绕越供电企业的用电计量装置用电。 （3）伪造或者开启法定的或者授权的计量检定机构加封的用电计量装置封印用电。 （4）故意损坏供电企业用电计量装置。 （5）故意使供电企业的用电计量装置计量不准或者失效。 （6）采用其他方法窃电。 供电企业和用户应当在供电前根据用户需要和供电企业的供电能力签订供用电合同。供用电合同应当具备以下条款： （1）供电方式、供电质量和供电时间。 （2）用电容量和用电地址、用电性质。 （3）计量方式和电价、电费结算方式。 （4）供用电设施维护责任的划分。 （5）合同的有效期限。 （6）违约责任。 （7）双方共同认为应当约定的其他条款。

【实例3】

班组综合记录

综合记录类型：□班务会　□民主生活会　□班组学习培训　√思想文化建设

班组名称：输电检修班	主持人：赵××	日期：2013.12.21

参会人员：黎××、赵××、徐××、柴××、陈××、郑××、张××、刘××、赵××、王××、吴××、于××

未参会人员：无

会议内容：

　　通过对"善小"班组的建设，使每位员工在生活和工作中都能做到从小处着眼，从小事做起，从身边事做起。在公交车上为孤寡老人让座，在路边行走时随手捡起的白色垃圾，外出就餐时拒用一次性碗筷等，这都是一些平凡的小事，然而却不是每个人都能做到，也不是每个人能从一而终，持之以恒。"善小"不仅仅是一句口号，它更是一种精神，能"善"不辞小，只要心存"善小"意识，处处关注"善小"，便会发现处处"善小"可为。作为一名"善小"志愿者，我们去养老院看望孤寡老人，为需要帮助的人捐赠钱物书籍，向困难员工伸出友爱之手……以实际行动践行"善小"精神，尽自己所能，为社会公益出一份力。作为班组的每一位成员，每一项工作都关系着公司的经济效益和社会形象，我们每个人都用"善小"精神从本职工作岗位做起，让善小贯穿于我们的工作中，首先体现在工作态度上，每天提前半小时到达班组，做好一天的准备工作，平时认真钻研业务技术，掌握国家的有关政策，严格执行上级的各项管理规定，为客户为同事提供优质高效的服务，想客户所想，忧客户所忧，将"善小"意识融入公司服务理念。

三、班组安全活动记录填写说明

（1）安全活动每周进行一次，总结一周班长安全生产情况，结合现场安全工作现状，提出改进措施和建议。由班组长主持，在"主持人"栏填写班组长姓名。《安全活动记录》由班组安全员填写。

（2）每次安全活动均由班组安全员填写记录活动时间、活动内容、缺席人员姓名及原因。缺席人员补课情况，对学习内容讨论情况、事故教训及建议和措施应详细记录，不要记录与安全生产无关的内容。对于缺席人员，班组安全员应尽量安排时间对其进行补课，安全活动时间填写安全活动的开始时间和结束时间，时间填写年、月、日、时、分。"应到人数"填写班组全部人数，"实到人数"填写班组实际参加活动的人数。

（3）安全活动要针对不发生人身伤亡事故、不发生责任火灾事故、不发生人员违章等安全管理目标，结合设备存在的缺陷、隐患、人员不安全因素、存在的问题等制定出实现安全管理目标的组织、技术措施。安全活动的内容一般为学习安全工作规程及上级下发的各类安全生产文件、事故通报，结合工作实际制定相应措施。根据季节变化、大负荷时的电力设备薄弱点及运行方式变化，有针对性的提出重点监控措施和监控内容。对班组一周或一月来的安全情况进行总结和分析。记录各种安全活动开展情况。下周或下月安全事项应填写讨论制定安全措施和注意事项。

（4）车间安全管理人员要定期参加班组安全活动，及时检查安全活动情况，车间安全管理人员对班组人员安全活动提出建议并填写在《安全活动记录》的"车间安全管理人员审阅"栏中，在"签名"栏签字后，填写检查日期，日期填写年、月、日。车间安全管理人员应定期检查班组"安全活动记录"的填写情况，对班组人员提出的措施进行审查，提出建议并签名。公司安全管理人员要定期参加班组安全活动，及时检查安全活动开展情况，公司安全管理人员对班组人员安全活动提出建议并填写在《安全活动记录》的"公司安全管理人员审阅"栏中，在"签名"栏签字后，填写检查日期，日期填写年、月、日。公司安全管理人员应定期检查班组"安全活动记录"的填写情况，对班组人员提出的措施进行审查，提出建议并签名。

（5）《安全活动记录》要用钢笔或签字笔填写，字迹工整，清楚正确。不准在记录上乱涂、乱画，不准撕页。

四、班组安全活动记录填写实例

安 全 活 动 记 录

主持人	刘××	应到人数	18	活动时间	2013 年 03 月 15 日 09 时 20 分～11 时 52 分
实到人数	18	缺席人员姓名及原因		无	

活动内容：

一、本周安全活动

（1）组织学习《电力安全工作规程（变电部分）》。学习省电力公司安全通报。学习市供电公司安全工作例会会议纪要。

（2）对本周 执行的"两票"情况，工作票中的"三种人"履行职责情况，作业现场人身安全措施布置情况，作业现场保证安全的技术措施和组织措施落实到位情况进行分析。

（3）按期完成各变电站设备巡视检查，对于有保电任务的变电站要组织变电运行人员增加变电站设备的巡视次数。组织变电运行人员完成各变电站设备日常维护工作。

（4）组织学习《电网风险预控管理办法》，对风险预控进行分析，认真查找梳理人身安全存在的问题和隐患，杜绝隐患排查不彻底现象，对查出的隐患制定措施加以消除。

（5）组织落实《关于开展防误闭锁专项隐患排查治理工作的通知》要求，开展防误闭锁专项隐患排查治理。对运维班管辖变电站各类防误操作闭锁装置逐项对照排查，全面深入排查防误闭锁安全隐患，彻底查清各管辖站防误闭锁存在的隐患，运维班不能消除的隐患汇报公司防误闭锁专工。

二、下周安全工作要求

（1）按期完成各变电站设备巡视检查任务，完成各变电站设备日常维护工作。

（2）值班期间禁止脱岗、空岗，发现异常情况立即汇报调度及运行车间。

（3）根据天气变化情况，做好大风的反事故措施，制定好事故处理预案。

（4）220kV 崔吕变电站：10kV 华泽线一次出线电缆敷设、试验，保护装置改定值，做好 10kV 华泽线送电的安全措施。

缺席人员补课：

车间安全管理人员审阅：安全活动按照规定开展，运维班全部人员参加。	签名：郭××	2013 年 03 月 15
公司安全管理人员审阅：安全活动内容符合变电站现场实际。	签名：申××	2013 年 03 月 28

第二节　管理、工作标准

一、管理标准体系的编写原则

在供电企业标准化领域中，需要将企业战略规划管理、安全环保管理、生产基建管理、资产经营管理、营销服务、质量管理、综合监督管理、企业文化管理、人力资源管理、职业健康管理、环境能源管理、信息管理等与技术标准相关联的重复性事务和概念进行协调统一，形成一定的管理事项，为这一管理事项而制定的标准称为管理标准。在供电企业标准体系中，对管理流程进行全面梳理，确定流程的数量及顺序流向，按照管理职能和事件发生的时间顺序绘制流程节点和流向图，将流程从管理层一直贯通到了基层班组和员工，做到与实际工作相结合，相关流程之间的内容相互协同，使管理标准达到按其内在联系形成科学的有机整体。管理标准体系应符合国家有关法律、法规和国家标准、行业标准及地方标准的要求，应符合供电企业发布的文件要求。管理标准体系应能保证技术标准体系和工作标准体系在供电企业的有效实施，管理标准体系的标准应与工作标准体系的标准形成相互协调一致的关系。管理标准体系中标准必须涵盖供电企业的全部管理流程，各管理标准之间的管理流程不应出现重叠现象。

二、管理标准举例

国家电网公司班组建设管理标准

1　范围

本标准依据国资委《关于加强中央企业班组建设的指导意见》和国家电网公司《关于加强班组建设的实施意见》，明确了班组建设层级管理职责，规定了国家电网公司（以下简称公司）班组基础建设、安全建设、技能建设、创新建设、民主建设、思想建设、文化建设、班组长队伍建设等八个方面的管理内容和要求，提出了班组建设工作检查与考核工作要求。

本标准适用于公司各类班组。各管理层级、班组长和班组成员均应依据标准要求，按照职责分工开展班组建设工作。

2　规范性引用条件

下列文件对于本文件的应用是必不可少的。凡是注日期的引用文件，仅注日期的版本适用于本文件。凡是不注日期的引用文件，其最新版本（包括所有的修改单）适用于本文件。

《关于加强中央企业班组建设的指导意见》（国资发群工〔2009〕52号）

《关于加强班组建设的实施意见》（国家电网工会〔2009〕653号）

3　职责

3.1　班组建设工作实行统一领导，分级管理。公司总部整体规划，统一部署；网省公司和直属单位策划组织，检查考评；地市公司具体操作落实。

3.2　公司班组建设工作领导小组负责班组建设的宏观管理和指导，研究部署班组建设工作的重大事项。公司班组建设工作领导小组办公室负责班组建设工作的日常管理和协调，组织开展先进班组的评选工作，总结推广先进经验。

3.3　各单位应建立由主要负责人任组长，相关职能部门负责人为成员的班组建设工作领导小组。领导小组办公室设在工会，并配备班组建设专职人员。

4　班组基础建设

4.1　岗位及人员设置

4.1.1　按照公司有关规定的要求，设立班组，配齐班组人员。

4.1.2　班组岗位设置合理，职责明确，班委会分工清晰。

4.2　工作过程管理

4.2.1　对应于本班组基本职责的每项工作，班组均应建立量化、可检查的目标值。班组应积极保障所承担的各项生产（工作）指标（任务）的实现。

4.2.2　班组应按照主管单位（部门）下达的年度、月度工作计划，制定本班组月度工作实施计划，并按年度、月度检查分析计划完成情况，对未按计划完成的工作应有分析说明，对发现的问题、相应的改进措施应有跟踪记录。班组应根据自身实际工作需要，将月度工作计划细化为周计划、日计划或每个轮值计划等。

4.2.3　班组的工作项目或作业项目，应有相应标准或作业指导书（卡）等标准化作业文本。标准化作业文本应包含和符合上级有关法规、标准、制度、规范、文件的要求；应明确工作或作业全过程中对人、事、物的要求；应明确工作环节或作业环节中应填写的记录、报告、报表等，实现对关键环节进行控制和追溯。主管单位（部门）要定期组织对标准化作业文本执行情况进行评价，对班组在执行中反馈的意见和建议进行分析，不断完善标准化作业文本。

4.2.4 班组应严格执行标准化作业文本的规定。作业前逐条对照并确认准备工作已全部完成；作业过程应严格按要求逐条实施，确认无漏项，并按规定填写记录、报告；作业结束必须做到工完料净场地清，经检查确认后方可进行验收。

4.2.5 班组每项工作或作业项目均应明确负责人，对工作或作业项目全过程进行管理。对所负责的工作项目或作业项目进行检查，对问题提出改进建议，并对问题、原因、措施、完成情况进行跟踪并记录。

4.2.6 班组应定期对全面工作开展检查、总结，对存在问题提出改进意见和具体措施，并对问题、原因、措施、完成情况进行记录。

4.3 资料管理

4.3.1 班组资料包括管理规范、技术资料台账、综合性记录三种类型。

——管理规范包括班组应执行的各项管理标准、岗位工作标准、管理制度以及班组内部管理规定，是班组成员的行为规范和准则。

——技术资料台账包括班组应执行的用以指导生产作业的各项技术标准、规程、图纸、作业指导书（卡）及原始记录、专业报表等。

——综合性记录应有工作日志、安全活动记录、班务记录三种。

a）工作日志由班组长记录班组每天工作开展情况；

b）安全活动记录按相关规定记录安全活动的开展情况；

c）班务记录主要记录班务会、民主生活会、班组学习培训、思想文化建设等班组管理工作的开展情况，各项班务管理活动可合并记录。

4.3.2 班组应分类建立资料台账目录并能检索到相应的文本，实现动态维护并保持其有效性。资料台账的管理应尽量使用电子文档，避免重复记录。

4.3.3 各类资料台账、记录均应有记录格式、填写规定和管理要求，班组成员对其应清楚和掌握，并有专人管理。各类原始记录、台账、报表，要求资料完整、数据准确、内容真实。

4.4 信息化管理

4.4.1 应按照公司信息化工作的相关要求，在专业管理信息系统中为班组信息化管理创造条件。

4.4.2 应在专业管理信息系统中建立班组设备电子档案、人员信息库、班组培训标准及试题库、班组资料管理等功能模块。

4.4.3 加强专业管理信息系统的培训，使班组成员掌握并熟练应用生产管理、营销管理及办公自动化等信息系统，提高班组信息化应用水平。

4.4.4 应建立班组建设信息化平台，反映工作动态，加强经验交流，促进共同提高。

4.5 文明管理

4.5.1 应结合本单位实际，加强班组环境建设，统筹协调，改善班组成员工作、学习、生活条件。

4.5.2 班组实行定置管理，班容班貌做到"五净"（门窗、桌椅、资料柜、地面、墙壁干净）、"五齐"（桌椅放置、资料柜放置、桌面办公用品摆放、上墙图表悬挂、柜内资料物品摆放整齐）。

4.5.3 库房物品摆放整齐，保管条件符合要求，标志正确清晰，领用手续齐全。

4.5.4 卫生责任区域和室外生产区环境整洁。生活设施配置到位、摆放整齐，符合卫生条件。

4.5.5 上岗员工着装符合劳动保护的要求，佩带岗位标志。

4.5.6 工作现场做到"四无"（无垃圾、无杂物、无积水、无油污）。

5 班组安全建设

5.1 安全目标及责任制

5.1.1 结合班组实际制定可量化考核的安全目标，逐级签订安全承诺书（责任书），提高班组成员安全意识。

5.1.2 年度班组全员安规考试合格率应达到 100%。

5.1.3 建立健全安全生产责任制，全面有效落实班组长、安全员、工作负责人、工作许可人和班组成员的安全生产岗位职责。

5.2 安全管理

5.2.1 作业现场的安全、技术措施必须严格执行《电力安全工作规程》和相关规程规定。

5.2.2 开展作业安全风险辨识和防范，根据生产组织和作业管理流程，系统辨识和防范作业过程事故风险，落实安全组织措施、技术措施和应急预案相关措施，确保作业安全得到有效控制。

5.2.3 积极开展班组安全性评价、事故隐患排查治理、日常安全自查整改工作和安全日活动，落实员工"三不伤害"（不伤害自己、不伤害别人、不被别人伤害）要求，严格执行"两票三制"，坚持"四不放过"（事故原因不清楚不放过、事故责任者和应受教育者没有受到教育不放过、没有采取防范措施不放过、事故责任者没有受到处罚不放过）原则，深刻吸取事故教训，举一反三，落实整改措施，提高员工自我防范能力。

5.2.4 加强班组劳动保护和职业安全卫生工作，保障员工在生产劳动中的安全健康。

5.3 反违章工作

5.3.1 认真执行各种安全规程和各项安全规章制度，以班组长为第一责任人杜绝班组人员"三违"（违章指挥、违章作业、违反劳动纪律）。

5.3.2 建立员工反违章常态机制，开展创无违章班组活动。

5.3.3 应制定班组反违章工作措施，对反违章工作进行总结分析和考核。

6 班组技能建设

6.1 培训管理

6.1.1 不断完善培训机制，积极贯彻培训规范，加强现场培训，增强培训的针对性，提高员工实际操作技能水平和分析、解决问题的能力。

6.1.2 加强班组培训资源建设，完善培训基础设施，提供充足的班组培训教材、课件和书籍，为员工创造良好的学习条件。

6.1.3 做好班组培训需求调查，制定满足生产需要和员工发展的培训计划，加强培训效果评估，建立并及时更新培训资料库，将员工培训情况和个人能力评价纳入人员信息库进行管理。

6.1.4 合理安排工作计划，创造员工受训机会，做好受训员工的岗位补充支持工作。引导班组成员利用业余时间积极参与培训和业务学习，主动提升岗位工作能力。

6.1.5 应建立开放式的学习系统，发挥职工书屋、电子阅览室的作用，为班组提供必要的图书音像资料；充分发挥网络培训的作用，为班组提供学习交流的渠道和平台。

6.2 岗位实训

6.2.1 应制定班组岗位实训计划，组织开展形式多样的班组岗位实训活动。

6.2.2 组织开展师带徒、技术讲课、反事故演习、事故预想、计算机仿真模拟壤训等活动，提升班组成员岗位技能水平。

6.2.3 组织开展劳动竞赛、技术比武、岗位练兵、知识竞赛、技术交流等活动，营造比、学、赶、帮、超的竞争氛围，促进员工岗位成才。

6.3 激励措施

6.3.1 建立完善员工技能提升激励机制，创造员工技能提升的良好环境。员工培训成绩应纳入班组内部绩效考核，培训结果作为员工年度绩效考核的依据之一。

6.3.2 对在各类竞赛中获得优秀成绩的班组和员工，应按规定给予相应的奖励。

6.3.3 构筑员工职业生涯阶梯式发展通道，拓展员工职业发展空间，形成员工职业生涯发展良性机制。

7 班组创新建设

7.1 "创争"活动

7.1.1 大力开展班组"创争"（创建学习型组织、争做知识型员工）活动，着力提高班组成员的学习能力、创新能力和竞争能力，增强班组的凝聚力、创造力、执行力，班组工作效率显著提高，自主管理水平明显提升。

7.1.2 以小型、多样、新颖的班组学习活动激发员工学习兴趣，引导员工将学习与岗位创新、岗位成才相结合，实现工作学习化、学习工作化。

7.2 群众性经济技术创新活动

7.2.1 培育创新思维，提高创新技能，立足岗位创新，开展合理化建议、技术攻关、"五小"（小发明、小革新、小改造、小设计、小建议）、QC 小组等群众性经济技术创新活动。

7.2.2 加快创新成果转化，促进创新成果的推广应用，实现创新创效，为员工参加创新成果的评比和专利成果的申报创造条件。

8 班组民主建设

8.1 建立班组民主管理制度，发挥班组民主管理作用，增强员工主人翁意识，调动员工参与企业发展决策的积极性。

8.2 积极引导员工参与班组民主管理，不定期召开班组民主生活会，及时征求员工对班组工作的意见和建议。

8.3 实施班务公开，公开。绩效考核、奖金分配、评先选优、岗位晋级等情况。

8.4 开展绩效面谈和双向沟通，及时受理班组成员绩效意见反馈，妥善解决绩效考评的矛盾。

8.5 发挥员工在安全生产中的民主监督检查作用，做好劳动保护监督检查工作，提高员工的自我保护意识和能力。

8.6 围绕企业改革发展、安全生产、经营管理、优质服务、降本增效等方面开展建言献策活动。

9　班组思想建设

9.1　加强政治理论学习，开展社会主义、爱国主义、集体主义教育，引导员工树立正确的世界观、人生观和价值班。

9.2　抓好员工的职业道德教育，培育企业主人翁意识，牢固树立遵纪守法、诚实守信、乐于奉献的理念，强化服务意识，自觉维护企业形象。

9.3　开展创建工人先锋号、党员服务窗口、青年文明号、巾帼建功和岗位能手等创先争优活动，宣传先进典型，培育进取精神。

9.4　深入细致她做好员工思想政治工作，维护员工队伍稳定，保证班组各项工作任务的圆满完成。

10　班组文化建设

10.1　贯彻公司基本价值理念体系，弘扬"努力超越、追求卓越"的企业精神，践行"诚信、责任、创新、奉献"的核心价值观，履行社会责任，培育符合公司基本价值取向、特色鲜明的员工个人愿景和班组共同愿景，引导员工在推进公司发展中实现自身价值，努力实现公司和员工的共同发展。

10.2　组织开展健康向上、特色鲜明、形式多样的班组文体活动，培养员工高尚的道德情操。

10.3　加强班组团队建设，构建和谐班组，塑造班组良好形象，提升班组凝聚力、执行力和战斗力。

10.4　创建"职工小家"、开展互助互济活动，营造班组团结和谐的氛围。

10.5　遵守公司行为准则，规范员工行为，培养员工文明习惯。

11　班组长队伍建设

11.1　班组长选用

11.1.1　明确规定班组长选拔、任用的条件，规范班组长选拔程序，提倡竞聘上岗，保证班组长队伍整体素质。

11.1.2　合理规定班组长的责权利，落实并保障班组长待遇，保证职责和权利相互统一，以利于班组长组织开展工作。

11.1.3　对班组长实行动态考核管理，建立班组长的激励机制，落实相应奖惩措施。

11.2　班组长培养

11.2.1　建立班组长的培训制度及培训规划，加强班组长培养，提高班组长综合素质。

11.2.2 根据工作安排和班组长的个人特点，有针对性地安排班组长参加各类专业技能培训。

11.2.3 开展班组长管理能力专项培训，学习绩效、安全、质量等方面的现代管理方法和技巧。

11.2.4 组织班组长学习交流班组建设的先进经验和管理方法，开展班组长论坛、活动日、座谈会等交流活动。

11.2.5 重视班组长后备人才的选拔和培养，加强班组长后备人才储备，建立班组长后备人才库，形成合理的人才队伍梯次结构。

12 检查与考核

12.1 本标准的执行由公司班组建设工作领导小组办公室负责组织检查与考核。

12.2 检查与考核依据《国家电网公司班组建设管理标准》的规定，对标准执行情况进行评价。

12.3 通过检查与考核，贯彻落实班组建设工作要求，完善考核体系和激励机制，培树典型，推广经验，提升公司执行力，夯实企业管理基础。

三、岗位工作标准举例

装表接电班班长岗位工作标准

1 范围

本标准规定了装表接电班班长岗位的职责与权限、岗位任职资格、工作内容与要求、检查与考核、报告与记录等要求。

本标准适用于装表接电班班长岗位工作。

2 规范性引用文件

JJG597 交流电能表检定装置检定规程

JJF1033—2008 计量标准考核规范

DL/T 8257—2002 电能计量装置安装接线规则

DL/T 448—2000 电能计量装置技术管理规程

DL/T 614—2007　多功能电能表
DL/T 828—2002　单相交流感应式长寿命技术电能表使用导则
DL/T 829—2002　单相交流感应式有功电能表使用导则
DL/T 830—2002　静止式单相交流有功电能表使用导则
DL/T 825—2002　电能计量装置安装接线规则
Q/GDW 347—2009　电能计量装置现场检验作业指导书
Q/GDW 205—2008　电能计量器具条码
Q/GDW 354—2009　智能电能表功能规范
Q/GDW 355—2009　单相智能电能表型式规范
Q/GDW 356—2009　三相智能电能表型式规范
Q/GDW 357—2009　0.2S 级三相智能电能表技术规范
Q/GDW 358—2009　0.5S 级三相智能电能表技术规范
Q/GDW 359—2009　0.5S 级三相费控智能电能表（无线）技术规范
Q/GDW 360—2009　1 级三相费控智能电能表（无线）技术规范
Q/GDW 361—2009　1 级三相费控智能电能表（载波）技术规范
Q/GDW 362—2009　1 级三相费控智能电能表技术规范
Q/GDW 363—2009　1 级三相智能电能表技术规范
Q/GDW 364—2009　单相智能电能表技术规范
国家电网营销〔2005〕407 号　国家电网公司计量工作管理规定
国家电网营销〔2010〕1766 号国家电网智能电能表质量监督管理办法（试行）
省、市、县各级发布实施的企业技术标准

3　职责与权限

3.1　工作关系
3.1.1　直接上级：客户分中心主任。
3.1.2　直接下级：班组成员。
3.1.3　内部关系：客户分中心相关班组。
3.1.4　外部关系：电力客户、技术监督部门。

3.2　职责
3.2.1　负责组织班组员工完成年度工作计划、月度工作计划和周工作计划。
3.2.2　负责分解落实班组各项技术指标，负责组织班组员工完成班组各项技术指标。

3.2.3　负责组织对辖区内 10kV 及以下高、低压客户电能计量装置的装拆、轮换、故障处理、现场检验及调试工作。

3.2.4　负责组织对辖区内 10kV 及以下高、低压客户用电信息采集设备的装拆、轮换、故障处理、现场检验及调试工作。

3.2.5　负责计量装置达到防窃电要求及电能计量数据、信息的正确。

3.2.6　负责组织班组员工贯彻落实电能计量装置管理规程。

3.2.7　负责电能计量装置投运前验收工作。

3.2.8　负责管理、完善电能计量装置及用电信息采集设备的档案、资料管理，帐目清楚、准确。

3.2.9　负责计量器具故障、异常或客户申诉计量器具的检测比对、技术分析，按规定送交上级部门鉴定。

3.2.10　负责配合相关部门对用户违约、窃电行为进行调查处理。

3.2.11　负责搞好班组建设工作。

3.3　权限

3.3.1　有权督促本班组各项生产计划和指标的落实及完成。

3.3.2　有权检查辖区内计量装置现场工作的进展情况。

3.3.3　有权检查辖区内计量装置现场工作安全措施实施情况。

3.3.4　有权检查辖区内结束的计量工作各项资料是否正确完备。

3.3.5　有权制止用电单位的窃电、违约用电等行为。

3.3.6　有权拒绝违章指挥。

3.3.7　有权制止违章作业。

3.3.8　根据工作需要有权调配本班组人员工作任务。

4　岗位任职资格

4.1　学历与职称

一般应具有专科及以上学历，具有中级及以上专业技术职称。

4.2　工作经历

具有 3 年以上电能计量专业工作经历。

4.3　业务知识

4.3.1　熟悉电工基础理论知识，熟悉变电设备基础知识。

4.3.2　熟悉《电力法》、《供电营业规则》、《电力供应与使用条例》、《计量法》、《计量规程》、《电能计量工作标准》、《电力设施保护条例》等相关法律法规。

4.3.3　熟悉国网公司《电力安全工作规程》，熟悉安全用电的知识，熟悉《电气设备工作票管理规定》。

4.3.4 熟悉电能表原理，熟悉互感器原理及错接线追补电量规定。

4.3.5 熟悉电能计量器具检定与检验的有关内容和要求。

4.3.6 熟悉负荷控制装置，节约用电的有关知识。

4.3.7 熟悉电费、电价和营业厅的业务常识。

4.3.8 熟悉本专业所属的电气设备安装图和复杂的内线安装图。

4.3.9 握电能计量装置的性能、原理接线、安装工艺质量标准和工作流程。

4.3.10 掌握电能计量装置的选配、存储、运输、安装、验收、运行维护和故障处理等知识。

4.3.11 掌握电能计量装置管理标准和技术规程。

4.3.12 会核定电能表容量，会计算负荷容量，会计算功率因数，并能根据负荷大小选择互感器等级及变比。

4.3.13 能够熟练安装和调换各类电能表，能分析判断电能计量装置的故障。

4.3.14 能够安装和调试远程抄表终端，能处理终端异常状况并能运用矢量分析法判断电能计量装置的错误接线。

4.3.15 能够进行复杂内线安装工程的检查验收工作，能在内线检查验收工程中发现较复杂的技术问题。

4.3.16 能够审核高压计量柜图样，能够审核低压计量柜图样，并能提出改进意见。

4.3.17 能够完成初级工的技能培训工作和传授技艺，能够完成中级工的技能培训工作和传授技艺。

4.4 工作能力

4.4.1 具有较强的人际沟通能力，在口头表达能力上具有较强的思维型、逻辑性，具有较好的文字水平。

4.4.2 具有较强的班组管理能力，具有较强的团结员工能力，具有较强的开拓和创新能力。

4.4.3 具有较强的现场工作经验，具备较强的协调能力及突发事件的处理能力。

5 工作内容与要求

5.1 技术管理

5.1.1 根据《国家电网公司计量工作管理规定》和省公司《电能计量装置

现场检验、轮换管理标准》，组织班组员工完成辖区内 10kV 及以下高、低压客户电能计量装置的装拆、轮换和故障处理工作。组织班组员工完成辖区内 10kV 及以下高、低压客户电能计量装置的现场检验及调试工作。

5.1.2 组织班组员工完成辖区内 10kV 及以下高、低压客户用电信息采集设备的装拆、轮换和故障处理工作。组织班组员工完成辖区内 10kV 及以下高、低压客户用电信息采集设备的现场检验及调试工作。

5.1.3 根据公司《电能计量装置现场检验、轮换管理标准》，每年 11 月底前，组织制定次年度电能表现场校验计划和互感器二次压降、二次负荷测试计划，经客户分中心主任审核、审批后形成电能表现场校验计划以及互感器二次压降、二次负荷测试计划。

5.1.4 根据公司《电能计量装置现场检验、轮换管理标准》，每年 11 月底前，组织制定次年度电能计量装置周期轮换计划，经客户分中心主任审核、审批后形成电能计量装置周期轮换计划上报市公司。

5.1.5 根据公司《供用电合同管理标准》，对供电公司与客户签订的供用电合同相关计量管理内容进行审核。负责计量装置投运前验收、送电工作。

5.1.6 组织班组员工整理、完善和管理电能计量装置的档案资料，达到资料与实际相符。

5.1.7 组织班组员工整理、完善和管理用电信息采集设备的档案资料，达到资料与实际相符。

5.1.8 组织班组员工完成计量器具故障、异常的检测比对、技术分析，按规定送交上级部门鉴定。

5.1.9 组织班组员工完成客户申诉计量器具的检测比对、技术分析，按规定送交上级部门鉴定。

5.1.10 根据公司《新装、增容业务管理标准》、《业扩临时用电管理标准》、《用电变更管理标准》、《其他营业业务管理标准》，审查所管辖客户供电方案中计量点与电能计量方式。

5.1.11 配合相关部门对用户违约、窃电行为进行调查处理。

5.1.12 根据公司《电能计量器具现场运行维护管理标准》，审核所管辖电能计量装置故障引起的退补电量计算结果是否正确。

5.1.13 根据公司《电能计量器具现场运行维护管理标准》，审核计量装置改造计划的正确及必要性。

5.1.14 根据公司《电能计量器具现场运行维护管理标准》，审核计量点变更的正确性。

5.1.15 根据公司《电能计量库房管理标准》、《电能计量装置淘汰、丢失、停用、报废管理标准》，每周检查一次，对淘汰、丢失、停用、报废的电能计量装置清单进行审核。

5.1.16 根据《电能计量库房管理标准》要求，每周检查一次库存计量资产的存放位置是否满足按区存放（智能立体库房除外），对达不到存放要求的，及时督促改正。

5.1.17 根据《电能计量库房管理标准》要求，每周组织一次库房卫生清扫，并检查库房是否保持干燥、整洁、空气中不含有腐蚀性气体，库房中不得存放电能计量器具以外的其他任何物品。

5.1.18 根据 JJF 1069《法定计量检定机构考核规范》、DL448—2000《电能计量装置技术管理规程》、《电能计量库房管理标准》要求，监督检查库房管理制度的执行情况，指导做好防火、防盗、防潮、防破坏工作，杜绝事故隐患。

5.1.19 根据《电能计量库房管理标准》要求，监督检查智能仓储系统的日常维护、故障申报和配合维修工作。

5.1.20 根据 DL448—2000《电能计量装置技术管理规程》、《电能计量库房管理标准》要求，每季度制定库存核查计划，按计划组织开展库存盘点工作，及时处理存在问题，确保库存计量资产帐物相符。

5.1.21 根据《电能计量库房管理标准》要求，在接收配送的计量装置时，要对计量装置的类别、规格、型号、数量等进行核对，检查计量装置及铅封、合格证是否完好，是否有损坏等，确认无误后与配送人员办理签字交接手续。

5.1.22 使用的计量装置要有相应工作单，在使用计量装置的过程中，严格执行领退工作程序，并做好领退记录。

5.2 安全管理

5.2.1 贯彻"安全第一，预防为主，综合治理"的安全生产方针，制定可量化考核的安全目标，与班组成员签订班组安全生产责任书，明确班组员工安全责任。

5.2.2 认真执行"两票三制"，建立员工反违章常态机制，开展创无违章班组活动，制定班组反违章工作措施，对反违章工作进行总结分析和考核。

5.2.3 组织班组员工每周开展一次安全活动，开展安全生产自查、互查，查找不安全因素，排除安全隐患，并督促做好整改。

5.2.4 生产现场工作前，组织全体人员召开班前会，进行现场危险点分析，制定现场安全措施，做好现场监护好验收工作，对班后会进行工作总结。

5.2.5　严格执行《国家电网公司电力安全工作规程》，组织班组员工进行《国家电网公司电力安全工作规程》考试，考试合格率达到 100%。

5.3　班组建设

5.3.1　按照《班组建设管理标准》要求，组织班组员工完成基础建设管理、安全建设管理、技能建设管理、创新建设管理、民主建设管理、思想建设管理、文化建设管理、班组长队伍建设等方面的工作。

5.3.2　按照客户服务分中心下达的年度、月度工作计划，制定本班组月度工作实施计划，并按年度、月度检查分析计划完成情况，对未按计划完成的工作应有分析说明，对发现的问题、相应的改进措施应有跟踪记录。应根据自身实际工作需要，将月度工作计划细化为周计划、日计划或每个轮值计划等。

5.3.3　对班组工作定期开展检查、总结，对存在问题提出改进意见和具体措施，并对问题、原因、措施、完成情况进行记录。

5.3.4　补充完善各类技术资料、台账、记录，安排专人管理。各类原始记录、台账、报表达到资料完整、数据准确、内容真实。

5.3.5　组织开展班组定置管理，班容班貌达到"五净"（门窗、桌椅、资料柜、地面、墙壁干净）、"五齐"（桌椅放置、资料柜放置、桌面办公用品摆放、上墙图表悬挂、柜内资料物品摆放整齐）。

5.3.6　卫生责任区域和室外生产区环境整洁。生活设施配置到位、摆放整齐，工作现场做到"四无"（无垃圾、无杂物、无积水、无油污）。

5.4　学习与创新

5.4.1　每季月组织一次民主生活会，建立班组民主管理制度，开展建言献策活动，实施班务公开，公开绩效考核、奖金分配、评先选优、岗位晋级等情况，组织班组员工开展绩效面谈和双向沟通，及时受理班组成员绩效意见反馈，妥善解决绩效考评的矛盾。

5.4.2　每年组织班组人员对各项规章制度提出修改意见，并将修订意见报审批后落实。

5.4.3　根据公司计划组织开展群众性创新活动。组织班组员工开展合理化建议、技术攻关、"五小"（小发明、小革新、小改造、小设计、小建议）、QC 小组活动。

5.4.4　每月组织班组人员开展一次业务学习和业务技能培训工作，组织班组员工参加各种技术培训、技术比武、岗位练兵活动，并做好记录。

5.5　其他工作

完成上级领导交办的其他工作。

6 检查与总结

6.1 检查与考核按照公司《业绩考核管理标准》和《全员绩效管理标准》考核要求执行。

6.2 本岗位由客户分中心主任负责检查考核。

6.3 负责制定班组员工绩效考核细则，经民主生活会讨论通过后组织实施，每天做好检查记录，按月组织进行考核。

6.4 每年根据营销部工作要求，组织本班组年度工作进行总结，并形成"年度总结报告"。

7 报告与记录

表1　　　　　　　　　　报　告　与　记　录

序号	编号	名称	填写人	保存地点	保存期限
1	×××××	领表（调拨）工作单	××	班组	5年
2	×××××	计量器具出库联系单	××	班组	3年
3	×××××	计量器具修校派工单	××	班组	3年
4	×××××	电能计量装置借用、借出通知单	××	班组	3年
5	×××××	采集终端新装、更换、拆除记录单	××	班组	5年
6	×××××	采集终端现场巡视记录单	××	班组	3年
7	×××××	封印钳档案登记表	××	班组	3年
8	×××××	封印、彩标领用记录	××	班组	3年
9	×××××	封印、合格证领取登记表	××	班组	5年
10	×××××	封印使用明细	××	班组	3年
11	×××××	采集系统值班日志	××	班组	3年
12	×××××	有序用电方案执行情况日报表	××	班组	3年
13	×××××	计量器具验收记录	××	班组	3年
14	×××××	班组绩效考评细则	××	班组	永久
15	×××××	班组成员绩效考评表	××	班组	3年
16	×××××	班组工作日志	××	班组	3年
17	×××××	班组民主生活记录	××	班组	3年
18	×××××	安全活动记录	××	班组	3年

续表

序号	编号	名称	填写人	保存地点	保存期限
19	×××××	技术培训资料	××	班组	3 年
20	×××××	月度考勤表	××	班组	3 年
21	×××××	QC 成果材料	××	班组	气体
22	×××××	年度工作计划	××	班组	3 年
23	×××××	月度工作计划	××	班组	3 年
24	×××××	周工作计划	××	班组	3 年
25	×××××	师徒合同	××	班组	5 年

四、班组内部管理制度

变电运维班环境卫生管理制度

一、变电站环境卫生

1、变电站主控室应保持地面卫生整洁，室内门窗框无浮灰，门窗玻璃洁净明亮，墙角无蜘蛛网；

2、变电站主控室桌面无浮灰、无杂物，抽屉、桌面物品整齐有序，不随意堆放；

3、变电站主控室计算机外壳、键盘、显示器、鼠标器干净无浮灰，打印机干净无浮灰，电话排放整齐、无灰尘、无污渍；

4、变电站主控室设施摆放严格按照定置管理要求；

5、变电站主控室内各类资料和记录应摆放整齐，实行定置管理；

6、变电站主控室内墙面张贴物表面无灰渍；

7、变电站主控室内墙面电源开关整洁无灰尘、无污渍；

8、变电站高压配电室应保持地面卫生整洁，室内门窗框边沿无浮灰，玻璃洁净明亮无污渍，墙角干净无蜘蛛网。高压配电室无漏雨、无积水；

9、变电站室外设备区应干净、整洁，无烟头、无杂物、无油迹、无杂草、无积水等；

10、变电站高压配电室内设备区干净、整洁，无烟头、无杂物等；

11、变电站高压配电室内墙面电源开关整洁无灰尘、无污渍；

12、变电站室外绿化带植物生长良好，无垃圾、无烟头等杂物；

13、变电站室外垃圾箱应定期清理，表面无污渍。

二、值班室环境卫生

1、运维值班室床、桌物品要摆放整齐摆放严格按照定置管理要求摆放；

2、运维值班室要保持环境卫生清洁，及时清理垃圾，每天打扫室内卫生；运维值班室内门窗玻璃干净明朗，运维值班室门框无污物、尘土；

3、运维值班室禁止吸烟，运维值班要及时清理、保持干净，运维值班室地面无烟头、无积水、无杂物；

4、运维值班室休息的值班人员禁止在工作期间利用计算机玩游戏，值班人员应按规定着装、佩戴标志；

5、每项工作结束时，要及时清理存放的办公物品、办公物品使用完毕后要放回原处；

6、厨房、餐厅环境应光洁明亮、洁净无尘土，台面物品整齐；

7、值班人员应爱护各种设施，防止物品的损坏、丢失，发现问题要及时维修处理和汇报；

8、运维值班室应每值安排专人管理，交接班时，接班专责人对运维值班室卫生进行检查，对卫生提出异议时，交班人员要进行清理、直至合格。

三、宿舍环境卫生

1、运维班值班人员宿舍床上被褥叠放整齐，生活用品摆放整齐，室内空气清新、无异味；

2、运维班值班人员宿舍各种生活用具应擦拭干净，摆放整齐，个人橱子内衣物及用品应放整齐，便于查找；

3、值班住宿人员，应爱护运维班值班人员宿舍的公物和设施，不准在运维班值班人员宿舍墙上乱钉、乱写、乱划，损坏公物要赔偿；

4、值班人员要搞好运维班值班人员宿舍卫生，运维班值班人员宿舍禁止吸烟，宿舍要保持室内空气清新，无异味，地面无烟头、无积水、无杂物；

5、运维班值班人员宿舍的床单应定期清洗，保持干净、卫生、整洁，床上无其他物品；

6、值班人员每天起床后应打扫宿舍内卫生，清洁完后由专责人负责检查卫生情况；

7、值班人员不得在运维班值班人员宿舍内乱扔果皮和杂物，垃圾随时清理，不许堆放，维班值班人员宿舍门框无污物、尘土；

8、每周要组织值班人员定期对运维班值班人员宿舍进行一次大扫除，宿舍卫生由专责人负责检查；

9、运维班值班人员宿舍应每值安排专人管理，交接班时，接班专责人对运维值班室卫生进行检查，对卫生提出异议时，交班人员要进行清理、直至合格。

四、卫生间环境卫生

1、卫生间物品应摆放有序，无杂物、无卫生死角，卫生间下水道无堵塞，要保持室内通风空气清新、无异味；

2、卫生间便池使用后必须及时冲洗干净；

3、卫生间的环境卫生应清洁、无杂物，及时清扫垃圾，保持卫生间无杂物；

4、每周要组织值班人员定期对卫生间进行一次大扫除，卫生间卫生由专责人负责检查；

5、每值值班人员要洗刷面盆，镜子要擦拭一遍，保持清洁；

6、卫生间的门窗玻璃干净明亮，门窗框无污物、尘土；

7、卫生间应每值安排专人管理，交接班时，接班专责人对运维值班室卫生进行检查，对卫生提出异议时，交班人员要进行清理、直至合格。

五、考核

运维班值班人员在交接班时进行卫生检查，若发现卫生未达到要求，而交班人员又不能按照要求进行打扫，应按照运维班经济责任制进行考核。

第三节　工　作　日　志

工作日志主要记录当天班组开展的主要工作和发生的事件，包括班组人员参加的会议、参加的学习培训班、电网和设备状况、生产和营销情况、外出现场工作，在班组的正常工作，班组人员开展的活动，各种检查、考评，工作中存在的问题等。班组工作日志实例：

【实例1】

班组工作日志					
班组名称	变电检修班	记录人	吴××	日期	7月15日
序号	工作日志内容				
1	登陆设备管理信息系统，修改完善设备台账，填写记录				
2	登陆班组建设信息系统，建立和完善相关资料				

续表

序号	工作日志内容
3	安排人员完成 220kV××站 10kV××断路器保护试验工作
4	安排人员完成 35kV××站 1 号变压器 35kV 侧 TA 更换工作
5	组织人员完成 220kV××站××设备消缺工作
6	组织人员更换 110××站××电容器放电 TV
7	组织人员完成 110kV××站××设备例行检查试验工作
8	组织人员完成××产品展览会保电工作

【实例 2】

班组工作日志					
班组名称	变电检修班	记录人	吴××	日期	7 月 16 日
序号	工作日志内容				
1	登陆设备管理信息系统，修改完善设备台账，填写记录				
2	登陆班组建设信息系统，建立和完善相关资料				
3	组织全员召开民主生活会				
4	组织全员填写班组培训内容需要调查表，并报车间				
5	组织人员领取劳动保护用品并发放班组人员				
6	组织全员学习新制定的《工作票管理规定》				
7	组织人员完成 220kV××站××设备消缺工作				
8	组织人员完成 220kV××站蓄电池组的充电工作				
9	召开 7 月份变电检修班绩效沟通会				

【实例 3】

班组工作日志					
班组名称	变电检修班	记录人	吴××	日期	7 月 17 日
序号	工作日志内容				
1	登陆设备管理信息系统，修改完善设备台账，填写记录				
2	登陆班组建设信息系统，建立和完善相关资料				
3	组织人员学习《变电设备检修工艺导则》				
4	组织人员编写 220kV××站××设备现场作业指导书				
5	组织人员完成 35kV××站××设备消缺工作				

续表

序号	工作日志内容
6	组织人员完成110kV××站××设备例行检查、试验工作
7	对班组半作工作进行总结，编写总结报告上报车间
8	组织人员更换220kV××站××设备带电显示器
9	对师带徒培训计划完成情况组织检查
10	组织人员完成220kV××站××设备保护改定值工作
11	参加班组建设创新成果发布会

【实例4】

班组工作日志

班组名称	变电检修班	记录人	吴××	日期	7月18日
序号	工作日志内容				
1	登陆设备管理信息系统，修改完善设备台账，填写记录				
2	登陆班组建设信息系统，建立和完善相关资料				
3	组织人员完成110kV××站××设备例行检查、试验工作				
4	组织人员对安全工器具进行试验				
5	安排技术员参加新建变电站现场规程初审会				
6	组织人员完成110kV××站××设备事故抢修工作				
7	组织人员完成35kV××站××设备消缺工作				
8	组织全员完成220kV××站新设备投运前专业技术讲座				
9	组织全员参加××变电站反事故演习活动				
10	组织人员完成220kV××变电站设备巡视工作				
11	对班组半年指标情况进行分析，制定提升指标措施				

【实例5】

班组工作日志

班组名称	变电检修班	记录人	吴××	日期	7月19日
序号	工作日志内容				
1	登陆设备管理信息系统，修改完善设备台账，填写记录				
2	登陆班组建设信息系统，建立和完善相关资料				
3	编制下周工作计划				

续表

序号	工作日志内容
4	组织全员周缺陷分析，制定缺陷清除计划
5	完成 7 月份全员技术问答培训工作任务
6	根据人资部送培计划要求，安排××去培训中心学习
7	组织人员完成 220kV××站设备例行检查、试验工作
8	组织人员完成 110kV××站××设备例行检查、试验工作
9	组织人员完成 110kV××站××设备消缺工作
10	组织全员学习公司年中工作会议精神
11	组织人员完成 220kV××站××设备消缺工作
12	打扫变电检修工器具室卫生

第四节　班组技术资料和台账

一、技术资料目录

班组的技术资料包括法律法规、国家标准、电力行业标准、技术标准、国家电网公司企业管理标准、岗位工作标准、企业的管理制度、企业的管理规定、企业的管理办法、企业的管理实施细则、记录、台账、图纸、设备试验报告、设备运行检修试验规程、作业指导书、工作日志和工作计划等。以下列举输电设备检修班技术资料目录，仅供参考。

输电设备检修班技术资料目录

序号	标准编号及文件号	技术资料名称
1	GB 13398—2008	带电作业用空心绝缘管、泡沫填充绝缘管和实心绝缘棒
2	GB/T 14286—2008	带电作业工具设备术语
3	GB/T 6568—2008	带电作业用屏蔽服装
4	GB/T 18136—2008	交流高压静电防护服装及试验方法
5	GB/T 18037—2008	带电作业工具基本技术要求与设计导则
6	GB/T 17620—2008	带电作业用绝缘硬梯
7	GB/T 15632—2008	带电作业用提线工具通用技术条件
8	GB/T 19185—2008	交流线路带电作业安全距离计算方法
9	GB/T 13034—2008	带电作业用绝缘滑车

续表

序号	标准编号及文件号	技术资料名称
10	GB/T 13035—2008	带电作业用绝缘绳索
11	GB/T 5972—2009/ISO 4309:2004	起重机 钢丝绳检验和报废实用规范
12	GB/T 12167—2006	带电作业用铝合金紧线卡线器
13	GB/T 11017.1—2002	额定电压 110kV 交联聚乙烯绝缘电力电缆及其附件 第 1 部分：试验方法和要求
14	GB 11032—2010	交流无间隙金属氧化物避雷器
15	GB 19155—2003	高处作业吊篮
16	GB 50168—2006	电气装置安装工程电缆线路施工及验收规范
17	GB 50223—2005	110～500kV 架空送电线路施工及验收规范
18	DL/T 1060—2007	750kV 交流输电线路带电作业技术导则
19	DL/T 699—2007	带电作业用绝缘托瓶架通用技术条件
20	DL/T 463—2006	带电作业用绝缘子卡具
21	DL/T 475—2006	接地装置特性参数测量导则
22	DL/T 1145—2009	绝缘工具柜
23	DL/T 1126—2009	同塔多回线路带电作业技术导则
24	DL/ 415—2009	带电作业用火花间隙监测装置
25	DL/T 975—2005	带电作业用防机械穿刺手套
26	DL/T 974—2005	带电作业用工具库房
27	DL/T 966—2005	送电线路带电作业技术导则
28	DL/T 971—2005/IEC 61481:2004	带电作业用交流 1kV～35kV 便携式核相机
29	DL/T 976—2005	带电作业工具、装置和设备预防性试验规程
30	DL/T 972—2005	带电作业工具、装置和设备的质量保证导则
31	DL/T 626—2005	劣化盘形悬式绝缘子检测规程
32	DL/T 887—2004	杆塔工频接地电阻测量
33	DL/T 5092—1999	（110～500）kV 架空送电线路设计技术规程
34	DL/T 741—2010	架空输电线路运行规程
35	DL 5009.2—2013	电力建设安全工作规程第 2 部分：架空电力线路
36	JB/T 9010—1999	手拉葫芦 安全导则
37	GB/T 19666—2005	阻燃和耐火电线电缆通则
38	GB/T 3048—2007	电线电缆性能试验方法

续表

序号	标准编号及文件号	技术资料名称
39	GB/Z 18890—2002	额定电压 220kV（U_m=252kV）交联聚乙烯绝缘电力电缆及其附件（技术标准）
40	DL 453—1991	高压充油电缆施工工艺规程
41	DL 508—1993	交流（100～330）kV 自容式充油电缆及其附件订货技术规范
42	DL 509—1993	交流 110kV 交联聚乙烯绝缘电缆及其附件订货技术规范
43	DL/T 401—2002	高压电缆选用导则
44	DL/T 5161—2002	电气装置安装工程质量检验及评定规程
45	DL/T 5221—2005	城市电力电缆线路设计技术规定
46	DL/T 413—2006	额定电压 35kV（U_m=40.5kV）及以下电力电缆热缩式附件技术条件
47	DL/T 802.1～6—2007	电力电缆用导管技术条件
48	DL/T 664—2008	带电设备红外诊断应用规范
49	JB/T 10181—2000	电缆载流量的计算
50	（87）水电基字第 49 号	架空送电线路导线及避雷线液压施工工艺规程
51	Q/HBW 14203—2008	带电作业专用车辆管理规范
52	Q/HBW 14202—2008	带电作业库房管理规程
53	Q/HBW 21704—2008	带电作业管理规范
54	Q/GDW 06—086—2012—20704	输电线路检修管理
55	Q/GDW 06—087—2012—20704	输电线路带电作业管理
56	Q/GDW 06—097—2012—20709	标准化作业管理
57	Q/GDW 06—099—2012—20709	输变电设备状态检修管理
58	Q/GDW 06—100—2012—20709	输变电设备缺陷管理
59	Q/GDW 152—2006	电力系统污区分级与外绝缘选择标准
60	国家电网工会〔2010〕814 号	关于印发国家电网公司"创建先进班组，争当工人先锋号"活动方案的通知
61	国家电网科〔2007〕888 号	关于发布《杆塔作业防坠落装置技术标准》的通知
62	国家电网生〔2007〕751 号	国家电网公司带电作业管理规定
63	国家电网生〔2006〕935 号	架空输电线路管理规范
64	国家电网生〔2005〕400 号	国家电网公司十八项电网重大反事故措施

续表

序号	标准编号及文件号	技术资料名称
65	国家电网安监〔2009〕664	《电力安全工作规程》（电力线路部分）
66	国家电网安监〔2011〕75 号	国家电网公司安全生产反违章工作管理办法
67	国家电网安监〔2009〕575 号	国家电网公司安全生产事故隐患排查治理管理办法
68	国家电网安监〔2006〕1114 号	国家电网公司安全技术劳动保护措施计划管理办法(试行)
69	国家电网安监〔2005〕516 号	国家电网公司电力安全工器具管理规定（试行）
70	国家电网安监〔2008〕891 号	国家电网公司电力建设起重机械安全监督管理办法
71	国家电网安监〔2006〕904 号	国家电网公司防止电气误操作安全管理规定
72	国家电网安监〔2012〕175 号	国家电网公司质量监督工作暂行规定
73	国家电网总〔2003〕407 号	安全生产工作规定
74	国家电网总〔2003〕408 号	安全生产监督规定
75	国家电网安监〔2005〕513 号	国家电网公司安全生产职责规范（试行）
76	国家电网安监〔2012〕41 号	国家电网公司安全工作奖惩规定
77	国家电网安监〔2011〕2024 号	国家电网公司安全事故调查规程
78	国家电网安监〔2012〕230 号	国家电网公司质量事件调查处理暂行办法
79		《输电线路状态检修规程》
80		《输电线路运行规程》
81		《输变电设备状态检修试验规程实施细则》
82		输电线路接地电阻测量记录
83		输电线路事故、故障及跳闸记录
84		输电设备缺陷记录
85		安全活动记录
86		班务会记录
87		工作日志
88		班组年、月、周工作计划
89		班组岗位工作标准
90		班组定置管理图
91		班组经济责任制考核制度
92		质量管理小组活动情况资料
93		班组人员培训档案
94		输电线路设备历年预防性试验报告

续表

序号	标准编号及文件号	技术资料名称
95		输电线路例行试验报告
96		输电线路诊断性试验报告
97		输电线路（交接）验收报告
98		输电线路检修报告
99		输电线路设备台账及电缆参数一览表、电缆线路概况说明
100		输电线路安装资料（安装竣工图、电缆线路路径图）
101		输电线路反事故措施台账及执行报告
102		班组工器具设施台账
103		地区电力系统线路地理平面图
104		输电线路设备评价报告
105		输电线路设备作业指导书
106		输电线路事故应急预案及操作手册
107		输电线路事故调查分析技术报告
108		输电线路运行检修（包括技术监督、可靠性等）专业月报、年报（总结）
109		输电线路所经过的特殊区域划分资料

二、班组台账

班组台账由安全工器具台账、设备台账、设备评定级台账、技术台账等组成。

（一）变电站消防设备台账：

1. 220kV 金桥变电站消防设备台账

站名：220kV 金桥变电站 　　　　　　　　　　　　　　　　　2011 年 12 月 31 日

序号	消防器材规格	出厂日期	配置位置	配置数量	编号	存在问题
1	MFZL8（干粉）	2011—01	监控室西门内西	4	1～4	
2	MFZL8（干粉）	2011—01	蓄电池室门外西	5	5～9	
3	MFZL8（干粉）	2011—01	220kV 保护室东门内北	4	10～13	
4	MFZL8（干粉）	2011—01	220kV 保护室西门内南	3	14～16	
5	MFZL8（干粉）	2011—01	35kV 1 号站用变室内东	3	17～19	
6	MFZL8（干粉）	2011—01	35kV 2 号站用变室内东	3	20～22	
7	MFZL8（干粉）	2011—01	35kV 高压室门内南	4	23～26	
8	MFZL8（干粉）	2011—01	35kV 高压室门内北	3	27～29	

续表

序号	消防器材规格	出厂日期	配置位置	配置数量	编号	存在问题
9	MFZL8（干粉）	2011—01	110kV 保护室南门内东	4	30～33	
10	MFZL8（干粉）	2011—01	110kV 保护室南门内西	3	34～36	
11	MFZL8（干粉）	2011—01	消防厅内	18	37～54	
12	MFTZL-35（干粉车）	2011—01	消防厅内	4	1～4	
13	消防锨		消防厅内	11	1～11	
14	消防桶		消防厅内	15	1～15	
15	消防桶		35kV 1 号站用变室内东	6	16～21	
16	消防桶		35kV 2 号站用变室内东	6	22～27	
17	消防斧		消防厅内	4	1～4	
18	砂箱		消防厅内	1		

检查人签字：

2. 110kV 宏盛变电站消防设备台账

站名：110 kV 宏盛变电站　　　　　　　　　　　　2011 年 12 月 31 日

序号	消防器材规格	出厂日期	配置位置	配置数量	编号	存在问题
1	MFZL8（干粉）	2011—01	主控室门外南	6	1～6	
2	MFZL8（干粉）	2011—01	10kV 高压室东门外北	6	7～12	
3	MFZL8（干粉）	2011—01	一楼电缆竖井门外南	2	13～14	
4	MFZL8（干粉）	2011—01	一楼电抗器室门外东	4	15～18	
5	MFZL8（干粉）	2011—01	一楼电抗器室门外东	3	19～21	
6	MFZL8（干粉）	2011—01	35kV 高压室西门内西	6	22～27	
7	MFZL8（干粉）	2011—01	控制楼一楼楼梯西	8	28～35	
8	MFTZL-35（干粉车）	2011—01	35kV 高压室西门内西	3	1～3	
9	消防锨		控制楼一楼楼梯西	10	1～10	
10	消防桶		控制楼一楼楼梯西	10	1～10	
11	砂箱		1 号、2 号变压器之间	1		
12	水池		院门内	1		

检查人签字：

3. 110kV 城东变电站消防设备台账

站名：110 kV 城东变电站   2011 年 12 月 31 日

序号	消防器材规格	出厂日期	配置位置	配置数量	编号	存在问题
1	MF8 干粉	2011—10—14	主控室东门内北	6	1～6	
2	MF8 干粉	2011—10—14	110kV 高压室北门内东	8	7～14	
3	MF8 干粉	2011—10—14	10kV 高压室北门内东	6	15～20	
4	MF8 干粉	2011—10—14	电缆竖层门外西	4	21～24	
5	MF8 干粉	2011—10—14	10kV 电容器室西门内北	6	25～30	
6	MF8 干粉	2011—10—14	10kV 电容器室西门内北	3	31～33	
7	MF8 干粉	2011—10—14	安全用具室内	8	34～41	
8	MF8 干粉	2011—10—14	安全用具室内	5	42～46	
9	MFTZ-35（干粉车）	2005—08 一台新出厂日期 2011—01—20	安全用具室内	3	1～3	
10	消防锨		安全用具室内	5	1～5	消防锨缺 3 把
11	消防桶		安全用具室内	20	1～20	
12	消防斧		安全用具室内	2	1～2	
13	砂箱		两变压器之间	1		

检查人签字：

4. 35kV 中埔变电站消防设备台账

站名：35kV 中埔变电站   2011 年 12 月 31 日

序号	消防器材规格	出厂日期	配置位置	配置数量	编号	存在问题
1	MY4 灭火器	2010—07	主控室门内西	6	1～6	
2	MY4 灭火器	2010—07	35kV 高压室门内	6	7～12	
3	MY4 灭火器	2010—07	10kV 电容器室门内	8	13～20	
4	MY4 灭火器	2010—07	10kV 高压室门内南	6	21～26	
5	MFZL8（干粉）	2010—07	消防厅内	8	27～34	
6	MFT-35 灭火车	2010—07	消防厅内	3	35～37	
7	消防锨		消防厅内	5	1～5	

续表

序号	消防器材规格	出厂日期	配置位置	配置数量	编号	存在问题
8	消防桶		消防厅内	10	1～10	
9	砂箱		两变压器之间			少一个

检查人签字：

（二）变电站设备台账

1. 变压器台账

沈阳变压器厂制造		序号：3H059-1.1ET.710.1195.4PT		1985 年 4 月制造	运行日期：1985—12—31
运行条件：户外		瓦斯继电器型式		QJ1-80	

主 要 技 术 数 据

型式		SFPSZ4-150000/220		额定容量		150000kVA		相数	三相
接线组别		YO/YO/△-12-11		额定电压		220±8×1.5%/121/11kV		频率	50Hz
冷却方式		强油风冷		空载电流		0.7149		空载损耗	190.4kW
额定电压	高	220000V	额定电流	高	393.65A	阻抗电压	高一中 13.4%	负载损耗	637.4kW
	中	121000V		中	715.72A		高一低 23.5%		208.1kW
	低	11000V		低	3936.5A		中一低 7.64%		155.4kW

位置	连接	调整数 %	电压 高压（V）	中压	低压	电流 高压（A）	中压	低压
1	X1-Y1-Z1	1.5	246400			101.5		
2	X2-Y2-Z2	1.5	24900			106.2		
3	X2-Y3-Z3	1.5	239800			361.1		
4	X4-Y4-Z4	1.5	236500			366.18		
5	X5-Y5-Z5	1.5	233200			371.37		
6	X6-Y6-Z6	1.5	229900			376.7		
7	X7-Y7-Z7	1.5	226600			382.18		
8	X8-Y8-Z8	1.5	223300			387.83		
9	X9-1-Y9-1-Z9-1	1.5	220000	121000	11000	393.65	716	3936
10	X2-Y2-Z2	1.5	216700			399.64		
11	X3-Y3-Z3	1.5	213400			405.82		

续表

位置	连接	%	高压（V）	中压	低压	高压（A）	中压	低压
12	X4-Y4-Z4	1.5	210100			412.2		
13	X5-Y5-Z5	1.5	206800			418.77		
14	X6-Y6—Z6	1.5	201000			425.57		
15	X7-Y7-Z7	1.5	200200			425.57		
16	X8-Y8-Z8	1.5	196900			425.57		
17	X9-Y9-Z9	1.5	193600			425.57		
器身重	124.1t		上节油箱重	17.5	运输重	158.74t		
油重	60.5t		总重	244.05t				

2. 断路器台账

型　号	HPL 245B1	额定电压	252kV
额定电流	4000A	遮断容量	19000MVA
遮断电流	50 kV	机构型号	BLG1002A
制造厂	ABB 高压设备有限公司	断路器名称编号	申东线 12 断路器

三、班组报表

2013 年带电作业班查处违章 3 月份报表

班组：带电作业班　　　　　　　　　　　　　填报日期：2013 年 4 月 2 日

一：违章统计

1．按违章类别统计（次）				2．按违章性质统计（次）				
	严重违章	一般违章	合计	指挥性	管理性	作业性	装置性	合计
本　月	0	0	0	0	0	0	0	0
年度累计	0	0	0	0	0	0	0	0

二：班组人员查禁违章情况统计

序号	违章事件简述	类别	查处时间	违章者	发现者姓名、职务
1	无				

审核人：吴××　　　　　　　　　　填报人：柳××

8 月份班组员工考勤表

班组：变电运维班　　　　　　　　　　　　　　　　　　　　　　　　　　　2011 年 9 月 2 日

姓名	1	2	3	4	5	6	7	8	9	10	11	12	13	14	15	16	17	18	19	20	21	22	23	24	25	26	27	28	29	30	31	认可签名
郑××	｜	｜	｜	｜	｜	｜	｜	｜	｜	—	｜	｜	｜	｜	｜	｜	｜	｜	｜	｜	｜	｜	｜	｜	｜	｜	｜	｜	—	—	—	郑××
刘××	｜	｜	｜	○	—	—	—	｜	｜	—	｜	｜	｜	｜	｜	｜	｜	｜	｜	｜	｜	｜	｜	｜	｜	｜	｜	｜	—	—	—	刘××
肖××	｜	｜	｜	—	—	—	—	｜	｜	—	｜	｜	｜	｜	｜	｜	｜	｜	｜	｜	｜	｜	｜	｜	—	｜	｜	｜	｜	—	｜	肖××
李××	｜	｜	｜	—	—	—	—	｜	｜	—	｜	｜	｜	｜	｜	｜	｜	｜	｜	｜	｜	—	｜	｜	｜	｜	｜	｜	｜	—	｜	李××
韩××	｜	｜	｜	—	—	—	—	｜	｜	—	｜	｜	｜	｜	｜	｜	｜	｜	｜	｜	｜	—	｜	｜	｜	｜	｜	｜	｜	—	｜	韩××
钱××	｜	｜	｜	—	—	—	—	｜	｜	—	｜	｜	｜	｜	｜	｜	｜	｜	｜	｜	｜	—	｜	｜	｜	｜	｜	｜	｜	—	｜	钱××
路××	｜	｜	｜	—	—	—	—	｜	｜	—	｜	｜	｜	｜	｜	｜	｜	｜	｜	｜	｜	×	｜	｜	｜	｜	｜	｜	｜	—	—	路××
邢×	｜	｜	｜	—	—	—	—	｜	｜	—	｜	｜	｜	｜	｜	｜	｜	｜	｜	｜	｜	—	｜	｜	｜	｜	｜	｜	｜	—	｜	邢×
张××	｜	｜	｜	—	—	—	—	｜	｜	—	｜	｜	｜	｜	｜	｜	｜	｜	｜	｜	｜	｜	｜	｜	｜	｜	｜	｜	｜	—	｜	张××
常××	｜	｜	｜	—	｜	｜	｜	｜	｜	—	｜	｜	｜	｜	｜	｜	｜	｜	×	｜	｜	｜	｜	｜	｜	｜	｜	｜	｜	—	｜	常××
杨××	｜	｜	｜	—	｜	｜	｜	｜	｜	—	｜	｜	｜	｜	｜	｜	｜	｜	｜	｜	｜	｜	｜	｜	｜	｜	｜	｜	｜	—	｜	杨××
韩××	｜	｜	｜	—	｜	｜	｜	｜	｜	—	｜	｜	｜	｜	｜	｜	｜	｜	｜	｜	｜	｜	｜	｜	｜	｜	｜	｜	｜	—	｜	韩××
赵×	｜	｜	｜	—	｜	｜	｜	｜	｜	—	｜	｜	｜	｜	｜	｜	｜	×	｜	｜	｜	｜	｜	｜	｜	｜	｜	｜	｜	—	—	赵×
祝×	｜	｜	｜	—	｜	｜	｜	｜	｜	｜	｜	｜	｜	｜	｜	｜	｜	｜	｜	｜	｜	｜	｜	｜	｜	｜	｜	｜	｜	—	—	祝×
司×	｜	｜	｜	—	｜	｜	｜	｜	｜	｜	｜	｜	｜	｜	｜	｜	｜	｜	｜	｜	｜	｜	｜	｜	｜	｜	｜	｜	｜	—	—	司×
孟××	—	｜	｜	｜	N	N	N	N	N	—	｜	｜	｜	｜	｜	｜	｜	｜	｜	｜	｜	｜	—	—	—	—	｜	｜	｜	｜	—	孟××
门××	—	｜	｜	｜	□	□	□	□	□	｜	｜	｜	｜	｜	｜	｜	｜	N	N	N	N	N	N	｜	｜	｜	｜	｜	｜	｜	—	门××
何××	—	｜	｜	｜	—	—	—	—	—	—	｜	｜	｜	｜	｜	｜	｜	×	N	N	N	N	N	｜	｜	｜	｜	｜	｜	—	｜	何××

考勤　日　期

班长：何××　　　　　　　　　　　　　　　　　考勤员：门××

出勤（｜）病假（○）旷工（空白）工伤（△）事假（×）计划生育假（+）迟到（迟）早退（早）公休（—）婚假（□）探亲假（T）丧假（S）年休假（N）

第四章 文 明 管 理

第一节 6S 管 理

结合现场班组实际，加强班组环境建设，统筹协调，改善班组员工工作、学习、生活条件。由于现场班组的员工每天都在工作现场作业，当现场地面杂物乱堆，工具和设备乱放，必定会影响员工的工作效率，有必要采用一种现场管理方法，对工具、设备和各种物品摆放有序，减少搬运工作，提高工作效率。对设备清扫、检修、保养、维护都实行精益化管理，可以延长设备的寿命，保持通道畅通，使生产及非生产事故减少。因此，班组要重点抓好现场环境建设，实施 6S 管理，供电公司应组织班组长进行 6S 管理培训，使班组长能了解和掌握 6S 管理的方法和技巧，以下是 6S 管理基本知识：

1. 整理（SEIRI）

将工作场所的任何物品区分为有必要和没有必要的，除了有必要的留下来，其余清除掉，防止误用，塑造清爽的工作场所。

2. 整顿（SEITON）

把留下来的必要用的物品按照规定位置摆放，要做到放置整齐并有标识。通过清除过多的积压物品，缩短了寻找物品的时间，使工作环境达到整齐有序。

3. 清扫（SEISO）

将工作场所清扫干净，保持工作现场干净、清洁的环境。

4. 清洁（SEIKETU）

将整理、整顿、清扫持续进行，维持上述 3S 管理成果，并且制度化、常态化。经常保持环境处在美观的状态。

5. 素养（SHITSUKE）

每位班组员工养成良好的习惯，并按照规章制度作业，培养班组员工积极主动的精神，培养员工遵章守纪，营造班组良好的团队精神。

6. 安全（SECURITY）

重视班组员工安全教育，建立起安全生产正常秩序和良好环境，使员工牢固

75

树立"安全第一、预防为主、综合治理"的安全理念，将事故和异常消灭在萌芽状态。

第二节　定　置　管　理

班组实行定置管理，班容班貌做到五净（门窗、桌椅、资料柜、地面、墙壁干净）、五齐（桌椅放置、资料柜放置、桌面办公用品摆放、上墙图表悬挂、柜内资料物品摆放整齐）。

一、班组工作室定置管理

班组员工着装整齐，工作态度良好，工作期间无打闹说笑、玩游戏、吃零食现象。班组员工接听电话时无大吵大闹，接待宾客有礼仪。班组工作室地面卫生清洁，墙角无蜘蛛网，垃圾筒每天清理。工作室绿色植物摆放整齐，植物没有枯死或干黄。桌面、柜子无灰尘，桌面物品摆放不零乱，桌子上文件架摆放整齐，桌抽屉内物品摆放整齐、不杂乱。下班后桌面物品摆放整齐，室内设备电源全关闭，室内门窗全关闭，班组工作室要有与实际相符的定置图。

二、办公桌定置管理

办公桌要有定置图，办公桌内外物品应根据员工工作特点及日常工作进行分类，定置摆放。办公桌面放置的资料应是当日工作使用的，桌面物品保证正常办公需要。班组员工在下班前将办公用品归位，将资料分类装夹，文件夹上应标明反应夹内资料内容的标识，且标识清楚，易于查找。

三、资料柜定置管理

资料柜要有清晰标识，为了便于工作，可将黑体字的标签粘贴在隔框上进行分类区别，标签可以标注物品名称，如表格、报表、单据、书籍、文件、图纸、杂志、报纸等，便于识别查找。一般超过一周以上使用的资料、文件要装盒竖立于资料柜内，文件盒、文件夹要分类标识，要按照顺序排列。资料柜柜顶不得放置任何物品，柜后、柜底无杂物，无卫生死角。

以下是电费核算班定置图：

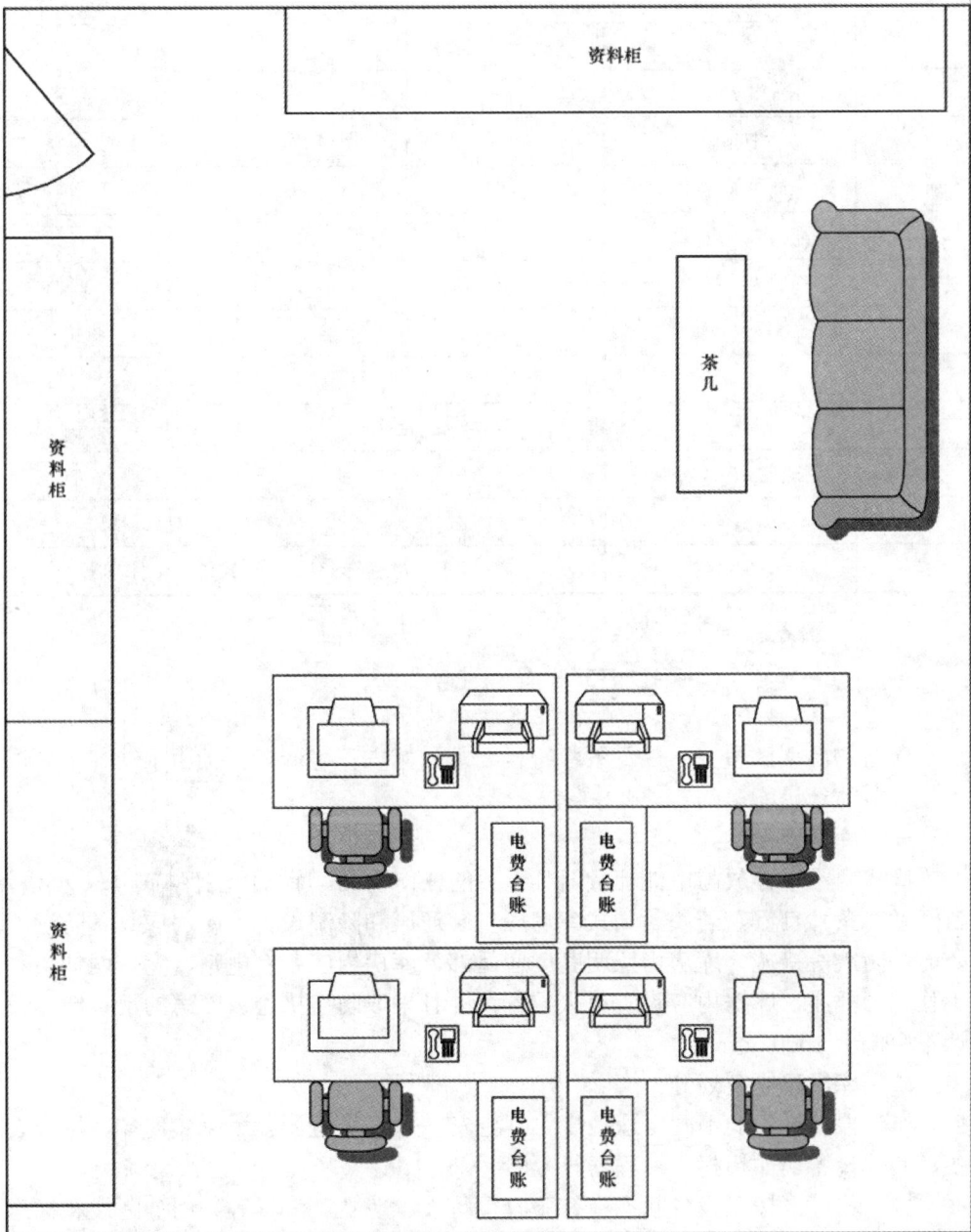

电费核算班定置图

序号	名　称	单位	数量	备注
1	资料柜	个	3	
2	茶　几	个	1	
3	沙　发	个	1	
4	电　脑	台	4	
5	打印机	台	4	
6	电　话	部	4	
7	椅　子	把	4	
8	桌　子	张	4	
9	电费台账	本	4	

电 费 核 算 班 定 置 图

批准人	吴××	审核人	徐××
设计人	赵××	绘图人	刘××
图号	03-28	日期	2012 年 1 月 18 日

第三节 库 房 管 理

库房物品摆放整齐，保管条件符合要求，标志正确清晰，领用手续齐全。以下列举电能计量库房的管理要求：

一、库房建设

库房内不得存放与电能计量器具无关的任何物品。库房内应保持干燥、整洁，自然通风条件良好，若属封闭式库房应安装通风和除湿设备。库房应具备防潮、防淹、防震等措施，库房内照明亮度应足够，库房内应备有电话、宽带网插口和工作电源插座，库房内应设置灭火装置，并且采取防盗措施，库房的承载能力设计不应低于 $1000kg/m^2$。

二、库区建立及划分

（1）根据设备的不同用途，建立电能表/失压仪、互感器、采集终端、标准设备、其他设备（如铅封、编程器等）库区。

（2）将库区按照设备状态（待验收、待检、待装、淘汰等）用分区线和标志划分为若干存放区。

（3）存放区也可以分为待验收存放区、待检存放区、校验区、合格品存放区、不合格品存放区、待装存放区、旧设备（拆回）/分拣存放区、停用存放区、配送存放区、淘汰/报废存放区、退换存放区、临时存放区。

三、入库登记

资产管理员对检验合格的设备进行入库登记，设备入库应及时在营销业务应用系统中进行更新，做到库存设备与系统内档案相符。设备入库包括：新购暂管入库、新购验收入库、新购直接入库、检定/检测返回入库、拆回入库、配送入库、预领退回入库、领出未装入库、厂返更换入库、用户资产移交入库、盘盈资产入库、配送退回入库。

四、入库检验

新购入的电能计量器具，资产管理员要依据购置计划对装箱单、出厂检定报告（合格证）、使用说明书、铭牌、外观结构、安装尺寸、辅助部件等进行核查无误后，及时通知相关人员组织验收，并填写"电能计量器具验收记录"。验收合格后，资产管理员办理入库手续，否则不得入库。

五、设备领取及出库

库存待装电能表的领用，按照先检定先领用的原则。经检定合格的电能表在库房保存时间超过六个月的，应重新检定合格后才能再次使用。营销业务应用系统应自动生成超期存放电能表的统计表，并限制该类电能表出库。资产管理员应根据工作单信息中的方案进行配表。设备出库包括新购暂管出库，待检定/校准出库、新装出库、更换用出库、预领待装出库、配送出库、临时借表出库、报废出库、退厂出库、其他领用出库等。

六、设备出库单

出　库　单

申请编号：140314396322

序号	设备类型	生产厂家	型号	等级	规格	出库原因	产权	资产编号	备注
1	电能表 电子式-智能远程费控	××电器有限公司	DTZY51	1.0 2.0	3×220/380V 3×1.5（6）A	配送出库	供电企业资产	370110034667538	
2	电能表 电子式-智能远程费控	××电器有限公司	DTZY51	1.0 2.0	3×220/380V 3×1.5（6）A	配送出库	供电企业资产	370110034667541	
3	电能表 电子式-智能远程费控	××电器有限公司	DTZY51	1.0 2.0	3×220/380V 3×1.5（6）A	配送出库	供电企业资产	370110034667542	

续表

序号	设备类型	生产厂家	型号	等级	规格	出库原因	产权	资产编号	备注
4	电能表 电子式-智能远程费控	××电器有限公司	DTZY51	1.0 2.0	3×220/380V 3×1.5（6）A	配送出库	供电企业资产	370110034667543	
5	电能表 电子式-智能远程费控	××电器有限公司	DTZY51	1.0 2.0	3×220/380V 3×1.5（6）A	配送出库	供电企业资产	370110034667598	
6	电能表 电子式-智能远程费控	××电器有限公司	DTZY51	1.0 2.0	3×220/380V 3×1.5（6）A	配送出库	供电企业资产	370110034667628	
7	电能表 电子式-智能远程费控	××电器有限公司	DTZY51	1.0 2.0	3×220/380V 3×1.5（6）A	配送出库	供电企业资产	370110034667629	
8	电能表 电子式-智能远程费控	××电器有限公司	DTZY51	1.0 2.0	3×220/380V 3×1.5（6）A	配送出库	供电企业资产	370110034667630	
9	电能表 电子式-智能远程费控	××电器有限公司	DTZY51	1.0 2.0	3×220/380V 3×1.5（6）A	配送出库	供电企业资产	370110034667631	

领用人：赵××　　　　　配送员：李××　　　　　资产管理员：蔡××

第五章 信息化管理

第一节 国家电网公司班组建设管理信息系统应用说明

班组级用户登录系统后，显示公告栏、班组简介、荣誉栏、工作计划、工作总结、生产指标、文明管理、班组愿景、班务公开、工作感悟、培训管理、创新活动和班组园地共计十三个栏目，并增加站点导航、管理入口、资料总库、班组建设、班组考评、班组对标、我的主页、留言簿和注销九个功能按钮。

一、业务描述

班组层级用户登录系统后的页面，涵盖了"公告栏、班组简介、荣誉栏、工作计划、工作总结、生产指标、文明管理、班组愿景、班务公开、工作感悟、培训管理、创新活动和班组园地"共计十三个栏目，支持前台浏览各栏目内容汞１后台添加、修改、查看、审核发布、下发、推荐等功能。

在十三个栏目中："公告栏"显示上级单位下发的公告和班组发布的公告；"班组简介"以图片（班组集体照片）和文字说明形式介绍班组情况；"荣誉栏"以图片+文字形式展现班组的所获得的各项荣誉(需通过班组上级管理部门县供电企业级审核后才能在前台显示)："班组愿景"展现班组共同愿景和班员个人愿景；"工作感悟"供班组成员抒发对工作、生活、学习中的感想和经验；"工作计划"为班组的：工作计划；"工作总结"为班组的工作检查、总结及改进；"生产指标"为班组的工作指标；"文明管理"展现班组的品牌标识、办公室、仓库、作业现场的环境；"班务公开"公开班组的绩效考核，奖金分配、评先选优、岗位晋级等；"培训管理"是发布班组培训管理、岗位实训；"创新活动"是班组取得的创新成果；"班组园地"是基层班组工作中的亮点。

页面右下方有"站点导航、管理入口、资料总库、班组建设、班组考评、班组对标、我的主页、留言簿和注销"九个功能按钮。"站点导航"按钮为进入前台浏览模式的快捷功能；"管理入口"为进入后台操作模式的快捷功能；"资料总库、班组建设、班组考评、班组对标"为进入系统相关模块的快捷入口；"我的主页"按钮为用户提供快速返回所属单位页面的快捷按钮；"留言簿"为提供各级管理人员留言、班组人员自主管理的功能；"注销"为用户退出时的快捷按钮。

二、详细操作

班组首页栏目中的"工作计划、工作总结、生产指标、文明管理、班务公开、培训管理、创新活动"均为调取班组建设模块中的相关项，自动显示在班组首页，这些内容的维护请参考班组建设模块中的介绍。

（一）公告栏维护

用户登录系统后，选择页面右下角处的【管理入口】按钮（如图 5-1 所示），进入后台。再从页面左侧的功能导航栏中选择【首页维护】——【公告栏】进入公告栏的维护页面。

图 5-1

1. 添加

在页面右下角文本编辑区的标题项中输入所要下发公告的标题，再输入公告的内容。点击编辑区上方的【添加】按钮，则完成公告的添加。（如在输入内容后，点击标题项右侧的【草稿】旁的选择框口，则此条信息仅该录入用户可见）

2. 修改

首先选中要修改的公告信息，然后在文本编辑区中要对该信息进行修改，再点击【修改】按钮，则完成公告的修改。

3. 删除

首先选中要删除的公告信息，点击【删除】按钮，弹出提示询问是否要删除，再点击【确定】按钮，弹出删除成功，则完成公告的删除。

4. 下发

用户在后台添加的公告，未经发布不能在前台显示，需要用户将公告下发后才能在前台首页中显示。

首先用户选中需要下发的公告，点击【下发】按钮，弹出选择下发级别对话框，用鼠标左键单击"下发班组级"前的选择窗口打√，点击下方的【下发】按钮，则完成公告的下发。

5. 取消下发

用户要取消公告在前台首页中的显示，需进行取消下发的操作。

首先州户选中一条已下发的信息，点击【取消下发】按钮，弹出提示询问是否取消下发，点击【确定】后，则完成取消下发的操作。

（二）荣誉栏维护

用户登录系统后，选择页面右下角处的【管理入口】按钮，进入后台。再从左侧的功能导航栏中选择【首页维护】——【荣誉栏】进入荣誉栏的维护页面。

1. 添加

用户点击页面左下方的【添加】按钮，弹出添加荣誉信息页面。

在添加荣誉信息页面将各项内容填写完毕后，点击右侧下方的【上传图片】按钮，弹出添加数据对话框。点击【添加文件】按钮，选择本地电脑中存放的荣誉相关图片，选中图片后点击【打开】按钮或在图片上双击鼠标左键，所选图片被加载到添加数据对话框中。然后点击添加数据对话框中的【保存】按钮，幽片上传。图片被成功上传后，点击添加荣誉信息页面中的【保存】按钮，则完成荣誉信息的添加（荣誉信息要显示在前台首页的荣誉栏中需要班组所属工区的审核）

2. 修改

首先选中一条荣誉信息，点击页面左下方的【修改】按钮，弹出修改荣誉信息页面。将需要修改的信息修改后，点击【保存】按钮，则完成荣誉信息的修改。（已发布的荣誉信息需要取消发布后才可修改）

3. 删除

首先选中一条荣誉信息，点击页面左下方的【删除】按钮，弹出提示询问是否删除，点击【确定】后，则完成荣誉信息的删除。（已发布的荣誉信息需要取消发布才可删除）

（三）班组简介维护

用户登录系统后，选择页面右下角处的【管理入口】按钮，进入后台。再从左侧的功能导航栏中选择【首页维护】——【班组简介】进入班组简介的维护页面。

1. 添加

用户点击页面左下方的【添加】按钮，弹山添加班组简介页面。

在添加班组简介页面将各项内容填写完毕后，点击右侧下方的【上传图片】按钮，弹出添加数据对话框。点击【添加文件】按钮，选择本地电脑中存放的班组相关图片，选中图片后点击【打开】按钮或在图片上双击鼠标左键，所选图片被加载到添加数据对话框中。然后点击添加数据对话框中的【保存】按钮，图片上传。图片被成功上传后，点击添加班组简介页面中的【保存】按钮，则完成班组简介的添加。

2. 修改

首先选中一条班组简介，点击页面左下方的【修改】按钮，弹出修改班组简介页面。对信息进行修改后，点击【保存】按钮，则完成班组简介的修改。

3. 发布与取消发布

首先选中一条班组简介，点击页面左下方的【发布】按钮，弹出审核班组简介页面。点击【发布】按钮，则完成班组简介的发布。发布后该条信息将会在前台首页的班组简介栏目中出现。

如果要取消显示则需要做取消发布的操作。首先选中一条已发布的班组简介，点击页面左下方的【发布】按钮，弹山审核班组简介页面。点击【取消发布】按钮，则完成班组简介的取消发布。

4. 删除

首先选中一条班组简介，点击页面左下方的【删除】按钮，弹出提示询问是否删除，点击【确定】后，则完成班组简介的删除。

（四）班组愿景维护

用户登录系统后，选择页面右下角处的【管理入口】按钮，进入后台。再从左侧的功能导航栏中选择【首页维护】——【班组愿景】进入班组愿景的维护页面。

1. 添加

在页面右下角文本编辑区的标题项中填写标题，再填写具体内容。点击编辑区上方的【添加】按钮，则完成班组愿景的添加。（如在输入内容后，点击标题项右侧的【草稿】旁的选择框口，则此条信息仅该录入用户可见）

2. 修改

首先选中要修改的班组愿景信息，然后在文本编辑区中对该信息进行修改，点击【修改】按钮，则完成班组愿景的修改。

3. 删除

首先选中要删除的班组愿景信息，点击【删除】按钮，弹出提示询问是否要删除，再点击【确定】按钮，弹出删除成功，则完成班组愿景的删除。

4. 发布于取消发布

首先选中一条未发布的班组愿景信息，点击【发布】按钮右侧的小三角，选中【发布】后弹出提示，询问是否要发布，点击【确定】后，则完成班组愿景的发布。发布后的信息将在首页的班组愿景栏目中显示。

如果要取消在前台首页的显示需要取消发布的操作。首先选中一条已发布的班组愿景信息，点击【发布】按钮右侧的小三角，选中【取消发布】后弹出提示，询问是否要取消发布，点击【确定】后，则完成班组愿景的取消发布。

（五）工作感悟维护

用户登录系统后，选择页面右下角处的【管理入口】按钮，进入后台。再从左侧的功能导航栏中选择【首页维护】——【工作感悟】进入工作感悟的维护页面。

1. 添加

在页面右下角文本编辑区的标题项中输入标题，再输入内容。点击编辑区上方的【添加】按钮，则完成工作感悟的添加。（如在输入内容后点击标题项右侧的【草稿】旁的选择框口，则此条信息仅该录入用户可见）

2. 修改

首先选中要修改的工作感悟信息，然后在文本编辑区对该信息进行修改，点击【修改】按钮，则完成工作感悟的修改。

3. 删除

首先选中要删除的工作感悟信息，点击【删除】按钮，弹出提示询问是否要删除，再点击【确定】按钮，弹出删除成功，则完成工作感悟的删除。

4. 发布与取消发布

首先选中一条未被发布的工作感悟信息，点击【发布】按钮右侧的小三角，选中【发布】后弹出提示，询问是否要发布，点击【确定】后，则完成工作感悟的发布。发布后的信息将在首页的工作感悟栏目中显示。

如果要取消在前台首页的显示需要取消发布的操作。首先选中一条已发布的工作感悟信息，点击【发布】按钮右侧的小三角，选中【取消发布】后弹出提示，询问是否要取消发布，点击【确定】后，则完成工作感悟的取消发布。

三、资料总库

（一）业务描述

资料总库模块是各管理层级颁发的管理标准（管理标准、岗位工作标准、管理制度）和技术资料（技术标准、技术规程、图纸、作业指导述（卡）范本），支持前台浏览、下载的功能。

班组根据所属专业，收藏上级单位所颁布的各项管理规范和技术标准到【班组建设】——【班组基础建设】——【资料管理】模块，供班组成员学习使用，并作为国家电网公司考评中管理规范部分和技术资料部分的班组自评依据。地市公司级机关不定期检查班组对已颁布管理规范的引用学习情况，并进行评价，作为班组建设考评依据。

（二）详细操作

用户登录系统后，选择页面右下角功能导航区的【资料总库】按钮，进入资料总库。

1. 资料浏览、下载

首先用户先从页面左侧的公司组织机构树中选择一个单位，再从页面右侧的目录分类中选择一个子项，然后所选的单位的资料便在页面的中间位置显示出来。

若要对资料浏览或下载，需先将鼠标的指针放在资料的名称上，当鼠标指针变为小手时，点击鼠标左键，弹出文件下载页面。如果要浏览请选择【打开】按钮；要下载请选择【下载】按钮。

2. 资料收藏

首先用户先从页面左侧的公司组织机构树中选择一个单位，再从页面右侧的目录分类中选择一个子项，然后所选的单位的资料便在页面的中间位置显示出来。

如果对资料进行收藏，首先选中资料，点击页面下方的【收藏】按钮，弹山提示收藏成功。则完成资料的收藏。

四、班组建设

（一）业务描述

班组建设模块包含的内容是按照《国家电网公司班组建设管理标准》的条款要求进行设置，分为"班组基础建设、班组安全建设、班组技能建设、班组创新建设、班组民主建设、班组思想建设、班组文化建设、班组长队伍建设"八个方面以及细分子项，设立的子项和填写内容与《国家电网公司班组建设管理标准》条款细项及考评要求一一对应。

班组根据考评周期，定期添加、更新记录，进行数据维护，在考评开始前完成该周期考评所有支撑数据的整理录入，以保证国家电网公司考评中班组自评、工区（对班组）考核、地市公司（对班组）考评的准确性。

（二）详细操作

1. 班组基础建设

（1）岗位与人员设置。铺位人员设置中是班组的人员基本信息。用户登录系统后，选择页面右下角处的【管理入口】按钮，进入系统后台。再从左侧的功能导航栏中选择【班组建设】——【班组基础建设】——【岗位人员设置】——【人员基本信息】进入维护页面。

1）添加。用户点击页面左下方的【添加】按钮，弹出添加人员信息页面。将各项内容填写完毕后，点击右侧图片显示区下方的【上传头像】按钮，弹出添加数据对话框。点击【添加文件】按钮，然后选择本地电脑中存放的班组人员图片，选中图片后点击【打开】按钮或在图片上双击鼠标左键，所选图片被加载到添加数据对话框中。然后点击添加数据对话框中的【保存】按钮，图片上传。图片被成功上传后，点击添加人员信息页面中的【保存】按钮，则完成人员基本信息的添加。

2）修改。首先选中一条人员基本信息，点击页面左下方的【修改】按钮，弹出修改人员基本信息页面。将需要修改的信息修改后，点击【保存】按钮，则完成人员基本信息的修改。

3）删除。首先选中一条人员基本信息，点击页面左下方的【删除】按钮，弹出提示询问是否删除，点击【确定】后，则完成人员基本信息的删除。

（2）工作过程管理。在工作过程管理中分为工作目标、工作计划、工作检查总结及改进三个子项。

1）工作目标维护。用户登录系统后，选择页面右下角处的【管理入口】按钮，进入系统后台。再从左侧的功能导航栏中选择【班组建设】——【班组基础建设】——【工作过程管理】——【工作目标】进入维护页面。

a．添加。在页面右下角文本编辑区的标题项中输入工作目标的标题，再输入工作目标的内容。点击编辑区上方的【添加】按钮，则完成工作目标的添加。

b．修改。首先选中要修改的工作目标信息，然后在文本编辑区中对该信息进行修改后，点击【修改】按钮，则完成工作目标的修改。

c．删除。首先选中要删除的工作目标信息，点击【删除】按钮，弹出提示，询问是否要删除，再点击【确定】按钮，弹出删除成功，则完成工作目标的删除。

d．发布于取消发布。首先选中一条未发布的工作目标信息，点击【发布】按钮右侧的小三角，选中【发布】后弹出提示，询问是否要发布，点击【确定】后，则完成工作目标的发布。发布后的信息将在首页的生产指标栏目中显示。

如果要取消在前台首页的显示需要取消发布的操作。首先选中已发布的工作目标信息，点击【发布】按钮右侧的小三角，选中【取消发布】后弹出提示询问是否要取消发布，点击【确定】后，则完成工作目标的取消发布。

2）工作计划维护。用户登录系统后，选择页面右下角功能导航区的【管理入口】按钮，进入系统后台。再从左侧的功能导航栏中选择【班组建设】——【班组基础建设】——【工作过程管理】——【工作计划】进入维护页面。

a．添加。用户点击页面左下方的【添加】按钮，弹出添加工作计划页面。将各项内容填写完毕，如有附件，点击附件右侧的【上传附件】按钮，弹出添加数据对话框。点击【添加文件】按钮，选择本地电脑中存放的工作计划附件，选中附件点击【打开】按钮或在附件上双击鼠标左键，所选附件被加载至到添加数据对话框中。然后点击添加数据对话框中的【保存】按钮，附件被成功上传后，点击添加工作计划页面中的【提交】按钮，则完成工作计划的添加。

b．修改。首先选中一条工作计划，点击页面左下方的【修改】按钮，弹出修改工作计划页面。对信息进行修改后，点击【保存】按钮，则完成工作计划的修改。

c．删除。首先选中一条工作计划，点击页面左下方的【删除】按钮，弹出提示，询问是否删除，点击【确定】后，则完成工作计划的删除。

3）工作检查、总结及改进维护。用户登录系统后，选择页面右下角功能导航区的【管理入口】按钮，进入系统后台。再从左侧的功能导航栏中选择【班组建设】——【班组基础建设】——【工作过程管理】——【工作检查、总结及改进】

进入维护页面。

用户在工作计划中添加的工作计划系统会自动加载到工作检查、总结及改进子项中，用户选中一条工作计划，点击页面左下方的【添加总结】按钮，弹出添加工作总结页面。在工作总结项中填写总结信息，如有附件，点击附件右侧的【上传附件】按钮，弹出添加数据对话框。点击【添加文件】按钮，选择本地电脑中存放的工作总结附件，选中附件点击【打开】按钮或在附件上双击鼠标左键，所选附俐：被加载到添加数据对话框中。然后点击添加数据对话框中的【保存】按钮，附件被成功上传后，点击【提交】按钮，则完成添加总结。

如要对已添加总结的：工作计划进行修改，可选中该条工作总结，点击【添加总结】按钮，进行重新添加。

（3）资料管理。在资料管理中包含了管理规范、技术资料、综合性记录三个子项。其中管理规范和技术资料为班组用户收藏的资料总库中的资料。用户也可对这两个子项进行维护，操作方式类似。综合性记录为班组日常工作的三个常用记录：工作日志、安全活动记录、班务记录。

1）管理规范、技术资料维护。用户登录系统后，选择页面右下角功能导航区的【管理入口】按钮，进入系统后台。再从左侧的功能导航栏中选择【班组建设】——【班组基础建设】——【资料管理】中的子项分类进入该子项维护页面。

a. 添加。用户点击【添加】按钮，弹出添加数据对话框。点击【添加文件】按钮，从本地电脑中选择要添加的资料，点击【保存】按钮，则完成资料的添加。

b. 修改。用户选中一条资料点击【修改】按钮，弹出编辑数据对话框。输入新名称后，点击【保存】按钮，则完成对所选资料名称的修改。

c. 删除。首先选中要删除的资料，点击【删除】按钮，弹出提示，询问是否删除，点击【确定】按钮，则完成对资料的删除。

2）工作日志维护。用户登录系统后，选择页面右下角功能导航区的【管理入口】按钮，进入系统后台。再从左侧的功能导航栏中选择【班组建设】——【班组基础建设】——【综合性记录】——【工作日志】进入维护页面。

a. 添加。用户点击页面左下方的【添加】按钮，弹出添加工作日志页面。将各项内容填写完毕，点击添加页面中的【提交】按钮，则完成工作日志的添加。

b. 修改。首先选中一条工作日志信息，点击页面左下方的【修改】按钮，弹出修改工作日志页面。对信息进行修改后，点击【保存】按钮，则完成工作日志的修改。

c. 删除。首先选中一条工作日志信息，点击页面左下方的【删除】按钮，弹出提示询问是否删除。点击【确定】后，则完成工作日志的删除。

3）安全活动记录维护。用户登录系统后，选择页面右下角处的【管理入口】

按钮，进入班组建设信息化管理系统的后台。再从左侧的功能导航栏中选择【班组建设】——【班组基础建设】——【综合性记录】——【安全活动记录】进入维护页面。

a.添加。用户点击页面左下方的【添加】按钮，弹出添加安全活动记录页面。然后将各项填写完毕，点击添加页面中的【提交】按钮，则完成安全活动记录的添加。

b.修改。首先选中一条安全活动记录信息，点击页面左下方的【修改】按钮，弹出修改安全活动记录页面。将需要修改的信息修改后，点击【保存】按钮，则完成安全活动记录的修改。

c.删除。首先选中一条安全活动记录信息，点击页面左下方的【删除】按钮，弹出提示询问是否删除。点击【确定】后，则完成安全活动记录的删除。

4）班务记录维护。用户登录系统后，选择页面右下角功能导航区的【管理入口】按钮，进入系统后台。再从左侧的功能导航栏中选择【班组建设】——【班组基础建设】——【综合性记录】——【班务记录】进入维护页面。

a.添加。用户点击页面左下方的【添加】按钮，弹山添加班务记录页面。将各项内容填写完毕，点击添加页面中的【提交】按，则完成班务记录的添加。

b.修改。首先选中一条班务记录信息，点击页面左下方的【修改】按钮，弹出修改班务记录页面。对信息进行修改后，点击【保存】按钮，则完成班务记录的修改。

c.删除。增先选中一条班务记录信息，点击页面左下方的【删除】按钮，弹出提示询问是否删除。点击【确定】后，则完成班务记录的删除。

（4）文明管理。在文明管理中包含了品牌标识、办公室仓库等环境情况、作业现场三个子项，操作方式类似。用户登录系统后，选择页面右下角功能导航区的【管理入口】按钮，进入系统后台。再从左侧的功能导航栏中选择【班组建设】——【班组基础建设】——【文明管理】下的子项分类进入该子项维护页面。

1）添加。用户点击页面左下方的【添加】按钮，弹出添加页面。将各项内容填写完毕。

点击右侧图片显示区下方的【上传图片】按钮，弹出添加数据对话框。点击【添加文件】按钮，选择本地电脑中存放的相关图片，选中图片点击【打开】按钮或在图片上双击鼠标左键，所选图片被加载到添加数据对话框中。然后点击添加数据对话框中的【保存】按钮，图片被成功上传后，点击添加页面中的【保存】按钮，则完成添加。

2）修改。首先选中一条信息，点击页面左下方的【修改】按钮，弹出修改页面。对信息进行修改后，点击【保存】按钮，则完成修改。

3）审核发布与取消发布。首先选中一条信息，点击页面左下方的【审核】按钮，弹出审核页面。点击【发布】按钮，则完成该条信息的审核发布。发布后该条信息将会在前台首页的文明管理栏目中出现。如要取消发布，点击【审核】按钮，在弹出的页面中点击【取消发布】按钮，弹出提示，询问是否取消发布，选择【确定】按钮，则完成取消发布的操作。

4）删除。首先选中一条信息，点击页面左下方的【删除】按钮，弹出提示询问是否删除，点击确定后，则完成删除。

2. 班组安全建设

在班组安全建设中包含了安全目标、安全责任书、安全管理、反违章工作四个子项。其中安全责任书、安全管理、反违章工作三项的维护方式类似。

（1）安全目标维护。用户登录系统后，选择页面右下角功能导航区的【管理入口】按钮，进入系统后台。再从左侧的功能导航栏中选择【班组建设】——【班组安全建设】——【安全目标及责任制】——【安全目标】进入维护页面。

1）添加。用户点击页面左下方的【添加】按钮，弹出添加安全目标页面。将各项内容填写完毕。如有附件，点击附件右侧的【上传附件】按钮，弹出添加数据对话框。点击【添加文件】按钮，选择本地电脑中存放的安全目标附件，选中附件点击【打开】按钮或在附件上双击鼠标左键，所选附件被加载到添加数据对话框中。然后点击添加数据对话框中的【保存】按钮，附件被成功上传后，点击添加安全目标页面中的【提交】按钮，则完成安全目标的添加。

2）修改。首先选中一条安全目标，点击页面左下方的【修改】按钮，弹出修改安全目标页面。对信息进行修改后，点击【保存】按钮，则完成安全目标的修改。

3）删除。首先选中一条安全目标，点击页面左下方的【删除】按钮，弹出提示询问是否删除，点击【确定】后，则完成安全目标的删除。

（2）安全责任书、安全管理、反违章工作维护。用户登录系统后，选择页面右下角功能导航区的【管理入口】按钮，进入系统后台。再从左侧的功能导航栏中选择【班组建设】——【班组安全建设】下的子项分类进入该子项维护页面。

1）添加。用户点击【添加】按钮，弹出添加数据对话框。点击【添加文件】按钮，从本地电脑中选择要添加的资料，点击【保存】按钮，则完成添加。

2）修改。用户选中一条信息点击【修改】按钮，弹出编辑数据对话框。输入新名称后，点击【保存】按钮，则完成名称的修改。

3）删除。首先选中要删除的信息，点击【删除】按钮，弹出提示询问是否删除，点击【确定】按钮，则完成删除。

3. 班组技能建设

班组技能建设包含岗位管理岗位实训、激励措施两个子项，维护方式类似。

用户登录系统后，选择页面右下角功能导航区的【管理入口】按钮，进入系统后台。再从左侧的功能导航栏中选择【班组建设】——【班组技能建设】下的子项分类进入该子项维护页面。

（1）添加。用户点击【添加】按钮，弹出添加数据对话框。点击【添加文件】按钮，从本地电脑中选择要添加的资料，点击【保存】按钮，则完成添加。

（2）修改。用户选中一条信息点击【修改】按钮，弹出编辑数据对话框。输入新名称后，点击【保存】按钮，则完成名称的修改。

（3）删除。首先选中要删除的信息，点击【删除】按钮，弹出提示询问是否删除，点击【确定】按钮，则完成删除。

4. 班组创新建设

班组创新建设中记录了班组的创新成果。用户登录系统后，选择页面右下角功能导航区的【管理入口】按钮，进入系统后台。再从左侧的功能导航栏中选择【班组建设】——【班组创新建设】——【创新成果】进入维护页面。

（1）添加。用户点击【添加】按钮，弹出添加数据对话框。点击【添加文件】按钮，从本地电脑中选择要添加的资料，点击【保存】按钮，则完成添加。

（2）修改。用户选中一条信息点击【修改】按钮，弹出编辑数据对话框。输入新名称后，点击【保存】按钮，则完成名称的修改。

（3）删除。首先选中要删除的信息，点击【删除】按钮，弹出提示询问是否删除，点击【确定】按钮，则完成删除。

5. 班组民主建设

班组民主建设包含班务公开和建言献策两个子项，维护方式类似。用户登录系统后，选择页面右下角功能导航区的【管理入口】按钮，进入系统后台。再从左侧的功能导航栏中选择【班组建设】——【班组民主建设】下的子项分类进入该子项维护页面。

（1）添加。在页面右下角文本编辑区的标题项中输入标题，再输入内容。点击编辑区上方的【添加】按钮，则完成信息的添加。（如在输入内容后点击标题项右侧的【草稿】旁的选择框口，则此条信息仅该录入用户可见）

（2）修改。首先选中要修改的信息，然后在文本编辑区对信息进行后，点击【修改】按钮，则完成信息的修改。

（3）删除。

首先选中要删除的信息，点击【删除】按钮，弹出提示询问是否要删除，再点击【确定】按钮，弹出删除成功，则完成信息的删除。

（4）发布于取消发布。首先选中一条未发布的信息，点击【发布】按钮右侧的小三角，选中【发布】后弹出提示询问是否要发布，点击【确定】后，则完成班信息的发布。发布后的信息将在首页的对应栏目中显示。

如果要取消在前台首页的显示需要取消发布的操作。首先选中已发布的信息，点击【发布】按钮右侧的小三角，选中【取消发布】后弹出提示询问是否要取消发布，点击【确定】后，则完成信息的取消发布。

（5）推荐。班组民主建设中的建言献策需要进行推荐的操作，推荐后的数据才能显示在前台首页的检验献策栏目。首先选中已发布的信息，点击【推荐】按钮，弹出提示询问是否要推荐，点击【确定】后，该条记录被推荐成功。

6. 班组思想建设

班组思想建设中为思想建设的过程资料。用户登录系统后，选择页面右下角功能导航区的【管理入口】按钮，进入系统后台。再从左侧的功能导航栏中选择【班组建设】——【班组思想建设】——【过程资料】进入维护页面。

（1）添加。用户点击【添加】按钮，弹出添加数据对话框。点击【添加文件】按钮，从本地电脑中选择要添加的资料，点击【保存】按钮，则完成添加。

（2）修改。用户选中一条信息点击【修改】按钮，弹山编辑数据对话框。输入新名称后，点击【保存】按钮，则完成名称的修改。

（3）删除。首先选中要删除的信息，点击【删除】按钮，弹出提示询问是否删除，点击【确定】按钮，则完成删除。

7. 班组文化建设

班组文化建设包含过程资料及成果、小家建设两个子项，维护方式类似。用户登录系统后，选择页面右下角功能导航区的【管理入口】按钮，进入系统后台。再从左侧的功能导航栏中选择【班组建设】——【班组文化建设】下的细分子项进入维护页面。

（1）添加。用户点击【添加】按钮，弹出添加数据对话框。点击【添加文件】按钮，从本地电脑中选择要添加的资料，点击【保存】按钮，则完成添加。

（2）修改。用户选中一条信息点击【修改】按钮，弹出编辑数据对话框。输入新名称后，点击【保存】按钮，则完成名称的修改。

（3）删除。首先选中要删除的信息，点击【删除】按钮，弹山提示询问是否删除，点击【确定】按钮，则完成删除。

8. 班组长队伍建设

班组长队伍建设包含班组长任职条件、队伍建设情况两个子项，维护方式类似。用户登录系统后，选择页面右下角功台邑导航区的【管理入口】按钮，进入系统后台。再从左侧的功能导航栏中选择【班组建设】——【班组长队伍建设】下的子项分类进入该子项维护页面。

（1）添加。用户点击【添加】按钮，弹出添加数据对话框。点击【添加文件】

按钮，从本地电脑中选择要添加的资料，点击【保存】按钮，则完成添加。

（2）修改。用户选中一条信息点击【修改】按钮，弹出编辑数据对话框。输入新名称后，点击【保存】按钮，则完成名称的修改。

（3）删除。首先选中要删除的信息，点击【删除】按钮，弹出提示询问是否删除，点击【确定】按钮，则完成删除。

五、班组评价

从左侧导航栏中选择【班组考评】——【公司备单位考评】——【班组白评】，进入公司各单位考评班组自评界面。

在周期文本框中选择考评的周期，点击评分标准下的【展开】，进入各细分子项。

用户点击考评查看项中的对应小手图标，弹出查看页面。这里的内容是公司各单位考评的支持数据。用户首先在右侧添加亮点呈现的标题，再从左侧添加相关的资料即可（添加方式为附件上传的方式）。

点击考评内容右侧的【打分】按钮，弹出打分窗口。

对照标准内容和评分标准，检查班组完成的专业工作，计算专业考评得分，输入得分以及相关说明，点击【保存】按钮。则完成打分的操作。

第二节 班组建设管理信息系统资料信息录入考评标准

班组建设管理信息系统运行以后，实现了班组建设管理资料的无纸化办公，方便了班组员工瓷料整理和填写，为了使班组资料按照时间节点要求填写录入系统，这里用表 5-1、表 5-2、表 5-3 明确了录入的时间次数要求。

表 5-1　　　　　　　　班组建设基础数据录入考评标准

班组名称：　　　　　　　　　　　　　　　　　　　　　　　班组人数：

序号	内容	录入数量	评价标准	标准分	扣分	实得分
1	安全责任书	每年更新 1 次	每年录入 1 次得 3 分，每缺 1 次扣 3 分，出现延迟录入的情况，每次扣 2 分	3 分		
2	班组愿景	每年班组 1 次，每年班组成员每人 1 次	每年班组录入 1 次，每年班组成员每人录入 1 次得 3 分，每缺 1 次扣 1 分，扣完为止，出现延迟录入的情况，每次扣 1 分，扣完为止	3 分		
3	管理规范	每年不少于 10 次	每年不少于 10 次得 3 分，5~9 次得 1 分，5 次以下不得分	3 分		
4	技术资料	每年不少于 20 次	每年不少于 20 次得 3 分，10~19 次得 1 分，少于 10 次不得分	3 分		

续表

序号	内容	录入数量	评价标准	标准分	扣分	实得分
5	人员基本信息	班组成员每人1次,人员有变动,应及时更新	班组成员每人1次且及时更新得3分,达不到每人1次不得分,更新不及时扣1分	3分		
6	品牌标识	每年不少于1次	每年不少于1次得3分,少于1次不得分	3分		
7	办公环境	每月不少于1次	每月不少于1次得3分,少于1次不得分	3分		
8	作业现场	每月不少于1次	每月不少于1次得3分,少于1次不得分	3分		
9	安全目标	每年不少于1次	每年不少于1次得3分,每有1年少于1次不得分	3分		
9	工作目标	每年不少于1次	每年不少于1次得3分,每有1年少于1次不得分	3分		
10	荣誉	每年更新1次,有获奖情况,应及时更新	每年不少于1次得3分,每年少于1次不得分	3分		

考评人:　　　　　　　　　　　　　　　　　　　　　　　　考评日期:

表5-2　　　　　　　　　　　　班组建设工作情况录入考评标准

班组名称:　　　　　　　　　　　　　　　　　　　　　　　班组人数:

序号	内容	录入数量	评价标准	标准分	扣分	实得分
1	年度工作计划	每年1次	每年1次得10分,每缺1次扣10分,出现延迟录入的情况,每次扣5分	10分		
2	月度工作计划	每月1次	每月1次得10分,每缺1次扣10分,出现延迟录入的情况,每次扣5分	10分		
3	周工作计划	每周1次	每月不少于4次得10分,每缺1次扣2分,出现延迟录入的情况,每次扣1分	10分		
4	年度工作总结	每年2次	每半年1次,每年2次得10分每缺1次扣5分,出现延迟录入的情况,每次扣3分	10分		
5	月工作总结	每月1次	每月1次得10分,每缺1次扣10分,出现延迟录入的情况,每次扣5分	10分		
6	周工作总结	每周1次	每月不少于4次得10分,每缺1次扣2分,出现延迟录入的情况,每次扣1分	10分		
7	工作日志	每日1次	每日1次得10分,每月缺1次扣1分,出现延迟录入的情况,每1次扣1分。扣完为止	10分		

考评人:　　　　　　　　　　　　　　　　　　　　　　　　考评日期:

表 5-3　　　　　　　　　　班组建设动态信息录入考评标准

班组名称：　　　　　　　　　　　　　　　　　　　班组人数：

序号	内容	录入数量	评价标准	标准分	扣分	实得分
1	班组愿景	每年不少于1次	每年更新1次得5分，每缺1次扣5分，出现延迟录入的情况，每次扣2分	5分		
2	公告栏、工作感悟、班组园地	每月增加不少于2次	每月增加不少于2次得5分，每少1次扣3分，扣完为止	5分		
3	班组简介	班组信息和人员有变动，应及时更新简介	出现班组信息和人员变动在一周内更新的情况得5分，未及时变动信息扣2分，没有变更信息分	5分		
4	班务公开、建言献策、民主生活会、绩效沟通反馈和考评、劳动保护监督检查	每月增加不少于4次	每月增加不少于4次得5分，每缺1次扣1分，出现延迟录入的情况每次扣0.5分	5分		
5	班组安全活动	每月增加不少于4次	每月增加不少于4次得5分，每缺1次扣1分，出现延迟录入的情况每次扣0.5分	5分		
6	班务记录	每月增加不少于4次	每月增加不少于4次得5分，每缺1次扣1分，出现延迟录入的情况每次扣0.5分	5分		
7	技术问答、技术讲课、师带徒、仿真培训、技术比武、反事故演习、事故预想	每月增加不少于4次	每月增加不少于4次得5分，每缺1次扣1分，出现延迟录入的情况每次扣0.5分	5分		
8	合理化建议、QC活动、"五小"活动	每月增加不少于4次	每月增加不少于4次得5分，每缺1次扣1分，出现延迟录入的情况每次扣0.5分	5分		
9	小家建设、班组文化活动、互助互济活动、班组长动态考核、班组长论坛、班组长管理能力专项培训	每月增加不少于4次	每月增加不少于4次得5分，每缺1次扣1分，出现延迟录入的情况每次扣0.5分	5分		

考评人：　　　　　　　　　　　　　　　　　　考评日期：

第三节 班组建设常见问题

（1）没有建立班组共同愿景。

（2）没有建立员工个人愿景。

（3）班组没有制定年度工作计划。

（4）班组没有制定月度工作计划。

（5）班组没有制定周工作计划。

（6）班组制定的年度工作计划没有量化，操作性不强。

（7）班组制定的月度工作计划没有量化，操作性不强。

（8）班组制定的周工作计划没有量化，操作性不强。

（9）班组制定的班组年度工作计划没有落实主管部门下达的与本班组相关的年度工作计划。

（10）班组制定的班组月度工作计划没有落实主管部门下达的与本班组相关的月度工作计划。

（11）班组年度工作计划没有相应的工作完成情况及分析。

（12）班组年度工作分析中对发现的问题没有相对应的措施和跟踪检查记录。

（13）班组月度工作计划没有相应的工作完成情况及分析。

（14）班组月度工作分析中对发现的问题没有相对应的措施和跟踪检查记录。

（15）班组年度工作计划编制不合理，其中班组工作计划中的每项工作没有明确负责人。

（16）班组月度工作计划编制不合理，其中班组工作计划中的每项工作没有明确负责人。

（17）班组周工作计划编制不合理，其中班组工作计划中的每项工作没有明确负责人。

（18）班组年度工作计划编制不合理，没有量、质、期要求。

（19）班组月度工作计划编制不合理，没有量、质、期要求。

（20）班组周工作计划编制不合理，没有量、质、期要求。

（21）班组没有健全班委会。

（22）班组班委会人员职责不明确。

（23）班组班委会人员分工不清晰。

（24）班组与上级签订安全责任书纸质资料丢失。

（25）班组与成员签订安全责任书纸质资料丢失。

（26）班组与上级签订安全责任书没有签字盖章。

（27）班组与成员签订安全责任书没有签字。

（28）未分解落实班组制定的年度安全目标。

（29）班组制定的年度安全目标无责任人。

（30）班组员工不清楚班组制定的年度安全目标。

（31）班组制定的年度安全目标与现场实际不符。

（32）班组未开展无违章班组创建活动。

（33）班组未建立班组长为第一责任人的反违章工作机制。

（34）班组未制定反违章工作措施。

（35）班组未对反违章工作进行月度总结、分析和考核。

（36）无优质服务承诺兑现书。

（37）优质服务承诺兑现书没有签字。

（38）班组员工不清楚班组优质服务承诺兑现书内容。

（39）班组制定的优质服务承诺兑现书内容与班组工作实际不符。

（40）班组未完成年度关键绩效指标。

（41）班组未对年度关键绩效指标进行分解落实。

（42）班组未对年度关键绩效指标进行分析并制定优化措施。

（43）班组考勤记录与实际不符。

（44）班组安全活动记录内容与要求不符，记录填写不规范，内容过于简单。

（45）班组安全活动记录参加人员与实际参加人员不符。

（46）班组安全活动记录没有按照时间周期要求开展。

（47）班组班务会记录内容与要求不符，记录填写不规范，内容过于简单。

（48）班组班务会记录参加人员与实际参加人员不符。

（49）班务会没有按照时间周期要求开展。

（50）班组思想文化建设记录内容与要求不符，记录填写不规范，内容过于简单。

（51）班组思想文化建设记录中参加人员与实际参加人员不符。

（52）班组思想文化建设没有按照时间周期要求开展。

（53）班组未开展互助互济活动。

（54）班组未开展职工小家建设活动。

（55）班组职工小家建设无活动方案。

（56）班组职工小家建设无建设活动计划。

（57）班组职工小家虽开展活动，但活动无相关记录内容。

（58）班组大讲堂记录内容与要求不符，记录填写不规范，内容过于简单.

（59）班组大讲堂记录参加人员与实际参加人员不符.

（60）班组培训设施不完善、培训设施有损坏现象。

（61）班组没有开展培训需求调查。

（62）班组培训记录内容与要求不符，记录填写不规范，内容过于简单。

（63）班组培训记录参加人员与实际参加人员不符，

（64）班组各类技术培训没有按照时间周期要求开展。

（65）班组员工职业生涯规划过于简单，没有构筑员工职业生涯阶梯式发展通道。

（66）班组技术培训大讲堂、事故分析大讲堂、作业现场大讲堂没有按时开展。

（67）班组技术培训大讲堂、事故分析大讲堂、作业现场大讲堂没有授课资料。

（68）班组员工无大讲堂相关学习笔记。

（69）班组未开展技术问答活动。

（70）班组的技术问答未能做到全员参与。

（71）班组技术问答题目重复。

（72）班组的事故预想题目重复。

（73）班组未参加劳动竞赛活动。

（74）班组未参加技术比武活动。

（75）班组未参加技术交流活动。

（76）班组未参加岗位练兵活动。

（77）班组未参加知识竞赛活动。

（78）班组未按规定开展反事故演习。

（79）班组未按规定开展重大应急处置预案演练。

（80）班组员工未及时按计划受训。

（81）班组未建立职工书屋或电子阅览室。

（82）班组未进行培训效果评估。

（83）班组未开展计算机仿真模拟培训

（84）班组未建立培训机制。

（85）班组虽建立培训机制，但培训机制不完善，缺少培训管理办法等相关培训制度。

（86）班组门窗不干净，没有及时清扫。

（87）班组桌子不干净，没有及时清扫。

（88）班组椅子不干净，没有及时清扫。

（89）班组资料柜不干净，没有及时清扫。

（90）班组地面不干净，没有及时清扫。

（91）班组墙壁不干净，没有及时清扫。

（92）班组电脑不干净，没有及时清扫。

（93）班组打印机不干净，没有及时清扫。

（94）班组复印机不干净，没有及时清扫。

（95）班组电源插座不干净，电源线乱拉乱扯。

（96）班组饮水机不干净，有油污、渗水现象。

（97）班组椅子放置不整齐，有损坏现象。

（98）班组桌子放置不整齐，有损坏现象。

（99）班组资料柜放置不整齐，有损坏现象。

（100）班组柜内资料摆放不整齐，乱堆乱放，没有实行到定置管理。

（101）班组办公桌桌面办公用品摆放不整齐。

（102）班组上墙图表悬挂不整齐，上墙图表与实际不符。

（103）班组桌子放置不整齐，有损坏现象。

（104）生产区环境卫生不整洁，有烟头。

（105）工作现场有垃圾。

（106）工作现场有杂物。

（107）工作现场有积水。

（108）工作现场有油污。

（109）现场工作结束未做到工完料净场地清。

（110）够班组建设资料存放不规范，没有按照班组基础建设、班组安全建设、班组技能建设、班组创新建设、班组民主建设、班组思想建设、班组文化建设、班组长队伍建设分类存放。

（111）班组没有按照班组建设评分表要求制作班组建设上墙图版并上墙。

（112）班组建设上墙图版六大栏目内容不完整，图版中无内容或内容与标题不符。

（113）班组的价值理念未在上墙图版的六大栏目中体现。

（114）班组年度安全目标未在上墙图版的六大栏目中体现。

（115）班组年度技术目标未在上墙图版的六大栏目中体现。

（116）班组年度重点工作任务未在上墙图版的六大栏目中体现。

（117）班组绩效考核内容未在上墙图版的六大栏目中体现。

（118）班组评先选优内容未在上墙图版的六大栏目中体现。

（119）班组职责规范未在上墙图版的六大栏目中体现。

（120）班务公开内容未在上墙图版的六大栏目中体现。

（121）班组园地资料未在上墙图版的六大栏目中体现。

（122）班组职责规范与班组实际工作不符。

（123）班组园地内容与标题不符。

（124）班组建设上墙图版中班务公开无内容。

（125）班组员工绩效考核成绩。

（126）员工培训成绩未纳入班组内部绩效进行考核。

（127）班组的绩效考核内容与实际不符。

（128）班组绩效考核成绩全是满分，未体现出考核的差异性。

（129）未根据当月的绩效考核进行班组成员的评先选优。

（130）班组未定期对月度工作计划完成情况进行检查和绩效兑现。

（131）班组员工考评未体现绩效内容，只体现出员工的日常工作情况。

（132）无上级单位对班组月度检查考评资料。

（133）无班组自己内部的绩效考核办法，只有上级部门统一下发的绩效考核办法。

（134）班组没有开展绩效面谈和双向沟通。

（135）民主生活会内容过于简单，脱离主题，没有体现员工对班组工作的意见和建议，没有体现出班组成员之间开展的批评与自我批评。

（136）班组绩效面谈和双向沟通没按照时间周期要求进行。

（137）班组绩效面谈和双向沟通的开展时间不合适，应在本月完成之后次月开展。

（138）绩效面谈和双向沟通内容偏离主题，没有就班组成员的绩效成绩进行沟通面谈。

（139）每月的绩效面谈和双向沟通未及时受理班组成员绩效意见反馈。

（140）班组民主生活会无记录。

（141）班组绩效面谈和双向沟通无记录。

（142）班组民主生活会记录内容与要求不符，记录填写不规范，记录参加人员与实际参加人员不符。

（143）民主生活会没有按照时间周期要求进行开展。

（144）班组未开展建言献策活动。

（145）有青工的班组没有签订师徒合同。

（146）虽签订师徒合同，但无培训计划。

（147）师带徒各阶段未及时组织学徒进行考试、考评。

（148）班组开展的思想教育无相关的活动记录。

（149）班组开展的精神文明活动无相关的活动记录。

（150）班组组织的政治理论学习无相应学习笔记。

（151）班组未开展合理化建议活动。

（152）班组合理化建议内容格式不正确，虽有记录，但没有相应的评价、答复内容。

（153）班组合理化建议全员提交率达不到 100%。

（154）班组未开展技术攻关活动。

（155）班组未开展 QC 小组活动。

（156）班组未开展小发明活动。

（157）班组未开展小革新活动。

（158）班组未开展小改造活动。

（159）班组未开展小设计活动。

（160）班组未开展小建议活动。

（161）班组虽参加技术创新活动，却没有建立资料库，无相关的记录。

（162）班组没有绘制班组定置管理图并上墙。

（163）班组定置管理图绘制不规范、不正确。

（164）班组的定置管理图与房间实物不符。

（165）班组库房物品摆放不整齐，且物品标志不正确、不清晰。

（166）班组库房物品领用手续不齐全。

（167）班组员工不能熟练应用班组建设管理信息系统各功能。

（168）班组上岗员工着装不符合劳动保护要求。

（169）班组上岗员工未佩戴岗位标志。

（170）班组建设管理信息系统中班组简介栏目中内容没有及时更新。

（171）班组建设管理信息系统中公告栏目中内容没有及时更新。

（172）班组建设管理信息系统中班组荣誉栏中栏目内容没有及时更新。

（173）班组建设管理信息系统中班组滚动图片栏目内容没有及时更新。

（174）班组建设管理信息系统中班组管理经验交流栏目内容没有及时更新。

（175）班组建设管理信息系统中班组园地栏目内容没有及时更新。

（176）班组建设管理信息系统中班组管理经验交流栏目内容没有及时更新。

（177）班组建设管理信息系统中品牌标识栏目内容没有及时更新。

（178）班组建设管理信息系统中创新创效展示栏目内容没有及时更新。

（179）管理规范中没有岗位工作标准资料或不齐全。

（180）技术资料中没有技术标准资料或不齐全。

（181）技术资料中没有技术规程资料或不齐全。

（182）技术资料中没有作业指导书资料或不齐全。

（183）管理规范中没有管理标准资料或不齐全。

（184）管理规范中没有管理制度资料或不齐全。

（185）管理规范中没有内部管理制度资料或不齐全。

（186）班组工作日志没有按要求时间周期填写。

（187）班组安全活动未按要求时间周期填写。

（188）班组综合记录未按要求时间周期填写。

（189）班组的工作日志填写不及时。

（190）班组的工作日志没有填写。

（191）班组安全活动记录填写不及时。

（192）班组的安全活动记录没有填写。

（193）班组的综合记录填写不及时。

（194）班组的综合记录没有填写。

（195）班组的综合记录填写错误。

（196）班组每周未组织开展安全日活动。

（197）班组的安全活动未有上级审核签名。

（198）未制定班组岗位实训计划。

（199）没有按照班组岗位实训计划组织实施。

（200）班组无受训员工岗位补充支持制度。

（201）班组无员工职业生涯规划。

（202）班组未建立相应的作业指导书。

（203）班组的作业指导书填写错误。

（204）没有按照作业指导书内容开展现场作业工作。

（205）作业指导书中未明确工作或作业全过程中对人、事、物的要求。

（206）班组未定期组织对相关的标准或作业指导书执行情况进行评价。

（207）未对班组在执行中反馈的意见和建议进行分析，及时完善和修改标准化作业文本。

（208）班组长的动态考核管理制度不健全。

（209）未实施班组长动态考核。

（210）未开展班组长管理能力专项培训。

（211）未建立班组长培训制度及培训规划。

（212）班组未建立班组长后备人才库。

（213）未开展班组长学习交流活动。

班组安全建设

第二篇

第六章 安全目标及责任制

第一节 安全目标及安全承诺书

一、安全目标

每年年初，按照个人保班组、班组保车间、车间保公司、一级保一级的原则，由班组依据公司制定的安全目标和车间的安全目标来制定班组的安全目标，根据班组安全目标制定切实可行的具体措施并组织班组全员实施，将安全目标分解落实到人，抓好过程控制和阶段评价，确保班组安全目标按期完成。班组主要针对不发生人身重伤、死亡事故，不发生人员责任造成的轻伤事故，不发生由人员责任造成其他单位人身伤亡、七级及以上电网、设备事件和火灾事故，不发生恶性误操作事故，不发生火灾、洪灾事故，不发生被盗、治安案件，不发生交通事故，不发生人员违章，工作票正确率，操作票正确率，"两措"计划完成率，不发生信息系统事件，不发生突发事件，不发生安全事件等方面制定班组安全目标。以下是班组年度安全目标实例：

【实例1】变电运维班组年度安全目标

不发生恶性误操作事故；不发生责任造成的小动物事故；不发生责任误投、停保护隐患；不发生责任火灾、洪灾事故；不发生责任被盗、治安案件；不发生违反劳动纪律事件；不发生责任交通事故；不发生人员违章；"两票"使用率及正确率均达到 100%；"两措"计划完成率 100%；不发生人员责任造成的延时停送电；不发生危急、重大设备缺陷漏巡隐患；不发生七级及以上信息系统事件；不发生突发事件、安全事件迟报、漏报、瞒报情况；不发生人员责任造成的人身重伤、死亡事故；不发生人员责任造成的轻伤事故。不发生由人员责任造成其他单位人身伤亡、七级及以上电网、设备事件和火灾事故。

【实例2】变电检修专业各班组年度安全目标

不发生七级及以上信息系统事件；不发生恶性误操作事故；工作票使用率及正确率均达到100%；不发生人员责任造成的延时停送电；不发生违反劳动纪律事件；不发生责任交通事故；不发生人员违章；不发生突发事件、安全事件迟报、漏报、瞒报情况；不发生人员责任造成的人身重伤、死亡事故；继电保护及自动装置正确动作率 100%不发生人员责任造成的轻伤事故；设备消缺率100%；不发生由于设备检修试验不合格造成设备存在危险、重大缺陷；不发生由人员责任造成其他单位人身伤亡、七级及以上电网、设备事件和火灾事故。

二、安全承诺书

结合班组实际制定可量化考核的安全目标，逐级签订安全承诺书（责任书），提高班组员工安全意识。以下是安全承诺书实例：

2012 年度员工安全承诺书

为全面完成公司年度安全工作目标，不断强化班组全体人员的安全意识，全面落实各级人员的安全责任制，坚持"安全第一、预防为主、综合治理"的方针，进一步明确安全生产目标和任务，强化各项安全措施落实，加大安全监督检查力度，确保车间分解到班组的各项安全指标全面完成，做到压力到位、风险共担，围绕车间安全生产重点工作，采取得力措施，抓超前、抓苗头、抓隐患，强化现场安全管理，加大反违章力度，保持稳定的安全生产局面，为全面实现班组年度安全目标，班组长张××与承诺人李××签订××××年度安全承诺书，作为公司员工，本人作以下承诺：

（1）不发生"三类"恶性误操作事故。

（2）不发生人员责任造成的重伤及以上伤亡事故。

（3）不发生人员责任造成的轻伤事故。

（4）不发生责任造成的小动物事故。

（5）不发生责任误投、停保护隐患。

（6）不发生责任火灾、洪灾事故。

（7）不发生责任被盗、治安案件。

（8）不发生责任交通事故。

（9）"两措"计划完成率 100%。

（10）"两票"使用率及正确率达到 100%。

（11）不发生人员责任造成的延时停送电。

（12）不发生危急、重大设备缺陷漏巡隐患。

（13）不发生由人员责任造成其他单位人身伤亡、七级及以上电网、设备事件和火灾事故。

（14）不发生七级及以上信息系统事件。

（15）不发生突发事件、安全事件迟报、漏报、瞒报情况。

（16）不发生人员违章。

（17）不发生违反劳动纪律事件。

本《安全承诺书》一式两份，经双方签字后生效，承诺人所在班组长和承诺人各一份，执行期至 2012 年 12 月 31 日。如果在执行期内承诺人对《安全承诺书》中的指标不能如期完成，将按照年度经济责任制考核标准对应《安全承诺书》内容对承诺人进行相应考核。

班组长：张××　　　　　　　　　　　承诺人：李××

2011 年 12 月 28 日　　　　　　　　　2011 年 12 月 29 日

第二节　电力安全工作规程考试

一、电力安全工作规程考试要求

每年各班组要组织全体员工开展《电力安全工作规程》的学习，编制适合本班组《电力安全工作规程》的考试复习题，组织班组全体员工进行《电力安全工作规程》的复习考试，对于《电力安全工作规程》考试不合格的员工应安排其再学习再考试，直至考试合格方可上岗工作，以下是××班组制定的《电力安全工作规程》考试复习题：

《电力安全工作规程》考试复习题（变电部分）

一、单选题

1. 作业现场的生产条件和安全设施等应符合有关标准规范的要求，工作人员的（　　）应合格、齐备。　答案：A

　　A. 劳动防护用品　　　　B. 工作票　　　　　C. 安全工器具

2. 各类作业人员应（　　）相应的安全生产教育和岗位技能培训，经考试合格上岗。　答案：B

　　A. 参加　　　　　　　　B. 接受　　　　　　C. 学习

3. 新参加电气工作的人员、实习人员和临时参加劳动的人员（管理人员、非全日制用工等），应经过（　　）后，方可下现场参加指定的工作，并且不得

单独工作。 答案：B

    A. 学习培训   B. 安全知识教育   C. 考试合格

4. 工作票的有效期与延期规定，带电作业工作票（   ）。 答案：A

    A. 不准延期   B. 可延期一次   C. 可延期二次

5. 工作票由设备运行管理单位签发，也可由经设备运行管理单位审核且经批准的（   ）签发。 答案：C

    A. 调度部门   B. 设计单位   C. 修试及基建单位

6. 工作票的使用规定：一张工作票内所列的工作，若至预定时间，一部分工作尚未完成，需继续工作者，在送电前，应按照（   ）情况，办理新的工作票。 答案：B

    A. 原工作票   B. 送电后现场设备带电

    C. 当前现场设备带电

7. 工作负责人（监护人）应是具有相关工作经验，熟悉设备情况和电力安全工作规程，经（   ）书面批准的人员。 答案：B

    A. 本单位调度部门   B. 工区（所、公司）生产领导

    C. 本单位安全监督部门

8. 工作票有破损不能继续使用时，应（   ）工作票。 答案：C

    A. 终结   B. 收回   C. 补填新的

9 工作负责人、（   ）应始终在工作现场，对工作班人员的安全认真监护，及时纠正不安全的行为。 答案：B

    A. 工作票签发人   B. 专责监护人   C. 工作许可人

10. 在原工作票的停电及安全措施范围内增加工作任务时，应由工作负责人征得工作票签发人和（   ）同意，并在工作票上增填工作项目。答案：C

    A. 当值调度   B. 专责监护人   C. 工作许可人

11. （   ）是在电气设备上工作保证安全的组织措施之一。 答案：B

    A. 交接班制度   B. 工作票制度   C. 操作票制度

12. 供电单位或施工单位到用户变电站内施工时，工作票应由（   ）签发工作票的供电单位、施工单位或用户单位签发。 答案：C

    A. 指定   B. 愿意   C. 有权

13. 在电流互感器与短路端子之间导线上进行任何工作，应有严格的安全措施，并填用"二次工作安全措施票"。必要时申请（   ）有关保护装置、安全自动装置或自动化监控系统。 答案：C

    A. 停止运行   B. 操作   C. 停用

14. 检修部分若分为几个在（　　）上不相连接的部分，则各段应分别验电接地短路。　答案：D

    A. 线路　　　　　　　　B. 带电设备

    C. 停电设备　　　　　　D. 电气

15. 对由于设备原因，（　　）与检修设备之间连有断路器（开关），在接地刀闸和断路器（开关）合上后，在断路器（开关）操作把手上，应悬挂"禁止分闸！"的标示牌。　答案：B

    A. 接地线　　　　　　　B. 接地刀闸　　　　　C. 隔离开关

16. 在显示屏上进行操作的断路器（开关）和（　　）的操作处均应相应设置"禁止合闸，有人工作！"或"禁止合闸，线路有人工作！"以及"禁止分闸！"的标记。　答案：C

    A. 接地刀闸　　　　　　B. 母线闸刀　　　　　C. 隔离开关（刀闸）

17. 如果线路上有人工作，应在（　　）悬挂"禁止合闸，线路有人工作！"的标示牌。　答案：B

    A. 线路隔离开关操作把手上

    B. 线路断路器和隔离开关操作把手上

    C. 线路断路器上

18. 当验明设备确已无电压后，应立即将检修设备接地并三相短路。（　　）及电容器接地前应逐相充分放电。　答案：B

    A. 避雷器　　　　　　　B. 电缆　　　　　　　C. 电抗器

19. 电压等级 110kV 时，工作人员在进行工作中正常活动范围与设备带电部分的安全距离为（　　）。　答案：A

    A. 1.5m　　　　　　　　B. 1.6m

    C. 1.4m　　　　　　　　D. 1.8m

20. 线路停电检修工作结束时，应得到（　　）的工作结束报告。答案：A

    A. 工作负责人（包括用户）

    B. 线路工作许可人

    C. 工作票签发人

21. 任何运行中的星形接线设备的中性点，应视为（　　）设备。　答案：C

    A. 运行　　　　　　　　B. 停电　　　　　　　C. 带电

22. 检修设备停电，应拉开隔离开关（刀闸），（　　）应拉至试验或检修位置，应使各方面有一个明显的断开点。　答案：C

    A. 设备　　　　　　　　B. 断路器　　　　　　C. 手车开关

23 各类作业人员有权（　　）违章指挥和强令冒险作业。答案：B

  A. 制止   B. 拒绝   C. 举报

24. 电力安全工作规程要求，作业人员对电力安全工作规程应（　　）考试一次。 答案：B

  A. 两年   B. 每年   C. 三年

25. 各类作业人员应被告知其作业现场和工作岗位存在的危险因素、防范措施及（　　）。 答案：A

  A. 事故紧急处理措施   B. 紧急救护措施

  C. 应急预案   D. 逃生方法

26. 作业人员的基本条件规定，作业人员的体格检查每（　　）至少一次。答案：C

  A. 三年   B. 四年

  C. 两年   D. 一年

27. 高压电气设备：电压等级在（　　）V 及以上者。 答案：A

  A. 1000   B. 250

  C. 500   D. 380

28. 高压设备上全部停电的工作，系指室内高压设备全部停电（包括架空线路与电缆引入线在内），并且通至邻接（　　）的门全部闭锁，以及室外高压设备全部停电（包括架空线路与电缆引入线在内）。 答案：C

  A. 工具室   B. 控制室

  C. 高压室   D. 蓄电池室

29. 工作票制度规定，工作负责人允许变更（　　）次。原、现工作负责人应对工作任务和安全措施进行交接。 答案：A

  A. 一   B. 二   C. 三

30. 电气设备发生故障被迫紧急停止运行，需短时间内恢复的抢修和排除故障的工作，应（　　）。 答案：D

  A. 使用一种工作票   B. 使用二种工作票

  C. 执行口头或电话命令   D. 使用事故应急抢修单

31. 工作票制度规定，需要变更工作班成员时，应经（　　）同意。 答案：B

  A. 工作许可人   B. 工作负责人

  C. 变电站值班员   D. 工作票签发人

32. 使用单梯工作时，梯与地面的斜角度约为（　　）左右。 答案：A

A. 60°   B. 40°

C. 30°   D. 45°

33. 高压电力电缆需停电的工作，应填用（　　）工作票。　答案：A

A. 第一种   B. 第二种   C. 带电作业

34. 在工作间断期间，若有紧急需要，运行人员可在工作票未交回的情况下合闸送电，但应先通知工作负责人，在得到（　　）的答复后方可执行。　答案：C

A. 设备无异常   B. 已下令停止工作

C. 工作班全体人员已经离开工作地点、可以送电

35. 一个（　　）不能同时执行多张工作票。　答案：A

A. 工作负责人   B. 施工班组   C. 施工单位

36. 倒闸操作时要求操作（　　）应具有明显的标志，包括：命名、编号、分合指示、旋转方向、切换位置的指示及设备相色等。　答案：B

A. 机构   B. 设备

C. 系统   D. 间隔

37. 待用间隔（母线连接排、引线已接上母线的备用间隔）应有名称、编号，并列入（　　）管辖范围。　答案：C

A. 运行   B. 检修   C. 调度

38. 10kV、20kV、35kV 户外配电装置的裸露部分在跨越人行过道或作业区时，若导电部分对地高度分别小于（　　），该裸露部分两侧和底部须装设护网。答案：B

A. 2.7m、2.8m、2.9m   B. 1.0m、1.5m、3.0m

C. 0.7m、1.0m、2.0m

39. 倒闸操作要求操作中应认真执行监护（　　）制度（单人操作时也必须高声唱票），宜全过程录音。　答案：C

A. 录音   B. 复查   C. 复诵

40. 室外高压设备发生接地时，不得接近故障点（　　）m 以内。答案：C

A. 2.0   B. 4.0   C. 8.0

D. 6.0

41. 在室外构架上工作，在邻近其他可能误登的带电架构上，应悬挂（　　）的标示牌。　答案：B

A. "止步，高压危险！"

B. "禁止攀登，高压危险！"

C. "从此上下！"

42. 在电气设备上工作保证安全的技术措施之一是，当验明设备确已无电压后，应立即将检修设备接地并（　　）。　　答案：C

    A. 悬挂标示牌　　　　　　B. 许可工作　　　　C. 三相短路

43. 装设接地线应（　　）。　　答案：C

    A. 顺序随意

    B. 先接导体端，后接接地端

    C. 先接接地端，后接导体端

44. 六氟化硫设备解体检修时，打开设备封盖后，现场所有人员应暂离现场（　　）min。　　答案：A

    A. 30　　　　　　　　　　B. 20　　　　　　　　C. 10

45. 触电急救，当采用胸外心脏按压法进行急救时，伤员应仰卧于（　　）上面。　　答案：B

    A. 弹簧床　　　　　　　　B. 硬板床或地　　　C. 软担架

46. 触电急救，首先要使触电者迅速脱离（　　），越快越好。　　答案：A

    A. 电源　　　　　　　　　B. 设备　　　　　　　C. 现场

    D. 危险

47. 触电急救，在医务人员（　　）前，不应放弃现场抢救，更不能只根据没有呼吸或脉搏的表现，擅自判定伤员死亡，放弃抢救。　　答案：B

    A. 未到来之前　　　　　　B. 未接替救治　　　C. 作出死亡诊断

48. 在变电站内使用起重机械时，应安装接地装置，接地线应用多股软铜线，其截面应满足接地短路容量的要求，但不得小于（　　）mm^2。答案：B

    A. 25.0　　　　　　　　　B. 16.0

    C. 10.0　　　　　　　　　D. 35.0

49. 对于因平行或邻近带电设备导致检修设备可能产生感应电压时，应加装（　　）或使用个人保安线，加装的接地线应登录在工作票上，个人保安线由工作人员自装自拆。　　答案：A.

    A. 工作接地线　　　　　　B. 吊钩　　　　　　　C. 接地

50. 在高处作业，较大的工具应用（　　）拴在牢固的构件上。　　答案：C

    A. 钢丝　　　　　　　　　B. 安全带

    C. 绳　　　　　　　　　　D. 扎带

51. 在停电的低压装置上工作时，应采用有效措施遮蔽（　　）部分，若无法采取遮蔽措施时，则将影响作业的有电设备停电。　　答案：B

A. 导体端　　　　　　　B. 有电　　　　　　C. 金属

52. 低压回路停电的安全措施：将检修设备的（　　）断开取下熔断器，在开关或刀闸操作把手上挂"禁止合闸，有人工作!"的标示牌。　答案：A

A. 各方面电源　　　　B. 上级电源　　　　C. 主电源

53. 在继电保护装置、安全自动装置及自动化监控系统屏间的通道上搬运试验设备时，要与（　　）保持一定距离。　答案：B

A. 检修设备　　　　　B. 运行设备　　　　C. 通道

54. 电缆施工完成后应将穿越过的孔洞进行封堵，以达到（　　）、防火和防小动物的要求。　答案：A

A. 防水　　　　　　　B. 防高温

C. 防潮　　　　　　　D. 防风

二、填空题

1. 任何人发现有违反本规程的情况，应_____，经纠正后才能恢复作业。各类作业人员有权拒绝违章指挥和强令冒险作业；在发现直接危及人身、电网和设备安全的紧急情况时，有权停止作业或者在采取可能的紧急措施后撤离作业场所，并立即报告。答案：（立即制止）

2. 因故间断电气工作连续_____个月以上者，应重新学习电力安全工作规程，并经考试合格后，方能恢复工作。　答案：（三）

3. 电气设备操作后的位置检查应以设备实际位置为准，无法看到实际位置时，可通过设备机械位置指示、_____、带电显示装置、仪表及各种遥测、遥信等信号的变化来判断。　答案：（电气指示）

4. 操作设备应具有明显的标志，包括命名、编号、分合指示，旋转方向、切换位置的指示及_____等。　答案：（设备相色）

5. 在高压设备上工作，应至少由两人进行，并完成保证安全的组织措施和_____。　答案：（技术措施）

6. 送电合闸操作应按照_____—负荷侧隔离开关（刀闸）—断路器（开关）的顺序依次进行。　答案：[电源侧隔离开关（刀闸）]

7. 非运行人员用绝缘棒、核相器和_____定相或用钳形电流表测量高压回路的电流，应填用第二种工作票。　答案：（电压互感器）

8. 一张工作票上所列的检修设备应同时停、送电，开工前工作票内的全部安全措施应_____。　答案：（一次完成）

9. 所谓一个电气连接部分是指：电气装置中，可以用_____同其他电气装置分开的部分。　答案：（隔离开关）

10. 在同一电气连接部分用同一工作票依次在几个工作地点工作时，在转移工作地点时，工作负责人应向工作人员交待带电范围、安全措施和_____。答案：（注意事项）

11. 运行人员不得变更有关检修设备的运行接线方式。工作负责人、_____任何一方不得擅自变更安全措施，工作中如有特殊情况需要变更时，应先取得对方的同意并及时恢复。变更情况及时记录在值班日志内。　答案：（工作许可人）

12. 工作班成员的安全责任之一：严格遵守安全规章制度、技术规程和劳动纪律，对自己在工作中的行为负责，互相关心工作安全，并监督"电力安全工作规程"的执行和_____的实施。　答案：（现场安全措施）

13. 第一种工作票应在工作前一日送达运行人员，可直接送达或通过传真、局域网传送，但传真传送的工作票许可应待正式工作票到达后履行。临时工作可在工作开始前直接交给_____。　答案：（工作许可人）

14. 若需变更或增设安全措施者应填用_____，并重新履行签发许可手续。　答案：（新的工作票）

15. 在一经合闸即可送电到工作地点的断路器（开关）和隔离开关（刀闸）的操作把手上，均应悬挂"_____"的标示牌。答案：（禁止合闸，有人工作！）

16. 间接验电判断时，应有两个及以上的指示，且所有指示均已同时发生对应变化，才能确认该设备已无电；若进行遥控操作，则应同时检查隔离开关（刀闸）的状态指示、遥测、遥信信号及_____的指示进行间接验电。　答案：（带电显示装置）

17. 禁止工作人员擅自移动或拆除遮栏（围栏）、标示牌。因工作原因必须短时移动或拆除遮栏（围栏）、标示牌，应征得_____同意，并在工作负责人的监护下进行。完毕后，应立即恢复。答案：（工作许可人）

18. 一般安全措施要求，各生产场所应有逃生路线的_____。　答案：（标示）

三、简答题

1. 工作票签发人，应具备哪些基本条件？

工作票签发人应是熟悉人员技术水平、设备情况、电力安全工作规程，并具有相关工作经验的生产领导人、技术人员或经本单位分管生产领导批准的人员。工作票签发人员名单应书面公布。

2. 在电气设备上工作，保证安全的组织措施有哪些？

①工作票制度；②工作许可制度；③工作监护制度；④工作间断、转移和终结制度。

3. 电气设备按电压分为哪两种？它们的电压值如何界定？

①高压电气设备和低压电气设备；②高压电气设备：电压等级在1000V及以上者；低压电气设备：电压等级在1000V以下者。

4. 专责监护人，应具备哪些基本条件？

① 具有相关工作经验；② 熟悉设备情况和电力安全工作规程。

5. 遇有电气设备着火时，如何处理？

遇有电气设备着火时，应立即将有关设备的电源切断，然后进行救火。

四、问答题

1. 在电气设备上工作，有哪些工作应填用第一种工作票？

高压设备上工作需要全部停电或部分停电者；二次系统和照明等回路上的工作，需要将高压设备停电者或做安全措施者；高压电力电缆需停电的工作；换流变压器、直流场设备及阀厅设备需要将高压直流系统或直流滤波器停用者；直流保护装置、通道和控制系统的工作，需要将高压直流系统停用者；换流阀冷却系统、阀厅空调系统、火灾报警系统及图像监视系统等工作，需要将高压直流系统停用者；其他工作需要将高压设备停电或要做安全措施者。

2. 对线路的停、送电有哪些严格、具体的规定？

①线路的停、送电均应按照值班调度员或线路工作许可人的指令执行；②严禁约时停、送电；③停电时，必须先将该线路可能来电的所有断路器（开关）、线路隔离开关（刀闸）、母线隔离开关（刀闸）全部拉开，手车开关必须拉至试验或检修位置；④验明确无电压后，在线路上所有可能来电的各端装设接地线或合上接地刀闸；⑤在线路断路器（开关）和隔离开关（刀闸）操作把手上均应悬挂"禁止合闸，线路有人工作！"的标示牌；⑥在显示屏上断路器（开关）和隔离开关（刀闸）的操作处均应设置"禁止合闸，线路有人工作！"的标示牌。

3. 有哪几种情况，必须加挂机械锁？对加挂的机械锁有何管理要求？

下列三种情况必须加挂机械锁：①未装防误闭锁装置或闭锁装置失灵的隔离开关手柄和网门；②当电气设备处于冷备用时，网门闭锁失去作用时的有电间隔网门；③设备检修时，回路中的各来电侧隔离开关操作手柄和电动操作隔离开关机构箱的箱门。机械锁要一把钥匙开一把锁，钥匙要编号并妥善保管。

二、电力安全工作规程考试合格率

每年年初要组织对班组全员进行电力安全工作规程考试，班组年度全员电力安全工作规程考试合格率应达到100%。以下是班组《电力安全工作规程》考试合格率统计表：

××××年带电作业班《电力安全工作规程》考试合格率统计表

班组	姓名	考试时间	分数	是否合格	合格率
带电作业班	郑××	2011.2.15	98	合格	100%
带电作业班	刘××	2011.2.15	96	合格	100%
带电作业班	肖××	2011.2.15	92	合格	100%
带电作业班	李××	2011.2.15	93	合格	100%
带电作业班	韩××	2011.2.15	93	合格	100%
带电作业班	钱××	2011.2.15	92	合格	100%
带电作业班	路××	2011.2.15	97	合格	100%
带电作业班	邢×	2011.2.15	97	合格	100%
带电作业班	张××	2011.2.15	96	合格	100%
带电作业班	常××	2011.2.15	98	合格	100%
带电作业班	杨××	2011.2.15	95	合格	100%
带电作业班	韩××	2011.2.15	96	合格	100%
带电作业班	蔡××	2011.2.15	94	合格	100%
带电作业班	赵××	2011.2.15	98	合格	100%
带电作业班				合格	100%

第三节　安全生产责任制

为了实现班组安全生产目标，必须建立健全班组安全生产责任制，要在班组贯彻落实好"安全第一，预防为主，综合治理"的方针，执行有关安全生产的法律、法规和上级有关规定和规程制度，落实各项安全生产措施，接受安全监督部门的安全监督和指导。在计划、布置、检查、总结、考核生产工作的同时，计划、布置、检查、总结、考核安全工作，从而明确班组员工的安全职责，做到责任分担，全面有效落实班组长、安全员、工作负责人、工作许可人和班组成员的安全生产岗位职责。以下是班组各岗位安全责任制举例：

一、班组长安全责任制

（1）严格执行"安全第一、预防为主、综合治理"的方针，认真贯彻上级有关安全生产的指示，以身作则，模范遵守并指导监督班组员工认真执行安全工作规程。

（2）认真开好班前会，认真贯彻生产"五同时"，掌握班组员工安全思想动态和技术特长，组织安全生产，坚持特殊工种持证上岗，负责做好每项工作任务与安全措施同时布置。

（3）切实抓好安全思想、安全知识教育，组织做好新人员入厂安全教育，组织好安规学习和考试，提高班组技术业务和安全管理水平，表扬安全生产中的好人好事，批评制止违章、违纪的不良倾向。

（4）组织制定班组年度安全生产目标，编制实施安全工作计划和措施，并分解落实到人，每月组织对照检查，并严格考核。

（5）组织好安全活动，全面分析一周的安全情况，做到有内容、有记录、有实效。每月组织班内员工按设备、电网、人员进行安全检查、技术分析和预测、预防工作。

（6）组织班内员工，认真进行设备巡回检查和现场设施检查，经常巡查检修、施工、操作现场，制止违章作业，发现重大事故隐患、缺陷，及时汇报，积极组织消除。

（7）班组发生异常以上的各类不安全事件，及时汇报上级，召开班组调查分析会，严格执行"三不放过"，并按认定细则定性。

（8）组织保管、使用、管理好班组安全工器具，做到专人负责，做好定期试验和检查，不合格的应及时更换，并做好记录。督促班组员工正确使用劳动保护用品。

（9）对自己在工作中的安全行为负责，组织全体工作人员互相关心工作安全，并监督全体工作人员对《电力安全工作规程》的正确执行。

二、班组安全员安全责任制

（1）班组安全员是班组长在安全生产管理工作中的助手，是班组安全生产的监督者。生产车间的主要检修班组应设专职安全员。

（2）严格执行"安全第一、预防为主、综合治理"的方针，认真贯彻执行上级有关安全生产的指示，以身作则，模范遵守各项安全规章制度，监督工人认真执行安全规章制度。

（3）协助班组长召开安全分析会，配合班组长做好安全思想教育工作。

（4）抓好每周安全活动，做好安全生产状况的分析。负责班内员工安全知识培训。

（5）会同班组长制定年度安全工作目标和实施目标的措施计划。

（6）发生异常及各类不安全事件，负责保护现场，及时向上级汇报，会同班组长及时组织调查分析，查明原因，明确责任，落实防范措施。

（7）经常深入现场，检查管辖的设备及现场设施，查禁违章。检查安全工器具的使用、管理状况。

（8）对自己在工作中的安全行为负责，组织全体工作人员互相关心工作安全，并监督全体工作人员对《电力安全工作规程》的正确执行。

三、工作许可人安全责任制

（1）负责审查工作票所列安全措施是否正确、完备，是否符合现场条件，对工作票所列内容即使发生很小疑问，也应向工作票签发人询问清楚，必要时应要求作详细补充。

（2）负责检查检修设备有无突然来电的危险，审查工作的必要性。

（3）线路停送电和许可工作的命令是否正确完备。

（4）许可的接地等安全措施是否正确完备，工作现场布置的安全措施是否完善，必要时予以补充。

（5）电话下达许可开始工作的命令时，应记录明确，并复诵核对无误。直接在现场许可工作时，工作许可人应在工作票上记录许可时间，并签名。

（6）保证生产现场安全设施和设备标志设置规范齐全、清晰醒目，特别是相邻间隔和平行输配电线路的名称、编号、色标和警示标志要齐全，悬挂位置醒目。

（7）认真执行公司《电气操作票、工作票执行实施细则》、《低压两票执行规定》，严肃"两票"的使用，严格按票面措施要求执行，严禁任何形式的无票操作和无票工作。

（8）需要工作负责人交接时，做好许可及交接工作。

（9）工作班成员遇恶劣天气时，在保证作业人员安全的前提下，及时采取相应的安全措施。

四、工作负责人安全责任制

（1）工作负责人不但是工作的组织者，也是工作的安全监护人。督促、监护工作班成员遵守《电力安全工作规程》并正确使用劳动防护用品和执行现场安全措施。

（2）在电气设备上工作，严格执行《电力安全工作规程》保证安全的组织措施和技术措施。

（3）应根据现场的安全条件、施工范围、工作需要等具体情况，增设专责监护人和确定被监护的人员。

（4）专责监护人不得兼做其他工作。工作负责人、专责监护人应始终在工作现场，对工作班人员的安全认真监护，及时纠正不安全的行为。专责监护人临时离开时，应通知被监护人停止工作或离开工作现场，待专责监护人回来后方可恢复工作。

（5）在两条以上相互靠近的平行或交叉线路登杆塔时，要设专责监护人，以防误登带电线路杆塔。

（6）在带电杆塔上进行测量、防腐、巡视检查、紧杆塔螺栓、清除杆塔上异物等工作，作业人员活动范围及其所携带的工具、材料等，与带电导线最小距离不满足安全距离要求时，应设专责监护人。

（7）临近高压带电设备施工时，全过程必须安排有经验的监护人。在临近或带电的高压架空线路杆塔上作业时，上下传递物件必须用绝缘绳索，风力应不大于5级，作业全过程必须安排有经验的专人监护。

（8）带电作业应设专责监护人。监护人不得直接作业。监护的范围不得超过一个作业点。复杂或高杆塔作业必要时应增设杆上（塔上）监护人。

（9）在带电的电流互感器、电压互感器二次回路上工作时，应有专人监护。电气试验工作应视具体情况，按照《电力安全工作规程》要求设专人监护。

（10）保证进入生产现场的工作人员，要提高安全意识，加强自我保护，工作中互相监督，做到现场工作"四清楚"（任务清楚、危险点清楚、作业程序清楚、安全措施清楚）、"五不干"（无工作计划不干，工作无《标准指导书》和《作业控制卡》不干，工作安全措施不全不干，工作人员不在状态不干，安全监督人员不到位不干），"八个不"（不走错间隔；不随意扩大工作范围；不擅自解锁；不误登杆塔；不无票作业；不无安全技术交底施工；不使用不合格的施工机具和安全防护用品；不存放、不使用不合格和标识不清的安全工器具）。

（11）明确生产现场工作人员服装标示识别要求。工作负责人、监护人与工作人员穿戴（佩戴）不同颜色的服装（或标示）和安全帽，人员区分识别一目了然。

（12）生产现场安全设施和设备标志设置规范齐全、清晰醒目，特别是相邻间隔和平行输配电线路的名称、编号、色标和警示标志要齐全，悬挂位置醒目。

（13）严格执行公司《电气操作票、工作票执行实施细则》和《低压两票执行规定》，严肃"两票"的使用，严格按票面措施要求执行，严禁任何形式的无票操作和无票工作。

第七章 安 全 管 理

第一节 安全措施、技术措施、组织措施

【实例一】城北变电站 10kV 断路器柜施工安全措施

（1）严禁任何人员钻、跨围栏。

（2）熟悉劳动用品和防护用品的使用方法；使用前应进行日常检查，施工中正确使用；安全防护用品、用具应设专人管理。

（3）高处作业所用的工器具和材料等应放在工具袋内或用绳索绑牢；上下传递物件应用绝缘绳索吊送，严禁抛掷。

（4）在高压试验现场和涉及高压带电的危险区域，应设置安全围栏和警告标示牌，并设专人监护。

（5）试验中高压试验设备和被试设备的外壳必须可靠接地，在试验加压前要检查试验接线的正确性和有关接地的可靠性。

（6）严格执行身体检查制度，禁止职业禁忌或其他不合要求者上岗；特种作业人员需经培训合格、持证上岗；严禁无证作业，无证驾驶。

（7）进入施工区的人员必须正确佩戴安全帽，帽带要系紧；严禁坐、踏安全帽或把安全帽挪作他用。

（8）电源接线设专人负责；接用临时电源，应至少两人进行，一人监护，一人接线，并正确接线。

（9）加强高处作业人员的安全和自我保护意识，加大现场安全监督检查和经济处罚力度，督促高处作业人员衣着灵便，并穿软底鞋。

（10）工作人员上下绝缘梯时应有专人扶持，绝缘梯应采取防滑措施。

（11）在工作过程中，试验人员应认真执行规章制度，特别是在加压时要实行呼唱制度，得到允许方可加压。

（12）变更接线或试验结束时，应首先断开试验电源，并放电。

（13）遵章守纪，按规程作业，施工中严禁打闹、抛物等违章行为；严格按技术交底施工，不得擅自更改；强化现场安全监督检查。

（14）高处作业人员必须使用安全带，安全带必须拴在牢固的构件上，并不得低挂高用，施工过程中，应随时检查安全带是否拴牢；每次使用前必须进行外观检查，安全带（绳）断股、霉变、虫蛀、损伤或铁环有裂纹、挂钩变形、接口缝线脱开等严禁使用。

（15）施工工具须经过检测合格，工作时按规定穿戴防护用品；手持机电移动工具必须通过检查试验，加装防护罩。

（16）分步工程及重要、危险性工作均应编制安全措施，并经交底、履行全员签字手续后方可施工；施工人员对无安全措施或未交底有权拒绝施工；严格按经审批的方案和安全措施施工，若对方案或措施有疑问时，应征询审批人的意见。

（17）严禁违章指挥；对违章指挥现象任何人都有责任、有权利制止；施工人员遇有违章指挥有权拒绝施工。

【实例二】防止高空摔跌的安全措施

（1）攀登电气设备前应先检查安全工具，检查安全带、安全腰绳、梯子等是否完整、可靠。

（2）爬梯登杆时，应检查是否有"从此上下"的标示牌，爬钉、爬梯是否牢固，攀登时手中不准携带任何东西，并做好防感应电措施。

（3）在2m及以上高空作业时，工作人员必须使用安全带，安全带应扎在牢固的构件上，防止安全带从构件上脱出，在杆塔上转位时，必须先系好安全带，不得失去保护，如在变压器边缘上或易滑落的地方工作时，必须使用安全带。

（4）高处作业必须穿软底鞋，当杆上有雨水时，应注意防滑并采取措施。110kV及以上杆塔高处作业，必须使用双保险安全带。

（5）不准将工具、材料上下投掷，要用绝缘绳子上下传递。

（6）使用梯子时，应先检查梯子是否合格，在梯子上作业，应将梯子固定牢固，并在有人扶持下工作。

（7）在进行高处作业时，应尽量避免上下同时工作，除有关人员外，不准他人在工作地点的下面通行或逗留，防止落物伤人。

【实例三】变电检修班隔离开关检修的技术措施

（1）隔离开关带电部分采用防锈件，螺栓采用不锈钢件或渗碳、渗锌件，转动轴承采用全密封轴承；检查隔离开关和接地刀闸转动部分、操动机构的润滑，各运动部位的润滑脂可采用性能良好的锂基润滑脂。在绝缘子金属法兰与瓷件的胶装部位涂以性能良好的防水密封胶。

（2）维修和新安装的隔离开关要切实把好验收关，按照工艺标准进行检修，无缺陷投运。对隔离开关支持瓷绝缘子，特别是铁瓷结合处进行认真检查，避免瓷绝缘子带缺陷运行。

（3）隔离开关检修后，将隔离开关全部的轴销、转动部位、各部螺栓及导电回路进行全面检查、校紧。

（4）在隔离开关活动接触部分检修时，应采用先测试后检修的方法，重点采取红外线监测的方式，对需检修的隔离开关，将油垢擦净，露出铜光面，再涂抹中性凡士林，对红外测温发现的问题要重点处理，对测试不合格的隔离开关要进行更换，杜绝带缺陷投入运行。

（5）对隔离开关机构检修，重点检查立拉杆与机构箱连接部位锈蚀状况，必要时拆箱处理，一定要做到拉合灵活可靠。

（6）隔离开关带电接触部分如有烧伤氧化，应用细砂布打磨光滑，烧伤面积超过总接触面积的 1/3、深度超过 1mm 时应及时更换，接触松弛及拉合困难的隔离开关，应认真进行调整。

（7）在对 220kV 隔离开关和 45°角安装的 110kV 隔离开关进行操作时，要设双人监护，一人观察 220kV 隔离开关支柱绝缘子，如果发生支柱断裂，应立即通知操作人和另一监护人撤离。

（8）对 220kV 隔离开关和母线支柱进行检修时，一律使用检修架进行，严禁工作人员将安全带（绳）系在隔离开关和母线支柱绝缘子上。

【实例四】变电检修班现场作业组织措施

（1）组织变电检修班人员认真学习《电力安全工作规程》、《国家电力十八项电网重大反事故措施》、《防止电力生产重大事故二十五项重点要求》、《现场作业违章处罚规定》、《供电公司变电设备分工》和班组各岗位职责分工等。

（2）结合班前安全例会，检查现场每项检修工作措施、工作任务是否正确、无误，所派工作负责人、工作班成员是否合适，对员工有异常情绪和家庭有特殊情况者，可做适当调整，尽量不安排其现场检修工作任务。

（3）班组工作人员进入检修工作现场时应熟悉停电计划、停电范围、三大措施、现场到位、检修重点、危险点分析、工序卡管理、缺陷消除和装置性违章消除等，要求班组工作人员严格遵守各项规章制度，服从现场负责人统一指挥，做到生产指挥系统政令畅通，要求工作负责人必须明确现场检修工作的全过程，确保人身安全和检修质量。

（4）组织好工作现场的开工会、收工会，所有工作人员必须明确工作任务、工作地点、临近带电部位、我监护谁或谁监护我，方可在工作负责人的带领下，进入工作现场。未经负责人带领和未开工，任何工作人员严禁进入工作现场（包括开工前准备工作）。

（5）工作人员必须严格执行设备安装、检修、试验工艺规程，最大限度做到

"应修必修、修必修好"原则，任何人无权随意减少工作项目和降低工作标准，确保检修周期内不发生因检修质量引起的临、故修和污闪事故。工作中应互相监督施工安全，互相监督施工质量。

（6）工作现场必须严格执行工作票制度，工作许可制度把好检修的"转移关"，工作小组转移时必须经工作负责人的同意，说明工作结束有无遗留问题，方可离开。工作人员应严格执行设备安装、检修、试验工艺规程，任何人无权随意减少工作项目和降低工作标准。

（7）提前了解管辖设备的缺陷，并制定消缺方案，结合停电进行消除。检修工作中出现的任何问题都要及时向车间汇报，不得隐瞒不报。及时填写变电站检修记录、大修记录，完善台账内容。

（8）加强外包工、临时工人员的管理，工作现场负责人要设专人监护，开工前交代措施、安全注意事项要认真仔细。

第二节　安全风险辨识和防范

班组作业安全风险辨识和防范工作要立足基层班组、一线员工和作业现场，以防止电网大面积停电、防止人身事故和人员责任事故为重点，根据生产组织和作业管理流程，分专业制定《现场工作安全控制卡》，系统辨识和防范作业过程事故风险，落实安全组织措施、技术措施和应急预案相关措施，不断提高班组员工安全风险意识和辨识防范能力，确保作业安全得到有效控制，夯实班组安全管理基础。各班组对所属生产设备、设施、环境、工器具等方面的静态安全风险开展全面识别，对现场作业人员、设备、环境、工器具、劳动防护和作业过程开展示范分析，对作业标准化、安全措施交底以及员工自主风险辨识控制等手段进行有效控制，组织对班组人员素质和安全管理风险开展识别，对作业现场进行监督查评，建立风险管理数据库，对"两票"管理、安全组织措施、技术措施、应急预案、作业控制卡、危险点分析预控等现场作业控制制度、文件进行有效整合和规范，为企业风险评估提供基础资料。

【实例一】客户电能计量现场工作安全控制卡

客户电能计量现场工作安全控制卡程序执行是：工作负责人持有《现场工作安全控制卡》→供电公司工作签发→客户签发→客户履行现场安全措施→客户许可→工作人员现场检查安全措施→供电公司人员许可→客户许可→开工→工作结束→存档备案。

客户电能计量现场工作安全控制卡

单位：××　　　　　　　　　　　　　　　　　　编号：3216549

客户信息				
客户名称	地址	联系人	电话	业务类型
××	××	徐××	××××	××

工作负责人：秦××	班组：××

工作班成员：郑××、鲁××、齐××、宋××、丁××

工作地点：××

工作内容：××客户变电站××线更换电能计量装置

计划工作时间　自 2013 年 09 月 11 日 09 时 00 分至 2013 年 9 月 11 日 16 时 00 分

序号	工作现场风险点分析	逐项落实"有/无"
1	设备金属外壳接地不良有触电危险；使用不合格工器具有触电危险	有
2	使用工具不当、无遮挡措施时引起 TV 二次相间及单相接地短路，将有危害人员、损坏设备危险	有
3	工作不认真、不严谨，误将 TA 二次开路，将产生危及人员和设备的高电压	有
4	使用不合格的登高梯台或登高及高处作业时不正确使用梯台，导致高处坠落	有
5	低压带电作业无绝缘防护措施，人员触碰带电低压导线，作业过程中作业人员同时接触两相，导致触电	有
6	工作过程中，用户低压反送电，导致工作人员触电	有
7	接线不正确、接触不良影响表计正确计量和对客户优质服务	有
8	表码等重要信息未让客户知情和签字，会产生电量纠纷的风险	有
9	接线不正确、接触不良影响表计正确计量	有
补充事项	无	
序号	注意事项及安全措施	逐项落实并打"√"
1	进入工作现场，穿工作服、绝缘胶鞋、戴安全帽，使用绝缘工具，必要时使用护目镜，采取绝缘挡板等隔离措施	√
2	召开开工会，交待现场带电部位、应注意的安全事项	√
3	工作中严格执行专业技术规程和作业指导书	√
4	采取有效措施，工作中严防 TA 二次回路开路，TV 二次回路短路或接地；经低压 TA 接入式电能表、终端，应严防三相电压线路短路或接地	√
5	严格按操作规程进行送电操作，送电后观察表计是否运转正常；不停电换表时计算需要追补的电量	√

续表

序号	注意事项及安全措施	逐项落实并打"√"
6	停电作业工作前必须执行停电、验电措施；低压带电工作人员穿绝缘鞋，戴手套，使用绝缘柄完好的工具，螺丝刀、扳手等多余金属裸露部分应用绝缘带包好，以防短路。接触金属表箱前，需用验电器确认表箱外壳不带电	√
7	高处作业使用梯子、安全带，设专人监护	√
8	提醒客户在有关表格处签字，并告之对电能表的维护职责	√
9	认真召开收工会，清理工作现场有无遗漏工器具，清理垃圾	√
10	工作中严格执行专业技术规程和作业指导书要求，送电后认真观察表计是否运转正常	√
补充事项	无	

工作签发人（供电公司）	赵××
工作签发人（客户）	吴××
工作许可人（供电公司）	李××
工作许可人（客户）	徐××
工作任务和现场安全措施已确认，工作班成员签名	郑××、鲁××、齐××、宋××、丁××

开工时间：2013 年 9 月 11 日 9 时 15 分

收工时间：2013 年 9 月 11 日 15 时 10 分

全部工作已于 2013 年 9 月 11 日 15 时 25 分结束，工作人员已全部撤离，材料工具已清理完毕，工作结束。

工作负责人：秦××	工作许可人（客户）：徐××

【实例二】火灾应急预案

1. 确定危险源

电力设备、设施发生故障，变电设备、电力线路老化、过载、漏电，使用、动用、储存易燃易爆危险品，动用明火，吸烟、违章操作等人为因素。

2. 应急处置基本原则

统一组织指挥火灾的应急处理，落实消防安全责任制，明确各级人员的职责。确保信息畅通，报警、汇报及时；发生火情后，做到反应迅速、指挥得当、灭火得力、疏散及时，最大限度地降低火灾的损失和影响。全面了解火场情况，对可能造成人员伤亡、爆炸、大面积燃烧、影响电网稳定和社会稳定等影响全局的火情优先处理，优先解救被困人员，及时救治伤员，最大限度减少人员伤亡。

3. 危险源监控

建立完善消防规章制度，主要包括：防火巡查、消防（控制室）值班、消防检查、消防培训、消防设施器材维护管理、火灾隐患整改、火灾预案的制定及演练、用火用电安全管理、易燃易爆危险品管理、防雷防静电管理等。消防控制室24h 有人值班，及时接警。确保火灾自动报警系统运行可靠，当发生火情时系统能正确报警。对非运行电气设备，无人使用或人员离开时应关闭电源。对动用明火实施严格的消防安全管理，禁止在具有火灾、爆炸危险的场所使用明火，进行明火作业的，应提前办理动火工作票并按程序进行审批。定期对重点要害部位电力设备、设施的巡视，及时消除隐患。加强对易燃易爆危险品的管理，电气设备、线路敷设必须符合防爆要求，并落实相应的安全措施。电力电缆敷设必须符合消防规程要求，对穿越墙壁、楼板和电缆沟道而进入控制室、电缆夹层、控制柜及仪表盘、保护盘等处的电缆孔、洞、竖井必须用防火堵料严密封堵。按照消防安全重点单位（场所）的要求，对电气设备的线路应经常检查维修，每年定期进行绝缘检测，发现短路和绝缘不良，应及时维修。严格执行消防安全监督检查制度，对检查存在的火险隐患，应当及时予以消除。对当场不能整改的火险隐患，消防归口管理部门应根据管理分工及时汇报，提出整改方案，并落实整改资金；火灾隐患未消除之前，应落实防范措施，保障消防安全。办公、生产、经营、生活场所应分别制定具体的"灭火、应急疏散预案"，并按规定定期演练。

4. 报警方法

发现火情，每人都有义务有责任报警，要立即通过报警按钮或楼层电话向消防控制室报警。消防控制室确认火情后，拨打"119"电话报警。没有设消防控制室的，可直接拨打"119"电话报警。报警时要沉着、冷静、准确说清起火单位名称、地址及起火部位、燃烧的物质、火势的大小、有无人员被困。消防控制室拨打"119"电话报警后，立即报告应急指挥部办公室。消防控制室电话：××××××××，应急指挥部办公室电话：××××××××。

5. 报告程序

消防控制室得到火灾信息后，迅速汇报公司应急指挥部办公室，应急办公室汇报应急指挥部，应急指挥部向危机管理委员会汇报。必要时可以越级上报。

6. 报告方式及内容

（1）口头汇报。发生火灾后，消防控制室得到火灾信息后，立即向公司应急指挥部办公室进行口头汇报。应急指挥部办公室做好记录，并向应急指挥部进行汇报。

（2）书面汇报。发生火灾部门（或单位）应当在 4 小时内，以书面形式汇报应急指挥部办公室，应急指挥部办公室在调查、了解火灾情况汇总后，应当在 8

小时内以书面形式上报应急指挥部。报告内容包括火灾发生的时间、地点、火灾范围、火灾类别、可燃物、着火情况、人员伤亡、现场急救情况等。

7. 响应程序

发生火灾后，现场和先期到达现场人员立即开展灭火和救援工作；应急办公室接到火灾报告后，立即启动火灾应急预案，同时向应急指挥部报告。应急指挥部总指挥、副总指挥、应急办公室成员及应急工作组立即赶赴火灾现场，迅速开展人员疏散、灭火、救援等工作。

8. 处置措施

现场发现火情的人员立即通过报警按钮或楼层电话向消防控制室报警，或直接拨打"119"电话报警。同时，就近取用灭火器或消火栓灭火。消防控制室值班人员接到火灾自动报警系统发出的火灾报警信号时，要立即通知巡查人员或报警区域的楼层值班、工作人员迅速赶往现场实地查看。查看人员确认火情后，要立即通过报警按钮、楼层电话或无线对讲系统向消防控制室反馈信息，并同时组织本楼层人员进行灭火和疏散。消防控制室接到查看人员确认的火情报告后，或者直接得到有关人员报警后，要同时做到：①立即启动事故广播，发出火警指令，告知有关人员不要惊慌，按照逃生路线迅速安全疏散、撤离；②设有正压送风、排烟系统和消防水泵等设施的要立即启动，确保人员安全疏散和有效扑救初起火灾；③拨打"119"电话报警；④报告应急办公室。应急办公室得到火灾报告后，立即汇报应急指挥部，同时启动应急预案。应急指挥部、应急指挥部办公室成员及相关人员立即赶赴火灾现场，指挥开展人员疏散、灭火、救援等工作。疏散引导组跑向起火部位附近或本楼层安全出口处，做出手势，呼叫、引导现场人员通过最近的疏散通道、安全出口疏散，做到每个安全出口和疏散通道处有人引导。消防安全疏散的顺序应是起火层、起火层的上一层、起火层的下一层、起火层以上的其他楼层。高层建筑发生火灾，人员疏散可通过安全疏散楼梯或室外消防设备进行，严禁使用普通电梯，灭火前应关闭相应区域的电源和可燃气源。实施疏散出现混乱堵塞时，要内外合作，强行疏导，保证全体人员迅速疏散。救火或撤离火场时，在烟气较大的情况下，使用呼吸器或用湿毛巾、湿衣物等掩住口鼻。灭火行动组取用就近的灭火器，迅速跑向起火部位，打开灭火器灭火；安排人员迅速跑向距离起火部位最近的室内消火栓处，接好水带、水枪，并铺开水带跑向起火部位，对准起火点灭火。灭火时坚持"救人第一"的原则，在第一时间尽最大努力解救被困人员，最大限度降低人员伤亡。火势过大有人被困时，及时采取破墙、搭梯等方法进行援救。对于难以立即扑灭的火情，应采取"先控制、后灭火"的原则，集中力量切断火势蔓延途径，将火势控制在一定范围内，防止火势扩大。变电站控制室发生火灾，要立即切断相应的电源，关闭通风系统，人员撤离后，做好防护措施后使用高效灭火设施进行灭火，同时防止火势向其他处蔓延。电缆着火时易产生大量烟雾，且发展速度较快，火灾扑救时应首先切断电源，同时要注意在着火点上下、前后设防，特别要防止火势向主控室、主要电气设备、电缆夹层蔓延。变压器火灾扑救应在断电后进行，加强对变压器外体的冷却，防止外体爆裂。采用排放变压器油灭火时，要防止四处喷溅造成火灾面积扩大，同时选用喷雾水、泡沫或干粉、干沙灭火。通信联络组根据火情，可安排人员迅速跑向起火部位区域或起火楼层设置的报警按钮、电话处，或利用移动电话，及时向"119"和消防控制室报警说明情况，并派专人迎接、引导消防车。安全防护救护组配合公安机关设立警戒区域，实施交通管制，防止与救援无关的人员进入事故现场，保证交通畅通；对伤员及时进行现场急救或转送医院治疗。

9. 应急物资

应急办公室应储备必要的消防应急物资，明确专人管理，指定存放地点，应急物资的数量、种类应满足应急处理的需要，并定期进行更新和补充。

10. 装备保障

严格落实安全组织措施和安全技术措施，投入必要的资金，根据建筑的防火特点，配备防护用品和应急救援装备。公司各部位应根据消防工作有关规定和要求，根据建筑类型、防火等级，配备足够的合格的消防器材。做好消防设施、器材的日常维护管理，确保消防器材设施完好率100%。及时消除各类消防隐患，保障消防基础自防自救设施始终处于完好状态。

【实例三】操作票、工作票管理规定

一、操作票、工作票的统计整理

（1）已执行的、作废的操作票、工作票（以下简称"两票"）和未使用的操作票、工作票，应分别存放不得遗失。对于已执行及作废的"两票"保存时间最少不得少于6个月。也可根据各单位情况做出具体规定，可保存一年，以便于检查与考核。

（2）生产班组应在每月3日前将上月"两票"按顺序整理装订审核，做好班组"两票"正确率的计算和"两票"种类、"两票"号码的统计，最后填写班组《月度"两票"执行情况统计表》，由班组安全员、班组长分别审核签名后报送车间安全员。

（3）车间安全员应在每月6日前将生产班组报送的上月"两票"按顺序整理装订审核，做好车间"两票"正确率的计算、"两票"种类、"两票"号码的统计，最后填写车间《月度"两票"执行情况统计表》，由车间安全员、车间负责人分别审核签名后，将车间《月度"两票"执行情况统计表》报送供电公司安监部门，同时将"两票"原始资料归档保存，以备检查。

二、操作票、工作票的检查

（1）生产班组每月要对本班组的"两票"执行情况进行全面检查、记录、汇总、分析。提出存在问题和改进措施，抓好组织落实。

（2）车间领导、安全生产管理人员要经常深入工作现场检查指导安全生产工作，车间主管运行、检修的工程技术人员和车间安全管理人员每月至少检查4～5个生产班组已执行的"两票"，车间领导每月至少检查2～3个生产班组已执行的"两票"，凡是对检查出的问题均应做好记录，提出改进措施，抓好措施的整改落实。

（3）供电公司领导、生产管理人员、安监管理人员要经常深入工作现场检查指导安全生产工作，按分工每月抽查车间已执行的高压"两票"、低压"两票"、变电"两票"和线路"两票"，抽查后均应在车间《月度"两票"执行情况统计表》上签字，并指出问题，提出改进意见。

三、操作票、工作票的考核

（1）在填写和执行操作票过程中出现以下情况之一者为不合格项，并进行考核：

1）操作票无编号，编号混乱或漏号。

2）无票操作或事后补票。

3）未写变电站站名或填错站名。

4）操作票未盖章，盖错位置，盖错章。

5）一份操作票填写两个及以上操作任务。

6）操作任务与操作项目不符。

7）操作任务填写不明确或设备名称、编号不正确。

8）操作任务填写未使用设备双重名称及运用方式转换。

9）不用蓝色或黑色钢笔（圆珠笔）填写，而且字迹潦草，票面模糊不清。

10）操作时未逐项打"√"，不打"√"进行操作，全部操作完毕后补打"√"。

11）未填写操作开始及终止时间或操作开始及终止时间填错。

12）操作票未打终止号"ㄣ"或终止号"ㄣ"打错位置。

13）多页操作票未填续号或填错续号。

14）各类签名人员不符合《电力安全工作规程》的要求，包括没有签名或漏签名、代签名。

15）操作票中有错字、别字、漏字或未使用操作术语。

16）操作票中对操作方式，设备名称、编号、参数、终止号、操作"动词"有涂改。

17）操作项目中出现漏项、并项、添项、顺序号任意涂改。

18）操作顺序颠倒。

19）操作票未按规定保存三个月就丢失。

20）已装设、拆除的接地线没写编号。

21）误投、停保护装置，误投、停自投装置，误投、停重合闸装置。

22）操作中不戴安全帽或使用不合格安全用具。

23）操作不当，造成设备损坏。

24）操作票在执行过程中因故停止操作未在备注栏注明原因。

25）操作票填写后，未按操作人—监护人—值班负责人的顺序审查签名。

26）操作票填写后，未经监护人、值班负责人审核就操作。

27）监护人手中持有两份及以上操作票进行操作。

28）在执行倒闸操作时，如已操作了一项或多项，因故停止操作，未按规定盖"已执行"章，未按已执行的操作票处理，未注明原因。

29）倒闸操作中途随意换人。

30）操作人、监护人在倒闸操作过程中做与操作无关的事情。

31）失去监护，单人操作。

32）未按倒闸操作程序操作。

33）现场操作未执行监护、复诵制。

34）未进行模拟操作就开始实际操作。

35）操作票虽然填写正确，但操作过程中执行错误。

36）无人值班变电站，设备操作完毕后，未将断路器遥控开关切至遥控位置。

37）在操作中发生任何人身或设备责任事故或障碍。

38）变电站模拟图板与现场实际设备不符。

39）变电站典型操作票丢失，典型操作票与现场实际设备不符，变电站设备运行方式改变后，典型操作票未及时修改。

40）未按规定使用防误闭锁解锁工具进行操作。

41）防误闭锁解锁工具使用后未作记录。

42）每次使用防误闭锁解锁工具后未重新填写封条加封。

43）安全用具发生损坏、丢失影响操作。

44）安全用具不能满足操作要求或安全用具超周期而影响操作。

45）安全用具未贴有醒目标签（包括变电站站名、本次试验日期、下次试验日期、使用电压等级、编号及手握限位标志）。

46）安全用具未按定置管理要求存放，延误倒闸操作。

47）送电操作前，未检查送电范围内接地线确已拆除。

48）装设、拆除接地线时身体触及接地线。

49）装设接地线未按先接接地端，后接导体端顺序进行。

50）装设接地线用缠绕方式接地。

51）未用合格相应电压等级的专用验电器验电。

52）装设接地线时，工作人员未使用绝缘棒或戴绝缘手套。

53）杆塔无接地引下线时，未采用临时接地棒。

54）验电前未将验电器在有电设备上进行检验，就直接在停电设备上验电。

（2）在填写和执行工作票过程中出现以下情况之一者为不合格项，并进行考核：

1）工作票无编号、编号混乱或漏号。

2）需办理工作票而未办理就开始工作。

3）无票工作事后补票。

4）一式两联工作票其上、下联编号不同。

5）一个工作负责人手中有两张及以上工作票，或一个工作班成员在同一时间内允许参加两张及以上工作票的工作。

6）工作地点、工作任务设备名称填写与现场不相符或填写的不明确，有遗漏，未使用双重编号。

7）不用黑色、蓝色钢笔（圆珠笔）填写，而且字迹潦草，票面不清，工作内容和安全措施有多处涂改。

8）多个班组在同一份第一种工作票中工作，工作班组数与各班组负责人数不对应。

9）未按规定填写工作班人员或填写的人员与实际不对应。

10）计划工作时间、许可开始工作时间、工作终结时间、收到工作票时间等时间填错、未填写或与实际不符。

11）工作票中工作票签发人、工作许可人、工作负责人、值班负责人未签名、代签名或签错名。工作票签发人兼任该项工作的工作负责人。

12）工作票签发人、工作许可人、工作负责人未经《电力安全工作规程》考试。

13）工作票签发人、工作许可人、工作负责人虽经《电力安全工作规程》考试合格，但未通过正式文件公布。

14）停电范围未注明起、止杆号。

15）同杆架设多回线路，未填写停电线路的双重名称（即线路名称、左线或右线、上线或下线的称号）未注明色标颜色。

16）安全措施不正确、不具体、不完善。如拉开的断路器、隔离开关不全，装设的接地线、遮栏、标示牌未注明装设地点或数量不足，运维人员填写的已装设地线未注明编号等。

17）工作现场布置的安全措施与工作票的填写内容、检修内容不相符。

18）工作现场布置或拆除的安全措施与安全规定要求不相符。

19）没有得到工作许可人许可开始工作命令就擅自开始工作。

20）没有核对线路名称、杆号、色标就登杆工作。

21）安全措施未布置就开始工作。

22）工作地段未装设接地线就开始工作。

23）工作票签发人、工作许可人填写工作票的内容不正确而延误开工时间。

24）工作地点保留带电部分和补充安全措施未写明停电设备上、下、左、右第一个相邻带电间隔和带电设备的名称和编号。

25）工作地段邻近、平行、交叉或同杆架设的带电线路，未注明带电设备或附图标明不清。

26）工作许可人和工作负责人未按《电力安全工作规程》要求办理工作许可手续，检修人员已开始工作。

27）转移工作地点时，工作负责人未向工作人员认真交待有关安全事项。工作终结时，未按要求将设备恢复到检修状态。

28）工作期间工作负责人未按要求将下联工作票随身携带。

29）工作许可时间比计划工作开始时间提前，或工作终结时间比计划工作终结时间拖后。

30）设备验收不认真，延误送电。

31）检修工作结束后，工作负责人未检查现场是否清理、人员和工器具是否全部撤离、设备是否恢复到检修前的状态就会同工作许可人办理工作终结。

32）工作票办理工作终结时，若工作票中接地线或接地刀闸同时又在另一份工作票中使用，暂时不能拆除时，应填写实际拆除数，并在备注栏内说明。以上情况未按规定在备注栏内说明就办理工作终结。

33）负责办理工作票终结的运维人员，在进行验收时，未对检修人员动过的所有设备进行检查（包括插件，插座，一、二次接线，防小动物措施，机构箱，端子箱，实验电源箱等）。

34）传动试验和设备验收操作时无人监护，单人进行。

35）工作中因工作人员违反《电力安全工作规程》而造成事故、障碍、重伤、轻伤。

（3）"两票"正确率的计算。

1）操作票正确率：

$$操作票正确率=\frac{正确的操作票份数}{应统计的操作票份数}\times100\%$$

2）工作票正确率：

$$工作票正确率 = \frac{正确的工作票份数}{应统计的工作票份数} \times 100\%$$

3）应统计的操作票、工作票份数是指包括已执行的和不符合《电力安全工作规程》或安全规定有关要求所填写和执行的操作票、工作票份数。

4）正确的操作票、工作票份数，应当是从应统计的操作票、工作票份数中，减去不符合《电力安全工作规程》或安全规定有关要求所填写和执行的票数。如果填写不符合规定，即便执行正确也应统计为不正确份数，反之，如果填写符合规定，执行中不符合规程或安全规定要求造成事故，也应统计为不正确的操作票、工作票份数。

5）生产班组、车间、供电公司均要统计"两票"的正确率，并逐级检查考核，达到严格"两票"管理的目的。

【实例四】倒闸操作票实例

变电站倒闸操作票

单位××供电公司××变电站　　　　　　　　　　　　编号：×××××

发令人	×××	受令人	×××	发令时间：	××××年×× 月×× 日×× 时××分	
操作开始时间： ××××年×× 月×× 日×× 时××分				操作结束时间： ××××年×× 月×× 日×× 时××分		
（√）监护下操作　　　　（　）单人操作　　　　（　）检修人员操作						
操作任务：220kV 德东线 2213 断路器由运行转冷备用						
顺序	操 作 项 目					√
1	将 220kV 德东线 2213 断路器遥控开关切至就地位置					√
2	拉开 220kV 德东线 2213 断路器					√
3	检查 220kV 德东线 2213 断路器绿灯亮					√
4	将 220kV 德东线线路保护屏 I RCS-901A 保护断路器运行方式断路器切至边断路器检修					√
5	将 220kV 德东线线路保护屏 II RCS-902A 保护断路器运行方式断路器切至边断路器检修					√
6	投入 220kV 1 串联络 2212 断路器保护屏投先重连接片					√
7	检查 220kV 德东线 2213 断路器三相确已拉开					√
8	合上 220kV 德东线 22131 隔离开关操作电源开关					√
9	拉开 220kV 德东线 22131 隔离开关					√
10	拉开 220kV 德东线 22131 隔离开关操作电源开关					√

续表

顺序	操　作　项　目	√
11	检查 220kV 德东线 22131 隔离开关三相确已拉开	√
12	合上 220kV 德东线 22132 隔离开关操作电源开关	√
13	拉开 220kV 德东线 22132 隔离开关	√
14	拉开 220kV 德东线 22132 隔离开关操作电源开关	√
15	检查 220kV 德东线 22132 隔离开关三相确已拉开	√
16	检查监控机 220kV 德东线 22131 隔离开关确已拉开	√
17	检查监控机 220kV 德东线 22132 隔离开关确已拉开	√
18	停用 220kV 德东线 2213 断路器保护屏失灵跳 2212 断路器出口连接片	√
19	停用 220kV 德东线 2213 断路器保护屏失灵启动 2 母线差动保护 1 出口连接片	√
20	停用 220kV 德东线 2213 断路器保护屏失灵启动 2 母线差动保护 2 出口连接片	√
21	拉开 220kV 德东线 2213 断路器保护屏操作电源开关	√
22	拉开 220kV 德东线 2213 断路器保护屏保护电源开关	√
23	拉开 220kV 德东线 2213 断路器保护屏线路 CVT 电压开关	√
24	拉开 220kV 德东线 2213 断路器保护屏 2 母线 CVT 电压开关	√
25	拉开 220kV 1 串测控屏 220kV 德东线测控电源开关	√
26	拉开 220kV 1 串测控屏 220kV 德东线线路 CVT 电压开关	√
27	拉开 220kV 1 串测控屏 220kV 2 母线 CVT 电压开关	√
	⚡	

备注：

操作人：　　　　　　监护人：　　　　　　值班负责人（值长）：

第三节　安全性评价

　　安全性评价工作应针对供电公司电力设备、劳动安全、作业环境以及安全管理中可能引发的危险因素，从防止人身事故、特大和重大设备事故及频发事故出发，采用危险评估的方法进行查评诊断，摸清班组管辖设备的安全基础情况，掌握存在的危险因素及严重程度，明确反事故工作的重点和需要采取的反事故措施，实现超前控制、减少和消灭事故。班组安全性评价工作应实行闭环动态管理，采用自评价的方式进行，在一个评价周期内，按照"评价、分析、评估、整改"的过程循环推进，对评价过程中发现的问题进行原因分析，根据危害程度对存在问题进行评估和分类，按照评估结论存在问题制定并落实整改措施，在此基础上进行新一轮的循环。安全性评价的方法有多种多样，可以是现场检查、现场考问、实物检查、现场试验或测试，也可以是抽样检查、调查和询问、仪表指示观测和分析、查阅分析资料等。班组在进行安全性评价工作前先成立查评组，在班组自查的基础上查评现场设备安全隐患，写出查评小结和安全性评价发现的主要问题、整改建议及分项结果，登记在"安全性评价检查发现问题及整改措施"表中并报送车间，一般班组自查不要求打分。以下是两个实例《架空输电线路安全性评价标准》和《调度班安全性评价实例》

【实例一】架空输电线路安全性评价标准

序号	评价项目	标准分	查证方法	评分标准及办法	备注
2.4.1	架空输电线路	490			
2.4.1.1	专业管理	160			
（1）	本企业线路现场运行规程（含大跨越段运行规程）、检修工艺规程和缺陷管理制度是否正确、有效、完善	20	查阅规程制度	不够完善扣分 20%～80%；未编制本企业规程制度或规程制度内容不符合上级规程、反措要求不得分；不符合设备实际，差别较大不得分	
（2）	下列技术资料、文件是否正确、有效、齐全： 1）地区线路平面图； 2）线路路径图； 3）110kV 及以上线路断面图； 4）线路交叉跨越图； 5）杆塔型式和基础型式图； 6）110kV 及以上线路导线、避雷线安装曲线（或弧垂表）； 7）110kV 及以上线路导线、避雷线金具组装图； 8）110kV 及以上线路换相（位）图； 9）地区污秽等级分布图及明细表； 10）线路沿线其他特殊区段（大跨越段，雷击频繁区、强风区、洪水冲刷区、重冰区、导线舞动区、鸟害区、滑坡沉陷区、微气候区及易受外力破坏区等）划定图（或明细表）；	20	查阅设备台账、图纸资料。现场核查	资料、文件不够齐全，不符合实际视情况扣分 20%～80%；资料、文件严重短缺或不正确、不符合实际，差别较大不得分	

序号	评价项目	标准分	查证方法	评分标准及办法	备注
（2）	11）隐蔽工程检查、验收记录； 12）工程验收文件资料（新建、改造大修工程）； 13）线路设备一览表（名称、编号、电压、线路长度、起止点、导线型号、杆塔型号、并架段、投运日期等）	20	查阅设备台账、图纸资料。现场核查	资料、文件不够齐全，不符合实际视情况扣分 20%～80%；资料、文件严重短缺或不正确，不符合实际，差别较大不得分	
（3）	有无本企业线路维修分界管理规定；线路与发电厂、变电站、串补站和相邻的运行管理单位是否明确划定分界点，不出现空白点	20	查阅设备管辖分界管理制度、分界协议书、岗位责任制文本。现场核查	无管理规定、未明确划定分界点、无本企业与其他单位分界协议书不得分	
（4）	有无防止外力破坏宣传，做好线路保护及群众护线的工作计划，并组织落实；特殊区段防盗窃技术措施是否落实	20	查阅防止外力破坏措施计划、群防组织报告及完成进度、外力破坏跳闸记录、故障报告。现场核查	落实有差距视情况扣分 20%～80%；无防外力破坏工作计划或组织措施、技术措施不落实，频发外力破坏事故（障碍）不得分，造成重大事故加扣 2.4.1.1 分的10%	
（5）	有无防止倒杆塔和断线的反事故技术措施，并组织落实	20	查阅反事故技术措施和年度反措计划及完成进度	措施不够具体，落实有差距视情况扣分 20%～80%；无措施计划或内容不符合上级反措要求不得分；措施不落实造成事故（障碍）不得分，造成重大事故加扣 2.4.1.1 分的10%	
（6）	运行单位是否定期召开运行分析会，对线路运行状况进行分析、总结，研究采取预防事故的对策	20	对照线路跳闸记录、缺陷记录及故障报告，查阅运行分析、总结	视分析会内容、执行情况及效果评分： A. 内容充实，按期召开，效果突出得满分； B. 内容不够充实，但能正常召开，有一定效果视情况扣分 20%～80%； C. 内容一般化、效果差或无分析总结（含运行专题分析总结、年度工始总结）不得分	
（7）	是否按规定进行线路设备评级，并提出设备升级方案和年度大修改进项目	20	查阅评级报告、升级方案及整改计划	视执行情况扣分 20%～80%；未按期进行设备评级或未提出升级方案和大修改进项目不得分	

续表

序号	评价项目	标准分	查证方法	评分标准及办法	备注
（8）	线路杆塔标志有无统一规定，做到齐全、正确、醒目及各种辅助设施齐全：1）采用双重编号：线路名称及杆塔编号；2）同杆并架或邻近平行或交叉线路应用标志、色标或其他方法加以区别，能明确区分每条线路在杆塔上的具体部位或位置；3）必要的相序色和防护标志；4）标志位置统一，设在易见一侧	20	查阅设备标志规定。抽查线路工区10～20基杆塔	不符合规定视情况扣分20%～100%；无设备标志规定不得分，违反规定造成人身事故不得分，造成重伤及以上事故加扣2.4.1.1分的10%	
2.4.1.2	巡视和维护	150			
（1）	是否按规程规定进行定期巡视，故障巡视，特殊巡视，夜间、交叉和诊断性巡视，监督巡视，并做完整记录；巡视质量保证措施是否落实	20	查阅巡视及缺陷记录、巡视质量检查及考核记录。现场核查	视巡视执行情况扣分20%～8%；无巡视记录不得分；评价期内因巡视不及时、不到位造成事故（障碍）不得分，造成重大事故加扣2.4.1.2分的10%	
（2）	为弥补地面巡视不足，是否按规程规定登杆塔检查或采用其他巡视方式；500kV线路是否开展登塔、走导线检查工作；有无完整记录	20	查阅巡视及缺陷记录、巡视质量检查及考核记录	视巡视执行情况扣分20%～80%；无检查记录不得分；评价期内因巡视不及时、不到位造成事故（障碍）不得分，造成重大事故，加扣2.4.1.2分的10%	
（3）	220kV及以上线路是否装设线路故障测距、定位装置、低电压等级的重要线路或巡线困难的线路是否已装设故障定位装置，并能指导运行维护工作	10	查阅线路故障测距定位装置运行管理资料	视装设情况、运行情况及应用实效扣分20%～100%；220kV及以上线路未装设不得分	
（4）	是否按规程规定定期检测导线与金具接触情况；打开导线、地线线夹检查导、地线烧伤，振动断股和腐蚀情况；有无完整记录	20	查阅检测记录及缺陷记录。现场抽查	视存在问题（例如超期未检测或检测不合格等，下同）的严重程度，500kV线路、大跨越段扣分40%～100%；220kV线路扣分20%～100%；35～110kV线路扣分10%～100%；无检测、检查记录不得分；违反规定造成事故（障碍）不得分，造成重大事故加扣2.4.1.2分的10%	

续表

序号	评 价 项 目	标准分	查证方法	评分标准及办法	备注
(5)	是否按规程规定定期对一般线路选择有代表性档距和大跨越档距进行导、地线振动测量；观测导、地线舞动情况，并做完整记录	20	查阅观测记录和措施	视存在问题的严重程度扣分40%～100%；无测量、观测记录不得分；违反规定造成事故（障碍）不得分，造成重大事故加扣 2.4.1.2 分的10%	
(6)	是否按规程规定定期检查杆塔、铁件及杆塔地下部分（金属基础、拉线装置、接地装置）锈蚀情况，并做完整记录	20	查阅检查记录、缺陷记录。现场抽查	视存在问题的严重程度，500kV 线路、大跨越段扣分40%～100%；220kV 线路扣分 20%～100%；35～110kV 线路扣分 10%～100%；无检查记录不得分；违反规定造成事故（障碍）不得分，造成重大事故加扣 2.4.1.2 分的10%	
(7)	是否按照规程规定定期进行防冻、防覆冰、防洪汛、防水、防火、防风沙、防鸟设施检查；对大跨越段是否还应做好长期的气象、覆冰、雷电、水文的观测和分析；有无完整记录	20	查阅检查记录、计划安排。现场抽查	视存在问题的严重程度，500kV 线路、大跨越段扣分40%～100%；220kV 线路扣分 20%～100%；35～110kV 线路扣分 10%～100%；无记录不得分；违反规定造成（障碍）不得分，造成重大事故加扣 2.4.1.2 分的10%	
(8)	线路设备技术性能（包括杆塔及基础、导地线、绝缘子、金具、线夹、连接器、导地线弧度与限距、拉线、接地装置以及线路防护区、巡视通道、标志等）是否符合运行标准规定；大跨越段主塔的升降设备、航空指示灯、照明和通信等附属设施是否经常保持在良好状态；是否存在重大缺陷	20	核对性现场巡视检查；500kV 线路 3 基 2 档 2 处；35～220kV，线路 5 基 4 档 4 处；大跨越段；使用工具：望远镜、远红外测温仪、测导线弧度、交叉跨越距离仪器、检查地下部分开挖工具等；检查巡线资料、缺陷记录、设备评级记录	每发现一处问题（缺陷未登记或虽有记录但超期未消缺的）：500kV 线路、大跨越段扣分 40%；220kV 线路扣分20%；35～110kV 线路扣分10%；存在重大缺陷视线路重要性加扣 2.4.1.2 分的 5%～10%	

序号	评 价 项 目	标准分	查证方法	评分标准及办法	备注
2.4.1.3	外绝缘配置及防污闪工作	100			
（1）	有无"线路外绝缘配置与相应地段污秽等级要求"对照检查表，外绝缘配置是否符合相应地段污秽等级要求，不符合要求是否采取其他防污措施（如涂料、加强清扫等）	20	对照污秽等级分布图检查线路外绝缘配置。查阅线路污闪跳闸记录、故障报告	不符合要求视情况扣分50%～100%；无对照检查表或虽有但不符合实际不得分；污闪跳闸率超过规定控制指标不得分；存在严重问题加扣2.4.1.3的15%	
（2）	是否按规程规定定期、定点进行盐密监测，方法正确、记录齐全，并能指导防污闪工作	20	查阅测试记录及有关资料	视执行情况扣分50%～100%；因未依据污秽变化情况及时调整外绝缘配置而引发事故不得分，造成重大事故加扣2.4.1.3分的15%	
（3）	是否按规程规定对线路盘型绝缘子进行清扫	20	查阅清扫周期有关规定、清扫记录	未按规定清扫扣分50%～100%；存在严重问题加扣2.4.1.3的15%	
（4）	是否按规程规定定期检测盘型瓷绝缘子绝缘，是否定期统计分析瓷绝缘子零低值率和玻璃绝缘子自爆率	20	查阅测试记录及统计分析报告	视存在问题的严重程度，500kV线路、大跨越段扣分40%～100%；220kV线路扣分20%～100%；35～110kV线路扣分10%～100%；无统计分析报告或零值率、自爆率超过规程或合同规定指标不得分，违反规定造成事故（障碍）不得分，造成重大事故加扣2.4.1.3分15%	
（5）	是否按规程规定对复合绝缘子进行外观检查和反措要求进行性能抽检	20	查阅检查记录、测试报告	视存在问题的严重程度扣分50%～100%；检查及抽检年平均劣化率超过规程或合同规定指标不得分；违反规定造成事故（障碍）不得分，造成重大事故加扣2.4.1.3的15%	
2.4.1.4	过电压保护和接地	80			
（1）	防雷设施是否齐全，各部间隙、绝缘配合、架空地线保护角、绝缘地线间隙、接地装置符合规程要求	20	查阅图纸资料。现场抽查	不符合要求扣分50%～100%；存在严重问题加扣2.4.1.4分的20%	
（2）	多雷区段是否根据不同情况采用架空地线、耦合地线、缩小保护角、降低接地电阻、增加绝缘子片数、装设线路避雷器等措施进行综合防雷治理	20	查阅防雷分析总结报告、防雷治理方案、线路雷击跳闸记录和故障报告	视治理措施收效程度扣分10%～80%；雷击跳闸率超过上级规定控制指标不得分	

续表

序号	评价项目	标准分	查证方法	评分标准及办法	备注
（3）	是否按规程规定测量杆塔装置的接地电阻；测量方法是否符合规程要求；接地电阻值是否合格	20	查阅测试记录。检查测试仪表设备	视存在问题的严重程度，500kV 线路、大跨越段扣分40%～100%；220kV 线路扣分 20%～100%；35～110kV 线路扣分 10%～100%；测试方法不符合规定不得分	
（4）	雷电定位系统是否运行正常，并能指导防雷工作（本地区雷电活动情况、雷电密度分布、雷电流强度分布、雷击跳闸分析、防雷措施、划定沿线多雷区段等）	20	查阅雷电定位系统运行管理资料	视系统运行情况及应用实效扣分 20%～100%	

【实例二】调度班安全性评价实例

评价序号	评价项目	发现问题	整改措施	评价人	整改人	完成时间
1	多路电源用户或装有自备发电装置用户是否备案并采取防反送电措施	220kV 博大变电站 0 号站用电电源系石村供电所管辖的10kV 秋湖线 T 接线供电，不属市公司调度管辖，其停、送电须办理检修申请，影响博大变电站站用电停电调电工作	10kV 秋湖线停送电由石村供电所管辖改为市公司调度管辖，博大站 0 号站用电电源也随之由石村供电所管辖改为市公司调度管辖	程××		2013 年12 月
2	凡能产生谐波电源使系统电压或电流畸变的用电设备（如整流设备、电弧炉、电气化铁路、交流电焊机等）是否采取措施限制注入电网的谐波电流到允许值范围	无		程××		
3	有无由于通信回路和设备故障，影响供电设备的运行操作和电力调度；整改措施是否落实	齐古发电厂不符合有两路不同形式的调度电话规程要求	协调客户服务中心联系齐古发电厂尽快拿出解决方案，组织实施后进行验收，达到规程要求	程××	蔡××	2013 年11 月
4	调度范围是否划分明确，有正式书面依据并附图说明	无		程××		

续表

评价序号	评价项目	发现问题	整改措施	评价人	整改人	完成时间
5	地区电网一次主接线图、各厂（站）一次主接线图及主要设备参数是否齐全并与实际相一致	临风发电厂 11 断路器参数不齐全	临风发电厂 11 断路器送电前必须配齐断路器参数方可验收送电	程××	徐××	2013 年 11 月
6	地区电网正常接线方式是否与主网正常接线方式相适应，并报上级调度部门备案	上级调度部门管辖 220kV 以上设备停电时，有时会引发局部地区电压异常，潮流变化较大，保护有时误发信	（1）正常运行时，系统按年度方式运行。（2）非正常方式运行时，事先征得上级调度部门同意，办理申请，并按照上级调度部门规程执行。（3）潮流及电能异常时，应按照当时情况处理	程××	李××	2013 年 12 月
7	凡并网运行的自备电厂、装有自投装置的双电源用户是否参加电力系统的统一调度，有正式书面调度协议	无		程××		
8	新建、扩建及更改设备有无投运管理制度，投运申报资料、审批资料、投运方案、审批手续齐全无差错	无		程××		
9	有无调度事故处理管理规定，包括电网事故处理及失去通信联系时的事故处理规定	无		程××		
10	有无调度操作规程，包括：调度员操作前充分考虑的内容；操作命令的形式；倒闸操作的条件等一般操作规定和系统间的并列、解列、合解环、主变压器、线路、母线等特定形式的操作规定	无		程××		

续表

评价序号	评价项目	发现问题	整改措施	评价人	整改人	完成时间
11	调度模拟图板是否与实际一致；是否明显标出所有断路器和隔离开关实际拉合位置；地线标记是否明显	事故处理时，调度值班员忘记更改调度模拟板位置与实际状态相符	（1）更改调度模拟板位置与实际状态相符。（2）完善交接班规定，每日交接班时检查调度模拟板位置与实际状态相符。（3）对调度模拟板位置没有及时更新使与实际状态不相符者进行考核	程××	吴××	2013年11月
12	调度下达操作命令是否符合要求（应拟订操作命令票、说明需停送电范围、操作目的、任务和执行互审、模拟预演、监护、重复命令、通报时间、作好相应的记录和使用术语并全部录音等要求）	（1）个别操作没有进行操作票审查。（2）红旗变电站用220kV 旁路断路器代路时，忘记抄录表码，遗漏电量	（1）组织调度值班人员学习调度规程。（2）组织调度值班人员学习《电力安全工作规程》及安全措施。（3）重大操作安排专人监护和多人审票，提前讨论安全措施。（4）旁路断路器代路时，在操作票备注栏填写注意抄录表码等注意事项	程××	柳××	2013年12月
13	调度电话录音设备管理是否严格；运行是否可靠；录音质量是否良好	无		程××		
14	有无电网负荷管理规定；有无负荷自动控制计划安排；自动监控和实控是否达到管理规定指标要求；负荷监控是否严格，保证系统频率正常	无		程××		

评价序号	评价项目	发现问题	整改措施	评价人	整改人	完成时间
15	有无继电保护、自动装置、调度管理规定	无		程××		
16	地区电网调度自动化功能（包括调度自动化系统基本功能、管理指标、调度自动化主站计算机配置、远动终端机功能等）是否符合规范要求	无		程××		
17	调度值班是否具备下列技术资料：送变电设备一次接线图及相应参数表；保护定值记录簿；低频率减载装置记录簿；变电站运行值班员、工作负责人、相关人员名单及电话；调度通信通道图；年、季、月运行方式及特殊方式；新设备投运方案档案；变电站现场进行规程；继电保护现场运行规定及重合闸投停的有关规定；调度范围划分明细表；设备分工管理明细表；调度值班表	（1）无保护定值记录。（2）无低周减载装置记录（有定值单）	（1）配备《保护定值记录》，将保护定值内容填入《保护定值记录》中。（2）配备《低周减载装置记录》	程××	张××	2013年11月
18	调度所是否有可靠供电电源，包括两路交流电源和必要的直流电源和事故备用电源，能保证在电力系统发生事故时供电不中断	无		程××		
19	各级防火责任制是否健全	无		程××		
20	专职和群众性消防组织是否健全；是否定期培训或训练	无		程××		

评价序号	评价项目	发现问题	整改措施	评价人	整改人	完成时间
21	防火重点部位消防器材配置是否符合规定，有无清册；有无定期检查制度；是否严格执行	无		程××		
22	禁火区域、部位是否有明显并符合标准的禁火标志	无		程××		
23	汛期前能否做到提前研究防汛工作，制定措施，落实防汛值班及抢险组织	无		程××		
24	永久性防汛设施和防汛器材是否处于良好状态	无		程××		

第四节 安全日活动

一、安全日活动基本要求

各班组应坚持每周不少于 2 小时的安全日活动。安全日活动必须记录在《安全日活动记录》中。事故、障碍、异常、未遂调查分析也应记录在《安全日活动记录》中。安全日活动内容一般由班组员工学习安全规程、安全简报、事故通报、上级安全文件、大型工作的"三措"、标准化作业指导书、作业安全风险辨识控制措施等，结合班组实际制定落实贯彻措施。落实班组员工的"三不伤害"要求，对所管辖的设备进行运行情况和缺陷分析。对安全工器具进行检查。对"两票三制"进行检查分析，对班组及员工一周来的安全工作进行小结和分析。对发生的异常和险情做到"四不放过"，制定防范措施。表彰严格执行规章制度的好人好事。安排下周安全事项，讨论制定安全措施和注意事项。安全日活动的前一天，公司安监部门和车间安全员应具体布置班组安全日活动的内容，以书面材料发到班组，并附在班组《安全日活动记录》上。公司安监部门的人员及车间领导（包括车间安全员）应有重点地参加班组安全日活动，并在安全日活动后的一周内，检查各班组安全日活动记录情况，每月抽查 50%的主要生产班组《安全日活动记录》，并作出评价，提出意见和要求。

二、安全日活动记录举例

安　全　日　活　动　记　录

主持人	刘××	应到人数	18	活动时间	2013 年 03 月 15 日 09 时 20 分～11 时 52 分
实到人数	18	缺席人员姓名及原因			无

活动内容：

一、本周安全活动

（1）组织学习《电力安全工作规程（变电部分）》。学习省电力公司安全通报。学习市供电公司生产安全工作例会会议纪要。

（2）对本周执行的"两票"情况进行分析，工作票中的"三种人"履行职责情况，工作现场人身安全措施布置情况，工作现场保证安全的技术措施和组织措施落实到位情况。

（3）按期完成各变电站设备巡视检查，对于有保电任务的变电站组织变电运行人员增加变电站设备的巡视次数。组织变电运行人员完成各变电站设备日常维护工作。

（4）组织学习《电网风险预控管理办法》，对风险预控进行分析，认真查找梳理人身安全存在的问题和隐患，杜绝隐患排查不彻底现象发生，对查出的隐患制定措施加以消除。

（5）组织落实《关于开展防误闭锁专项隐患排查治理工作的通知》要求，开展防误闭锁专项隐患排查治理。对变电运维班管辖变电站各类防误操作闭锁装置逐项对照排查内容，全面深入排查防误闭锁安全隐患，彻底查清各管辖站防误闭锁存在的隐患，变电运维班不能消除的隐患汇报公司防误闭锁专工并督促消除。

二、下周安全工作要求

（1）按期完成各变电站设备巡视检查任务，完成各变电站设备日常维护工作。

（2）值班期间禁止脱岗、空岗，发现异常情况立即汇报调度及运行车间。

（3）根据天气变化情况，做好大风的反事故措施，制定好事故处理预案。

缺席人员补课：

车间安全管理人员审阅：安全活动按照规定开展，变电运维班全部人员参加。	签名：郭××	2013 年 03 月 15 日
公司安全管理人员审阅：安全活动内容符合变电站现场实际。	签名：申××	2013 年 03 月 28 日

第五节 事故隐患排查治理

各班组要按照《供电公司事故隐患排查治理工作评价考核细则》，结合春检、迎峰度夏、安全生产月、各类安全大检查、安全性评价、安全风险评估、电网运行方式分析、设备日常巡视、检修预试等工作，全面开展事故隐患排查治理，重点开展变电站全停隐患排查治理和变电一次设备隐患排查治理；开展输电线路隐患排查治理、电缆运行及配网安全隐患排查治理；开展交通、消防隐患排查治理；开展新增高危客户隐患排查治理、重要客户业扩报装隐患排查治理，保证新增客户不带事故隐患接入；开展继电保护及安全自动装置运行维护隐患排查治理；开展变电站通信业务全停隐患排查治理，开展通信网运行隐患排查治理等。各班组要强化事故隐患的整改治理措施，做到治理责任人、治理措施、防控措施、治理期限的全面落实。各班组要加强治理期间的跟踪检查，严防事故隐患失控演变成事故。对暂时难以彻底消除的隐患，进行动态跟踪和防范，以化解事故隐患，防止各类事故的发生。严格执行事故隐患的排查、评估、治理、防控等环节和流程，实现隐患排查治理工作的常态化。

【实例】事故隐患排查治理统计表

事故隐患排查治理统计表

2011 年 01 月 01 日～2011 年 12 月 30 日

填报单位：××输电工区　　　　　　　　　　　　　　　填报日期：2012 年 01 月 8 日

序号	隐患编号	事故隐患内容	评估定级	专业分类	治理期限	是否消除	当月整改进展情况	重大隐患累计投入资金（万元）
1	20110001	因修路造成 110kV 城东线 22 号杆拉线处在路中心，危及线路安全运行	一般隐患	输电	2011—01—06 至 2011—03—30	是	3 月 14 日，110kV 城东线 22 号杆停电，输电检修班将 22 号杆更换为角钢塔，拉线拆除，隐患治理完成	6
2	20110002	110kV 湖广线 46 号杆～47 号杆线下树木超高，危及线路安全运行	一般隐患	输电	2011—01—09 至 2011—03—30	是	3 月 12 日，输电运维班组织对 110kV 湖广线 46 号杆～47 号杆线下超高树木进行了砍伐，共 21 棵，隐患消除	0.2

续表

序号	隐患编号	事故隐患内容	评估定级	专业分类	治理期限	是否消除	当月整改进展情况	重大隐患累计投入资金（万元）
3	20110009	110kV 江川线 26号杆～27 号杆护区树木超高，危及线路安全运行	一般隐患	输电	2011—01—12 至 2011—03—30	是	3 月 15 日，输电运维班对 110kV 江川线 26 号杆～27 号杆护区内超高树木进行了砍伐，共 34 棵，隐患消除	0.3
4	20110015	220kV 川冲 1、2线 8 号杆～9 号杆线路护区内存在超高树木，危及线路安全运行	一般隐患	输电	2011—03—16 至 2011—03—30	是	3 月 22 日，输电运维班经区经贸局与磁村村联系，砍伐 220kV 川冲 1、2 线 8 号杆～9 号杆线路护区内速生杨树 116 棵，隐患消除	0.7
5	20110018	220kV 银桥线 60号杆～67 号杆线路护区内存在超高树木，危及线路安全运行	一般隐患	输电	2011—04—13 至 2011—04—27	是	4 月 20 日，经与××区××乡镇××村协调，对银桥线 60 号杆～67 号杆线路护区内速生杨树进行了砍伐，共砍伐树木 686 棵	3.1
6	20110020	110kV 红山线 26号杆～27 号杆线路护区内柳树有 320 棵，对导线垂直距离不足，可能造成输电设备事件	一般隐患	输电	2011—05—15 至 2011—05—20	是	5 月 18 日，经与××区××乡镇××村协调，签定协议，对 110kV 红山线 26 号杆～27 号杆线路护区内柳树进行修剪，树线距离达到 4.8m，满足《架空送电线路运行规程》规定的距离要求	0.7
7	20110024	220kV 东岭线 14号杆～15 号杆导线对道路红绿灯杆垂直距离不足	一般隐患	输电	2011—06—25 至 2011—07—10	是	6 月 29 日，联系交警部门对红绿灯向西水平迁移 3.6m，灯杆与导线水平和垂直距离都达到 6m 以上，满足《架空送电线路运行规程》（DL/T 741—2001）安全距离要求	

续表

序号	隐患编号	事故隐患内容	评估定级	专业分类	治理期限	是否消除	当月整改进展情况	重大隐患累计投入资金（万元）
8	20110017	220kV 云龙线 55 号杆～56 号杆线路下方有超高树木，危及线路安全运行	一般隐患	输电	2011—07—11 至 2011—07—20	是	7 月 19 日，输电运维班组织对 55 号杆～56 号杆线下方超高树木进行砍伐，树线距离达到 7m 以上	0.8
9	20110020	110kV 红山线 26 号杆～27 号杆线下存在超高树木，危及线路安全运行	一般隐患	输电	2011—08—22 至 2011—08—31	是	8 月 26 日，输电运维班组织对 220kV 红山线 26 号杆～27 号线路下方超高树木进行砍伐，隐患消除	0.8
10	20110035	220kV 齐都线16号杆～18 号杆线路护区内存在超高树木，危及线路安全运行	一般隐患	输电	2011—09—13 至 2011—09—26	是	9 月 20 日，经与××区××村联系，对线路护区内树木进行砍伐，共 213 棵，隐患消除	1.2
11	20110032	因××区张临路加宽，110kV 正通线 29 号杆杆塔及拉线在新修路面上，危及线路安全运行	一般隐患	输电	2011—09—13 至 2011—09—25	是	9 月 16 日对 110kV 正通线 29 号杆塔进行迁移改造，更换为 1A3-ZM1-18 角钢塔 1 基	24
12	20110031	因××区桓高路加宽，110kV 桓新线 21 号杆杆塔及拉线在新修路面上，危及线路安全运行	一般隐患	输电	2011—09—13 至 2011—10—12	是	9 月 22 日对 110kV 桓新线 21 号杆杆塔进行迁移改造，隐患消除	26
13	20110034	220kV 金山线 12 号杆～16 号杆线路护区内存在超高树木，危及线路安全运行	一般隐患	输电	2011—09—17 至 2011—09—26	是	9 月 21 日，经与××区××乡镇联系，对线路护区内速生杨树进行砍伐，共 172 棵隐患消除	0.7
14	20110037	220kV 宏大线 5 号杆～6 号杆档内跨越厂区，对厂区内楼房垂直距离 4.5m，安全距离不足，危及线路安全运行	一般隐患	输电	2011—10—11 至 2011—10—21	是	10 月 18 日，结合 220kV 宏大线停电增加角钢塔 1 基，新架线路与建筑物垂直距离 7.6m，满足《电力安全工作规程》要求，隐患消除	65

续表

序号	隐患编号	事故隐患内容	评估定级	专业分类	治理期限	是否消除	当月整改进展情况	重大隐患累计投入资金（万元）
15	20110039	110kV 红山线 17～18 号杆下方存在违章建筑，危及线路安全运行	一般隐患	输电	2011—11—04 至 2012—11—18	是	2011 年 11 月 6 日，110kV 红山线 17 号杆～18 号杆防护区内新建违章厂房已经拆除，违章消除	0.8
16	20110048	220kV 宏大线 6 号杆线路防护区内有建筑施工单位使用吊车作业，危及线路安全运行	重大隐患	输电	2011—12—15 至 2011—12—15	是	2011 年 12 月 15 日，已制止建筑施工单位停止用吊车施工作业，并撤离防护区	
17	20110057	220kV 城南 II 线 105 号杆～106 号杆线下违章建房，危及线路安全运行	一般隐患	输电	2011—12—16 至 2012—12—30	是	2011 年 12 月 20 日，输电运维班联系××区李村村民×××对线路护区内房屋进行了拆除	

第六节　劳动保护和职业卫生

加强班组劳动保护和职业安全卫生工作，保障员工在生产劳动中的安全健康。班组每年要至少开展一次劳动保护和职业卫生检查，做好劳动保护用品的管理和使用。

一、安全工器具和安全设施检查

（1）基本绝缘安全工器具检查，是指能直接操作带电设备、接触或可能接触带电体的工器具，如电容型验电器、绝缘杆、绝缘隔板、绝缘罩、携带型短路接地线、个人保安接地线、核相器等。

（2）辅助绝缘安全工器具检查，是指绝缘强度不承受设备工作电压，只用于加强基本绝缘安全工器具的保安作用，用以防止接触电压，跨步电压、泄漏电流电弧对操作人员的伤害，不能用辅助绝缘安全工器具直接接触高压设备带电部分。如绝缘手套、绝缘靴（鞋）、绝缘胶垫等。

（3）一般防护安全工器具（一般防护用具）检查，是指防护工作人员发生事故的工器具，如安全帽、安全带、绝缘梯、安全绳、脚扣、防静电服（静电感应防护服）、防电弧服、导电鞋（防静电鞋）、安全自锁器、速差自控器、防护眼镜、过滤式防毒面具、正压式消防空气呼吸器、耐酸手套、耐酸服及耐酸靴等。

（4）安全标示牌检查，包括各种安全警示牌等。安全围栏检查，包括固定围栏和网、带等。

（5）高空检修绝缘梯架等检查。安全工器具维护；安全工器具的保管、存放场所和所需设施检查。电力安全工器具和安全设施进行检测、试验所需专用设备、仪器、仪表等检查。

（6）保障安全的其他各种电力安全工器具、防护装备与设施检查。

二、职业卫生、劳动条件及环境检查

（1）工作现场急救箱及急救药品配置及补充。

（2）高空作业车等安全作业装备的配置及维护。

（3）生产场所工作环境（如照明、护栏、盖板等）的改善。

（4）事故照明、抢修现场的移动照明设备改善。

（5）对可能存在有毒有害危险的作业环境进行检测的所需设施和设备，包括对 SF_6 气体监测检漏仪器、氧量测试仪器，电缆隧道（沟）内可燃气体及有毒气体监测所需气体监测仪器等。

（6）生产场所必需的各种消防器材、工具、消防水系统以及火灾探测、报警、火灾隔离等设施和措施。

（7）蓄电池室、油罐室、油处理室、氧气和乙炔气瓶库等易燃易爆品的防火、防爆、防雷、防静电、通风、照明等措施、设施。

（8）危险品储存、使用、运输、销毁所需要的设备、器材和应采取的安全措施。

三、劳动保护管理

班组要配备国家、上级颁发的各项劳动安全、工业卫生的政策、法令及有关规章制度，要设立劳动保护管理员，负责办理劳动保护用品申购、领取和发放等工作，负责核对《劳动保护用品领取发放台账》和实际是否相符，领取的劳动保护用品质量是否过关，负责建立劳动保护用品发放台账，对日常劳动保护用品发放进行登记。及时统计和掌握班组员工劳动防护用品的使用情况和安全卫生设施的配置情况，当劳动防护用品和安全卫生设施的配置不够时应及时填写表单并上报分管部门进行申购、领取。班组劳动保护管理员要根据工作任务、员工结构的变化和劳保用品实际使用状况，提出临时劳动保护用品购买申请。劳保管理员在提交临时购买申请时，注明临时增补用品的原因，如新进员工增补、报废增补等。

班组长要及时监督和检查劳动防护用品和安全卫生设施的配置情况，确保满足班组员工劳动防护用品和安全卫生设施的配置要求。班组长要督促劳动保护管理员对劳动保护用品进行严格检查、定期检验和维护保养，对已失去安全效能的，立即报废，停止使用。在现场作业中，工作负责人要监督工作人员严格按照《电力安全工作规程》佩带和使用劳动保护用品，工作结束后，工作人员要认真清点，妥善保管劳动保护用品。

第八章 反违章工作

第一节 查 违 章

各班组要认真执行各种安全规程和各项安全规章制度，每季度开展一次违章自查自纠工作，结合工作实际，对照《常见违章示例》，查找违章，处理违章，相互监督无违章。每月填报××班查禁违章月报表，建立班组员工违章档案，编写《班组违章案例》，组织班组员工全面学习《班组违章案例》，不断提高班组员工无违章意识，组织对经常违章的人员进行系统教育和培训，使班组全员都争做"遵章模范"，以班组长为安全第一责任人杜绝班组人员"三违"（违章指挥、违章作业、违反劳动纪律）现象发生。

一、常见作业性违章示例

序号	工作类别	违 章 内 容
1	变压器类检修	冲洗变压器散热器后不检查通风箱受潮情况送通风电源。风机运行季节，进行散热器片冲洗时，将所有的散热器片同时停止运行
2	变压器类检修	不检查交流电源是否切断，对变压器风扇电机、潜油泵进行检修
3	变压器类检修	大型变压器不采取真空注油
4	变压器类检修	对运行中的变压器加油时在底部进行注油
5	变压器类检修	变压器风扇电机、潜油泵大修时使用硬铁件打击轴承
6	变压器类检修	在风大、空气湿度大于85%时，进行主变压器吊罩大修、风扇电机、潜油泵大修
7	变压器类检修	设备线夹拆头恢复后紧固不到位
8	变压器类检修	送通风系统电源时，不检查冷却器周围情况，不检查风机的护网是否影响风机运行。人员正对刚启动的风机
9	变压器类检修	在变压器附近或变压器上动火，不办理动火票及未做好防火安全措施
10	变压器类检修	在带电的TV、TA二次回路上工作未采取防开路、短路的安全防护措施，将回路永久接地点断开
11	变压器类检修	在电容器、电容式电压互感器上检修时，没有将电容器、电压互感器放电并接地，就开始工作

序号	工作类别	违 章 内 容
12	变压器类检修	耦合电容、电压互感器拆头试验没有检查一次接地是否良好,没有检查二次熔断器是否取下
13	变压器类检修	在线路耦合电容、电容式电压互感器拆头时直接登在设备上进行
14	断路器检修	中置式开关柜小车推入工作位置时,没有先将二次线插头插入插槽
15	断路器检修	高压开关柜内手车开关拉出后,开启隔离挡板后未设置"止步,高压危险!"标志牌
16	断路器检修	气动机构在检查管接头等有压力部件时,没有将储气罐内的压力空气释放掉
17	断路器检修	110kVSW4-110断路器在大修时未进行慢合就进行了快速合闸操作
18	断路器检修	LW6、LW6B型断路器因调试不当造成的液压机构分、合闸压力闭锁不在规定范围之内。液压机构检修时,没有将液压油释放掉,弹簧机构检修时,没有将机构储能能量释放,SF_6断路器充气时未按照规定进行操作
19	断路器检修	液压机构检修时,将没有过滤的液压油加入到断路器、液压机构箱内部
20	断路器检修	SF_6断路器、GIS在抽真空时,现场没有人员看守或者人员擅自离开工作现场
21	断路器检修	SF_6断路器、GIS在抽真空时没有按照规定将真空度抽到133Pa以下（在达到1mm汞柱后继续抽30min注入SF_6气体）
22	断路器检修	SF_6断路器、GIS解体检修时,检修人员不采取防护措施,不着防护服
23	断路器检修	SF_6气瓶放置、运输、防潮、防晒措施等不符合规定,未远离热源、油污
24	断路器检修	SF_6气体没有用气体回收装置回收,直接放入大气中
25	断路器检修	检修10kV开关柜时,擅自用解锁钥匙,开前、后开关柜门
26	断路器检修	在断路器机构上进行检修、解体等工作,未拉开相关动力电源
27	断路器检修	SF_6断路器、GIS配电装置室入口处未安装气体含量显示装置,工作人员进入不开启通风系统
28	断路器检修	设备不停运更换带自闭接口的密度表时,没有将二次线先解掉
29	断路器检修	在检修GG-1A型开关柜内的断路器时,未在母线侧隔离开关口上挂装绝缘挡板
30	隔离开关及附属设备检修	隔离开关大修时,减项、漏项,如更换的触指、触指弹簧以及其他导流部件未更换而造成的接触不良,发生发热现象
31	隔离开关及附属设备检修	隔离开关新安装或大修后,未进行慢分、慢合试验,就进行电动操作
32	隔离开关及附属设备检修	绝缘子、绝缘子串安装前,不认真检查、核对各定位销、轴销
33	隔离开关及附属设备检修	设备线夹压接时,表面没有打磨除去氧化层

续表

序号	工作类别	违 章 内 容
34	隔离开关及附属设备检修	手动操作隔离开关电动机构，未拉开电机控制电源
35	隔离开关及附属设备检修	调试不当导致隔离开关存在合闸时不能"过死点"、拉合时卡涩及三相不同期
36	一次设备试验	被试验设备两端不在同一地点，另一端不设专人监护就对设备加压试验
37	一次设备试验	变压器充满油后不放气或静止时间不符合规程要求，就进行交流耐压试验
38	一次设备试验	不按试验标准卡逐项进行工作，擅自变更试验电压或出现漏项，试验数据填写不确切
39	一次设备试验	带电测试和带电设备取油样时，现场工作无人监护
40	一次设备试验	电容式设备、穿墙套管和电磁式 TV 试验完毕，末屏和 TV 一次线圈尾端不按规定正确恢复接地
41	一次设备试验	电流、电压互感器试验时，所拆的二次线头不做标记，恢复接线时未恢复原状态
42	一次设备试验	高压试验变更接线或试验结束时，未断开试验电源、高压部分短路接地
43	一次设备试验	高压试验工作现场所做安全措施不满足规定就开始进行升压试验
44	一次设备试验	高压试验设备的电源侧无明显的断开点，就进行拆、装试验连接线的工作
45	一次设备试验	高压直流试验部分工作或全部工作结束时未将设备对地多次放电并短路接地
46	一次设备试验	对设备加压试验时，不通知现场人员离开被试设备、不进行监护、不进行呼唱、不经工作负责人许可就擅自加压试验
47	一次设备试验	使用不合格的试验专用线、试验绝缘杆、仪器仪表进行试验
48	一次设备试验	试验接线不按规程要求或不按仪器说明书要求，造成数据测量结果不准确
49	一次设备试验	试验结束时，未拆除自装的接地短路线或未将设备恢复原始状态
50	一次设备试验	变更试验接线时，不复查试验接线，试验人员不呼唱就加压通电试验
51	一次设备试验	试验现场未设置遮栏、围栏和警示牌，未派专人看守
52	一次设备试验	试验装置的金属外壳不接地或接地不可靠
53	一次设备试验	同一间隔的被试设备同时进行两个不同专业的工作或进行不同项目的高压试验
54	一次设备试验	未接地的大电容被试设备，不放电就进行试验
55	一次设备试验	高压设备核相不戴绝缘手套，不穿绝缘靴
56	一次设备试验	停电试验的补偿电容器，不逐一放电或放电时经过熔断器放电
57	一次设备试验	高压电缆试验结束，未对被试电缆进行充分放电
58	一次设备试验	高压试验工作人员在加压过程中，精力不集中，操作人未站在绝缘垫上

序号	工作类别	违 章 内 容
59	二次设备试验	在继保屏上作业时，运行设备与检修设备无明显隔开标志
60	二次设备试验	继电保护校验中，没有执行二次工作安全措施票，凭经验拆头或恢复
61	二次设备试验	220kV 保护传动断路器时，没有到现场落实跳闸相别与实际通电相别是否一致
62	二次设备试验	220kV 保护更换或校验时，没有将母线保护中本线路启动失灵保护的接线拆掉，或拆除的线头未采取绝缘措施
63	二次设备试验	保护校验未执行二次工作安全措施票，未执行监护制度
64	二次设备试验	保护校验时，没有从端子排上加电压电流做采样值，仅用 TEXT、HELP 完成保护部分或全部检验
65	二次设备试验	采用拉路法查找直流接地，未采取措施防止保护装置误动，变动直流二次回路后，没有做相应的传动试验
66	二次设备试验	二次回路检修现场无技术资料，凭记忆工作
67	二次设备试验	使用未经校验或不合格的仪器、仪表进行保护测试
68	二次设备试验	未经批准，解除运行设备连锁、报警、保护装置
69	二次设备试验	更换 TA 后，保护带负荷试验时，未将相应保护退出
70	二次设备试验	蓄电池未按规定充放电，造成蓄电池容量降低，损坏或蓄电池充放电结束后未恢复正确方式运行
71	二次设备试验	用 HELP、TEXT 校验保护逻辑时，没有将保护屏端子排上的电流回路断开，造成二次反送电
72	二次设备试验	用微机保护校验仪校验保护时，没有按照要求将校验仪接地
73	二次设备试验	继电保护进行断路器传动试验未通知运行人员、现场检修人员，现场无人监护
74	二次设备试验	在保护校验、电气二次安装过程中，没有将断开的二次电流回路恢复，造成 TA 二次开路。在带电的电压互感器二次回路上工作，将回路的安全接地点断开
75	二次设备试验	在保护校验加量试验中，没有认真检查，误将电流加到外回路中，造成二次反送电
76	二次设备试验	断路器机构更换或大修后，未做压力低闭锁分、合闸、重合闸试验
77	二次设备试验	在运行屏柜上进行有振动的工作，不采取安全措施。当直流发生接地时，继续在二次回路上工作
78	二次设备试验	短接 TA 二次回路时，用导线缠绕方法进行
79	仪表校验	标准室内校完表后未及时断开有关设备电源
80	仪表校验	运行的电流表或功率表校验时，未将电流回路可靠短接。有接地端的测试仪表，在现场进行试验时，直接接到直流电源回路中，造成接地现象

续表

序号	工作类别	违 章 内 容
81	仪表校验	运行的电压表或功率表校验时，未将电压端子与回路断开
82	仪表校验	使用标准仪器时，不按规定进行预热就开始校验
83	仪表校验	仪表校验项目不全
84	仪表校验	仪表校验过程中，不按校验规程规定的程序进行操作
85	仪表校验	仪表校验接错线，造成电流二次回路开路或电压二次回路短路
86	仪表校验	仪表校验时打错校验标准设备挡位或被试设备挡位
87	调度操作	调度操作未填写操作指令票
88	调度操作	调度下达操作指令不使用录音电话
89	调度操作	调度指令拖延执行或执行不力
90	调度操作	调度员在指挥操作前对检修票未做到"五查"，即，内容、时间、单位、停电范围、检修运行方式
91	调度操作	遇有复杂的倒闸操作和事故处理时进行交接班
92	调度操作	下达、接受指令时不使用规范用语、不复诵、不记录，凭记忆进行操作汇报或下达操作指令
93	变电操作	操作监护人和值班负责人签名前不严格审核操作票
94	变电操作	操作票未进行审核、签字，就开始倒闸操作
95	变电操作	操作票内容有违犯电力安全工作规程、规定的项目
96	变电操作	操作票地线号、现场地线号与工作票地线号不符
97	变电操作	操作前未进行模拟预演（核对模拟盘）
98	变电操作	未经公布允许的人员单人操作或登高操作
99	变电操作	倒闸操作不唱票不复诵
100	变电操作	倒闸操作不戴绝缘手套，雷雨天气操作室外高压设备不穿绝缘靴
101	变电操作	雷电天气在户外进行倒闸操作
102	变电操作	倒闸操作时，不对被操作设备核对名称、编号、位置
103	变电操作	倒闸操作时，监护人手中持多份操作票
104	变电操作	监护人不到位或监护人与操作人共同操作
105	变电操作	倒闸操作中不按规定检查设备实际位置，不确认设备操作到位情况，每项操作完后不打"√"
106	变电操作	工作许可人未按工作票所列安全措施及现场条件，布置完善工作现场安全措施
107	变电操作	未查对模拟系统图或主接线图，凭记忆填写倒闸操作票
108	变电操作	无票操作，后补操作票

序号	工作类别	违　章　内　容
109	变电操作	验电时不使用合格的相应电压等级的验电器
110	变电操作	装设接地线（合接地刀闸）前不逐相验电（不包括无法验电设备），验电前不试验验电器良好
111	变电操作	装设接地线前不检查接地线是否良好，接地线接地极压接不牢固。使用不合格的接地线；装设接地线前不验电，装设的接地线及装设顺序不符合《电力安全工作规程》要求；装拆接地线时不戴绝缘手套
112	变电操作	倒闸操作前，个别操作不进行危险点告知，使操作人员不知作业现场危险因素、防范措施、操作注意事项
113	变电操作	验电、装设（拆除）接地线（拉合接地开关）时不戴绝缘手套。验电器伸缩棒长度未拉足
114	变电操作	倒闸操作发布和接受指令的全过程未进行录音
115	变电操作	操作过程中做与操作无关的事
116	变电操作	操作完毕后未进行复核操作
117	变电操作	运行人员倒闸操作过程中中途换人
118	变电操作	下达、接受指令时不使用规范语言、不复诵
119	变电操作	不按规定对已执行完的操作票加盖"已执行"章并履行签字手续或对有问题的操作票未加盖"作废"章
120	变电操作	倒闸操作结束，不进行复查
121	变电巡视	值班人员巡视设备不到位，应发现的缺陷未发现，不按规定时间、路线进行巡视且无记录，未对设备缺陷跟踪巡视
122	变电巡视	运行人员雷雨天气室外巡视设备不穿绝缘靴
123	变电巡视	值班人员巡视设备时，在SF_6设备防爆膜附近停留
124	变电巡视	不按规定完成周期性维护工作
125	变电巡视	不具备资格的人员单人巡视设备，巡视设备时移开或越过遮栏，做与巡视无关的事
126	变电巡视	巡视人员进出高压室时不随手关门
127	配电操作	不严格执行配电操作规定，凭记忆下达操作指令、进行操作
128	配电操作	操作时使用错误的操作票，操作时漏项或跳项，每操作完一项不在操作票对应项打"√"
129	配电操作	使用的模拟图与实际运行方式不符。未进行模拟操作
130	配电操作	带电插拔普通电缆插头
131	配电操作	倒闸操作不核对设备名称、编号和实际位置、状态，不确认设备操作到位情况
132	配电操作	高压验电未戴绝缘手套，不正确使用验电器。雨雪天气时进行室外直接验电

续表

序号	工作类别	违 章 内 容
133	配电操作	手动拉、合开闭所、环网柜开关不戴绝缘手套
134	配电操作	填写完操作票后，不逐级检查审核就签名操作
135	配电操作	雨天进行配电设备操作，未使用带防雨罩的专用绝缘杆，未戴绝缘手套
136	线路检修	调整导地线弛度或落线时未事先查明该档内有无被跨越的通信线、电力线、铁路、公路等，未采取防范措施
137	线路检修	测量运行线路接地电阻时，不戴绝缘手套
138	线路检修	攀登杆塔前不检查脚钉、脚扣、升降板、安全带、梯子、爬梯是否牢固
139	线路检修	塔上有人工作时调整或拆除拉线
140	线路检修	线路作业验电、挂接地线无人监护
141	线路检修	沿导、地线上悬挂软、硬梯子检查时，未检查导地线截面是否符合规定
142	线路检修	遇有冲刷、起土、倾斜的电杆，未培土加固或支好叉杆后就上杆作业
143	线路检修	在风力超过 5 级时，进行带电作业或砍伐高处及接近导线的树木
144	线路检修	临时接地线的接地棒插入地下深度不足 0.6m，装拆接地线时不使用绝缘棒或绝缘绳
145	线路检修	约时停送电
146	线路检修	装设的接地线不符合《电力安全工作规程》规定
147	线路检修	装设接地线时先接导线端，后接接地端。拆除接地线时先拆接地端，后拆导线端
148	线路检修	线路检修或施工时，攀爬合成绝缘子
149	线路巡视	单人巡视时，攀登电杆和铁塔，打开配电设备柜门箱盖；偏避山区、恶劣天气巡视电缆隧道、夜间巡视由 1 人进行
150	线路巡视	对线路通道内的违章植树、建房不能及时制止或未采取措施
151	线路巡视	雷雨、大风天气或事故巡线，巡视人员未穿绝缘鞋或绝缘靴，夜间巡视未携带足够的照明工具
152	线路巡视	砍伐树木时使用安全带不正确
153	线路巡视	事故巡视发现故障点（导线、电缆断落地面或悬吊空中等）后，未采取防止行人靠近的措施
154	线路巡视	线路带电登杆检查时，未派专人监护
155	线路巡视	巡线时不沿线路外侧或上风侧行走
156	线路巡视	巡视配电设备时，穿越遮栏或围墙
157	线路巡视	巡视线路人员不戴安全帽
158	通信设备维护	设备清扫时使用有金属材料的毛刷

续表

序号	工作类别	违 章 内 容
159	通信设备维护	通信设备在更换电路板时不戴防静电手套
160	通信设备维护	检修工作中打开的电缆孔洞未及时恢复，电缆未涂防火涂料
161	自动化设备维护	UPS 电池不按规定进行充放电试验
162	自动化设备维护	拆除变送器时，电流回路短接不良，电压回路短路
163	自动化设备维护	遥控试验未做复核、确认等安全措施，造成误操作
164	自动化设备维护	未核实电流表及其引线是否良好就进行电流回路试验
165	自动化设备维护	TA 变比更换后未及时通知主站人员，或主站人员接到通知未及时更改
166	自动化设备维护	未按规定程序进行数据库录入
167	计算机设备维护	拆卸计算机或系统硬件设备时，未做好防静电措施
168	计算机设备维护	带电拆卸计算机硬件设备
169	计算机设备维护	更换规约时未做好系统备份
170	计算机设备维护	计算机和各种机房设备资料未妥善保存，造成关键资料设备缺失
171	计算机设备维护	计算机未能及时维护和清理灰尘
172	计算机设备维护	监控工作站未采取网络安全隔离措施
173	计算机设备维护	历史数据未及时妥善备份
174	计算机设备维护	在监控工作站玩游戏或未经允许进行操作
175	带电作业	带电作业人员在带电作业中不按规定穿着带电作业服
176	带电作业	不具备带电作业资格人员进行带电作业
177	带电作业	绝缘斗臂车在使用过程中，人为将发动机熄火
178	带电作业	使用绝缘斗臂车前，不进行全面检查、试验就载人作业
179	带电作业	在 10kV 及以下电压等级的电力线路和电气设备上进行等电位作业
180	带电作业	使用火花间隙检测器检测 35kV 及以上电压等级的绝缘子串时，同一串中零值绝缘子片数达到规定数量，仍进行检测
181	带电作业	对低压设备进行带电作业时，工器具未采取绝缘安全防护措施，未设专人监护
182	高处作业	高处作业不使用安全带，不穿软底鞋
183	高处作业	未正确检查、使用安全带（绳），安全带（绳）未扎在牢固的架构上，低挂高用
184	高处作业	杆上作业转位时失去安全带的保护。焊工不使用防火安全带
185	高处作业	变电、线路悬垂绝缘子清扫时，未对金具各部位（球头、开口销等）的牢固性进行检查

续表

序号	工作类别	违 章 内 容
186	高处作业	登杆作业时造成工具脱落
187	高处作业	登杆前未检查杆塔基础、根部、爬梯、拉线等是否牢固，风力超过6级等恶劣天气工作人员进行登高作业
188	高处作业	冬季高空作业未采取防滑、防冻措施，登高前未对安全工器具和措施进行检查，气温低于-10℃时，进行高空作业，且未采取保暖措施，连续工作超过1小时
189	高处作业	工作人员在杆上作业时聊天、吸烟、注意力不集中
190	高处作业	高处作业时，施工材料、工器具等放在临空面或孔洞附近
191	高处作业	高空作业吊篮上升、下降无专人指挥监护
192	高处作业	在行人道口或人口密集区从事高处作业，工作地点的下面不设围栏，未设专人看守或其他安全措施
193	高处作业	高空作业人员不用绝缘绳索传递工具、材料。垂直交叉作业时，未做好防落物伤人措施
194	高处作业	拆除脚手架作业不符合规定
195	高处作业	脚手架上堆物超过其承载能力
196	高处作业	绳梯未挂在可靠的支持物上，使用前未认真检查
197	高处作业	使用未经验收合格的脚手架，沿绳索、脚手杆攀爬脚手架、竖井架
198	高处作业	开始工作前未检查个人工具就登杆作业
199	高处作业	临时爬梯材质不符合要求，挂靠不牢。爬梯的下方离下基准面超过1.2m，未固定生根点
200	高处作业	线路登杆前不核对线路名称、杆号和色标
201	高处作业	夜间高处作业没有足够的照明
202	高处作业	安排生病的人，精神不振、喝过酒的人进行高处作业
203	高处作业	在高处平台、孔洞边缘休息或倚坐、跨越栏杆
204	高处作业	在雷雨、暴雨、浓雾、6级及以上大风时进行高处作业，或进行水上运输、露天吊装、组立杆塔、放紧线等作业
205	高处作业	在梯子上进行工作，无人扶梯子。将梯子架设在不稳定的支持物上进行工作，梯子无防滑措施。人在梯子上工作时移动梯子。两人同在一个梯子上工作
206	高处作业	站在石棉瓦、油毡、苇箔等轻型、简易结构的屋面上施工
207	高处作业	冰雪、霜冻、雨雾天气进行高空作业时，未采取防滑措施
208	高处作业	高空作业时，用手机通话
209	高处作业	杆塔上作业未使用"双保险"（安全带、安全绳）
210	车辆驾驶	车辆行驶时，与前车保持距离不足

续表

序号	工作类别	违 章 内 容
211	车辆驾驶	穿拖鞋、不系安全带驾驶车辆；酒后开车
212	车辆驾驶	高速公路超速行驶，临时停车不按规定放置警示标志
213	车辆驾驶	机动车载人超过核定人数或超重
214	车辆驾驶	驾驶安全设备不全或机件失灵的带病车辆
215	车辆驾驶	驾驶车辆不严格遵守各类道路标志及指挥信号
216	车辆驾驶	驾驶车辆时不携带驾驶证或无证驾驶机动车辆，驾驶无牌无证机动车辆
217	车辆驾驶	驾驶与驾驶证准驾车型不相符的车辆。继续驾驶未按规定审验或审验不合格的车辆
218	车辆驾驶	经过人行横道不按规定减速避让，占用非机动车道
219	车辆驾驶	行车时没有关好车门、车厢
220	车辆驾驶	行车中驾驶人员吸烟、打手机、饮食、闲谈或有其他影响行车安全的行为
221	车辆驾驶	夜间、易发生危险的路段及遇有沙尘、冰雹、雨雪等气象条件下超速行驶
222	车辆驾驶	车辆运输中人货混装；载重物品未分类运输；载装不均衡平稳，绑扎不牢固
223	车辆驾驶	驾驶人员在患有妨碍安全行车的疾病或过度疲劳时，驾驶车辆
224	车辆驾驶	驾驶人员在机动车道路上超过限速行驶
225	车辆驾驶	在下列情况下超车：①前车正在转弯、掉头；②与对面来车有会车可能；③前车为执行紧急任务的警车、消防车、救护车、工程抢险车；④行经铁道路口、交叉路口、窄桥弯道、陡坡、隧道人行横道，市区交通流量大无超车条件的
226	车辆驾驶	运输爆破器材、氧气瓶等易燃易爆物品时，未遵守道路交通安全法有关规定，未悬挂标志
227	起重作业	不执行起吊措施，超载运行，偏拉斜吊或吃力不均
228	起重作业	层面板、梁串吊时，未采取可靠的安全措施
229	起重作业	超负荷起吊物件。起吊过程中未对起吊物进行各部位的吃力点检查即行吊起
230	起重作业	搭乘载货吊笼或用吊头、抓头或其他载货设备输送人员
231	起重作业	吊装方法不当。在吊物上堆放、悬挂零星物件。起吊未经验收合格的预制构件
232	起重作业	吊装用具（机具、器具、索具）使用前未进行承载负荷计算，吊钩无防止脱钩的保险装置
233	起重作业	非操作工操作起重设备（指需专人操作的起重设备）
234	起重作业	特种车辆驾驶人员未持证上岗
235	起重作业	凭借栏杆、脚手架、瓷件、管道等起吊物件

续表

序号	工作类别	违 章 内 容
236	起重作业	起吊、牵引过程中受力钢丝绳周围和起吊物下有人逗留和通过。吊运重物通过人体上方,吊臂下站人
237	起重作业	起吊前未认真检查起重机械制动、限位、信号、显示、保护装置
238	起重作业	起吊区域不具备作业条件
239	起重作业	起重工作时,臂架、吊具、钢丝绳及重物等与带电体最小距离不满足安全要求
240	起重作业	起重机械未做好稳固措施即进行起吊工作
241	起重作业	起重设备操作前未严格遵守操作规程和规定多人指挥
242	起重作业	未对杆身或其他吊物采取防止滚动、倾斜的措施
243	起重作业	未对起吊物全面检查是否符合起吊要求即行起吊
244	起重作业	未检查杆坑、基础、捆索是否符合规定即行起吊
245	起重作业	未向参加起吊的人员交代具体的工作任务
246	起重作业	在复杂的地段及带电设备附近工作未设置专人看守或监护
247	消防	易燃易爆物品无管理制度,未专库存放、专人管理。易燃、易爆物品或各种气瓶不按规定储运、存放、使用
248	消防	焊接、切割工作前未对周围易燃物进行清理,工作结束后未对现场进行检查、清理遗留物
249	消防	未采取措施即对盛过油的容器进行焊接
250	消防	未履行有关手续即对有压力、带电、充油的容器及管道进行焊接
251	消防	未按规定存放炸药、雷管,无专人保管,领退料手续不严格
252	消防	现场进行滤油工作未安排专人看管,未做好防漏、防火措施,消防器材不足,工作中断或工作结束未立即将电源切断
253	消防	消防设施、装置未定期进行检查、维护,标志不正确、清晰,擅自挪用
254	消防	油罐、油管道接地不良,接头渗漏油等未及时发现、汇报并处理
255	消防	在易燃物品及重要设备上方进行焊接,下方无监护人,未采取防火安全措施
256	消防	在易燃易爆区域携带火种、吸烟、动用明火施工,穿带铁钉的鞋进入现场
257	消防	在油管道上进行焊接未办理动火工作票,工作现场未配置消防器材
258	消防	焊接作业风力达到3级以上时未设置挡风屏
259	工器具使用	不按规定使用相应的安全工具进行操作
260	工器具使用	不断开电源在电焊设备上进行工作
261	工器具使用	电焊工离开工作现场不切断电焊机电源

序号	工作类别	违 章 内 容
262	工器具使用	电焊机露天放置无防雷雨措施
263	工器具使用	电动工器具未由专人保管、定期试验检查。使用时未接入剩余电流保护装置、外壳不进行接地
264	工器具使用	使用的梯子不符合标准规定
265	工器具使用	对正在运转中的机械设备（电钻、砂轮、无齿具等）擅自开启安全防护罩用手触摸或更换附件及进行维护检查工作
266	工器具使用	防误闭锁装置解锁钥匙未按规定封存保管使用
267	工器具使用	放倒使用乙炔瓶；氧气瓶与乙炔瓶距离不足（不得小于 8m）；工作地点超过两个氧气瓶
268	工器具使用	乙炔发生器距离焊接工作场所距离不足 10m，或离火源太近
269	工器具使用	工程施工机具存在安全隐患，但仍坚持使用
270	工器具使用	工作人员未掌握相应的消防知识，不会使用消防器材
271	工器具使用	将装有气体的气瓶放在烈日下曝晒
272	工器具使用	接地线及其他安全工器具放错位置，不对号入座
273	工器具使用	作业时不使用或不正确使用劳动保护用品，如使用砂轮、车床不戴护目眼镜，戴手套操作转动的工器具等
274	工器具使用	使用不合格或未定期试验的安全工器具
275	工器具使用	使用不合格的绝缘工器具、登高工器具、起重机具
276	工器具使用	使用不合格的行灯；不按规定使用保安照明
277	工器具使用	使用的电动工具金属外壳不接地或接地不可靠
278	工器具使用	更换低压熔断器或恢复操作时未戴手套和护目眼镜
279	工器具使用	用湿抹布擦拭带电的低压电器
280	工器具使用	在变电所内搬运长的物体，未放倒搬运
281	工器具使用	在带电设备区内或临近带电线路处使用金属梯子
282	工器具使用	在带电设备周围进行测量工作，使用钢卷尺或带有金属线的皮卷尺、线尺
283	工器具使用	在支承不牢或用千斤顶长期支撑的重物下面工作
284	工器具使用	工作时使用不符合规定的电器工具
285	安全防护	电、气焊工作，不穿工作服，不戴工作手套，不戴护目镜
286	安全防护	工作现场所做安全措施不符合规定
287	安全防护	工作现场未执行保证安全的组织、技术措施
288	安全防护	工作现场照明不满足开工作业的要求

序号	工作类别	违 章 内 容
289	安全防护	带电接工作电源
290	安全防护	进入电缆沟及电缆隧道前，未通风或检测有毒气体是否超标
291	安全防护	跨越安全围栏或超越安全警戒线
292	安全防护	邻近高压线路的绝缘架空地线未视为带电体，作业人员在绝缘架空地线上工作时，未使用接地线或个人保安线
293	安全防护	现场作业未穿戴、使用劳动防护用品，或不正确使用劳动防护用品。水上作业没有救生措施
294	安全防护	施工现场出现朝天钉
295	安全防护	同杆塔架设多回路线路中，部分线路停电检修，未做到每基杆塔都设专人监护
296	安全防护	因平行或邻近带电设备，使检修设备可能产生感应电压时，未加装接地线或使用个人保安线，接地线未登录在工作票上，个人保安线未由工作人员自装自拆
297	安全防护	在潮湿的地方进行焊接作业时，焊工未站在干燥的木板上或穿橡胶绝缘鞋
298	安全防护	在电缆沟、隧道内工作，不使用安全电压行灯照明或无人监护
299	安全防护	在机械的转动、传动部分保护罩上坐、立、行走，或用手触摸运转中机械的转动、传动、滑动部分及旋转中的工件
300	安全防护	将运行中转动设备的防护罩打开；将手伸入运行中转动设备的遮栏内；戴手套或用抹布对转动部分进行清扫或进行其他工作
301	安全防护	在密闭容器内同时进行电焊、气焊工作，入口处无人监护
302	安全防护	在组装铁构件与构架时，将手指伸入螺孔进行找正
303	安全防护	测量配电变压器和避雷器的接地电阻，解开或恢复接地引线时，未戴绝缘手套，或直接接触与地断开的接地线
304	安全防护	线路工作的危险点处未设专人监护
305	安全防护	线路停电检修对可能返送电的低压电源未采取可靠的反送电措施，用短接线代替接地线
306	安全防护	在 10kV 跌落熔丝与 10kV 电缆头之间，未加装过渡连接装置，工作时，未采用绝缘罩隔离，未在下桩头加装接地线。工作人员未站在低位，未设专人监护
307	安全防护	作业人员直接接触或接近架空绝缘导线
308	安全防护	装拆结合滤波器接头前未先合上接地刀闸
309	安全防护	通信设备检修及缺陷处理工作安排单人进行
310	安全防护	装拆临时工作电源不是由两人进行
311	安全防护	砍伐树木时，不戴安全帽或无人监护。砍伐树木时，使用的油锯未经过专门培训

序号	工作类别	违 章 内 容
312	安全防护	使用梯子登高时，梯子放置太坡或太陡（梯子与地面的斜角度未达到60°左右放置）
313	安全防护	高架绝缘斗臂车的工作位置选择不当，支撑不稳固、不可靠，没采取防止倾覆措施
314	安全防护	使用高架绝缘斗臂车前，操作人员未在预定位置空斗试操作检验液压传动、回转、升降、伸缩系统工作是否正常，操作是否灵活，制动装置是否可靠，即行操作使用
315	安全防护	高架绝缘斗臂车带电作业车体不进行接地
316	安全防护	风力大于5级进行带电作业
317	安全防护	SF_6设备解体检修前，未对SF_6气体进行检验，未根据有毒气体的含量，采取安全防护措施
318	安全防护	打开SF_6设备封盖后，现场所有人员未及时暂离现场30min。取出吸附剂和清除粉尘时，检修人员未戴防毒面具和防护手套
319	安全防护	工作人员将设备内的SF_6气体向大气排放，未采取净化装置回收SF_6气体
320	组织措施	特种作业人员不持证上岗或非特种作业人员进行特种作业
321	组织措施	部分停电的工作，工作负责人（监护人）在不具备条件的情况下参加检修工作
322	组织措施	车辆进变电站未限速行驶；未办理许可工作手续前，车辆驶入设备区
323	组织措施	工作班成员未经工作负责人同意擅自进入或离开工作现场
324	组织措施	工作负责人向工作班成员交待注意事项不清楚、不全面
325	组织措施	工作隔日，工作票不交回，次日工作不经运维人员许可，不重新检查安全措施是否符合工作票要求
326	组织措施	工作票安全措施不全、工作任务不清
327	组织措施	工作票所列人员姓名不真实、填写错误、有涂改、字迹潦草不清晰
328	组织措施	工作票所列人员与现场实际不符，工作班人员签字有代签
329	组织措施	工作时间超过工作票有效时间，又未办理延期手续
330	组织措施	工作中途变更，工作负责人未办理交接手续或交接不清。工作期间工作负责人因故临时离开现场，未指定能胜任的人临时代替
331	组织措施	变更工作负责人，未按规定履行交接手续
332	组织措施	检修工作负责人在工作票所列安全措施未全部实施前，允许工作人员作业。工作负责人不向工作班成员交待工作内容和安全措施就指挥工作人员开始工作
333	组织措施	检修现场危险点未派专责监护人。专责监护人从事与监护无关的工作，临时离开现场未通知被监护人员停止工作或未要求被监护人员离开工作现场

续表

序号	工作类别	违 章 内 容
334	组织措施	进入设备区进行涂刷油漆、绿化等非电气工作不办理工作票
335	组织措施	签发和许可不符合《电力安全工作规程》规定的工作票
336	组织措施	作业人员擅自扩大工作范围、工作内容
337	组织措施	设备检修完毕、未办理工作票终结手续就恢复设备送电运行
338	组织措施	工作班成员还在工作或还未完全撤离工作现场，工作负责人就办理工作终结手续
339	组织措施	随意涂改工作票
340	组织措施	未按工作票要求布置完善工作现场安全措施或漏装、漏拆安全措施
341	组织措施	开工前，工作负责人未向全体工作班成员宣读工作票，工作人员不明确工作范围和带电部位，安全措施不交代或交代不清，未进行危险点告知和签字，工作人员未在工作票上签字，就盲目开工
342	组织措施	需办理工作任务单（分工作票）的工作，未履行手续即许可开工
343	组织措施	现场工作，运维班值班负责人未在收到工作票上签名
344	组织措施	工作结束，不及时在工作票上盖"已执行章"
345	组织措施	工作人员有变动时，工作负责人未在工作票上详细注明变动人员姓名、日期及时间，导致工作票所列工作人员与实际到场人员姓名、数量均不符
346	组织措施	两天及以上的工作票每天开、收工时，未将开、收工时间填写在工作票上
347	组织措施	计划内检修工作未编制现场作业指导书
348	组织措施	工作票、操作票、作业卡或作业指导书不按规定签名
349	运行值班	不使用规范术语进行操作汇报或下达操作指令
350	运行值班	不按照交接班制度执行，值班期间脱岗
351	运行值班	未及时发现并报告各类设备缺陷
352	运行值班	值班员不及时填报设备缺陷
353	运行值班	因人为的责任致使计算机不能正常工作（含微机防误闭锁装置）
354	运行值班	对运行中的异常情况不按照规定分析、汇报
355	运行值班	值班人员抄表时估抄、漏抄
356	运行值班	对特殊运行方式不作事故预想；重大复杂的工作事前不进行危险点分析，准备工作不充分
357	运行值班	借出的各类钥匙不登记，不能按时收回
358	运行值班	不能按照规定迅速、正确地处理事故，未按规定填写事故记录

续表

序号	工作类别	违 章 内 容
359	运行值班	运维人员值班时做与值班无关的事
360	运行值班	工作票终结后，未及时汇报调度工作终结，造成延误送电
361	运行值班	接受不合格的工作票
362	运行值班	不落实电网运行方式安排和调度计划
363	运行值班	见习调度员随意发布调度指令
364	变电设备施工	对危险性、复杂性和困难程度大的施工项目，未按要求进行现场勘察或勘察不认真、无勘察记录
365	变电设备施工	擅自拆除孔洞盖板、栏杆、隔离层等防护措施
366	变电设备施工	装设接地线不符合《电力安全工作规程》规定
367	变电设备施工	从事挖深沟、深坑等作业，四周不设安全警戒线，夜间不设警告指示红灯
368	变电设备施工	不用铜铝过渡板过渡，铜、铝导体直接压接在一起
369	变电设备施工	拆除防鼠挡板和临时围栏后，未及时恢复
370	线路施工	工作人员跨在导线上或站在导线内角紧线
371	线路施工	立杆时，地锚不牢固、杆坑深度不够
372	线路施工	立杆时离杆下 1.2 倍杆高的距离内人员未撤离
373	线路施工	立杆时不打临时拉绳
374	线路施工	立起的电杆，杆基回土未夯实就登杆，或登杆前不检查杆根基牢固
375	线路施工	起立杆塔过程中，各个岗位工作人员精力不集中，不能协调配合工作
376	线路施工	没有资质人员从事土石方爆破工作
377	线路施工	组立杆塔、撤杆、撤线或紧线前未按规定采取防倒杆塔措施或采取突然剪断导线、地线、拉线等方法撤杆撤线
378	线路施工	未对放线、撤线、紧线和电缆敷设设专人指挥或统一信号
379	线路施工	未做对滑轮、横担、护管、牵引场的检查即进行作业
380	线路施工	敷设电缆时，不采取保护措施
381	文明生产	材料、设备放置：①现场材料、构件、设备堆放杂乱，未分类摆放；②砖瓦、砂石、水泥等建材不按规定卸车、存放，或乱占路面；③预制件拆模后，拆除的钢模板、木料、架杆等不及时清运且堆放杂乱；④施工垃圾未及时清运
382	文明生产	工作结束不清理工作现场
383	文明生产	工作人员进入工作现场和在工作中未按规定正确着装，在工作现场穿高跟鞋、凉鞋、裤头、背心、裙子等
384	文明生产	工作时间喝酒，或酒后从事工作

续表

序号	工作类别	违 章 内 容
385	文明生产	人员、车辆出入现场管理不符合规定要求
386	文明生产	工作现场流动吸烟
387	文明生产	不召开或不参加班前班后会
388	文明生产	未经批准私自替、换班。未按交接班制度交接班
389	文明生产	变电站内养动物
390	文明生产	让外人或与工作无关的人进入变电站
391	文明生产	运行值班期间会客或做与值班无关的事情
392	文明生产	在变电站主控室、微机保护室使用移动通讯工具
393	文明生产	站内随意存放车辆

二、××班查禁违章月报表

××供电公司查禁违章月报表

（××××年××月）

班组：×××班　　　　　　　　　　　　　　填报日期：××××年××月××日

一、违章统计							
1. 按违章类别统计（次）			2. 按违章性质统计（次）				
	严重违章	一般违章	合计	指挥性	管理性	作业性	装置性	合计
本月	无	无	0	无	无	无	无	0
累计			0					0
二、车间领导和专工查禁违章情况统计							
序号	违 章 事 件 简 述		类别	查处时间	违章者	发现者姓名、职务	

审核人：××　　　　　　　填报人：×××　　　　　　填报人联系电话：××××

第二节 创建无违章班组

各班组要建立员工反违章常态机制，开展创建无违章班组活动，无违章班组必须满足以下条件：

（1）根据《无违章个人标准》，每季度开展无违章个人评价工作，班组员工评价得分率均在95%以上。

（2）各班组组织班组员工认真执行上级安全生产方针、政策、法规、各项安全生产规章制度，加强班组员工安全知识培训，使班组员工精通本专业理论知识，熟悉有关技术标准规范。

（3）班组员工有较强的工作责任心和组织管理能力，具有一定的工作经验和处理事故能力，熟悉所辖设备和本专业的技术业务，参与常规安全检查、安全活动和安全性评价等工作。

（4）班组员工全年工作中无违章、无违纪行为。

（5）班组员工年度《电力安全工作规程》考试成绩均达到95分以上。

以下是《无违章个人标准》。

无违章个人标准

序号	考核内容	考核方法	标准分	实得分	扣分原因
1	管理性违章		500		
1.1	制定明确的个人年度安全工作目标	查阅个人本年度安全工作目标和安全责任书文本	20		
1.2	《安规》考试优秀	查阅考试记录，不得低于95分	50		
1.3	有本岗位安全生产责任制，并符合《安全生产工作规定》的要求	依据人资部门提供的岗位设置查阅责任制文本	20		
1.4	坚持每天工作要有记录	查阅工作日志	30		
1.5	按职责、岗位清楚危险点分析和防范措施或作业指导书	查工作票确认	30		
1.6	按时组织或参加安全活动（例会）	查阅活动（例会）记录	20		
1.7	按职责、岗位组织或参加班前会及班后会，正常有实效。明确清楚所有工作的风险点分析和相应的预防控制措施	查阅工作日志和措施票及工作票确认	30		

续表

序号	考核内容	考核方法	标准分	实得分	扣分原因
1.8	按职责、岗位组织或参加春、秋（冬）季安全大检查，熟悉夏季防汛预案、实现闭环管理	查有关安全大检查的文本、记录，检查是否闭环落实	20		
1.9	及时学习上级安全周报及上级安全通报、事故快报等，吸取教训，举一反三，制定相应的预防措施，记录齐全，实现闭环管理	查阅安全活动（例会）记录	30		
1.10	对安全性评价查出的问题，按职责编制整改计划，组织进行整改，实现闭环管理	查阅安全性评价资料、工作日志、工作票	20		
1.11	按清册保存好配备的现场运行规程制度和相关规程、文件	按技术资料清册查对	10		
1.12	熟悉本岗位安全工作需要的各种规章制度	依据规章制度现场提问	20		
1.13	按职责、岗位是否做好"两票三制"执行、监督、检查、考核	查"两票三制"执行、监督、检查、考核记录	20		
1.14	按职责、岗位熟悉"两措"的相关内容，并履行相应职责	查"两措"资料是否履行相应职责	20		
1.15	按职责、岗位熟悉企业设备缺陷管理制度并认真执行；监督、检查、考核记录齐全，确保管理工作闭环	查阅缺陷记录，不存在应消缺陷未消除情况	20		
1.16	按职责、岗位熟悉公司制定的电力生产安全事故应急处理预案	查阅资料并现场提问	20		
1.17	按职责和岗位，特种作业人员应参加教育培训，考试合格，持证上岗	查阅培训考试记录和现场抽查证件	20		
1.18	按职责、岗位熟悉本企业职业卫生管理制度和劳动防护用品的发放、使用和管理规定。并按规定正确使用劳动防护用品	查阅资料并现场检查、提问	20		
1.19	按职责、岗位熟悉本单位车辆交通安全管理规定及奖惩办法。无交通违章记录	查违章记录	20		
1.20	按职责、岗位熟悉本单位反违章管理办法和常见违章现象	查阅资料并现场提问	30		

续表

序号	考核内容	考核方法	标准分	实得分	扣分原因
1.21	查禁违章人人有责，能及时制止身边的违章现象	查违章记录	30		
2	指挥性违章		300		
2.1	各级指挥人员（包括工作负责人）严格按照《安全生产工作规定》的要求，认真履行安全生产职责	抽查工作日志及相关记录，抽查职工，询问了解	10		
2.2	按职权分工指挥生产，不推委扯皮	向有关人员了解或查阅到岗到位有关资料	20		
2.3	安全生产职责范围清晰，不超越职权，不凭主观插手职责范围以外的工作，不随便代行下属人员的指挥权	向有关人员了解，查阅运行、检修有关资料	15		
2.4	认真执行调度规程和运行规程，杜绝擅自决定设备带病运行、长期过负荷运行	向有关人员了解，查阅缺陷台账及有关运行记录、调度记录	15		
2.5	严肃安全纪律，不得擅自变更已审批后的安全、技术措施和工作票、操作票	向有关人员了解，查阅三大措施、两票及相关资料	20		
2.6	安排生产工作时，必须考虑工作人员的技术等级和有无安全、技术资格，防止工作人员不能胜任或违章作业（如：特种作业工种无证上岗；带电作业人员、单独巡线人员、单人操作人员等未经企业批准的人员从事上述工作）	根据工作日志上的人员分工，抽查技术档案或资格证书；查阅工作票巡视记录、操作票	20		
2.7	应办理工作票的工作项目，在未办理完工作票的许可手续前，不得批准（同意）开工。应填写操作票的操作项目，在未办理完操作票的填写、审核、批准之前，不得下令（同意）开始操作	依据检修工作记录、缺陷登记和运行记录，对照抽查工作票、操作票	20		
2.8	工作票签发人、检修工作负责人、运行操作监护人（工作许可人）、单人操作人必须经公司公布的具备资格的人员担任，不得随意指定	抽查工作票、操作票，与公司公布的人员名单对照	20		

续表

序号	考核内容	考核方法	标准分	实得分	扣分原因
2.9	在倒闸操作过程中，不得安排更换操作人和监护人。操作人员没有未经监护人同意的操作行为	调查了解，查阅操作票和运行记录	20		
2.10	工作终结前或工作票虽已与检修人员办理终结手续，但安全措施尚未全部拆除，不得下令进行试运行操作或送电操作	调查了解	20		
2.11	生产设备、电网异常运行，达到本企业规定的紧急停运条件时，必须立即停运。不得发出不允许停运的指令	查阅设备异常运行记录，到运行岗位向职工了解	20		
2.12	所有的保护及自动装置、安全装置因特殊情况需短时退出运行时，应按规定履行审批手续	查阅保护投停联系单（申请单），查阅调度及变电运行记录	20		
2.13	设备不具备规程规定的启动条件时，不得强令运行人员启动设备	向运行人员了解，查阅设备及工程投产审批单，查阅现场及验收记录	20		
2.14	安排不具备资格的外包队伍或临时工参加电力生产工作	查阅合同文本和工作票及相关资料	20		
2.15	雷雨大风等恶劣天气及路面不适于车辆行驶情况下，不得强行安排外出及登高等作业	查阅有关检修记录及工作票	20		
2.16	擅自停用或退出防误闭锁装置	查阅值班记录解锁钥匙使用记录	20		
3	作业性违章		1000		
3.1	进入生产现场人员按照规定着装	现场查询、核实	25		
3.2	未经单位批准的单独巡视高压设备人员不得进站巡视，所有工作人员（包括工作负责人）不许单独进入、滞留在高压室内和室外高压设备区内	现场查询	25		
3.3	专职监护人临时离开工作现场，必须通知被监护人员停止工作，待回来后方可恢复工作	现场查询、核实工作票	25		
3.4	高压验电人员必须戴绝缘手套。使用合格的验电器，验电时手必须握在手柄处不得超过护环，人体必须与验电设备保持安全距离。雨雪天气时不得进行室外直接验电	现场查询、核实	20		

序号	考核内容	考核方法	标准分	实得分	扣分原因
3.5	在室外高压设备上工作的工作人员，严禁越过工作地点四周悬挂"止步，高压危险！"标示牌的围栏	现场查询、核实	25		
3.6	严禁工作人员擅自移动或拆除接地线擅自移动或拆除遮栏（围栏）、标示牌	现场查询、核实	25		
3.7	作业人员登杆前应严格执行核对设备名称、编号（杆号）、色标（位置）的规定	查工作票，现场查询、核实	25		
3.8	线路进行带电登杆巡视工作时，应派专人监护，监督到位不得离开现场	查工作票，现场核实	20		
3.9	因平行或邻近带电设备，使检修设备可能产生感应电压时，应使用个人保安线，接地线应登录在工作票上，个人保安线应由工作人员自装自拆	检查工作票，个人保护线及现场查询	15		
3.10	作业人员严禁在带电设备周围使用钢卷尺、皮尺和线尺（夹有金属丝者）进行测量工作	现场查询、核实	15		
3.11	低压带电作业，应设专人监护并遵守有关规定	查工作安全措施；现场核实	15		
3.12	作业人员停电更换低压熔断器后，恢复操作时应戴手套和护目眼镜	查安全防护用品发放；现场核实	20		
3.13	登高作业人员必须身体健康，患有精神病、癫痫病及经过医生鉴定的患有高血压、心脏病等不宜从事高处作业病症的人员不准参加高处作业，凡发现饮酒、精神不振时禁止登高作业	查人资部、医院人员体检档案；现场查询、核实	15		
3.14	人员登高作业安全带禁止系在移动或不牢固的物件上（如：避雷器、断路器、隔离开关、TV、TA）。安全带（绳）应定期开展机械静负荷试验	现场查询、核实检查安全工器具试验记录	20		

续表

序号	考核内容	考核方法	标准分	实得分	扣分原因
3.15	在屋外变电站和高压室内搬动梯子、管子等长物，应放倒两人搬运，并与带电部分保持足够的安全距离，在变、配电站带电区域内或临近带电线路处，禁止使用金属梯	查安全用具管理规定、发放记录，现场查询、核实	20		
3.16	登高作业人员不得穿破底鞋和带铁掌的鞋，特殊天气或环境登高作业前应作好防滑措施，登杆前应检查基础、脚钉、爬梯等是否牢固，风力超过 6 级等恶劣天气不得进行登高作业	现场查询、核实	20		
3.17	冬季高空作业应采取防滑、防冻措施，登高前应对安全工器具和措施进行检查，气温低于-10℃时，不宜进行高空作业，否则应采取保暖措施，且连续工作不宜超过 1 小时	查劳动保护用品配置情况；现场查询、核实	20		
3.18	高处作业中严禁上下抛掷物品，按规定使用传递绳，传递物品。垂直交叉作业时，应做好防落物伤人措施	现场查询、核实	25		
3.19	进入生产现场（办公室、控制室、值班室和检修班组室除外）必须戴安全帽	现场查询、核实	20		
3.20	特种作业人员，应操作试验合格的设备	现场查询、核实	25		
3.21	严禁人员随意动用防火用具	现场查询	15		
3.22	严禁人员在易燃易爆区域携带火种、吸烟、动用明火施工，严禁穿带铁钉的鞋进入现场	现场查询、核实	15		
3.23	焊接切割人员工作前应对周围易燃物进行清理，工作结束后应对现场进行检查清理遗留物	现场查询、核实	15		
3.24	现场进行滤油工作应安排专人看管，作好防漏、防火措施，配足消防器材，工作中断或工作结束应立即将有关电源切断	现场查询、核实	20		

序号	考核内容	考核方法	标准分	实得分	扣分原因
3.25	倒闸操作前应进行核对设备名称、编号、位置，唱票复诵，严禁跳项操作和操作后不检查	查操作票；现场查询、核实	30		
3.26	雨天进行高压设备紧急操作，操作人员应使用带防雨罩的专用绝缘杆，还应穿绝缘靴。雷电时一般不进行倒闸操作，禁止在室外进行倒闸操作	查绝缘工具配置；现场查询、核实	20		
3.27	使用电钻等电气工具应戴绝缘手套	现场查询、核实，查机具管理配置	15		
3.28	在电缆沟、隧道、夹层、金属容器内工作，必须使用安全电压行灯照明并派专人监护	现场查询、核实，查机具管理配置	15		
3.29	对正在运转中的机械设备（电钻、砂轮、电锯等），严禁擅自开启安全防护罩用手触摸或更换附件及进行维护检查工作	现场查询、核实，查机具管理配置	20		
3.30	在进行砂轮机、车床等切割机具操作时，人员要按照规定配戴防护眼镜	现场查询、核实，查劳动保护管理配置	20		
3.31	严禁使用无手柄的锉刀	现场查询、核实	20		
3.32	人员使用钻床、抡大锤工作时严禁戴手套或单手抡大锤，周围不准有人靠近	现场查询、核实	20		
3.33	不得擅自远程修改微机保护的软件、定值和配置文件。应有防止干扰微机保护通讯口侵入的措施	现场查询、核实	20		
3.34	保护装置应按照规定的检修周期和项目进行检修或试验	现场查询、核实	10		
3.35	端子箱、保护屏、控制屏等，应有防潮、放小动物措施	现场查询、核实	15		
3.36	在带电的 TV、TA 二次回路上工作应采取防开路、短路的安全防护措施，工作人员严禁将回路永久接地点断开	现场查询、核实；查阅工作票和二次工作安全措施票	20		

续表

序号	考核内容	考核方法	标准分	实得分	扣分原因
3.37	变电站主控室、微机保护室等应遵守有关规定，任何人员禁止使用移动通信工具	现场查询、核实	10		
3.38	工作时，不得使用不合格的安全工器具、电动工具	现场查询、核实	20		
3.39	工作人员进入电缆沟及电缆隧道、SF_6设备室工作前，应提前通风或检测有毒气体是否超标	现场查询	20		
3.40	配电设备中，工作人员使用的普通电缆插头，严禁带电插拔。可带电插拔的肘型插头，不宜进行带负荷操作	现场查询	20		
3.41	在低压回路上工作，专人监护，安全措施应完备，设警告牌，有明显的断开点，工作前要验电	现场查询、核实	20		
3.42	架空绝缘导线不应视为绝缘设备，作业人员不得直接接触或接近架空绝缘导线	现场查询	30		
3.43	邻近高压线路的绝缘架空地线应视为带电体，作业人员如需在绝缘架空地线工作时，必须用接地线或个人保安线	现场查询	30		
3.44	载货、押运人员，运输中避免人货混装，载重物品应分类运输，载装须均衡平稳，绑扎牢固	现场检查运输车辆、核实	20		
3.45	工作现场，吊车工作人员严禁利用吊臂头代替吊笼载运工作人员	现场查询、核实	20		
3.46	车辆驾驶员禁止酒后、疲劳驾驶，行车中严禁吸烟、打手机等影响行车安全的行为	查违章档案；现场查询、核实	30		
3.47	车辆驾驶员不准驾驶与驾驶证准驾车型不相符合的车辆；未按规定审验或审验不合格的车辆不准继续驾驶	查驾驶员清册；现场查询、核实	30		
3.48	车辆驾驶员出车前必须对车辆状况全面检查	现场查询、核实	20		

序号	考核内容	考核方法	标准分	实得分	扣分原因
3.49	严禁无证驾驶和超速行驶	查违章档案；现场查询、核实	30		
4	违反劳动纪律		200		
4.1	迟到、早退，有事有病不请假不上班	查阅考勤、向职工了解	30		
4.2	工作时间干私活	向职工了解	20		
4.3	擅离岗位	向职工了解，查阅到岗到位有关资料	20		
4.4	上班睡觉、打扑克、上网聊天、玩游戏等	向职工了解，查阅到岗到位有关资料	30		
4.5	工作中不服从分配，不服从管理	向有关人员了解	30		
4.6	无理取闹、影响正常工作	向有关人员了解	20		
4.7	聚众闹事、打架斗殴、酗酒滋事、对社会造成影响	向有关人员了解	20		
4.8	参加非法团体组织	向有关人员了解	30		

第三节　反违章实施

以下列举反违章工作总结、反违章工作措施、反违章工作分析三个实例。

一、变电检修班反违章工作总结实例

根据公司《深入开展反违章活动实施方案》的要求，结合班组反违章管理工作具体情况，按照"全员参与"和"谁分管、谁负责"的原则，制定变电检修班反违章工作方案，并按照《方案》加以落实。

（1）3月份组织变电检修班学习上级下发的《关于深入开展反违章活动的通知》和《反违章管理办法》，提高全体员工对深入开展反违章活动的认识。做到充分调动班组员工查禁违章的积极性和主动性，形成了人人参与反违章工作的良好局面。

（2）4月份成立变电检修班反违章活动工作小组，结合本班组管辖的设备和专业性质进行全面分析，对照上级下发的《常见违章示例》中与本班组有关的条文，形成《变电检修班岗位典型违章示例》。再将《变电检修班岗位典型违章示例》中的查禁违章条文分解到班组每位员工，明确任务，落实责任。

（3）5月份对照《变电检修班岗位典型违章示例》，结合安全生产月活动，组织开展反违章大讨论，开展多种形式的反违章检查。严肃查纠现场违章现象，强化"两票三制"，规范人员行为，落实安全措施，确保作业现场工作安全。根据查禁违章条文分工，与变电检修班所有员工签定《无违章承诺书》。

（4）6～8月份对照《变电检修班岗位典型违章示例》，从班组长到每位工作人员，组织班组各种类型的人员，结合岗位和现场工作实际进行辨识和检查。经过辨识和检查，明确班组和岗位目前存在的一般违章68条，严重违章1条。对存在的1条严重违章和67条一般违章进行汇总建档。

（5）9～11月份，对辨识和检查出的68条违章，制定违章整改计划限期整改，做到了责任人、整改措施、需求资金、完成期限和防范措施"五落实"。对存在的严重1条违章要指定专人管理，实施挂牌督办，因特殊原因不能立即整改的要求制定具体的防范措施。结合秋检对现场违章进行处理消除。

（6）验收评价阶段（12月份）。通过秋检，对变电站检查出的69条违章已全部消除，对反违章活动成效进行了评估，对班组反违章活动工作进行了总结，对反违章活动先进个人进行了评选奖励。今后将进一步研究深化反违章活动的成效措施，建立常态工作机制。

二、变电运维班反违章工作措施实例

1. 违章名称

操作票填写漏项，倒闸操作中不按规定检查设备实际位置。

2. 违章类型

作业性违章。

3. 违章内容

××变电站10kV大工线因高压室墙外出线避雷器作试验，在大工线穿墙套管室外引线上装设9号接地线。工作结束后，值班运行人员填写操作票时漏掉了"拆除大工线出线套管墙外侧9号接地线"。在没有经过操作票审核、模拟操作的情况下就直接进行操作。操作人、监护人在检查大工线送电范围内确无接地短路时，只检查10kV高压室内大工线，未发现有接地线，便误认为接地线已经被拆除，没有按规定检查设备实际位置。在合上断路器两侧隔离开关之前被检修人员制止。

4. 制定反违章措施

（1）操作人填写操作票后要进行审查，经检查确无问题后由操作人在操作票备注栏填写自己的姓名并交给监护人，监护人对操作票进行再次审查，经审查确无问题由监护人在操作票备注栏填写自己的姓名并交给值班负责人，值班负责人再次审核操作票认为确无问题后，在操作票备注栏填写自己的姓名后，将操作票放在专用夹内，以备操作。

（2）对变电站防止误操作技术措施存在的缺陷进行统计，将变电站10kV高压室墙外接地线接地端子装设五防闭锁程序，与断路器和隔离开关形成防误闭锁。

（3）在季节性大停电之前由运维班组织运维班值班运行人员进行《电力安全工作规程》和《变电站现场运行规程》的学习和考试，不及格者禁止上岗。

（4）在倒闸操作票中加入"模拟操作"栏，每进行一项模拟操作也要打"√"。从而杜绝实际操作前不进行模拟操作的违章现象。

（5）由运维班安全员、培训员对运行值班人员进行变电站典型倒闸操作票的培训，进一步熟悉运行设备、熟悉运行方式，熟练掌握填写倒闸操作票的技巧。

三、变电运维班反违章工作分析实例

1. 违章名称

巡视设备不到位，缺陷没有及时发现。

2. 违章类型

作业性违章。

3. 分析日期

2012 年 8 月 5 日。

4. 主持人

贺××。

5. 参加人员

王××、李××、刘××、高××、韩××、张××、姜××、常××、路××、杨××共 11 人；

6. 分析内容

220kV××变电站 110kV××断路器 A 相母线侧线夹接头接触不良，运行中严重过热，运维班运行值班人员巡视设备不到位，没有及时发现线夹接头严重过热缺陷，造成紧急停电抢修处理。主要原因是检修人员检修不良造成，运维班运行值班人员巡视设备不到位造成，没有及时发现缺陷造成紧急停电处理。

7. 采取的措施

（1）增加对变电站电气设备的巡视次数，特别是对带有缺陷的设备、负荷较大的设备应增加巡视次数。

（2）组织运维班运行值班人员对红外线测温仪使用技术进行学习和实际操作演习，达到运行值班人员均能使用红外线测温仪诊断电气设备缺陷，进一步提高设备巡视质量。

（3）对运行不可靠或存在重大缺陷的设备要及时汇报调度值班员并督促检修人员进行消缺处理。

（4）由于季节环境温度升高，运维班运行值班人员要密切监视过负荷线路或过负荷的变电设备，发现问题应及时汇报调度值班员。

（5）组织运维班运行值班人员对注油变电设备的油位进行全面认真检查，发现油位异常升高的应及时汇报调度值班员，加强巡视次数，做好记录。

（6）组织运维班运行值班人员对变压器冷却装置进行认真检查，辅助冷却器、备用冷却器均正常备用，应能达到随时投运的状态。

（7）组织检修人员学习《电力设备线夹接头检修工艺标准》，组织技术人员现场讲解电力设备线夹接头检修工艺，让检修人员了解各种类型电力设备线夹接头的构造，对过去检修设备仍存在因工艺问题缺陷进行一次系统的检查，防止设备长期带缺陷运行。

班组技能建设

第三篇

第九章 培 训 管 理

第一节 班组培训管理规定

不断完善培训机制，制定班组培训管理规定，积极贯彻培训规范，加强现场培训，增强培训的针对性，提高员工实际操作技能水平和分析、解决问题的能力。以下列举班组培训管理规定：

一、计划管理

班组要结合现场培训要求，提报年度培训计划需求报公司主管部门，供电公司年度培训计划下发后，班组根据公司年度培训计划和本班组年度培训计划组织落实。班组要结合冬训培训要求，提报冬训培训计划需求给公司主管部门，供电公司冬训培训计划下发后，班组根据公司冬训培训计划和本班组冬训培训计划组织落实。班组根据公司布置的临时性培训计划和本班组临时性培训计划组织落实。

二、办班管理

班组应根据公司培训计划，合理安排班组人员参加公司举办的岗位培训及适应性培训班，此类培训班由公司主管部门负责办班计划者实施，并对办班情况进行组织协调、监督、检查、考核。班组根据本班组制定的培训计划，举办的岗位培训及适应性培训班，由班组培训员负责办班计划的实施，并对办班情况进行组织协调、监督、检查、考核。对培训班要严格执行考勤制度，对因工作原因不能上课的，由本人向班组培训员办理请假手续，对未办理请假手续迟到、早退、旷课者，班组培训员对其提出考核意见。对于班组举办的培训班，其技术资料应包括参学人员签到簿、培训的有关资料、办班小结、参学人员考试成绩等。

三、培训分类

（一）岗前培训

对新录用人员必须按照岗位规范的要求进行上岗资格培训并取得上岗资格证书。调入、转岗或晋升职位的员工，根据情况参加班组组织的相关专业培训。

（二）岗位培训

班组在岗员工每年需接受专门业务培训和知识更新培训，以不断提高业务工作能力。班组技师、高级技师每年参加岗位培训的时间不少于 20 天；其他技能人员每年参加岗位培训的时间不少于 15 天。

（三）在岗学习

在岗学习主要是班组员工采取现场培训、导师带徒等培训形式。导师带徒是指新录用的大中专毕业生见习期满定岗后，与各班组专业技术岗位的技术骨干签订的师徒合同。

（四）离岗培训

为确保班组技能人员综合素质和岗位胜任能力，班组要根据公司有关规定确定培训内容，离岗培训时间一般不少于 3 个月。

四、现场培训

现场培训包括技术讲座、抽签考问、考问讲解、技术问答、现场考问、事故预想、反事故演习、消防演习、规程考试、班组大讲堂、模拟仿真培训等内容。

第二节　培训基础建设

加强班组培训资源建设，完善培训基础设施，有条件的班组要建立班组培训室，每周组织班组员工在培训室进行各类培训。班组要有充足的班组培训教材、课件和书籍，为员工创造良好的学习条件。

一、班组培训室（配电班培训室定置图）

1	会议桌	张	1	
2	椅 子	把	17	
3	电 脑	台	1	可以进行远程培训，也可以进行就地 ppt 培训
4	复印机	台	1	
5	方 桌	张	2	
6	黑 板	个	1	
7	书 橱	个	1	
序号	名称	单位	数量	备注

配 电 班 培 训 室 定 置 图

批准	李××	审核	孙××
设计	柴××	绘图	张××
图号	06-17	日期	2012 年 11 月 21 日

配电班培训室定置图

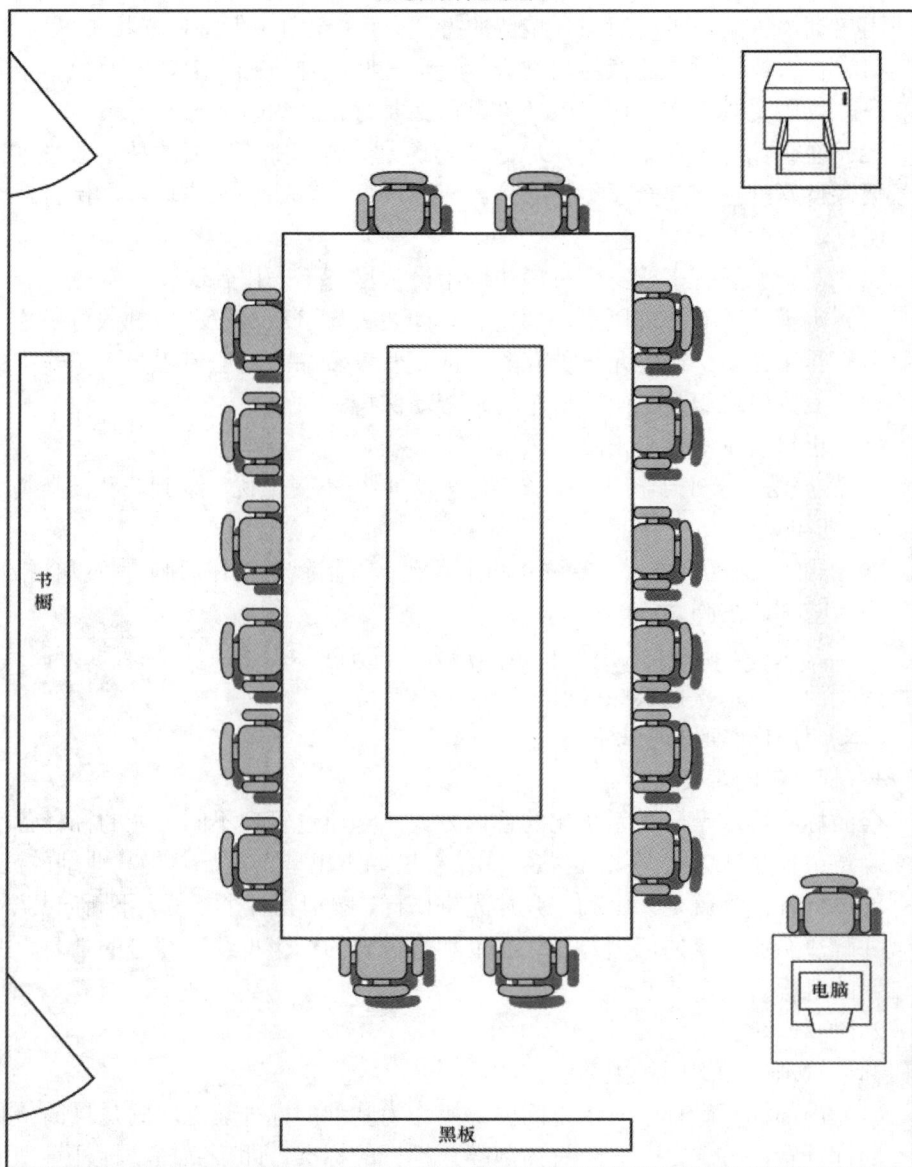

配电班培训室定置图

二、班组培训课件

（一）消除疲劳方法培训课件

班组员工在现场工作时，由于天气、身体状况、工作环境、劳动强度、作业时间等因素致使班组员工易出现疲劳，人一旦进入疲劳状况，就会引发事故。通过班组培训为班组员工讲解消除疲劳的方法，使班组员工保持良好状态投入工作。

（1）在大停电时，注意劳逸结合，避免长时间加班加点工作，避免员工高强度工作，均衡安排生产工作，保证班组员工要有充足的睡眠时间。

（2）在重体力劳动条件下，尽量采用省力措施，进行必要的技术改进。工作现场要保持新鲜空气，合乎卫生条件给人以良好的舒适的工作环境，保持适当照明、温度、湿度。

（3）对于家里有事或身体有病的班组员工尽量不安排到现场工作。

（4）重视劳动者心理因素，部门和车间要做好班组员工的后勤服务工作，安排好班组员工饮食，确保足够的营养，应发营养食品，克服班组员工工作中的厌倦心理，安排好班组员工上下班车辆和劳动保护。

（5）班组员工的疲劳消除可采用以下方法。

1）静坐法：端坐于椅子上，全身放松，心境不受干扰，达到忘我的意境，进行 5min 即可。

2）击弹法。两手掩耳，各按住两个耳孔，五指斜向按住后脑骨，以食指压中指轻弹后脑部，击弹 20 次。

3）搓揉法。用两手的中、食指分别夹住左右耳轮，然后按顺时针方向揉动，速度应缓而匀，每次搓揉 20 下。

（二）标杆管理培训课件

1. 标杆管理的定义

全面标杆管理是一种系统化的管理方式，它通过管理不同类型的标杆管理流程来确定最佳实践方式，并将这些方式结合以制定出一个能显著提高业绩的流程。具体的讲标杆管理就是一个确立具体先进榜样，解剖其各个指标，不断向其学习，发现并解决企业自身的问题，最终赶上和超过它的一个持续、渐进的学习、变革和创新的过程。

2. 标杆管理的分类

标杆管理有如下四种类型：

（1）内部标杆管理——以车间内部操作为基准的标杆管理。它是最简单且易操作的标杆管理方式之一。辨识内部绩效标杆的标准，即确立内部标杆管理的主要目标，可以做到车间内信息共享。辨识车间内部最佳职能或流程及其实践，然后推广到组织的其他班组，不失为车间绩效提高最便捷的方法之一。除非用作外部标杆管理的基准，单独执行内部标杆管理的车间往往持有内向视野，容易产生封闭思维。因此在实践中内部标杆管理应该与外部标杆管理结合起来使用。

（2）竞争标杆管理——以竞争对象为基准的标杆管理。竞争标杆管理的目标是与有着相同专业的班组在管理工作流程等方面的绩效与实践进行比较，直接面对竞争者。这类标杆管理的实施较困难，原因在于除了公共领域的信息容易接近外，其他关于竞争企业的信息不易获得。

（3）职能标杆管理——以专业领先者或某些班组的优秀职能操作为基准进行的标杆管理。这类标杆管理的合作者常常能相互分享一些技术和管理信息，标杆的基准是外部班组（但非竞争者）及其职能或业务实践。由于没有直接的竞争者，因此合作者往往较愿意提供和分享技术与管理信息。

（4）流程标杆管理——以最佳工作流程为基准进行的标杆管理。标杆管理是类似的工作流程，而不是某项业务与操作职能或实践。这类标杆管理可以跨不同类组织进行。它一般要求班组对整个工作流程和操作有很详细的了解。

3. 标杆管理操作要点

注意人才的培养和使用。工作质量、数量的提高要与用人标准和薪酬相匹配。抓好标杆管理的思想工作，形成一定的企业文化。要有企业战略目标，保持标杆管理实施过程中的正确方向。

4. 标杆管理推行的工作方法

先小后大，先局部后全局，最后发展战略。以点带面，逐步把整个班组管理融入其中。充分运用党、团员的先锋模范作用。班长带头，班委会成员做骨干的组织保证。

第三节　培训需求侧调查

合理安排工作计划，创造员工受训机会，做好受训员工的岗位培训与现场工作的结合。引导班组成员利用业余时间积极参与培训和业务学习，主动提升岗位工作能力。每月由班组培训员检查一次班组培训计划工作完成情况，将班组员工培训工作完成情况记入培训记录，班组培训员每月应将员工规程考试成绩、现场技术培训工作完成情况、员工自主培训情况纳入班组员工个人培训档案进行管理。员工参加上级和班组举办的培训活动情况一律纳入员工个人培训档案。员工参加各种学历培训、各种颁发培训证书的培训、参加公司及以上学习培训、各类竞赛、调考成绩、技术等级考核等培训活动也应纳入员工培训档案进行统一管理。班组培训员每月组织一次对本班组培训工作的评估，评估工作要填写月培训评估表、培训记录、培训档案、个人能力评价。个人能力评价包括个人技术能力和综合能力。个人能力评估记入个人信息库管理。个人技术能力包括初级工、中级工、高级工、技师、高级技师、工作票签发人、工作负责人、工作许可人、工作班组成员。综合能力包括个人竞赛成绩、调考试成绩等。以下是班组人员培训内容需求调查统计表。

班组人员培训内容需求调查统计表

单位	1. 安全类培训				2. 营销类培训				3. 生产类培训				4. 服务类培训				5. 质量管理类培训				6. 信息化类培训			
	非常需要	比较需要	一般需要	不需要	非常需要	比较需要	一般需要	不需要	非常需要	比较需要	一般需要	不需要	非常需要	比较需要	一般需要	不需要	非常需要	比较需要	一般需要	不需要	非常需要	比较需要	一般需要	不需要
供电公司 1	231	25	31	0	207	62	18	0	94	101	92	0	136	124	27	0	162	95	30	0	255	20	22	0
供电公司 2	93	60	9	1	76	57	27	3	77	70	14	2	80	54	27	2	79	57	25	2	90	59	13	1
供电公司 3	508	0	0	0	326	182	0	0	298	210	0	0	187	321	0	0	268	156	84	0	387	109	12	0
供电公司 4	120	45	25	0	110	38	42	0	100	68	22	0	89	81	20	0	90	61	37	2	72	77	38	3
供电公司 5	227	72	3	0	182	87	33	0	178	92	31	1	188	81	29	4	188	57	49	8	173	73	46	10
供电公司 6	65	1	0	0	51	13	1	0	44	15	4	1	38	15	11	1	12	36	17	0	16	45	4	0
供电公司 7	221	24	0	0	186	46	12	0	161	59	18	3	159	60	23	1	82	77	69	7	77	70	81	12
供电公司 8	169	6	0	0	109	52	16	0	147	27	1	0	89	68	3	0	65	59	13	0	70	62	26	0
供电公司 9	223	89	3	1	122	159	27	7	137	167	1	1	138	158	9	7	89	179	37	0	90	193	21	1
汇总	1857	322	71	1	1369	696	176	10	1236	809	183	8	1104	962	149	15	1035	777	361	19	1230	708	263	27

续表

单位	7. 法律、法规类培训				8. 为适应新技术或设备更新的培训				9. 以培养班组团队精神为目的的培训				10. 其他培训				11. 您认为非常需要的培训（文字说明）
	非常需要	比较需要	一般需要	不需要	非常需要	比较需要	一般需要	不需要	非常需要	比较需要	一般需要	不需要	非常需要	比较需要	一般需要	不需要	
供电公司 1	54	131	102	0	275	12	0	0	287	0	0	0	2	285	0	0	针对班组日常工作涉及到的信息技术进行专项培训
供电公司 2	97	50	14	2	69	69	24	1	73	68	20	2	68	60	22	13	营销培训，法律类、合同法，劳动法培训应加强
供电公司 3	349	159	0	0	508	0	0	0	367	141	0	0	125	251	132	0	为进一步更好地提高班组员工的综合素质，应在法律法规及信息知识等方面加强培训力度
供电公司 4	111	65	14	0	115	45	30	0	109	64	17	0	47	48	76	19	礼仪讲座培训；团队精神和安全培训应加强
供电公司 5	205	78	15	4	236	50	14	2	242	43	17	2	51	187	62	2	不同的岗位接受各自需要的培训，缺什么补什么
供电公司 6	19	41	6	0	51	14	1	0	52	13	0	0	19	29	10	1	1. 电力职工职业道德教育培训应加强，员工职业素质培训应加强，不利于提高。 2. 培训多采取实际操作和业务讲座，适当减少基础理论知识。 3. 增加现场实用技术培训
供电公司 7	87	104	50	0	111	98	30	0	131	87	20	0	24	92	12	39	1. 安全培训、营销培训、服务培训、规程培训、技术培训应加强。 2. 结合岗位目前需用的知识现场培训。举办提高员工工业技术、精神文明方面培训
供电公司 8	83	70	5	0	110	44	3	0	103	41	14	0	46	62	43	5	
供电公司 9	179	126	3	4	148	142	16	4	187	95	24	0	47	207	45	7	
汇总	1184	824	209	10	1623	474	118	4	1551	552	112	2	429	1221	402	86	

189

第十章 岗 位 实 训

第一节　班组岗位实训计划

一、班组岗位实训计划

由班组培训员每月3日前编写班组岗位实训计划，报班长批准后实施，班组培训员应根据公司下发年度培训计划和月度培训计划编写班组岗位实训计划，应根据岗位规范和技术等级标准，紧密结合工作任务和现场实际，本着干什么学什么，缺什么补什么的原则编写班组岗位实训计划，应根据《电业生产人员培训制度》和现场培训规定编写班组岗位实训计划，应结合本班组员工队伍现状、需求调查和效果评估情况编写班组岗位实训计划，应针对工作中引进的新设备、新技术、新工艺、新材料编写班组岗位实训计划，组织班组员工进行知识更新的培训。培训员应在每年冬训前组织员工进行一次培训需求调查。针对员工填写班组培训需求情况填写培训需求调查表，经班委会讨论后列入班组培训计划。

二、班组岗位实训计划的形式

培训的形式可以是师带徒、技术讲课、抽签考问、技术问答、考问讲解、事故预想、反事故演习、计算机仿真模拟培训、技术报告会、网络培训等。组织班组员工参加上级组织的劳动竞赛、技术比武、岗位练兵、知识竞赛、调考等活动，根据上级的安排组织员工参加上级组织的各类培训班。

三、班组岗位实训的档案管理

班组岗位实训应每周组织一次，每周不少于2学时。员工培训的情况应由培训员登记在培训记录中。班组员工的培训记录情况由培训员每月检查一次。班组培训员组织每月对培训工作进行一次评估。班组培训员应每月将员工的培训情况和培训成绩、规程考试成绩、参加上级学习培训、各类竞赛、调考成绩、技术等级考核等记入培训档案。

【实例】

××班组＿7＿月份岗位实训计划

序号	岗位实训内容	参加人员	岗位实训形式	岗位实训时间	岗位实训地点	岗位实训课时
1	1号变压器爆炸着火	刘×、张×、王×、郑×、吴×、徐×	反事故演习	2013年7月19日	红旗变电站	4小时
2	110kV 1母线故障	刘×、张×、王×、郑×、吴×、徐×	事故预想	2013年7月2日	大桥变电站	2小时
3	电流互感器二次为什么不能开路	刘×、张×、王×、郑×、吴×、徐×	技术讲座	2013年7月10日	市中运维班	4小时
4	查找直流接地故障的一般步骤及方法	刘×、张×、王×、郑×、吴×、徐×	考问讲解	2013年7月15日	市中运维班	3小时
5	220kV 2号变压器停电工作票办理	刘×、张×、王×、郑×	工作票办理	2013年7月22日	花园变电站	3小时
6	110kV 倒母线操作	张×、王×、郑×、吴×、徐×	操作票填写	2013年7月5日	乔山变电站	3小时
7	变电站防误闭锁维护	刘×、张×、王×、郑×、吴×、徐×	现场讲解	2013年7月28日	晋州变电站	4小时

第二节　技　术　讲　课

一、技术讲课的形式

技术报告会和技术讲座是班组员工根据工作实际需要，在学习先进的工作方法、工艺要求、规章制度、管理手段和方法等方面聘请技术专家来讲课，或针对工作中引进的新设备、新技术、新工艺、新材料组织班组员工进行知识更新的培训。一般由上级安排厂家技术人员或聘请技术专家通过技术报告会和工作现场进行技术讲座，也可以由某一专业的专家现场进行技术讲座。技术报告会和技术讲座都是技术讲课。

二、技术讲课实例

1. 变电站设备定期试验轮换规定要求

讲课日期	2013年6月17日	主讲人	张××	讲课课时	4小时
地　点	运维班远程讲课室	参加人员	赵××、吴××、刘××、王××、李×× ×、徐××、郑××		
讲课题目	变电站设备定期试验轮换规定要求				

讲课内容	（1）每年雷雨季节前，由运行值班人员检查电缆沟排水情况，并清除沟内垃圾污物，以保证电缆沟内排水畅通无积水，防止积水浸泡电缆。 （2）每年三月份，由运行值班人员对变电站内的照明电源、生活电源、试验电源摇测绝缘，确保各电源回路对地绝缘电阻均正常。 （3）对于备用变压器，当备用时间持续达到 3 个月时，应由运行值班负责人组织运行值班人员对备用变压器送电带负荷一周后再停运。 （4）运行人员应每季对油浸风冷变压器的冷却装置进行轮换运行一次。强油风冷装置电源应结合变压器停电时做备用电源自投试验，并做好记录，同时对工作、辅助、备用冷却器进行试验，保证动作正常。对于有两路电源的冷却装置在试验时严禁两路电源并列运行，试验完后应倒回原方式。 （5）每月 15 日，应由运行值班负责人组织运行值班人员利用钳形电流表测量变压器铁芯接地电流，铁芯接地电流不得大于规定值。 （6）变电站内长期不调压或有一部分分接头位置长期不用的有载分接开关，变压器遇有停电机会时，应在最高和最低分接头间操作几个循环，试验后将分头调整到原分头位置。 （7）由运维班长组织运行值班人员每月对变电站事故照明装置进行一次试验，检查事故照明装置是否可靠运行，如果试验中发现异常应及时排除。每半年应对变电站直流系统中的备用充电机进行一次启动试验。 （8）每月 15 日，由运行值班负责人组织运行值班人员试验检查各线路重合闸动作是否正常，如果试验中发现异常应及时通知检修单位前来处理。由运行值班人员每月对变电站内的剩余电流动作保护器进行一次动作试验，检查是否正常，如果试验中发现异常应及时排除。 （9）每月由运行值班负责人组织运行值班人员清扫控制保护盘卫生，达到盘面无灰尘，无杂物的标准。每月由运行值班负责人组织运行值班人员清扫设备端子箱机构箱卫生，达到端子箱清洁无污秽的标准。 （10）当室外温度低于规定值或设备受潮时，由运行值班负责人组织运行值班人员开启设备机构箱、控制箱的加热器，使温度不低于规定值，以防危及设备可靠运行。运行值班负责人组织运行值班人员应每年对电气设备的取暖、驱潮电热装置进行一次全面检查。 （11）每年 2 月底和 8 月底，由安全员组织运行值班人员在停电检修前检查安全用具试验合格情况，不超周期，完整无损伤且能满足安全措施布置要求。绝缘手套、绝缘靴工频耐压试验周期为半年。电容型验电器、绝缘杆、绝缘隔板和绝缘胶垫频耐压试验周期为 1 年。 （12）长期备用的电压互感器当备用时间达到 6 个月时，应送电带负荷一周，方可将备用的电压互感器停运。 （13）因系统原因对于长期不投入运行的无功补偿装置，当备用持续时间达到 3 个月时，应由运行值班负责人组织运行值班人员对备用无功补偿装置送电运行一周后方可停用，或将无功补偿装置轮换投入。 （14）一组母线上有多组无功补偿装置时，各组无功补偿装置的投切次数应尽量平衡，以满足无功补偿装置的轮换运行要求。 （15）由运行值班负责人组织运行值班人员每季度对变电站集中通风系统的备用风机与工作风机，进行轮换运行一次，具体轮换方法应写入《变电站现场运行规程》中。 （16）运行值班负责人定期组织运行值班人员测试高频保护通道正常。 （17）运行值班负责人每日交接班时，应对中央信号系统进行试验，还应检查试验小电流接地微机选线装置。 （18）运行值班负责人每日交接班时，检查试验变电站直流绝缘监察，闪光装置运行情况，检查各信号发出是否正常，测量直流母线正负极对地电阻数值，检查闪光装置是否正常。 （19）每月 15 日，由运行值班负责人组织运行值班人员测试母线差动保护不平衡电流，不平衡电流不超过正常值。 （20）对 GIS 设备操作机构工作气泵和备用气泵，应每季度轮换运行一次，具体轮换方法应写入《变电站现场运行规程》中。 （21）根据蓄电池电解液的比重和液面情况，由运行值班负责人组织运行值班人员对蓄电池补加电解液，使液面恢复正常高度。定期清扫蓄电池室卫生。

续表

讲课内容	（22）变电站内的备用站用变压器（指站用变压器一次不带电）每年应进行一次启动试验，试验操作方法列入《变电站现场运行规程》中。长期不运行的站用变压器每年应带电运行一段时间。 （23）每年2月底和8月底，由安全员组织运行值班人员在停电检修前对变电站设备接头测温一次。 （24）每半年由运行值班负责人组织运行值班人员对防误闭锁装置室外挂锁的锈蚀部分进行清除，挂锁芯内加机油以保证机械部分灵活可靠不卡涩，检查防误闭锁装置的闭锁关系，检查防误闭锁装置闭锁编码的正确性。 （25）由安全员在设备停电检修前组织运行值班人员对接地线进行检查维护，检查接地线是否完整、足够、有无损伤。如果接地线有损伤且无法修复时，应尽快汇报运行车间加以补充完善。 （26）铅酸蓄电池每月普测一次单体蓄电池的电压、比重。每周测一次代表电池的电压、比重
备注	

2. 如何进行卡表冲正

讲课日期	2013年6月17日	主讲人	刘××	讲课课时	4小时
地　　点	营销部讲课室	参加人员	徐××、吴××、柴××、王××、李××、徐××、郑××		
讲课题目	回收电费要注意哪些措施和技巧				
讲课内容	电费回收人员充分利用法律所赋予的职权做好电费催收工作，要注意把握回收电费的措施和技巧，千方百计回收电费。 （1）电费回收人员应不厌其烦地上门催费，耐心细致地向客户宣传电费回收政策。 （2）多方位掌握客户的生产动态、资金流向，但注意为客户保密。 （3）想客户所想，帮助客户解决用电的难题，为客户的降损节电出谋划策，合理降低客户用电成本。 （4）利用一切可利用的社会关系、公共关系催缴电费，特别是政府部门关系及其上级主管部门的关系，要积极向地方政府汇报欠费情况，争取主动，避免说情等。 （5）处理好三角债关系，在力所能及的情况下帮助客户要回欠款，利用好法律认可的代位权，主动出击，特别要注意供电公司及三产与欠费企业的商务关系。 （6）对濒临倒闭的企业要防止资产转移，正确运用质押、依法起诉或申请仲裁等法律手段。 （7）采用技术手段催费：对信誉度不高的企业要采取装设预付费电卡表、负荷管理系统等有效技术措施催费。 （8）对长期欠费、信誉度不高及临时用电的企业采取预收电费的办法。 （9）合理利用政策，对欠费用户停止办理一切变更用电手续，不予开具增值税发票。 （10）严格执行电费违约金制度及欠费停电制度。 （11）对欠费客户的催费时申请司法介入。在发送停电通知书时，同时发送律师意见函。 （12）对长期拖欠电费或屡次拖欠电费被供电公司停电超过两次的用户，可终止供用电合同，解除供用电关系，用户需要恢复供用电关系，按新装用电办理。				
备注					

第三节 反事故演习

一、班组开展反事故演习的目的

督促班组人员全面贯彻反事故技术措施，使班组人员掌握处理事故的正确方法和步骤，提高班组人员处理事故的组织能力、分析能力、判断能力、协同能力和应变能力，强化班组人员熟悉设备特性、熟悉技术规程、熟悉现场环境、熟悉运行方式、熟悉操作流程。

二、反事故演习的主要内容

供电企业发生事故的教训，操作技术上的薄弱环节和常见误操作，重大复杂操作引起的事故，结合反事故技术措施开展反事故演习，设备上存在的主要缺陷及薄弱环节，电网存在的异常运行情况，新设备投运前后可能发生的事故，影响电力设备安全运行的季节性事故。

三、反事故演习的周期

班组反事故演习每季不少于一次，由班长组织进行。

四、反事故演习的流程

（1）班长应对反事故演习内容进行详细研究，审定演习计划。在计划中应指定参加演习对象和出现问题时正确处理方法，还应根据设备和仪表可能出现的故障及班组人员可能发生的错误，制定预防措施。

（2）对于每次反事故演习，班长都要指定专人监护，由班组技术员担任。反事故演习前，班长应向监护人讲解反事故演习计划，交代监护人的职责和责任，并会同监护人仔细研究反事故演习步骤。

（3）监护人要按照反事故演习计划内容正确及时地发布事故现象，监视演习人的动作是否正确，判断是否迅速，发现演习人违反演习规定，有违章现象时，应立即制止，防止造成事故，当演习过程中发生事故时，监护人应立即宣布停止演习，全体演习人员立即退出现场，由班长和技术人员进行事故处理。

（4）反事故演习开始前，班长应将演习现场应遵守的规定通知演习人员，演习人员各就各位后，班长和监护人按照演习计划的程序，将演习情况和事故状态发展的补充情况，依次向演习人员宣布。

（5）反事故演习过程中，演习人员不得妨碍正常工作人员的正常工作，不准操作运行设备。为保证演习过程中的安全，演习人员严禁触动运行的电气设备，只能用模拟方式表示，或在培训专用模拟场进行操作。反事故演习可用挂牌方法进行，但反事故演习用标示牌的颜色必须与运行中的标示牌颜色有明显区别。使用通信电话事故信号时，应与正常运行有区别，防止发生误会。

（6）反事故演习结束后，班长应组织全体监护人员，演习人员进行总结评价，并针对演习过程中暴露的问题，提出改进措施。演习结果应填写在反事故演习记录簿内。

五、变电站反事故演习实例

1. 220kV1 号变压器 110kV 中相套管爆炸

演习人员	主持人	演习人	监护人	天气	演习日期
	李××	张××	吴××	晴	2012 年 12 月 17 日
参加演习人员	李××、张××、吴××、郑××、何××、王××、孙××、赵××、柴××、宋××、迟××、董××、胡××				
演习题目	220kV 1 号变压器 110kV 中相套管爆炸				
运行方式	220kV 1 号变压器 220kV 侧在 220kVⅠ母线运行，1 号变压器 22 断路器、22-3 隔离开关、22-1 隔离开关均在合闸位置。220kV 1 号变压器 110 kV 侧在 110kVⅠ母线运行，1 号变压器 32 断路器、32-3 隔离开关、32-1 隔离开关均在合闸位置。220kV 1 号变压器 10kV 侧在 10kVⅠ母线运行，1 号变压器 92 断路器、92-3 隔离开关、92-1 隔离开关均在合闸位置。220kV2 变压器 220kV 侧在 220kVⅡ母线运行，2 号变压器 24 断路器、24-3 隔离开关、24-2 隔离开关均在合闸位置。220kV 2 号变压器 110kV 侧在 110kV Ⅱ母线运行，2 号变压器 34 断路器、34-3 隔离开关、34-2 隔离开关均在合闸位置。220kV2 号变压器 10kV 侧在 10kVⅡ母线运行，2 号变压器 94 断路器、94-3 隔离开关、94-2 隔离开关均在合闸位置。10kV 分段 90 断路器在拉开位置，10kV 分段 90-1 隔离开关、90-2 隔离开关均在合闸位置。220kV 母旁 20 断路器、20-1 隔离开关、20-2 隔离开关均在合闸位置，220kVⅠ母线与 220kVⅡ母线并列运行。110kV 母旁 10 断路器、10-1 隔离开关、10-2 隔离开关均在合闸位置，110kVⅠ母线与 110kVⅡ母线并列运行。220kV1 号变压器 1-D20 中性点接地开关在合闸位置，1-D10 中性点接地开关在合闸位置。220kV 2 号变压器 2-D20 中性点接地开关在拉开位置，220kV 2 号变压器 2-D10 中性点接地开关在合闸位置				
事故象征	控制室外有爆炸声，控制室内警铃响，喇叭叫，"10kV 掉牌未复归"光字牌亮，"掉牌未复归"光字牌亮，"1 号变压器差动保护动作"光字牌亮，"110kV 故障录波器动作"光字牌亮，1 号变压器三侧电流表指示为零，1 号电容器三相电流表指示为零，1 号变压器 92 断路器绿灯闪光，1 号变压器 22 断路器绿灯闪光，1 号变压器 32 断路器绿灯闪光，1 号电容器 62 断路器绿灯闪光，10kV 分段 90 断路器红灯闪光，10kV 分段 90 断路器自投成功，1 号电容器低压保护动作信号继电器落牌，1 号变压器差动保护动作信号继电器落牌				
处理步骤	复归音响信号。 检查 1 号变压器差动保护动作光字牌亮。 检查 10kV 掉牌未复归光字牌亮。 检查掉牌未复归光字牌亮。 检查 110kV 故障录波器动作光字牌亮。 检查 1 号变压器 92 断路器电流表指示为零。 检查 1 号变压器 32 断路器电流表指示为零。 检查 1 号变压器 22 断路器电流表指示为零。 检查 2 号变压器三侧断路器电流表指示正常。 检查 1 号电容器三相电流表指示为零。 检查 1 号变压器 92 断路器绿灯闪光。 将 1 号变压器 92 断路器控制开关切至分位置。				

处理步骤	检查 1 号变压器 22 断路器绿灯闪光。 将 1 号变压器 22 断路器控制开关切至分位置。 检查 1 号变压器 32 断路器绿灯闪光。 将 1 号变压器 32 断路器控制开关切至分位置。 检查 1 号电容器 62 断路器绿灯闪光。 将 1 号电容器 62 断路器控制开关切至分位置。 检查 10kV 分段 90 断路器红灯闪光。 将 10kV 分段 90 断路器控制开关切至合位置。 检查 10kV Ⅰ 母线电压表指示正常。 检查 10kV 分段 90 断路器电流表指示正常。 检查 1 号电容器低压保护动作信号继电器落牌。 按下 1 号电容器信号复归按钮。 检查 1 号变压器差动保护动作信号继电器落牌。 按下 1 号变压器信号复归按钮。 检查 1 号变压器差动保护动作光字牌灭。 检查 10kV 掉牌未复归光字牌灭。 检查掉牌未复归光字牌灭。 检查 1 号变压器差动保护范围内设备发现 1 号变压器 110kV 中相套管爆炸。 做好记录，向当值调度值班人员汇报事故发生的经过和象征。 停用 2 号变压器 220kV 放电间隙保护。 合上 2 号变压器 220kV 中性点接地开关。 检查 2 号变压器 220kV 中性点接地开关确已合好。 拉开 1 号变压器 220kV 中性点接地开关。 检查 1 号变压器 220kV 中性点接地开关确已拉开。 取下 10kV 分段过流保护连接片。 取下 10kV 分段速断保护连接片。 将 110kV 母线差动保护相开关切至单母线位置。 取下 110kV 母联 10 断路器控制熔断器。 检查 1 号变压器 92 断路器三相确已拉开。 拉开 1 号变压器 92-3 隔离开关。 检查 1 号变压器 92-3 隔离开关三相确已拉开 拉开 1 号变压器 92-1 隔离开关。 检查 1 号变压器 92-1 隔离开关三相确已拉开 检查 1 号变压器 32 断路器三相确已拉开。 拉开 1 号变压器 32-3 隔离开关。 检查 1 号变压器 32-3 隔离开关三相确已拉开。 拉开 1 号变压器 32-1 隔离开关。 检查 1 号变压器 32-1 隔离开关三相确已拉开。 检查 1 号变压器 22 断路器三相确已拉开。 拉开 1 号变压器 22-3 隔离开关。 检查 1 号变压器 22-3 隔离开关三相确已拉开。 拉开 1 号变压器 22-1 隔离开关。 检查 1 号变压器 22-1 隔离开关三相确已拉开。 在 1 号变压器 92-3 隔离开关变压器侧验电确无电压。 在 1 号变压器 92-3 隔离开关变压器侧装设××号接地线。 在 1 号变压器 32-3 隔离开关变压器侧验电确无电压。 合上 1 号变压器 32-D3 接地开关。 检查 1 号变压器 32-D3 接地开关三相确已合好。 在 1 号变压器 22-3 隔离开关变压器侧验电确无电压。

处理步骤	合上 1 号变压器 22-D3 接地开关。 检查 1 号变压器 22-D3 接地开关三相确已合好。 取下 1 号变压器 92 断路器控制熔断器。 取下 1 号变压器 32 断路器控制熔断器。 取下 1 号变压器 22 断路器控制熔断器。 取下 1 号变压器总控制熔断器。 合上 1 号电容器 62 断路器。 检查 1 号电容器 62 断路器三相确已合好 运行值班人员将事故处理经过向当值调度值班人员汇报，做好 1 号变压器事故抢修的安全措施。 运行值班人员通知检修单位对 1 号变压器 110kV 中相套管爆炸进行故障消除。 运行值班人员填写相关运行记录
存在问题及采取措施	检查事故发出信号不全面，采取措施主要是根据象征做好全面记录，不要有漏项

评价	分析判断正确，事故处理步骤正确	评价人	胡××

2. 110kV I 母线支持绝缘子发生闪络故障

演习人员	主持人	演习人	监护人	天气	演习日期
	李××	柴××	迟××	阴	2013 年 5 月 15
参加演习人员	李××、张××、吴××、郑××、何××、王××、孙××、赵××、柴××、宋××、迟××、董××、胡××				
演习题目	110kV I 母线支持绝缘子发生闪络故障。（110kV I 母线与 110kV II 母线并列运行）				
运行方式	1 号变压器在 110kV I 母线运行，1 号变压器 32 断路器、32-3 隔离开关、32-1 隔离开关均在合闸位置。汇商线在 110kV I 母线运行，汇商线 11 断路器、11-3 隔离开关、11-1 隔离开关均在合闸位置。汇易线在 110kV I 母线运行，汇易线 13 断路器、13-3 隔离开关、13-1 隔离开关均在合闸位置。汇南线在 110kV I 母线运行，汇南线 15 断路器、15-3 隔离开关、15-1 隔离开关均在合闸位置。汇玻线在 110kV I 母线运行，汇玻线 17 断路器、17-3 隔离开关、17-1 隔离开关均在合闸位置。2 号变压器在 110kV II 母线运行，2 号变压器 34 断路器、34-3 隔离开关、34-2 隔离开关均在合闸位置。汇张线在 110kV II 母线运行，汇张线 12 断路器、12-3 隔离开关、12-2 隔离开关均在合闸位置。汇电线在 110kV II 母线运行，汇电线 14 断路器、14-3 隔离开关、14-2 隔离开关均在合闸位置。汇水线在 110kV II 母线运行，汇水线 16 断路器、16-3 隔离开关、16-2 隔离开关均在合闸位置。110kV 母旁 10 断路器、10-1 隔离开关、10-2 隔离开关均在合闸位置。110kV I 母线与 110kV II 母线并列运行。110kV 11TV 在 110kV I 母线运行，110kV 12TV 在 110kV II 母线运行。110kV 11TV 与 110kV 12TV 二次联络开关在拉开位置。110kV 母差保护投入双母线运行				
事故象征	铃响，喇叭响，1 号变压器 32 断路器绿灯闪光，汇商线 11 断路器绿灯闪光，汇易线 13 断路器绿灯闪光，汇南线 15 断路器绿灯闪光，汇玻线 17 断路器绿灯闪光，110kV 母旁 10 断路器绿灯闪光。"掉牌未复归"光字牌亮，"110kV 母差保护动作"光字牌亮，"110kV 电压回路断线"光字牌亮，"110kV 故障录波器动作"光字牌亮。110kV I 母线三相电压指示为零。汇商线三相电流表指示为零，汇商线有功功率、无功功率表指示为零，汇易线三相电流表指示为零，汇易线有功功率、无功功率表指示为零，汇南线三相电流表指示为零，汇南线有功功率、无功功率表指示为零，汇玻线三相电流表指示为零，汇玻线有功功率、无功功率表指示为零，110kV 母旁 10 断路器三相电流表指示为零，110kV 母旁 10 断路器有功功率、无功功率表指示为零，1 号变压器 110kV 侧三相电流表指示为零，1 号变压器 110kV 侧有功功率、无功功率表指示为零。110kV 母差保护动作信号继电器落牌				

处理步骤	恢复音响。 检查 1 号变压器 32 断路器绿灯闪光。 将 1 号变压器 32 断路器控制开关切至分位置。 检查汇商线 11 断路器绿灯闪光。 将汇商线 11 断路器控制开关切至分位置。 检查汇易线 13 断路器绿灯闪光。 将汇易线 13 断路器控制开关切至分位置。 检查汇南线 15 断路器绿灯闪光。 将汇南线 15 断路器控制开关切至分位置。 检查汇玻线 17 断路器绿灯闪光。 将汇玻线 17 断路器控制开关切至分位置。 检查 110kV 母旁 10 断路器绿灯闪光。 将 110kV 母旁 10 断路器控制开关切至分位置。 检查"掉牌未复归"光字牌亮。 检查 "110kV 母差保护动作"光字牌亮。 检查"110kV 电压回路断线"光字牌亮。 检查"110kV 故障录波器动作"光字牌亮。 检查 110kV Ⅰ 母线三相电压指示为零。 检查汇商线三相电流表指示为零。 检查汇商线有功功率表指示为零。 检查汇商线无功功率表指示为零。 检查汇易线三相电流表指示为零。 检查汇易线有功功率表指示为零。 检查汇易线无功功率表指示为零。 检查汇南线三相电流表指示为零。 检查汇南线有功功率表指示为零。 检查汇南线无功功率表指示为零。 检查汇玻线三相电流表指示为零。 检查汇玻线有功功率表指示为零。 检查汇玻线无功功率表指示为零。 检查 110kV 母旁 10 断路器三相电流表指示为零。 检查 110kV 母旁 10 断路器有功功率表指示为零。 检查 110kV 母旁 10 断路器无功功率表指示为零。 检查 1 号变压器 110kV 侧三相电流表指示为零。 检查 1 号变压器 110kV 侧有功功率表指示为零。 检查 1 号变压器 110kV 侧无功功率表指示为零。 检查 110kV 母差保护动作信号继电器落牌。 检查 110kV Ⅰ 母线三相电压指示为零。 记录时间，运行值班人员巡视 110kV Ⅰ 母线及其所属设备，发现 110kV Ⅰ 母线东边第二架支持绝缘子发生闪络，立即向当值调度值班人员汇报。 将 110kV 母差保护相比切换开关切至单。 检查 110kV 母差保护单母线运行指示灯。 停用 110kV 母差保护 Ⅰ 母线电压连接片。 检查 110kV 母旁 10 断路器三相已拉开。 拉开 110kV 母旁 10-1 隔离开关。 检查 110kV 母旁 10-1 隔离开关三相确已拉开。 拉开 110kV 母旁 10-2 隔离开关。 检查 110kV 母旁 10-2 隔离开关三相确已拉开。 检查 1 号变压器 32 断路器三相确已拉开。

处理步骤	拉开 1 号变压器 32-1 隔离开关。
	检查 1 号变压器 32-1 隔离开关三相确已拉开。
	合上 1 号变压器 32-2 隔离开关。
	检查 1 号变压器 32-2 隔离开关三相确已合好。
	合上 1 号变压器 32 断路器。
	检查 1 号变压器 32 断路器三相确已合好。
	检查 1 号变压器 110kV 侧电流表指示正确。
	检查汇玻线 17 断路器三相确已拉开。
	拉开汇玻线 17-1 隔离开关。
	检查汇玻线 17-1 隔离开关三相确已拉开。
	合上汇玻线 17-2 隔离开关。
	检查汇玻线 17-2 隔离开关三相确已合好。
	合上汇玻线 17 断路器。
	检查汇玻线 17 断路器三相确已合好。
	检查汇玻线 17 断路器电流表指示正确。
	检查汇南线 15 断路器三相确已拉开。
	拉开汇南线 15-1 隔离开关。
	检查汇南线 15-1 隔离开关三相确已拉开。
	合上汇南线 15-2 隔离开关。
	检查汇南线 15-2 隔离开关三相确已合好。
	合上汇南线 15 断路器。
	检查汇南线 15 断路器三相确已合好。
	检查汇南线 15 断路器电流表指示正确。
	检查汇易线 13 断路器三相确已拉开。
	拉开汇易线 13-1 隔离开关。
	检查汇易线 13-1 隔离开关三相确已拉开。
	合上汇易线 13-2 隔离开关。
	检查汇易线 13-2 隔离开关三相确已合好。
	合上汇易线 13 断路器。
	检查汇易线 13 断路器三相确已合好。
	检查汇易线 13 断路器电流表指示正确。
	检查汇商线 11 断路器三相确已拉开。
	拉开汇商线 11-1 隔离开关。
	检查汇商线 11-1 隔离开关三相确已拉开。
	合上汇商线 11-2 隔离开关。
	检查汇商线 11-2 隔离开关三相确已合好。
	合上汇商线 11 断路器。
	检查汇商线 11 断路器三相确已合好。
	检查汇商线 11 断路器电流表指示正确。
	检查 110kV Ⅰ 母线运行设备全部调至 110kV Ⅱ 母线运行。
	检查 110kV 母差保护隔离开关切换指示灯指示正确。
	将 110kV 母差保护 TV 切换开关切至 12TV 投入 11TV 停运位置。
	将 110kV 故障录波器 Ⅰ 母线屏蔽按钮屏蔽。
	将汇商线电能表电压开关切至 Ⅱ 母线位置。
	将汇易线电能表电压开关切至 Ⅱ 母线位置。
	将汇南线电能表电压开关切至 Ⅱ 母线位置。
	将 1 号变压器 110kV 侧电能表电压开关切至 Ⅱ 母线位置。
	将汇玻线电能表电压开关切至 Ⅱ 母线位置。
	取下 110kV 11TV 二次熔断器。

续表

处理步骤	拉开 110kV 11TV 二次快分开关。 拉开 110kV11TV-1 隔离开关。 检查 110kV11TV-1 隔离开关三相确已拉开。 检查 110kVⅡ母线三相电压指示正确。 按下 110kV 母差保护复归按钮。 检查 110kV 母差保护信号正确。 在 110kVⅠ母线 110-D11 接地开关母线侧验电确无电压。 合上 110kVⅠ母线 110-D11 接地开关。 检查 110kVⅠ母线 110-D11 接地开关三相确已合好。 在 110kVⅠ母线 110-D12 接地开关母线侧验电确无电压。 合上 110kVⅠ母线 110-D12 接地开关。 检查 110kVⅠ母线 110-D12 接地开关三相确已合好。 运行值班人员向当值调度值班人员汇报事故处理情况。 做好 110kVⅠ母线现场事故处理安全措施。 运行值班人员通知检修单位对 110kVⅠ母线支持绝缘子发生闪络故障进行处理。 运行值班人员填写相关运行记录		
存在问题及 采取措施	对当时运行方式了解不够，采取措施主要是组织运行人员系统学习变电站运行方式，并组织考试		
评价	事故处理步骤正确	评价人	胡××

3. 带负荷误拉开棉纺线母线侧隔离开关

演习人员	主持人	演习人	监护人	天气	演习日期
	李××	孙××	何××	晴	2013 年 9 月 20 日
参加演习人员	李××、张××、吴××、郑××、何××、王××、孙××、赵××、柴××、宋××、迟××、董××、胡××				
演习题目	带负荷误拉开棉纺线母线侧隔离开关				
运行方式	1 号变压器带 10kVⅠ母线负荷，2 号变压器带 10kVⅡ母线负荷，10kV 分段 90 断路器在拉开位置，90-1 隔离开关、90-2 隔离开关均在合闸位置，10kV 分段 90 断路器在热备用状态。10kV 棉纺线、10kV 和平线、10kV 石化线、10kV 1 号电容器、10kV 1TV、10kV 1 号站用变压器均在 10kVⅠ母线带电运行。				
事故象征	警铃响，喇叭响，"10kV 掉牌未复归"光字牌亮，"掉牌未复归"光字牌亮，"10kVⅠ母线电度表电压消失"光字牌亮，棉纺线三相电流表指示为零，1 号站用变压器三相电流表指示为零，和平线三相电流表指示为零，石化线三相电流表指示为零，1 号电容器三相电流表指示为零，10kVⅠ母线电压表指示为零，1 号变压器 92 断路器绿灯闪光，1 号电容器 62 断路器绿灯闪光，1 号变压器 10kV 过流保护跳本侧信号继电器落牌，1 号电容器低压保护动作信号继电器落牌。1 号变压器冷却装置停运，变电站硅整流装置跳闸停运。10kVⅠ母线电压表指示为零				
处理步骤	将 10kVⅠ母线上的 1 号站用变压器所代负荷倒换在 10kVⅡ母线上的 2 号站用变压器上。 恢复 1 号变压器冷却装置运行。 恢复变电站硅整流装置运行。 检查 10kVⅠ母线电度表电压消失光字牌亮。 检查 10kV 掉牌未复归光字牌亮。				

续表

处理步骤	检查掉牌未复归光字牌亮。 检查 10kV 绝缘监察 A 相电压表指示为零。 检查 10kV 绝缘监察 B 相电压表指示为零。 检查 10kV 绝缘监察 C 相电压表指示为零。 检查 10kV I 母线电压表指示为零。 将 10kV 母线绝缘监察切换开关切至 II 母线。 检查 10kV 绝缘监察 A 相电压表有指示。 检查 10kV 绝缘监察 B 相电压表有指示。 检查 10kV 绝缘监察 C 相电压表有指示。 检查 1 号变压器 10kV 电流表指示为零。 检查 1 号变压器 10kV 有功表指示为零。 检查 1 号变压器 10kV 无功表指示为零。 检查 1 号变压器 92 断路器绿灯闪光。 将 1 号变压器 92 断路器控制开关切至分位置。 检查 1 号变压器 10kV 过流保护跳本侧信号继电器落牌。 按下 1 号变压器信号复归按钮。 检查掉牌未复归光字牌灭。 检查 1 号电容器 62 断路器绿灯闪光。 将 1 号电容器 62 断路器控制开关切至分位置。 检查棉纺线电流表指示为零。 检查 1 号电容器电流表指示为零。 检查和平线电流表指示为零。 检查石化线电流表指示为零。 检查 1 号站用变压器电流表指示为零。 检查 1 号电容器低压保护信号继电器落牌。 按下 1 号电容器信号复归按钮。 检查 1 号电容器 62 断路器三相确已拉开。 检查 1 号变压器 92 断路器三相确已拉开。 检查 10kV 掉牌未复归光字牌灭。 检查 1 号变压器 10kV 过流保护范围内设备发现带负荷误拉开棉纺线 61-1 隔离开关造成 10kV I 母线短路故障，其他设备没有发现明显故障点。 做好记录，向当值调度值班人员汇报事故发生的经过和象征。 拉开棉纺线 61 断路器。 拉开和平线 63 断路器。 拉开石化线 64 断路器。 拉开 1 号站用变压器 65 断路器。 检查棉纺线 61 断路器三相确已拉开。 拉开棉纺线 61-3 隔离开关。 检查棉纺线 61-3 隔离开关三相确已拉开。 检查棉纺线 61-1 隔离开关三相确已拉开。 检查 1 号电容器 62 断路器三相确已拉开。 拉开 1 号电容器 62-3 隔离开关。 检查 1 号电容器 62-3 隔离开关三相确已拉开。 拉开 1 号电容器 62-1 隔离开关。 检查 1 号电容器 62-1 隔离开关三相确已拉开。 检查和平线 63 断路器三相确已拉开。 拉开和平线 63-3 隔离开关。 检查和平线 63-3 隔离开关三相确已拉开。 拉开和平线 63-1 隔离开关。

续表

处理步骤	检查和平线 63-1 隔离开关三相确已拉开。 检查石化线 64 断路器三相确已拉开。 拉开石化线 64-3 隔离开关。 检查石化线 64-3 隔离开关三相确已拉开。 拉开石化线 64-1 隔离开关。 检查石化线 64-1 隔离开关三相确已拉开。 检查 1 号站用变压器 65 断路器三相确已拉开。 拉开 1 号站用变压器 65-3 隔离开关。 检查 1 号站用变压器 65-3 隔离开关三相确已拉开。 拉开 1 号站用变压器 65-1 隔离开关。 检查 1 号站用变压器 65-1 隔离开关三相确已拉开。 检查 10kV 分段 90 断路器三相确已拉开。 拉开 10kV 分段 90-1 隔离开关。 检查 10kV 分段 90-1 隔离开关三相确已拉开 拉开 10kV 分段 90-2 隔离开关。 检查 10kV 分段 90-2 隔离开关三相确已拉开。 检查 1 号变压器 92 断路器三相确已拉开。 拉开 1 号变压器 92-3 隔离开关。 检查 1 号变压器 92-3 隔离开关三相确已拉开。 拉开 1 号变压器 92-1 隔离开关。 检查 1 号变压器 92-1 隔离开关三相确已拉开。 在棉纺线 61 断路器与 61-1 隔离开关间验电确无电压。 在棉纺线 61 断路器与 61-1 隔离开关间装设××号接地线。 取下 10kV Ⅰ 母线 1TV 二次熔断器。 在 10kV Ⅰ 母线 1TV 二次熔断器 TV 侧装设××号接地线。 在 1 号变压器 92-1 隔离开关母线侧验电确无电压。 在 1 号变压器 92-1 隔离开关母线侧装设××号接地线。 在 10kV 分段 90-1 隔离开关母线侧验电确无电压。 在 10kV 分段 90-1 隔离开关母线侧装设××号接地线。 运行值班人员将事故处理经过向当值调度值班人员汇报，并做好现场安全措施。 运行值班人员通知检修单位对棉纺线 61-1 隔离开关进行更换处理。 运行值班人员填写相关运行记录
存在问题及采取措施	无

评价	事故处理步骤正确	评价人	胡××

第四节 事 故 预 想

一、事故预想

生产班组应根据季节特点和现场设备的实际情况定期开展事故预想，生产班组事故预想每月填写一次，遇有特殊运行方式，设备出现重大及以上缺陷应随时进行，预想可能发生的事故，做好预防和处理对策。事故预想的记录格式由预想日期、预想人、预想题目、运行方式、处理步骤、处理评价、评价人等内容组成，预想日期、预想人、预想题目、运行方式、处理评价、评价人栏目由运维班技术员填写，处理步骤由运维班运行人员填写，其他生产班组的事故预想可以参照运维班事故预想开展。

二、事故预想实例

1. 变电站 110kV II 母线故障

预想日期： 2013 年 6 月 17 日	预想人：李××
预想题目：变电站 110kV II 母线故障，110kV 母线差动保护动作	
运行方式：1 号变压器在 110kV I 母线运行，1 号变压器 32 断路器、32-3 隔离开关、32-1 隔离开关均在合闸位置。汇商线在 110kV I 母线运行，汇商线 11 断路器、11-3 隔离开关、11-1 隔离开关均在合闸位置。汇易线在 110kV I 母线运行，汇易线 13 断路器、13-3 隔离开关、13-1 隔离开关均在合闸位置。汇南线在 110kV I 母线运行，汇南线 15 断路器、15-3 隔离开关、15-1 隔离开关均在合闸位置。汇玻线在 110kV I 母线运行，汇玻线 17 断路器、17-3 隔离开关、17-1 隔离开关均在合闸位置。2 号变压器在 110kV II 母线运行，2 号变压器 34 断路器、34-3 隔离开关、34-2 隔离开关均在合闸位置。汇张线在 110kV II 母线运行，汇张线 12 断路器、12-3 隔离开关、12-2 隔离开关均在合闸位置。汇电线在 110kV II 母线运行，汇电线 14 断路器、14-3 隔离开关、14-2 隔离开关均在合闸位置。汇水线在 110kV II 母线运行，汇水线 16 断路器、16-3 隔离开关、16-2 隔离开关均在合闸位置。110kV 母旁 10 断路器、10-1 隔离开关、10-2 隔离开关均在合闸位置。110kV I 母线与 110kV II 母线并列运行。110kV 11TV 在 110kV I 母线运行，110kV 12TV 在 110kV II 母线运行。110kV 11TV 与 110kV 12TV 二次联络开关在拉开位置。110kV 母差保护投入双母线运行	
象征：变电站现场监控机事故报警信息显示"110kV 母线差动保护动作跳 110kV II 母线出口"，"110kV 故障录波器动作"，110kV II 母线三相电压为零。110kV II 母线上所连接的断路器跳闸。110kV 母联 10 断路器跳闸。110kV II 母线上所连接的各断路器电流功率指示为零	
处理步骤： （1）变电运行人员详细记录到站时间、保护动作、故障启动时间，打印保护及监控机报文情况，故障录波器动作情况，变电运行人员应汇报调度值班员。 （2）变电运行人员检查母线差动保护动作情况，检查 110kV 母线差动保护范围内设备动作情况和设备故障情况，检查事故打印情况，确认无误后变电运行人员复归保护信号。 （3）变电运行人员检查发现 110kV II 母线设备故障，变电运行人员应汇报调度值班员并根据调度值班员指令，投入 110kV 母线差动保护单母线运行连接片，将 110kV 母线差动保护电压开关切至 I 母线位置。拉开 110kV 母联 10 断路器两侧隔离开关，拉开 110kV II 母线上所连接的断路器及隔离开关，将 110kV II 母线上所连接的线路在 110kV I 母线送电。 （4）变电运行人员应将 110kV II 母线停电并做好安全措施进行抢修。 （5）事故检修结束后，变电运行人员根据调度值班员指令，恢复 110kV II 母线正常运行方式，变电运行人员应全面检查 110kV II 母线设备无故障点，合上 110kV 母联 10 断路器，充电 110kV II 母线良好后，恢复 110kV I、II 母线正常运行方式。 （6）变电运行人员做好各种记录，与监控中心核对运行方式	
处理评价：处理步骤正确	评价人：赵××

2. 10kV 电容器内部有故障

预想日期：2013 年 7 月 17 日	预想人：李××

预想题目：1 号电容器 A 相第 3 只电容器内部有故障导致熔丝熔断。

运行方式：110kV 内桥 10 断路器，10-1 隔离开关，10-2 隔离开关均在合闸位置，110kV 北昌线 12 断路器，12-1 隔离开关，12-3 隔离开关均在合闸位置，110kV 北昌线带 110kV Ⅰ 母线与 110kV Ⅱ 母线运行，1 号变压器在 110kV Ⅰ 母线运行，2 号变压器在 110kV Ⅱ 母线运行。南齐线 14 断路器在拉开位置，14-2 隔离开关，14-3 隔离开关均在合闸位置，南齐线 14 断路器在热备用状态。110kV 自投装置投入运行。1 号变压器 1-D10 中性点接地开关与 2 号变压器 2-D10 中性点接地开关均在拉开位置。1 号变压器 32-1 隔离开关，92 断路器，92-3 隔离开关，92-1 隔离开关均在合闸位置，1 号变压器带 10kV Ⅰ 母线负荷。2 号变压器 34-2 隔离开关，94 断路器，94-3 隔离开关，94-2 隔离开关均在合闸位置，2 号变压器带 10kV Ⅱ 母线负荷，10kV 分段 90 断路器在拉开位置，90-1 隔离开关，90-2 隔离开关均在合闸位置，10kV 分段 90 断路器在热备用状态。10kV 城东线、10kV 龙星线、10kV 会盟线、10kV 纤维线、10kV 开源线、10kV 水厂线、10kV 矿山线、10kV 1 号电容器、10kV 1TV、10kV 1 号站用变压器均在 10kV Ⅰ 母线带电运行。10kV 石化线、10kV 钢厂线、10kV 河东线、10kV 建材线、10kV 顺达线、10kV 新农线、10kV 兰田线、10kV 2 号电容器、10kV 2TV、10kV 2 号站用变压器均在 10kV Ⅱ 母线带电运行。10kV 1TV 与 10kV 2TV 二次联络开关在断开位置。10kV 1 号站用变压器、10kV 2 号站用变压器二次分段刀开关在拉开位置

象征：变电站现场监控机报警信息显示"1 号电容器不平衡保护"信号，1 号电容器三相电流表指示为零，10kV 1 号电容器 62 断路器跳闸

处理步骤：

（1）检查 1 号电容器 62 断路器跳闸。检查 1 号电容器电流指示为零。检查 1 号电容器不平衡保护信号发出。

（2）检查 1 号电容器 62 断路器三相确已拉开。检查 1 号电容器及所属设备发现 A 相第 3 只电容器、第 9 只电容器、第 12 只电容器熔丝均熔断，三只熔断器均跌落。

（3）做好记录，变电运行人员向当值调度值班人员汇报事故发生的经过和象征。

（4）拉开 1 号电容器 62-3 隔离开关。检查 1 号电容器 62-3 隔离开关三相确已拉开，拉开 1 号电容器 62-1 隔离开关，检查 1 号电容器 62-1 隔离开关三相确已拉开，检查 1 号电容器放电 TV 二次指示灯灭。

（5）在 1 号电容器进线电缆头侧验电确无电压，合上 1 号电容器 62-D 接地开关。检查 1 号电容器 62-D 接地开关三相确已合好。

（6）拆除 1 号电容器 A 相第 3 只电容器、第 9 只电容器、第 12 只电容器。拆除 1 号电容器同一星形的 B、C 两相对应于 A 相拆除的单只电容器。全面检查 1 号电容器及所属设备确无问题。

（7）拉开 1 号电容器 62-D 接地开关。检查 1 号电容器 62-D 接地开关三相确已拉开。检查 1 号电容器 62 断路器三相确已拉开。合上 1 号电容器 62-1 隔离开关。检查 1 号电容器 62-1 隔离开关三相确已合好。合上 1 号电容器 62-3 隔离开关。检查 1 号电容器 62-3 隔离开关三相确已合好。合上 1 号电容器 62 断路器。检查 1 号电容器 62 断路器三相确已合好。

（8）检查 1 号电容器 A 相电流表指示正常。检查 1 号电容器 B 相电流表指示正常。检查 1 号电容器 C 相电流表指示正常。变电运行人员将事故处理经过向当值调度值班人员汇报。

（9）变电运行人员通知检修单位记录 1 号电容器存在的 A 相第 3 只电容器、第 9 只电容器、第 12 只电容器内部有故障的缺陷，尽快处理。

（10）变电运行人员做好各种记录，与监控中心核对运行方式

处理评价：处理步骤正确	评价人：赵××

第五节　变电运行仿真培训

一、变电运行仿真培训的概念

变电运行仿真培训是采用多媒体计算机仿真培训系统对变电运行人员进行的系统培训。它是职工教育步入信息时代的重要标志，它的出现将进一步推动教学方式的多元化，促进教学内容体系的优化和更新。但随着电力迅速发展，新设备、新工艺、新技术、新材料的涌现，变电站自动化、信息化、智能化水平的不断提高，运行人员的知识补充也需要有一个大的提升。这就对仿真培训提出了一个更高的要求——适应智能电网的要求，围绕生产面向安全开展培训。首先变电运行仿真培训的培训重点放在对运行人员的能力培养和素质教育上，要求每位学员结合实际操作进行上机练习，对学员的习惯性违章及时加以纠正，规范他们的操作行为，从而避免误操作的发生。其次，为使运行人员对每一个事故、异常、缺陷有一个深刻的印象，变电运行仿真培训将辅导重点放在怎样分析，怎样判断，怎样处理事故上，对典型事故进行解剖分析，培养运行人员独立思考，快速反应，冷静处理的能力，针对仿真培训班学员技术水平不一、业务参差不齐、集中授课有一定难度这一特点，变电运行仿真培训还应采用师带徒，素质高、低互补，业务强弱搭配，个别辅导，重点培训，抓两头，促中间等一系列办法和措施，全面激发学员的学习兴趣，使培训班学员的整体素质和分析、判断、处理事故能力大幅提高。

二、变电站事故处理仿真培训实例

（一）110kV 2 号变压器 110kV 过流保护动作

1. 象征

警铃响，喇叭叫，告警灯亮，2 号变压器 94 断路器跳闸、南齐线 14 断路器跳闸、110kV 内桥 10 断路器跳闸，2 号变压器 94 断路器"跳闸"灯亮，南齐线 14 断路器"跳闸"灯亮，110kV 内桥 10 断路器"跳闸"灯亮。10kV 2 号电容器保护动作跳闸，10kV 1 号电容器保护动作跳闸。运行监视灯"闪光"，110kV 过流保护动作灯亮，报文："Inckl"，打印机启动。微机保护遥信显示"2 号变压器110kV 过流保护动作"，"10kV 2 号电容器低压保护动作"，"10kV 1 号电容器低压保护动作"，10kV 1 母线电压指示为零，10kV 2 母线电压指示为零。微机保护遥信显示跳闸断路器变位情况，事故发生时间信息。

2. 原因

10kV 2 母线发生短路故障（2 号变压器代 10kV 1 母线、10kV 2 母线负荷，2

号变压器 10kV 侧过流保护拒动）。

3. 处理步骤

（1）检查微机保护遥测信息栏，发现 2 号变压器 110kV 过流保护动作。

（2）检查微机保护遥测信息栏，发现 10kV 2 号电容器低压保护动作。

（3）检查微机保护遥测信息栏，发现 10kV 1 号电容器低压保护动作。

（4）检查微机保护遥测信息栏，发现 2 号变压器 94 断路器跳闸。

（5）检查微机保护遥测信息栏，发现南齐线 14 断路器跳闸。

（6）检查微机保护遥测信息栏，发现 110kV 内桥 10 断路器跳闸。

（7）检查微机保护遥测信息栏，发现 10kV 2 号电容器保护动作跳闸。

（8）检查微机保护遥测信息栏，发现 10kV 1 号电容器保护动作跳闸。

（9）检查 10kV 1 母线电压指示为零。

（10）检查 10kV 2 母线电压指示为零。

（11）检查 110kV 1 母线电压指示为零。

（12）检查 110kV 2 母线电压指示为零。

（13）检查 2 号变压器 110kV 电流指示为零。

（14）检查 2 号变压器 110kV 有功指示为零。

（15）检查 2 号变压器 110kV 无功指示为零。

（16）检查 2 号变压器 10kV 电流指示为零。

（17）检查 2 号变压器 10kV 有功指示为零。

（18）检查 2 号变压器 10kV 无功指示为零。

（19）检查 2 号变压器 94 断路器三相确已拉开。

（20）检查南齐线 14 断路器三相确已拉开。

（21）检查 110kV 内桥 10 断路器三相确已拉开。

（22）检查 1 号电容器 62 断路器三相确已拉开。

（23）检查 2 号电容器 82 断路器三相确已拉开。

（24）做好记录，向当值调度值班人员、变电运行车间领导汇报事故象征。

（25）检查 2 号变压器油色、油温、油位指示情况正常。

（26）检查 2 号变压器 110kV 过流保护范围内设备发现 10kV 2 母线有烧伤痕迹。

（27）拉开棉纺线 61 断路器。

（28）拉开和平线 63 断路器。

（29）拉开石化线 64 断路器。

（30）拉开 1 号站用变压器 65 断路器。

（31）检查棉纺线 61 断路器三相确已拉开。

（32）检查和平线 63 断路器三相确已拉开。

（33）检查石化线 64 断路器三相确已拉开。

（34）检查 2 号站用变压器 65 断路器三相确已拉开。

（35）拉开统瞬线 81 断路器。

（36）拉开立加线 83 断路器。

（37）拉开金源线 84 断路器。

（38）拉开 2 号站用变压器 85 断路器。

（39）检查统瞬线 81 断路器三相确已拉开。

（40）检查立加线 83 断路器三相确已拉开。

（41）检查金源线 84 断路器三相确已拉开。

（42）检查 2 号站用变压器 85 断路器三相确已拉开。

（43）合上 1 号变压器 1-D10 中性点接地开关。

（44）检查 1 号变压器 1-D10 中性点接地开关确已，合好。

（45）停用 110kV 自投装置跳北昌线保护连接片。

（46）停用 110kV 南齐线加速保护跳闸连接片。

（47）停用 110kV 自投装置合南齐线保护连接片。

（48）投入 110kV 自投装置停用连接片。

（49）检查北昌线 12 断路器三相确已拉开。

（50）合上 1 号变压器 32-1 隔离开关。

（51）检查 1 号变压器 32-1 隔离开关三相确已合好。

（52）合上北昌线 12 断路器。

（53）检查北昌线 12 断路器三相确已合好。

（54）检查 110kV1 母线电压指示正常。

（55）检查 1 号变压器保护投运正确。

（56）拉开 10kV 分段 90 断路器。

（57）检查 10kV 分段 90 断路器三相确已拉开。.

（58）合上 1 号变压器 92 断路器。

（59）检查 1 号变压器 92 断路器三相确已合好。

（60）检查 10kV1 母线电压指示正常。

（61）合上棉纺线 61 断路器。

（62）合上和平线 63 断路器。

（63）合上石化线 64 断路器。

（64）合上 1 号站用变压器 65 断路器。

（65）检查棉纺线 61 断路器三相确已合好。

（66）检查和平线 63 断路器三相确已合好。

（67）检查石化线 64 断路器三相确已合好。

（68）检查 1 号站用变压器 65 断路器三相确已合好。

（69）合上 1 号电容器 62 断路器。

（70）检查 1 号电容器 62 断路器三相确已合好。

（71）检查统瞬线 81 断路器三相确已拉开。

（72）拉开统瞬线 81-3 隔离开关。

（73）检查统瞬线 81-3 隔离开关三相确已拉开。

（74）拉开统瞬线 81-2 隔离开关。

（75）检查统瞬线 81-2 隔离开关三相确已拉开。

（76）检查立加线 83 断路器三相确已拉开。

（77）拉开立加线 83-3 隔离开关。

（78）检查立加线 83-3 隔离开关三相确已拉开。

（79）拉开立加线 83-2 隔离开关。

（80）检查立加线 83-2 隔离开关三相确已拉开。

（81）检查金源线 84 断路器三相确已拉开。

（82）拉开金源线 84-3 隔离开关。

（83）检查金源线 84-3 隔离开关三相确已拉开。

（84）拉开金源线 84-2 隔离开关。

（85）检查金源线 84-2 隔离开关三相确已拉开。

（86）检查 2 号站用变压器 85 断路器三相确已拉开。

（87）拉开 2 号站用变压器 85-3 隔离开关。

（88）检查 2 号站用变压器 85-3 隔离开关三相确已拉开。

（89）拉开 2 号站用变压器 85-2 隔离开关。

（90）检查 2 号站用变压器 85-2 隔离开关三相确已拉开。

（91）检查 2 号电容器 82 断路器三相确已拉开。

（92）拉开 2 号电容器 82-3 隔离开关。

（93）检查 2 号电容器 82-3 隔离开关三相确已拉开。

（94）拉开 2 号电容器 82-2 隔离开关。

（95）检查 2 号电容器 82-2 隔离开关三相确已拉开。

（96）取下 10kV 2 母线 2TV 二次熔断器。

（97）在 10kV 2 母线 2TV 二次熔断器 TV 侧装设××号接地线。

（98）检查 2 号变压器 94 断路器三相确已拉开。

（99）拉开 2 号变压器 94-3 隔离开关。

（100）检查 2 号变压器 94-3 隔离开关三相确已拉开。

（101）在 2 号变压器 94 断路器与 94-3 隔离开关间验电确无电压。

（102）在 2 号变压器 94 断路器与 94-3 隔离开关间装设××号接地线。

（103）检查 10kV 分段 90 断路器三相确已拉开。

（104）拉开 10kV 分段 90-2 隔离开关。

（105）检查 10kV 分段 90-2 隔离开关三相确已拉开。

（106）在 10kV 分段 90 断路器与 90-2 隔离开关间验电确无电压。

（107）在 10kV 分段 90 断路器与 90-2 隔离开关间装设××号接地线。

（108）运行值班人员将事故处理经过向当值调度值班人员汇报。

（109）运行值班人员通知检修单位对 10kV 2 母线短路，10kV 侧过流保护拒动进行故障消除。

（110）运行值班人员垣写相关运行记录。

（二）220kV 广联线 21 断路支持磁柱裂纹

1. 象征

220kV 广联线 21 断路器 B 相支持磁柱裂纹。

2. 原因

产品质量问题。

3. 处理步骤

（1）做好记录，向当值调度值班人员、变电运行车间领导汇报象征。

（2）投入 220kV 母差手动启动互联连接片。

（3）检查 220kV 母差互联信号灯亮。

（4）将 220kV 母旁 LFP-902A 电源开关切至断位置。

（5）将 220kV 母旁 CSQ-2 电源开关切至断位置。

（6）取下 220kV 母旁 20 断路器控制熔断器。

（7）检查 220kV 母旁 20 断路器三相确已合好。

（8）合上 1 号变压器 22-2 隔离开关。

（9）检查 1 号变压器 22-2 隔离开关三相确已合好。

（10）合上广联线 21-2 隔离开关。

（11）检查广联线 21-2 隔离开关三相确已合好。

（12）拉开广联线 21-1 隔离开关。

（13）检查广联线 21-1 隔离开关三相确已拉开。

（14）拉开 1 号变压器 22-1 隔离开关。

（15）检查1号变压器22-1隔离开关三相确已拉开。

（16）检查220kV1母线运行设备全部调至2母线运行。

（17）将广联线电能表电压开关切至2母线位置。

（18）将1号变压器220kV侧电能表电压开关切至2母线位置。

（19）将220kV母旁20断路器电能表电压开关切至2母线位置。

（20）按下220kV故障录波器1母线屏蔽按钮。

（21）装上220kV母旁20断路器控制熔断器。

（22）检查220kV母旁20断路器电流表指示为零。

（23）拉开220kV母旁20断路器。

（24）检查220kV1母线三相电压指示正确。

（25）停用220kV母差保护母旁20-1隔离开关投入连接片。

（26）检查220kV母旁20断路器三相确已拉开。

（27）拉开220kV母旁20-1隔离开关。

（28）检查220kV母旁20-1隔离开关三相确已拉开。

（29）合上220kV母旁20-4隔离开关。

（30）检查220kV母旁20-4隔离开关三相确已合好。

（31）将220kV母旁LFP-902A电源开关切至合位置。

（32）将220kV母旁CSQ-2电源开关切至合位置。

（33）停用220kV母差保护手动启动互联连接片。

（34）按下220kV母差保护复归按钮。

（35）检查220kV母差保护信号正确。

（36）根据值调度值班人员命令，用220kV母旁20断路器代序联线21断路器运行。

（37）检查220kV母旁重合闸方式开关在停用位置。

（38）投入220kV母旁A相跳闸出口连接片。

（39）投入220kV母旁B相跳闸出口连接片。

（40）投入220kV母旁C相跳闸出口连接片。

（41）投入220kV母旁A相启动失灵连接片。

（42）投入220kV母旁B相启动失灵连接片。

（43）投入220kV母旁C相启动失灵连接片。

（44）投入220kV母旁投距离保护连接片。

（45）投入220kV母旁沟通三跳连接片。

（46）投入220kV母旁三跳出口连接片。

（47）检查 220kV 母旁投零序保护连接片在停用位置。

（48）检查 220kV 母旁 20 断路器保护与广联线 21 断路器保护运行。

（49）投入 220kV 母差保护母线充电保护连接片。

（50）将同期开关切至投入位置。

（51）检查解除同期开关在解除同期位置。

（52）将 220kV 母旁 20 断路器同期开关切至通位置。

（53）合上 220kV 母旁 20 断路器。

（54）将 220kV 母旁 20 断路器同期开关切至断位援。

（55）将同期开关切至停用位置。

（56）停用 220kV 母差保护母线充电保护连接片。

（57）将广联线保护盘 LFP-923C 电源开关切至 OFF 位置。

（58）将广联线保护盘 LFP-902A 电源开关切至 OFF 位置。

（59）将广联线保护盘 LFP-901A 电源开关切至 OFF 位置。

（60）取下广联线 21 断路器控制熔断器。

（61）检查 220kV 母旁 20 断路器三相确已合好。

（62）合上广联线 21-4 隔离开关。

（63）检查广联线 21-4 隔离开关三相确已合好。

（64）检查 220kV 母旁 20 断路器与广联线 21 断路器负荷指示正确。

（65）装上广联线 21 断路器控制熔断器。

（66）将广联线保护盘 LFP-923C 电源开关切至 ON 位置。

（67）将广联线保护盘 LFP-902A 电源开关切至 ON 位置。

（68）将广联线保护盘 LFP-901A 电源开关切至 ON 位置。

（69）停用 220kV 母旁沟通三跳连接片。

（70）将 220kV 母旁重合闸方式开关切至单重位置。

（71）投入 220kV 母旁重合闸出口连接片。

（72）投入 220kV 母旁投零序保护连接片。

（73）投入广联线保护盘沟通三跳连接片。

（74）拉开广联线 21 断路器。

（75）检查 220kV 母旁 20 断路器负荷指示正确。

（76）检查广联线 21 断路器三相确已拉开。

（77）拉开广联线 21-3 隔离开关。

（78）检查广联线 21-3 隔离开关三相确已拉开。

（79）拉开广联线 21-1 隔离开关。

（80）检查广联线 21-1 隔离开关三相确已拉开。

（81）取下广联线 CVT 二次熔断器。

（82）停用广联线 1 号保护盘 A 相启动失灵连接片。

（83）停用广联线 1 号保护盘 B 相启动失灵连接片。

（84）停用广联线 1 号保护盘 C 相启动失灵连接片。

（85）停用广联线 2 号保护盘 A 相启动失灵连接片。

（86）停用广联线 2 号保护盘 B 相启动失灵连接片。

（87）停用广联线 2 号保护盘 C 相启动失灵连接片。

（88）停用 220kV 母差保护广联线启动失灵连接片。

（89）将广联线保护盘 LFP-923C 电源开关切至 OFF 位置。

（90）将广联线保护盘 LFP-902A 电源开关切至 OFF 位置。

（91）拉开广联线 1 号保护盘直流电压开关。

（92）将广联线保护盘 LFP-901A 电源开关切至 OFF 位置。

（93）拉开广联线 2 号保护盘直流电压开关。

（94）取下广联线 21 断路器控制熔断器。

（95）拉开广联线信号刀开关。

（96）在广联线 21-3 隔离开关 TA 侧验电确无电压。

（97）合上广联线 21-D2 接地开关。

（98）检查广联线 21-D2 接地开关三相确已合好。

（99）在广联线 21-1 隔离开关与 21-2 隔离开关间验电确无电压。

（100）合上广联线 21-Dl 接地开关。

（101）检查广联线 21-Dl 接地开关三相确已合好。

（102）运行值班人员将处理经过向当值调度值班人员汇报。

（103）运行值班人员通知检修单位对 220kV 广联线 21 断路器 B 相支持磁柱裂纹进行处理。

（104）运行值班人员填写相关运行记录。

三、变电站倒闸操作仿真培训实例

（一）变压器操作

1. 仿真操作题目

2 号变压器由冷备用转为运行

2. 仿真操作步骤

合上 2 号变压器信号刀开关。

装上 2 号变压器总控制熔断器。

装上 2 号变压器 24 断路器控制熔断器。

装上 2 号变压器 34 断路器控制熔断器。

装上 2 号变压器 54 断路器控制熔断器。

合上 2 号变压器 220kV 后备保护电源开关。

合上 2 号变压器非电量保护电源开关。

合上 2 号变压器差动保护电源开关。

合上 2 号变压器 110kV 后备保护电源开关。

合上 2 号变压器 35kV 后备保护电源开关。

检查 2 号变压器保护运行。

合上 2 号变压器冷却装置电源 2 刀开关。

检查 2 号变压器冷却装置电源 2 刀开关三相确已合好。

合上 2 号变压器冷却装置电源 1 刀开关。

检查 2 号变压器冷却装置电源 1 刀开关三相确已合好。

合上 2 号变压器有载调压装置电源开关。

检查 2 号变压器送电范围内确无接地短路。

检查 2 号变压器 2-D10 中性点接地开关确已合好。

检查 2 号变压器 2-D20 中性点接地开关确已合好。

检查 2 号变压器 24 断路器三相确已拉开。

合上 2 号变压器 24-2 隔离开关。

检查 2 号变压器 24-2 隔离开关三相确已合好。

合上 2 号变压器 24-3 隔离开关。

检查 2 号变压器 24-3 隔离开关三相确已合好。

检查 2 号变压器 34 断路器确已拉开。

合上 2 号变压器 34-2 隔离开关。

检查 2 号变压器 34-2 隔离开关三相确已合好。

合上 2 号变压器 34-3 隔离开关。

检查 2 号变压器 34-3 隔离开关三相确已合好。

检查 2 号变压器 54 断路器确已拉开。

合上 2 号变压器 54-5 隔离开关。

检查 2 号变压器 54-5 隔离开关三相确已合好。

合上 2 号变压器 54-2 隔离开关。

检查 2 号变压器 54-2 隔离开关三相确已合好。

合上 2 号变压器 54-3 隔离开关。

检查 2 号变压器 54-3 隔离开关三相确已合好。

装上 2 号变压器 54 断路器合闸熔断器。

将 2 号变压器冷却装置控制开关切至试验位置。

检查 2 号变压器冷却装置运行正常。

检查 1 号变压器与 2 号变压器有载调压电压分头指示一致。

合上 2 号变压器 24 断路器。

合上 2 号变压器 34 断路器。

合上 2 号变压器 54 断路器。

检查 1 号变压器负荷指示正确。

检查 2 号变压器负荷指示正确

检查 2 号变压器 24 断路器三相确已合好。

检查 2 号变压器 34 断路器确已合好。

检查 2 号变压器 54 断路器确已合好。

将 2 号变压器冷却装置控制开关切至工作位置。

拉开 2 号变压器 2-D20 中性点接地开关。

检查 2 号变压器 2-D20 中性点接地开关确已拉开。

投入 2 号变压器投 220kV 侧不接地零序连接片。

投入 2 号变压器 110kV 后备跳 110kV 母旁连接片。

合上 35kV 母联 50 断路器控制电源开关。

投入 2 号变压器 35kV 后备跳 35kV 母联连接片。

将 35kV 母联 50 断路器遥控开关切至遥控位置。

（二）断路器操作

1. 仿真操作题目

新科线 12 断路器由冷备用转为热备用，投入 110kV 自投装置。

2. 仿真操作步骤

合上新科线 12 断路器控制电源开关。

检查新科线送电范围内确无接地短路。

检查新科线 12 断路器确已拉开。

合上新科线 12-1 隔离开关。

检查新科线 12-1 隔离开关三相确已合好。

合上新科线 12-3 隔离开关。

检查新科线 12-3 隔离开关三相确已合好。

检查 110kV Ⅰ 母线三相电压指示正确。

检查 110kV Ⅱ母线三相电压指示正确。

停用闭锁新科线备自投连接片。

停用闭锁高科线备自投连接片。

投入 110kV 自投装置跳高科线 14 断路器连接片。

投入 110kV 自投装置合新科线 12 断路器连接片。

投入 110kV 自投装置新科线加速保护跳 12 断路器连接片。

投入高科线 14 断路器保护连接片。

检查 110kV 自投装置运行正常。

第六节 师 带 徒

一、"师带徒"工作流程

符合拜师条件的人员在上岗、转岗前由所在班组具体组织，参与拜师学艺活动，签订师徒协议，公司培训员负责指导和监督，上岗、转岗人员在班组上岗独立工作前，应由班组培训员会同班长选派班组具备较高思想政治素质，品行良好，有较高威信，具备同行公认的过硬业务技能和理论素质，具有良好的讲解、示范、传授能力，有较高的文化素养，优先从具备较高学历、职称或优秀人才中选拔产生师傅和上岗、转岗人员签订师徒协议，明确师徒责任和义务，师徒原则上是一师一徒，特殊情况也可一师多徒，由师傅制定分期、分阶段的《师带徒培训目标计划》，师傅带徒弟学习有关设备的构造、原理、性能，学习《电力安全工作规程》有关部分，学习本岗位有关规程制度、职责等。徒弟在师傅指导下做些简单辅助工作，但不准动设备，不准进行工作业务联系。跟班学习期间，上岗、转岗人员学习时间不少于 3 个月，上岗、转岗人员在进行跟班学习期间，允许在有经验的工作人员指导和监护下，逐步参加实际工作，并进一步加强工作技能、安全技能和应变能力的学习。师傅要加强徒弟实际能力的考查。学习期满，须通过独立工作考试，履行审批手续取得上岗资格后方可独立工作。师傅应按阶段对徒弟进行考问。考试合格，才准转入试行工作。如考试不合格，再进行培训，时间不少于 1 个月，经补考仍不合格，调离该工作岗位。师带徒培训结束后，班组填写《师带徒培训情况汇总表》交供电公司人资部门，经全面考察后给上岗、转岗人员定岗。

二、"师带徒"协议

师 带 徒 协 议

单　　位：　　××工区　　　　班　　组：　　××班　

协议订立双方签字：

培训教师：　　　赵××　　　　岗　　位：　输电线路工　

学员（徒弟）：　黎××　　　　岗　　位：　输电线路工　

协议起止日期：2012 年 1 月 10 日至 2013 年 1 月 10 日

协议签订时间：2012 年 1 月 7 日

×× 供 电 公 司

师 徒 协 议

为了明确师徒责任和义务，增强责任感，经协商并自愿签订如下师徒协议，并共同遵照执行。

一、教师的责任和义务

（一）教师在政治上、生活上要关心学员，教育引导学员树立良好的思想品德，爱岗敬业、扎实工作、锐意进取，无私奉献，为企业改革发展服务。

（二）教师要严格履行职责，认真完成教师带徒培训目标计划（见协议附表：师带徒培训目标计划表）。教育引导学员遵纪守法，遵守各项规章制度，严格履行岗位标准。教师同时也是学员的安全责任人，对学员工作质量、操作质量和安全负主要责任。

（三）教师应注重提高自身素质和文化修养，不断学习新知识新技能，与学员多沟通多交流，以身作则，在做人、做事等方面为学员做出榜样。讲究民主平等，正确对待学员的合理化建议，支持学员的创新和创造。

（四）对学员的德、能、勤、绩等综合表现情况做好全面的考核记录，合同期满写出评语交所在单位。教师应保证所带学员按时完成学习计划，学习期满考核合格，具备独立工作能力。

（五）教师如发现所带学员有违规违纪行为或表现不好，以及存在明显问题的，要认真帮助教育，及时向所在单位领导汇报，经教育引导认为不宜继续保持师徒关系的，可申请解除本协议。

二、学员（徒弟）的责任和义务

（一）努力学习，自觉加强思想修养，树立良好的思想品德和理想信念，不断提高政治思想觉悟。

（二）热爱所学专业，刻苦钻研理论技术知识，主动提出学习需求，虚心请教技术上的疑难问题，在教师的帮助指导下苦练基本功，保证在学习期限内，确保达到规定的学习目标并熟练掌握操作技能水平。

（三）服从领导、听从分配，尊敬教师、虚心学习，团结同志，主动搞好师徒关系，当好教师的助手。

（四）自觉遵守公司的各项规章制度，严格执行岗位责任制和安全操作规程及本岗位工作流程，保证他人和自己的人身安全。

（五）协议期间，认真做好笔记并留存整个过程相关资料，学习期满，写出书面总结报所在单位。要确保期满考核合格，具备一般工作和独立操作能力。

（六）学员认为教师不具备带徒能力或不能认真履行教师职责的，学员有权向所在单位反映或要求更换教师。

三、监督检查

协议执行情况由车间师带徒工作小组负责检查，检查结果将作为推荐优秀教师、优秀学员的重要依据，同时作为期满综合考评的重要依据。

本协议一式五份，车间培训专工、教师、学员（徒弟）及公司人资部各存一份，以便随时督查执行情况。

本协议自签订之日起执行，期满经单位考评达到目标要求的自行终止。

附件1：师带徒培训目标计划表

附件2：师带徒培训情况汇总表

附件3：师带徒期满评分表

附件1:

师带徒培训目标计划表

学员岗位：送电线路工

编制日期：2012年1月7日

序号	培训起止时间	培训内容	培训及辅导方式	目标及要求	检查方式及标准	检查时间	检查人签字	检查存在的问题及整改措施
1	2012年1月10日至2012年2月13日	学习《国家电网公司电力安全工作规程（线路部分）》	讲解	考试合格	考试	2012年2月13日	赵××	
2	2012年2月14日至2012年2月29日	学习《输电线路运行规程》	讲解	考试合格	考试	2012年3月15日	赵××	
3	2012年3月1日至2012年3月15日	学习《输电线路检修工艺规程》	讲解					
4	2012年3月15日至2012年3月31日	学习《电力设施保护条例》及《实施细则》	讲解	考试合格	考试	2012年3月31日	赵××	
5	2012年4月1日至2012年4月15日	学习《输电线路验收规程》	讲解	考试合格	考试	2012年4月27日	赵××	
6	2012年4月16日至2012年4月27日	学习《输电线路设备缺陷管理标准》	讲解					
7	2012年4月28日至2012年5月10日	学习《输电线路运行巡视工作标准》	讲解	考试合格	考试	2012年5月10日	赵××	
8	2012年5月10日至2012年5月27日	学习《输电线路检修工作标准》	讲解	考试合格	考试	2012年5月27日	赵××	
9	2012年5月28日至2012年6月11日	学习输电线路技术资料的保管及使用	辅导	了解	考问	2012年6月11日	赵××	
10	2012年6月12日至2012年6月25日	学习输电线路班组管理工作标准	辅导	了解	考问	2012年6月25日	赵××	
11	2012年6月26日至2012年7月10日	学习输电线路平面图的画法及代表符号	自学加指导	了解	考问	2012年7月10日	赵××	

续表

序号	培训起止时间	培训内容	培训及辅导方式	目标及要求	检查方式及标准	检查时间	检查人签字	检查存在的问题及整改措施
12	2012年7月11日至2012年7月31日	学习如何解决输电线路运行、检修中的实际问题	现场讲解	应会	考问	2012年7月31日	赵××	
13	2012年8月1日至2012年8月26日	参加输电线路设备正常巡视	现场指导并监督	应会	检查	2012年8月26日	赵××	
14	2012年8月27日至2012年9月17日	参加输电线路设备的停电检修工作	现场指导并监督	应会	检查	2012年9月17日	赵××	
15	2012年9月18日至2012年10月10日	按照"三熟三能"要求，熟悉班组管辖电网的接线方式，了解调度管理范围及运行方式。	自学加指导	应知	考问	2012年10月10日	赵××	
16	2012年10月11日至2012年10月30日	了解和掌握输电线路事故及障得的原因和分析处理过程，能制定相应的防范措施。	自学加指导	应会	检查	2012年10月30日	赵××	
17	2012年10月31日至2012年11月10日	了解线路的简单改造设计与定位工作。	自学加指导	应会	检查	2012年11月10日	赵××	
18	2012年11月11日至2012年11月21日	参与大修、改造的输电线路验收工作。	自学加指导	应会	检查	2012年11月21日	赵××	
19	2012年11月22日至2012年11月30日	参与新建输电线路的验收工作。	自学加指导	应会	检查	2012年11月30日	赵××	
20	2012年12月1日至2012年12月20日	熟悉输电线路信息管理系统的应用。	自学加指导	应会	检查	2012年12月20日	赵××	、
21	2012年12月21日至2012年12月30日	独立完成竣工的资料整理、台账建立、掌握部分输电线路的技术管理工作。	自学加指导	应会	检查	2012年12月30日	赵××	
22	2012年12月31日至2013年1月10日	全面总结、评价。			评价	2013年1月10日	赵××	

附件2:

师带徒培训情况汇总表

学员姓名	黎××	协议期限	年 月 日至 年 月 日		
培训教师姓名	赵××				
学习内容					
在培训教师指导下从事的重要工作					
学员学习收获和体会					
培训教师评语	评语: 培训教师签名: 年 月 日				
培训教师结论	结论: 培训教师签名: 年 月 日				
所在单位(部门)意见: (盖章) 年 月 日			人资部审核意见: (盖章) 年 月 日		

附件3:

师带徒期满评价表

培训教师姓名	赵××	岗位		协议时间	年 月 日至 年 月 日		
学员(徒弟)姓名	黎××	岗位					
评价类别	评 价 项 目		优 100~85 分	良 84~65 分	中 64~50 分	差 50 分以下	
学习态度 学习能力	自觉学习能力						
	现场操作能力						
	掌握知识能力						
	独立思考能力						
	诚恳求教能力						
思想品德 职业道德	爱岗敬业						
	职业道德						
	积极进取						
	遵章守纪						
工作态度 工作表现	工作主动性						
	工作责任心						
	工作业绩						
	工作质量						
	工作效率						
考核总分(各项得分和/考核项): 分							
考核评价	评价等级: □优 □良 □中 □差						
所在单位(部门)意见: (章) 年 月 日			供电公司意见: (章) 年 月 日				

第七节 技 术 比 武

专业技术比武是一项持续提高班组员工综合业务素质和专业技术水平的行之有效的培训手段，专业技术比武与班组考问讲解、技术问答、技术讲座、抽签考问、事故预想、反事故演习等单一的培训手段相比，有其独到的优越性，第一，专业技术比武能够融合班组考问讲解、技术问答、技术讲座、抽签考问、事故预想、反事故演习等内容形成一系列的综合培训活动；第二，专业技术比武能较为全面的反映班组员工整体素质，且能使优秀的班组员工脱颖而出；第三，专业技术比武可以持续提高班组员工实际工作能力；第四，专业技术比武是理论和实践相结合的培训手段，可以为夯实基层管理提供可靠的保证；第五，专业技术比武是一项全员、全方位、全面的培训载体，能使班组员工在一段时间内根据比武复习范围集中学习培训，且复习范围都具有一定的针对性，能较好的解决专业工作中的实际问题，因此，员工技术比武具有培训的普及性和实用性。通过专业技术比武可以普及班组员工专业基础知识，因为专业技术比武是一项涉及每一位班组员工的技术培训活动，人人参与，让每位班组员工都能有一个展示自己业务素养的公开、公正、公平的比赛平台，通过参赛人员不断的学习，不断的提高，不断的改进都将为整个专业队伍打下良好的专业理论基础。由于专业技术比武注重班组员工的现场实际操作能力，所以通过专业技术比武，可以规范班组员工的安全操作行为，锻炼他们的操作基本功，能够有效的提高班组员工的实际操作能力，自觉养成良好的习惯性遵章行为。由于班组员工的工作性质决定了他们外出学习、参观、考察的机会非常少，通过专业技术比武，为班组员工提供了一个相互认识的场所，可以使来自各个班组员工相互沟通、相互学习、相互交流、相互借鉴，达到共同提高的目的。通过专业技术比武可以从中选拔出优秀的班组员工，建立专家人才库，为专业管理队伍提供后备力量。通过专业技术比武，可以在班组员工中营造一个良好的学习氛围，真正创建学习型班组。在专业技术比武中，可以使班组员工进一步认清电网发展形势和确保电网安全运行所担负的责任，明确本岗位面临的任务和自己担负的使命。通过专业技术比武可以调动班组员工钻研业务技术的积极性和自觉性，进一步激发广大员工爱岗敬业、学习业务的热情，不断加强专业化、正规化专业队伍建设。

（一）理论考试举例

1. 选择题

（1）变压器出现假油位，可能是由于（   ）引起。

A．油标管堵塞　　　　　　B．防爆管道通气孔堵塞

C．呼吸器堵塞　　　　　　D．油温过高

答案：A、B、C

（2）"禁止合闸 有人工作"标示牌应悬挂在（　　　）。

　　A．冷备用断路器操作把手上

　　B．热备用断路器操作把手上

　　C．检修母线的母线隔离开关操作把手上

　　D．检修断路器两侧隔离开关操作把手上

答案：C、D

（3）（　　　）的电气设备带有重合闸装置。

　　A．线路断路器　　　　　B．变压器的断路器

　　C．母线旁路的断路器　　D．电容器的断路器

答案：A、C

（4）设备接头处若涂有相色漆或贴有示温蜡片，当设备过热后出现（　　　）。

　　A．相色漆的颜色变深，漆皮开裂

　　B．相色漆的颜色变浅，漆开始融化；

　　C．相色漆的颜色加深，并有冒湿现象

　　D．示温蜡片融化

答案：A、D

（5）衡量电能质量的指标是（　　　）。

　　A．电压合格率　　　　　B．频率

　　C．供电可靠性　　　　　D．谐波

答案：A、B、D

2．判断题

（1）变电站高压断路器室的门不能从内部打开。（×）

（2）变电站运行值班人员使用的手持式电动工具可以不装设剩余电流保护装置。（×）

（3）变电站站用电室低压开关设备护盖不全、导电部分裸露为装置性违章。（√）

（4）110kV及以上钢筋混凝土构架上的电气设备金属外壳可以共用敷设的接地线。（×）

（5）变电站构架爬梯、隔离开关操作把手抱箍外壳可以不直接接地。（×）

（6）变压器有载开关的重瓦斯保护正常应投信号位置。（×）

3．填空题

（1）结合电力设备预防性试验，应加强对隔离开关转动部件、接触部件、操作机构、机械部分及（　　）的检查和润滑。

答案：电气闭锁装置

（2）对于变电站中的不接地、经消弧线圈接地、经低阻或高阻接地系统，必须按（　　）校核接地装置的热稳定容量。

答案：异点两相接地

（3）接地装置腐蚀比较严重的枢纽变电站宜采用（　　）材料的接地网。

答案：铜质

（4）无论高压设备是否带电，工作人员不得单独移开或越过遮栏进行工作；若有必要移开遮栏时，必须有监护人在场，对于 110 kV 电压等级的，安全距离为（　　）。

答案：1.5m

（5）进行遥控拉、合断路器试验、操作必须在（　　）的监护下进行，不允许单人进行遥控操作。

答案：正值班员

（6）电缆沟应保持清洁，不积粉尘，不（　　）。

答案：积水

（7）采用计算机监控系统时，（　　）操作均应具备电气闭锁功能。

答案：远方、就地

4．问答题

（1）在巡视电气设备时，如何用示温蜡片来判断接头发热？

答：（a）检查电气设备接头处示温蜡片的棱角，电气设备接头接触良好时，接头不发热，示温蜡片棱角明显，当电气设备接头接触不良或设备过负荷等原因造成接头发热和周围温度升高，使示温蜡片熔化，示温蜡片将变形失去棱角，运行值班人员在巡视设备时，如果发现这种情况说明该接头曾经发过热。

（b）检查电气设备接头处示温蜡片的移位情况，由于示温蜡片的熔化总是从贴在导体部分开始的，也就是示温蜡片紧靠导体的部分首先熔化，如果示温蜡片粘贴在垂直或倾斜的导体上，当示温蜡片熔化时就会沿导体向下方滑动，示温蜡片滑动后离开了导体的发热点，使滑动着的示温蜡片停止下来，运行值班人员在巡视检查时如果发现示温蜡片发生了位移，带色的示温蜡片还可以从铝排上看到移动的痕迹，当遇到这种情况时说明该接头已经发过热。

（c）检查电气设备接头处示温蜡片的下坠情况，如果示温蜡片发生下坠，说明该接头发热严重，已经达到示温蜡片的熔化点。

（d）运行值班人员在巡视检查时如果发现示温蜡片表面发亮，应判明该接头有发热的先兆。

（e）在巡视检查时，如果运行值班人员发现电气设备接头处示温蜡片没有了，应检查示温蜡片粘贴位置处是否有残蜡痕迹，如果有残蜡痕迹，说明该接头已经严重发热，使示温蜡片熔化产生滴蜡，如果没有残蜡痕迹，只有示温蜡片印记，说明示温蜡片没有粘牢或时间长久而掉落。

（f）在巡视变电站内电气设备时应根据示温蜡片的颜色来判断接头的温度，黄色为 60℃，绿色为 70℃，红色为 80℃。

（2）在什么情况下，运行值班人员可不待调度值班员的命令，径自执行操作？

答：（a）将直接对人员生命有威胁的设备停电。

（b）将已损坏的设备隔离。

（c）运行中的设备有可能受到损害威胁时，应迅速隔离。

（d）当母线电压消失时，应拉开连接在该母线上的所有断路器。

（e）当变电站站用电全停或部分停电时，尽快恢复其电源。

（f）当出现断路器误碰跳闸（系统联络线断路器除外）时，可将断路器立即合上，然后向调度汇报。

（g）当确认电网频率、电压等参数达到自动装置整定动作值而断路器未动作时，应立即手动断开应跳的断路器。

（h）电压互感器二次空气开关跳闸或熔断器熔断时，可将受影响的保护或自动装置停用，以便更换熔断器或试送空气开关恢复电压互感器二次交流电压。

不待调度值班员指令而进行的各项操作，仍要尽快汇报调度值班员。

5. 论述题

论述变电站电力电容器的运行规定有哪些？

能在 1.05 倍额定电压下长期运行，并能在 1.1 倍额定电压下每昼夜内运行 6 小时，但矿物油纸质电容器应严格控制在 1.05 倍的额定电压下运行，并避免与最高环境温度及瞬间过电压同时出现，个别制造厂技术文件规定在 1.1 倍额定电压下长期运行的产品，按制造厂规定运行。由于母线电压升高或高次谐波引起电容器组过负荷，电容过电流值不超过额定电流的 1.3 倍，才允许长期运行。电容器组的工作环境温度不得超过规定范围。由于容量的大小、材质和设计的差别，电容器的最高允许温度应按制造厂的规定运行。国产充矿物油的电容器在制造厂未提供最高允许温度时，油箱表面最高允许温度不得超过 50℃。为了便于运行中监视检查电容器的运行电压、电流和温度在最高限额以内，电流表、电压表、温度计都应有最高允许值的红线标志。为监视单台电容器的运行温度，可在外壳的 2/3 高处，粘贴示温蜡片监测。运行值班人员除按巡视高压设备的时间外还应定期对电容器组进行全面检查巡视。全站停电时，应先拉开电力电容器组断路器，后拉开各出线断路器。全站恢复送电时，应先合上各出线断路器，后合上电力电容器组断路器。电力电容器组断路器分闸后如果需要再次合闸，其间隔时间不得少于 5min。全站故障失去电压时，失压保护拒动的电容器组，必须将电力电容器组断路器拉开，以免重新来电损坏电力电容器。为了防止铁磁谐振过电流，严禁空载变压器带电力电容器组运行。当系统电压过高时，应先调变压器分头，当调整分头到最低时仍不能满足要求，再切除电力电容器运行。当系统电压过低，应先投入电力电容器运行，若电压还达不到要求时，再调整变压器分头。

（二）技能操作

1. 倒闸操作

实例：10kV 城东线 61 断路器由检修转为运行倒闸操作评分标准

裁判员签名：　　　比赛组编号：××××　　　监护人：章××

操作人：柳××

序号	项目	竞赛人员	操作标准	满分	评分标准	扣分栏		实际得分
						监护人	操作人	
1	接受调度预告	①监护人	电话铃响后，监护人接听调度电话，在接听调度预告前，监护人应先通报竞赛所在变电站名称及本人姓名	2	监护人未报竞赛所在变电站名称扣 1 分。监护人未报本人姓名扣 1 分			
		②监护人	接听调度预告时，监护人应精力集中，随听随记调度预告内容，并将调度预告内容记录在《操作记录》中	2	接听调度预告时，监护人没有随听随记调度预告内容，待调度预告全部下达后再记录调度预告扣 1 分。《操作记录》中记录的调度预告字迹不清扣 2 分。没有将调度预告内容记录在《操作记录》中扣 2 分			
		③监护人	监护人对照记录的调度预告内容向发令人复诵一遍	5	监护人没有重复预告扣 3 分。监护人重复预告时，记录内容与调度预告不一致扣 5 分			

续表

序号	项目	竞赛人员	操作标准	满分	评分标准	扣分栏		实际得分
						监护人	操作人	
1	接受调度预告	④监护人	监护人向调度发令人复诵调度预告时声音要洪亮，吐字要清楚	1	监护人向调度发令人复诵调度预告时声音不洪亮，吐字不清楚扣1分			
2	填写操作票	①监护人	监护人对照《操作记录》中的调度预告向操作人交待填票内容	4	监护人没有对照《操作记录》中的调度预告向操作人交待填票内容扣2分。监护人对照《操作记录》中的调度预告向操作人交待填票内容出现错误扣4分			
		②操作人	操作人对照《操作记录》和变电站一次系统模拟图板，填写操作票	2	操作人没有对照《操作记录》填写操作票扣1分。操作人没有对照变电站一次系统模拟图板填写操作票扣1分			
		③操作人	操作人填写的操作票内容字迹工整、清楚	2	操作人填写的操作票内容字迹不工整、不清楚扣1分，扣完为止			
		④操作人	在操作票上填写单位	1	未填写单位扣1分。填错单位名称扣1分			
		⑤操作人	正确填写操作任务，操作任务与操作项目相符。操作任务使用设备双重名称及运用方式转换	8	填写的操作任务与操作项目不符扣8分。操作任务未使用设备双重名称扣3分。操作任务未运用方式转换扣2分			
		⑥操作人	在操作票的"监护下操作"（）栏内打"√"	2	未在操作票的"监护下操作"（）栏内打"√"扣2分。在操作票的"单人操作"或"检修人员操作"（）栏内打"√"扣2分			
		⑦操作人	操作票顺序号不得任意涂改	2	操作票顺序号任意涂改扣2分			

序号	项目	竞赛人员	操作标准	满分	评分标准	扣分栏		实际得分
						监护人	操作人	
2	填写操作票	⑧操作人	填写的操作内容正确无误	10	填写的操作内容出现错误，一次扣5分。操作的操作顺序颠倒，一次扣5分。操作项目中出现漏项、并项、添项，出现一次扣5分，扣完为止			
3	核对操作票	①操作人	填好操作票后对照《操作记录》和变电站一次系统模拟图板进行自查无误后在操作票"操作人"栏签名并交给监护人	2	填好操作票后对照《操作记录》和变电站一次系统模拟图板进行自查无误后未在操作票上签名或签错名扣2分			
		②监护人	对照《操作记录》和变电站一次系统模拟图板进行审核无误后在操作票"监护人"和"值班负责人"栏签名	2	没有对操作票进行审核就签名扣2分。审核后未在操作票上签名或签错名扣2分			
		③操作人、监护人	操作票签名的顺序为操作人在前，监护人在后	2	操作票签名的顺序颠倒扣2分			
4	操作前准备	①操作人	应检查安全工器具无超试验周期、试验良好且表面干净，绝缘手套充气后检查合格，并将使用的安全工器具准备好	5	没有检查安全工器具无超试验周期并试验良好，一次扣1分，扣完为止。没有检查绝缘手套合格扣2分。没有检查使用的安全工器具表面干净，一次扣1分，扣完为止。没有将使用的安全工器具准备好，缺少一件扣1分，扣完为止			
		②监护人	监护人要检查操作人准备的安全工器具齐全，监护人要准备好高压室门钥匙	2	监护人没有检查操作人准备的安全工器具是否齐全，缺一件扣1分，扣完为止。监护人没有准备好高压室门钥匙，缺一把钥匙扣2分			

序号	项目	竞赛人员	操作标准	满分	评分标准	扣分栏		实际得分
						监护人	操作人	
4	操作前准备	③监护人	准备好安全帽	1	没有准备好安全帽扣1分			
		④监护人	准备好操作票、红笔、防误操作闭锁装置钥匙	3	没有准备好操作票、红笔、防误操作闭锁装置钥匙各扣1分			
		⑤操作人	准备好安全帽	1	没有准备好安全帽扣1分			
5	接受调度操作指令	①监护人	操作前的准备工作就绪后，监护人接通调度电话，在接听调度操作指令前，监护人应先通报竞赛所在变电站名称及本人姓名	2	监护人未报竞赛所在变电站名称扣1分。监护人未报本人姓名扣1分			
		②监护人	接听调度操作指令时，监护人应精力集中，随听随记调度操作指令内容，并将调度操作指令内容记录在《操作记录》中	3	接听调度操作指令时，监护人没有随听随记调度操作指令内容，待调度操作指令全部下达后再记录调度操作指令扣1分。《操作记录》中记录的调度操作指令字迹不清扣2分。没有将调度操作指令内容记录在《操作记录》中扣2分			
		③监护人	监护人对照记录的调度操作指令内容向发令人复诵一遍	5	监护人没有重复操作指令扣3分。监护人重复操作指令时，记录内容与调度操作指令不一致扣5分			
		④监护人	监护人向调度发令人复诵调度操作指令时声音要洪亮，吐字要清楚	1	监护人向调度发令人复诵调度操作指令时声音不洪亮，吐字不清楚扣1分			

续表

序号	项目	竞赛人员	操作标准	满分	评分标准	扣分栏		实际得分
						监护人	操作人	
5	接受调度操作指令	⑤监护人	监护人在得到调度发令人"对,执行"的指令后,监护人在操作票上记入发令时间,并将调度发令人姓名填入操作票"发令人"栏内,将自己姓名人操作票"受令人"栏内	3	监护人在没有得到调度发令人"对,执行"的指令后,就在操作票上记入发令时间,并将调度发令人姓名填入操作票"发令人"栏内,将自己姓名填入操作票"受令人"栏内扣3分。监护人在得到调度发令人"对,执行"的指令后,没有在操作票上记入发令时间扣1分。没有将调度发令人姓名填入操作票"发令人"栏内扣1分。没有将自己姓名填入操作票"受令人"栏内扣1分			
6	模拟操作	①监护人	模拟演习应按照操作票上所填写的内容由监护人在变电站一次系统模拟图板前逐项进行唱票	2	监护人未按照操作票上所填写的内容在变电站一次系统模拟图板前逐项进行唱票扣2分。监护人虽按照操作票上所填写的内容在变电站一次系统模拟图板前进行唱票,但未逐项进行唱票扣2分			
		②操作人	操作人复诵后在模拟板上进行模拟操作。对于模拟板上没有标志的设备或操作步骤,例如连接片、熔断器、检查项目等,只复诵不进行模拟操作	5	操作人复诵后没有在模拟板上进行模拟操作,模拟操作一次未进行扣1分,扣完为止。对于模拟板上没有标志的设备或操作步骤,例如连接片、熔断器、检查项目等,只复诵不进行模拟操作			
		③监护人	监护人要检查操作人每一步模拟操作是否正确	2	监护人没有检查操作人的模拟操作,一次扣1分,扣完为止			

续表

序号	项目	竞赛人员	操作标准	满分	评分标准	扣分栏		实际得分
						监护人	操作人	
7	发布实际操作指令	①监护人	模拟操作完毕后，监护人向操作人发布"开始操作"指令	1	模拟操作完毕后，监护人未向操作人发布"开始操作"指令就开始操作扣1分			
		②操作人、监护人	戴好安全帽	4	操作人未按照规定戴好安全帽扣2分。监护人未按照规定戴好安全帽扣2分			
		③监护人	在操作票上填开始时间（执行倒闸操作项目第一项的时间）	2	监护人未在操作票上填写开始时间扣2分。所填开始时间不是执行倒闸操作项目第一项的时间扣2分			
8	拉开城东线61断路器操作	①监护人	监护人手持操作票、红笔、钥匙走在前，走往操作票上第一项操作设备处	8	监护人忘记带操作票、红笔、钥匙走到现场，忘带一项扣1分，扣完为止。监护人走在操作人的后面扣1分。监护人走在前，却没有走往操作票上第一项操作设备处扣3分			
		②操作人	操作人拿好安全用具、绝缘手套走在后，操作人与监护人保持1m以内的距离。走向操作票上第一项操作设备处	3	操作人忘带安全用具扣1分。忘带绝缘手套扣1分。操作人走在前扣1分。操作人与监护人保持的距离超过2m扣1分			
		③操作人、监护人	操作人、监护人在操作过程中应严肃认真、精力集中，途中不准闲谈或做与操作无关的事情	5	操作人、监护人在操作过程中闲谈或做与操作无关的事情，每发出一次扣1分			
		④操作人、监护人	监护人、操作人到达操作地点后，操作人应以立正姿势站立，眼看设备标示牌，监护人核对操作人所站立的位置及操作设备的名称编号正确无误，然后监护人再高声唱票，"拉开城东线61断路器"。监护人未唱票，操作人不得操作	10	监护人、操作人到达操作地点后，操作人站姿不正扣1分。监护人未核对操作人所站立的位置，未核对操作设备的名称编号扣1分。监护人未高声唱票扣2分。唱票错误扣10分。监护人未唱票，操作人就开始操作扣10分			

序号	项目	竞赛人员	操作标准	满分	评分标准	扣分栏		实际得分
						监护人	操作人	
8	拉开城东线61断路器操作	⑤操作人	操作人得到操作指令后，眼看设备标示牌，核对监护人所发出指令的正确性，认为监护人指令发出正确后，手指设备标示牌逐字复诵。复诵完毕手指向操作应动部件	2	操作人得到操作指令后，没有用手指向设备标示牌逐字复诵扣1分。未复诵就手指操作应动部件扣2分			
		⑥操作人	操作人复诵后手指指向城东线61断路器控制开关并定位	1	操作人复诵后手指未指向城东线61断路器控制开关并定位扣1分			
		⑦监护人	监护人听到操作人复诵正确且手指位置正确后，向操作人发出"对，执行"的指令。将闭锁钥匙交操作人进行操作	2	操作人没有复诵，监护人就向操作人发出"对，执行"的指令扣2分。操作人手指被操作设备的位置不正确，监护人就向操作人发出"对，执行"的指令扣2分。操作人复诵不正确，监护人就将闭锁钥匙交操作人进行操作扣2分			
		⑧操作人	操作人用闭锁钥匙打开城东线61断路器防误操作闭锁装置，拉开城东线61断路器，拉开城东线61断路器时应同时检查城东线61断路器的灯光、信号、表计的指示情况	5	操作人用闭锁钥匙未能打开城东线61断路器防误操作闭锁装置扣5分。拉开城东线61断路器时，没有同时检查城东线61断路器的灯光、信号、表计的指示情况扣2分			
		⑨操作人	操作人拉开城东线61断路器后，检查城东线61断路器控制开关在分闸后位置，向监护人汇报"已拉开城东线61断路器"	5	操作人拉开城东线61断路器后，没有向监护人汇报"已拉开城东线61断路器"扣5分。操作人拉开城东线61断路器后，没有检查城东线61断路器控制开关在分闸后位置就汇报扣2分			

序号	项目	竞赛人员	操作标准	满分	评分标准	扣分栏		实际得分
						监护人	操作人	
8	拉开城东线61断路器操作	⑩监护人	监护人听到操作人汇报"已拉开城东线61断路器"后，在操作票的对应项打"√"	2	操作人没有汇报"已拉开城东线61断路器"，监护人就在操作票的对应项打"√"扣2分			
		⑪操作人	监护人在操作票的对应项打"√"时，操作人应目视监护人打"√"项	1	操作人没有目视监护人打"√"扣1分			
9	检查城东线61断路器三相拉开	①监护人	目视现场城东线61断路器设备标示牌。监护人对照操作票上检查内容高声唱票，"检查城东线61断路器三相确已拉开"	2	监护人唱票前，没有目视城东线61断路器设备标示牌扣1分。监护人未高声唱票扣2分。唱票错误扣2分			
		②操作人	操作人应以立正姿势站立，操作人到现场检查城东线61断路器"分"指示器位置和三相拐臂位置，经检查确认城东线61断路器三相确已拉开后，汇报"三相确已拉开"	5	操作人站姿不正扣1分。操作人到现场后没有检查城东线61断路器"分"指示器位置和三相拐臂位置就汇报"三相确已拉开"扣5分			
		③监护人	监护人听到操作人汇报"三相确已拉开"，并核对位置正确后，在操作票的对应项打"√"	2	操作人没有汇报"三相确已拉开"，监护人就在操作票的对应项打"√"扣2分。监护人没有核对位置正确后，就在操作票的对应项打"√"扣2分			
		④操作人	监护人在操作票的对应项打"√"时，操作人应目视监护人打"√"项	1	操作人没有目视监护人打"√"扣1分			
		⑤操作人、监护人	操作人将防误操作闭锁钥匙交监护人	2	操作人没有将防误操作闭锁钥匙交监护人扣2分			

序号	项目	竞赛人员	操作标准	满分	评分标准	扣分栏		实际得分
						监护人	操作人	
10	拉开城东线61-3隔离开关操作	①监护人	监护人在前、操作人在后到达城东线61-3隔离开关位置前	5	监护人走在后扣2分。监护人未核对操作人所站立的位置，未核对城东线61-3隔离开关的名称编号扣1分。监护人在前、操作人在后走错位置扣5分			
		②操作人	操作人应以立正姿势站立，目视城东线61-3隔离开关设备标示牌	2	操作人站姿不正扣1分。没有目视城东线61-3隔离开关设备标示牌扣1分			
		③监护人、操作人	监护人核对操作人所站立的位置及61-3隔离开关的名称编号正确无误，然后监护人再高声唱票，"拉开城东线61-3隔离开关"。监护人未唱票操作人不能操作	10	监护人未高声唱票扣2分。唱票错误扣2分。监护人未唱票操作人就开始操作扣10分			
		④操作人	操作人得到操作指令后，目视61-3隔离开关设备标示牌，核对监护人所发出指令的正确性，认为监护人指令发出正确后，手指61-3隔离开关设备标示牌逐字复诵	2	操作人得到操作指令后，没有用手指向61-3隔离开关设备标示牌逐字复诵扣2分			
		⑤操作人	复诵完毕手指指向隔离开关操作应动部件	2	未复诵就手指隔离开关操作应动部件扣2分			
		⑥监护人	监护人听到操作人复诵正确且手指位置正确后，向操作人发出"对，执行"的指令。将闭锁钥匙交操作人进行操作	2	操作人没有复诵，监护人就向操作人发出"对，执行"的指令扣2分。操作人手指被操作设备的位置不正确，监护人就向操作人发出"对，执行"的指令扣2分。操作人复诵不正确，监护人就将闭锁钥匙交操作人进行操作扣2分			

续表

序号	项目	竞赛人员	操作标准	满分	评分标准	扣分栏		实际得分
						监护人	操作人	
10	拉开城东线61-3隔离开关操作	⑦操作人	操作人用闭锁钥匙打开隔离开关防误操作闭锁装置，拉开城东线61-3隔离开关	5	操作人用闭锁钥匙未能打开隔离开关防误操作闭锁装置扣5分。拉开城东线61-3隔离开关时，未戴绝缘手套扣5分			
		⑧操作人	操作人拉开城东线61-3隔离开关后，向监护人汇报"已拉开城东线61-3隔离开关"	2	操作人拉开城东线61-3隔离开关后，没有向监护人汇报"已拉开城东线61-3隔离开关"扣1分			
		⑨监护人	监护人听到操作人汇报"已拉开城东线61-3隔离开关"后，在操作票的对应项打"√"	2	操作人没有汇报"已拉开城东线61-3隔离开关"，监护人就在操作票的对应项打"√"扣2分			
		⑩操作人	监护人在操作票的对应项打"√"时，操作人应目视监护人打"√"	1	操作人没有目视监护人打"√"扣1分			
11	检查城东线61-3隔离开关位置	①监护人	监护人对照操作票上检查内容高声唱票，"检查城东线61-3隔离开关三相确已拉开"	2	监护人未高声唱票扣2分。唱票错误扣2分			
		②操作人	操作人检查城东线61-3隔离开关三相确已拉开后，汇报"三相确已拉开"	5	操作人没有检查城东线61-3隔离开关三相确已拉开或没有分相检查城东线61-3隔离开关各相确已拉开就汇报"三相确已拉开"扣5分			
		③监护人	监护人听到操作人汇报"三相确已拉开"后，在操作票的对应项打"√"	2	操作人没有汇报"三相确已拉开"，监护人就在操作票的对应项打"√"扣2分			
		④操作人	监护人在操作票的对应项打"√"时，操作人应目视监护人打"√"项	1	操作人没有目视监护人打"√"扣1分			
		⑤操作人、监护人	操作人将防误操作闭锁钥匙交监护人	2	操作人没有将防误操作闭锁钥匙交监护人扣2分			

序号	项目	竞赛人员	操作标准	满分	评分标准	扣分栏		实际得分
						监护人	操作人	
12	拉开城东线61-1隔离开关操作	①监护人、操作人	监护人在前、操作人在后到达城东线61-1隔离开关前	5	监护人走在后扣2分。监护人未核对操作人所站立的位置,未核对城东线61-1隔离开关的名称编号扣1分。监护人在后、操作人在前走错位置扣5分			
		②操作人	操作人应以立正姿势站立,目视城东线61-1隔离开关设备标示牌	2	操作人站姿不正扣1分。没有目视城东线61-1隔离开关设备标示牌扣1分			
		③监护人、操作人	监护人核对操作人所站立的位置及61-1隔离开关的名称编号正确无误,然后监护人再高声唱票,"拉开城东线61-1隔离开关"	10	监护人未高声唱票扣2分。监护人未唱票操作人就开始操作扣10分			
		④操作人	操作人得到操作指令后,目视城东线61-1隔离开关设备标示牌,核对监护人所发出指令的正确性,认为监护人指令发出正确后,手指城东线61-1隔离开关设备标示牌逐字复诵	2	操作人得到操作指令后,没有用手指向城东线61-1隔离开关设备标示牌逐字复诵扣2分			
		⑤操作人	复诵完毕手指向城东线61-1隔离开关操作应动部件	2	未复诵就手指城东线61-1隔离开关操作应动部件扣2分			
		⑥监护人	监护人听到操作人复诵正确且手指位置正确后,向操作人发出"对,执行"的指令。将闭锁钥匙交操作人进行操作	2	操作人没有复诵,监护人就向操作人发出"对,执行"的指令扣2分。操作人手指被操作设备的位置不正确,监护人就向操作人发出"对,执行"的指令扣2分。操作人复诵不正确,监护人就将闭锁钥匙交操作人进行操作扣2分			

续表

序号	项目	竞赛人员	操作标准	满分	评分标准	扣分栏		实际得分
						监护人	操作人	
12	拉开城东线61-1隔离开关操作	⑦操作人	操作人用闭锁钥匙打开城东线61-1隔离开关防误操作闭锁装置，拉开城东线61-1隔离开关	5	操作人用闭锁钥匙未能打开城东线61-1隔离开关防误操作闭锁装置扣5分。拉开城东线61-1隔离。开关时，未戴绝缘手套扣5分			
		⑧操作人	操作人拉开隔离开关后，向监护人汇报"已拉开城东线61-1隔离开关"	2	操作人拉开隔离开关后，没有向监护人汇报"已拉开城东线61-1隔离开关"扣2分			
		⑨监护人	监护人听到操作人汇报"已拉开城东线61-1隔离开关"后，在操作票的对应项打"√"	2	操作人没有汇报"已拉开城东线61-1隔离开关"，监护人就在操作票的对应项打"√"扣2分			
		⑩操作人	监护人在操作票的对应项打"√"时，操作人应目视监护人打"√"	1	操作人没有目视监护人打"√"扣1分			
13	检查城东线61-1隔离开关位置	①监护人	监护人对照操作票上检查内容高声唱票，"检查城东线61-1隔离开关三相确已拉开"	2	监护人未高声唱票扣2分，唱票错误扣2分			
		②操作人	操作人检查城东线61-1隔离开关三相确已拉开后，汇报"三相确已拉开"	5	操作人没有检查城东线61-1隔离开关三相确已拉开或没有分相检查城东线61-1隔离开关各相确已拉开就汇报"三相确已拉开"扣5分			
		③监护人	监护人听到操作人汇报"三相确已拉开"后，在操作票的对应项打"√"	2	操作人没有汇报"三相确已拉开"，监护人就在操作票的对应项打"√"扣2分			
		④操作人	监护人在操作票的对应项打"√"时，操作人应目视监护人打"√"项	1	操作人没有目视监护人打"√"扣1分			
		⑤操作人、监护人	操作人将防误操作闭锁钥匙交监护人	2	操作人没有将防误操作闭锁钥匙交监护人扣2分			

续表

序号	项目	竞赛人员	操作标准	满分	评分标准	扣分栏		实际得分
						监护人	操作人	
14	在城东线 61-3 隔离开关线路侧验电	①监护人	监护人、操作人到达操作地点后，操作人应以立正姿势站立，眼看设备标示牌，监护人核对操作人所站立的位置及操作设备的名称编号正确无误，然后监护人再高声唱票，"在城东线 61-3 隔离开关线路侧验电确无电压"	10	监护人走在后扣 2 分。操作人站姿不正扣 1 分。监护人未核对操作人所站立的位置，未核对操作设备的名称编号扣 1 分。监护人未高声唱票扣 2 分。监护人未唱票操作人就开始操作扣 10 分			
		②操作人	操作人得到操作指令后，眼看设备标示牌和验电位置，核对监护人所发出指令的正确性，认为监护人指令发出正确后，手指设备标示牌和验电位置逐字复诵	2	操作人得到操作指令后，没有用手指向设备标示牌逐字复诵扣 1 分。未复诵就开始验电扣 2 分			
		③操作人	操作人复诵完毕后手指指向验电地点	2	操作人没有复诵就指向验电地点扣 2 分			
		④监护人	监护人听到操作人复诵正确且手指位置正确后，向操作人发出"对，执行"的指令	2	操作人没有复诵，监护人就向操作人发出"对，执行"的指令扣 2 分。操作人手指验电设备的位置不正确，监护人就向操作人发出"对，执行"的指令扣 2 分			
		⑤操作人	操作人听到监护人发出"对，执行"的指令后，操作人将验电器在有电设备上进行检验，确保验电器合格。验电要用合格的相应电压等级的专用验电器。验电确无电压必须对验电设备的 A、B、C 三相逐一验电确无电压	10	监护人没有发出"对，执行"指令，操作人就开始验电扣 2 分。操作人没有将验电器在有电设备上进行检验，扣 10 分。操作人没有用合格的相应电压等级的专用验电器，扣 10 分。操作人没有对验电设备的 A、B、C 三相逐一验电确无电压，扣 10 分			
		⑥操作人	操作人验电后，向监护人汇报"三相已验电确无电压"	2	操作人验电后，没有向监护人汇报"三相已验电确无电压"扣 2 分			

续表

序号	项目	竞赛人员	操作标准	满分	评分标准	扣分栏		实际得分
						监护人	操作人	
14	在城东线61-3隔离开关线路侧验电	⑦监护人	监护人听到操作人汇报"三相已验电确无电压"后，在操作票的对应项打"√"	2	操作人没有汇报"三相已验电确无电压"，监护人就在操作票的对应项打"√"扣2分			
		⑧操作人	监护人在操作票的对应项打"√"时，操作人应目视监护人打"√"项	1	操作人没有目视监护人打"√"扣1分			
15	合上城东线61-D3接地开关操作	①监护人	监护人在前、操作人在后到达城东线61-D3接地开关位置前	5	监护人未核对城东线61-D3城东线61-D3接地开关的名称编号扣5分。监护人在后、操作人在前走错位置扣2分			
		②操作人	操作人应以立正姿势站立，目视城东线61-D3接地开关设备标示牌	2	操作人站姿不正扣2分，操作人没有目视城东线61-D3接地开关设备标示牌扣1分			
		③监护人	监护人核对操作人所站立的位置及城东线61-D3接地开关的名称编号正确无误，然后监护人再高声唱票"合上城东线61-D3接地开关"	2	监护人没有核对操作人所站立的位置正确扣1分。监护人没有核对城东线61-D3接地开关的名称编号正确扣1分。监护人未高声唱票扣2分			
		④操作人	操作人得到操作指令后，目视城东线61-D3接地开关设备标示牌，核对监护人所发出指令的正确性，认为监护人指令发出正确后，手指城东线61-D3接地开关名称标示牌逐字复诵	2	操作人得到操作指令后，没有用手指向城东线61-D3接地开关设备标示牌逐字复诵扣2分			
		⑤操作人	复诵完毕手指指向城东线61-D3接地开关操作应动部件	2	未复诵就手指城东线61-D3接地开关操作应动部件扣2分			

序号	项目	竞赛人员	操作标准	满分	评分标准	扣分栏		实际得分
						监护人	操作人	
15	合上城东线61-D3接地开关操作	⑥监护人	监护人听到操作人复诵正确且手指位置正确后，向操作人发出"对，执行"的指令。将防误操作闭锁装置钥匙交操作人进行操作	5	操作人没有复诵，监护人就向操作人发出"对，执行"的指令扣2分。操作人手指城东线61-D3城东线61-D3接地开关的位置不正确，监护人就向操作人发出"对，执行"的指令扣5分。操作人复诵不正确，监护人就将防误操作闭锁装置钥匙交操作人进行操作扣5分			
		⑦操作人	操作人用防误操作闭锁装置钥匙打开城东线61-D3接地开关防误操作闭锁装置，合上城东线61-D3接地开关。操作人将防误操作闭锁装置钥匙交监护人	5	操作人用防误操作闭锁装置钥匙未能打开城东线61-D3接地开关防误操作闭锁装置扣5分。合上城东线61-D3接地开关时，没有将城东线61-D3接地开关合到底扣5分。操作人未将防误操作闭锁装置钥匙交监护人扣2分			
		⑧操作人	操作人合上城东线61-D3接地开关后，向监护人汇报"已合上城东线61-D3接地开关"	2	操作人合上城东线61-D3接地开关后，没有向监护人汇报"已合上城东线61-D3接地开关"扣2分			
		⑨监护人	监护人听到操作人汇报"已合上城东线61-D3接地开关"后，在操作票的对应项打"√"	2	操作人没有汇报"已合上城东线61-D3接地开关"，监护人就在操作票的对应项打"√"扣2分			
		⑩操作人	监护人在操作票的对应项打"√"时，操作人应目视监护人打"√"项	1	操作人没有目视监护人打"√"扣1分			
16	检查城东线61-D3接地开关位置	①监护人	监护人对照操作票上检查内容高声唱票"检查城东线61-D3接地开关三相确已合好"	2	监护人未高声唱票扣2分			

序号	项目	竞赛人员	操作标准	满分	评分标准	扣分栏		实际得分
						监护人	操作人	
16	检查城东线61-D3接地开关位置	②操作人	操作人检查城东线61-D3接地开关位置后，汇报"三相确已合好"	2	操作人没有检查城东线61-D3接地开关位置就汇报"三相确已合好"扣2分			
		③监护人	监护人听到操作人汇报"三相确已合好"后，在操作票的对应项打"√"	2	操作人没有汇报"三相确已合好"，监护人就在操作票的对应项打"√"扣2分			
		④操作人	监护人在操作票的对应项打"√"时，操作人应目视监护人打"√"项	1	操作人没有目视监护人打"√"扣1分			
17	在城东线61-1隔离开关与61断路器间验电	①监护人	监护人走在前，操作人走在后，到达操作地点后，操作人应以立正姿势站立，眼看设备标示牌，监护人核对操作人所站立的位置及操作设备的名称编号正确无误，然后监护人再高声唱票，"在城东线61-1隔离开关与61断路器间验电确无电压"	10	监护人走在后扣2分。操作人站姿不正扣1分。监护人未核对操作人所站立的位置，未核对操作设备的名称编号扣1分。监护人未高声唱票扣2分。监护人未唱票操作人就开始操作扣10分			
		②操作人	操作人得到操作指令后，眼看设备标示牌和验电位置，核对监护人所发出指令的正确性，认为监护人指令发出正确后，手指设备标示牌和验电位置逐字复诵	2	操作人得到操作指令后，没有用手指向设备标示牌逐字复诵扣1分。未复诵就开始验电扣2分			
		③操作人	操作人复诵完毕后手指向验电地点	2	操作人没有复诵就指向验电地点扣2分			
		④监护人	监护人听到操作人复诵正确且手指位置正确后，向操作人发出"对，执行"的指令	2	操作人没有复诵，监护人就向操作人发出"对，执行"的指令扣2分。操作人手指验电设备的位置不正确，监护人就向操作人发出"对，执行"的指令扣2分			

续表

序号	项目	竞赛人员	操作标准	满分	评分标准	扣分栏		实际得分
						监护人	操作人	
17	在城东线61-1隔离开关与61断路器间验电	⑤操作人	操作人听到监护人发出"对,执行"的指令后,操作人将验电器在有电设备上进行检验,确保验电器合格。验电要用合格的相应的电压等级的专用验电器。验电确无电压必须对验电设备的A、B、C三相逐一验电确无电压	10	监护人没有发出"对,执行"指令,操作人就开始验电扣2分。操作人没有将验电器在有电设备上进行检验扣10分。操作人没有用合格的相应的电压等级的专用验电器扣10分。操作人没有对验电设备的A、B、C三相逐一验电确无电压扣10分			
		⑥操作人	操作人验电后,向监护人汇报"三相已验电确无电压"	2	操作人验电后,没有向监护人汇报"三相已验电确无电压"扣1分			
		⑦监护人	监护人听到操作人汇报"三相已验电确无电压"后,在操作票的对应项打"√"	2	操作人没有汇报"三相已验电确无电压",监护人就在操作票的对应项打"√"扣2分			
		⑧操作人	监护人在操作票的对应项打"√"时,操作人应目视监护人打"√"项	1	操作人没有目视监护人打"√"扣1分			
18	在城东线61-1隔离开关与61断路器间装设接地线操作	①监护人	操作人应以立正姿势站立,眼看设备标示牌,监护人核对操作人所站立的位置及操作设备的名称及操作设备编号正确无误,然后监护人再高声唱票,"在城东线61-1隔离开关与61断路器间装设1号接地线"	10	操作人站姿不正扣1分。监护人未核对操作人所站立的位置,未核对操作设备的名称编号扣1分。监护人未高声唱票扣2分。监护人未唱票操作人就开始装设接地线扣10分			
		②操作人	操作人得到操作指令后,眼看设备标示牌和接地线装设位置,核对监护人所发出指令的正确性,认为监护人指令发出正确后,手指设备标示牌和接地线装设位置逐字复诵	2	操作人得到操作指令后,没有用手指向设备标示牌逐字复诵扣1分。未复诵就开始装设接地线扣2分			

序号	项目	竞赛人员	操作标准	满分	评分标准	扣分栏		实际得分
						监护人	操作人	
18	在城东线61-1隔离开关与61断路器间装设接地线操作	③操作人	操作人复诵完毕后手指指向接地线装设地点	2	操作人没有复诵就指向接地线装设地点扣2分			
		④监护人	监护人听到操作人复诵正确且手指位置正确后,向操作人发出"对,执行"的指令	2	操作人没有复诵,监护人就向操作人发出"对,执行"的指令扣2分。操作人手指接地点的位置不正确,监护人就向操作人发出"对,执行"的指令扣2分			
		⑤操作人	操作人听到监护人发出"对,执行"的指令后,按顺序装设接地线,操作人装设接地线必须先接接地端,后接导体端,必须接触良好,严禁用缠绕方式接地	10	监护人没有发出"对,执行"指令,操作人就开始装设接地线扣2分。操作人装设接地线时后接接地端,先接导体端扣10分。操作人装设的接地线接触不良扣10分。操作人装设接地线时用缠绕方式接地扣10分。操作人在装设接地线时,监护人帮助操作人拉拽接地线扣2分			
		⑥操作人	操作人装设接地线后,向监护人汇报"已装设"	2	操作人装设接地线后,没有向监护人汇报"已装设"扣1分			
		⑦监护人	监护人听到操作人汇报"已装设"后并核查无误,在操作票的对应项打"√"	2	操作人没有汇报"已装设"并核查无误,监护人就在操作票的对应项打"√"扣2分			
		⑧操作人	监护人在操作票的对应项打"√"时,操作人应目视监护人打"√"项	1	操作人没有目视监护人打"√"扣1分			

序号	项目	竞赛人员	操作标准	满分	评分标准	扣分栏		实际得分
						监护人	操作人	
19	拉开城东线61断路器控制电源开关操作	①操作人、监护人	监护人走在前、操作人走在后到达城东线61断路器控制电源开关前,操作人应以立正姿势站立,眼看设备名称标示牌,监护人核对操作人所站立的位置及操作设备的名称标示正确无误,然后监护人再高声唱票"拉开城东线61断路器控制电源开关"	2	监护人走在后、操作人走在前扣2分。操作人站姿不正扣1分。监护人未核对操作人所站立的位置。监护人未核对操作设备的名称标示牌扣1分。监护人未高声唱票扣2分			
		②操作人	操作人得到操作指令后,眼看设备标示牌,核对监护人所发出指令的正确性,认为监护人指令发出正确后,手指城东线61断路器控制电源开关名称标示牌逐字复诵	2	操作人得到操作指令后,没有用手指向城东线61断路器控制电源开关名称标示牌逐字复诵扣1分。未复诵就手指城东线61断路器控制电源开关操作应动部件扣2分			
		③操作人	复诵完毕,手指指向城东线61断路器控制电源开关操作应动部件	2	未复诵就手指城东线61断路器控制电源开关操作应动部件扣2分			
		④监护人	监护人听到操作人复诵正确且手指位置正确后,向操作人发出"对,执行"的指令	5	操作人没有复诵,监护人就向操作人发出"对,执行"的指令扣2分。操作人没有指向城东线61断路器控制电源开关,监护人就向操作人发出"对,执行"的指令扣5分			
		⑤操作人	操作人应先拉开正电源开关,后拉开负电源开关	5	操作人先拉开负电源开关,后拉开正电源开关扣3分。正、负电源开关只拉开一个扣5分			

244

序号	项目	竞赛人员	操作标准	满分	评分标准	扣分栏		实际得分
						监护人	操作人	
19	拉开城东线61断路器控制电源开关操作	⑥操作人	操作人拉开电源开关并检查拉开，检查信号指示正确后汇报"已拉开"	2	操作人未检查拉开就汇报"已拉开"扣2分。操作人拉开电源开关未检查信号指示正确就汇报"已拉开"扣2分			
		⑦监护人	监护人听到操作人汇报"已拉开"后，在操作票的对应项打"√"	2	操作人没有汇报"已拉开"，监护人就在操作票的对应项打"√"扣2分			
		⑧操作人	监护人在操作票的对应项打"√"时，操作人应目视监护人打"√"项	1	操作人没有目视监护人打"√"扣1分			
20	复核	①监护人	全部操作完后，监护人向操作人发出"全部操作完毕，进行复查"	2	全部操作完后，监护人没有向操作人发出"全部操作完毕，进行复查"的指令扣2分			
		②监护人、操作人	监护人会同操作人全面复查被操作设备的状态、表计、及信号指示是否正常，有无漏项	5	监护人、操作人没有复查被操作设备的状态、表计及信号指示扣5分。没有检查操作全过程有无漏项扣2分			
		③操作人	复核时应检查监控机显示是否正确	2	没有检查监控机是否显示正确，就汇报复核无问题扣2分			
		④操作人	检查监控机显示正确后，由操作人向监护人汇报"复查无问题"	2	没有检查监控机显示，操作人就向监护人汇报"复查无问题"扣2分			
21	汇报操作完成	①监护人	复核结束后，由监护人在操作票终止号上盖"已执行"章	2	复核结束后，监护人没有在操作票终止号上盖"已执行"章扣2分，盖错章扣2分			
		②监护人	监护人接通调度电话，监护人应先通报竞赛所在变电站名称及本人姓名。汇报操作时声音要洪亮，吐字要清楚	2	监护人接通调度电话，监护人未通报竞赛所在变电站名称及本人姓名扣2分。汇报操作时声音不洪亮或吐字不清楚扣1分			

续表

序号	项目	竞赛人员	操作标准	满分	评分标准	扣分栏		实际得分
						监护人	操作人	
21	汇报操作完成	③监护人	向调度值班人员汇报操作完毕,调度值班人员复诵无误后,监护人向调度值班人员回复"对",放下电话	5	没有向调度值班人员汇报操作完毕扣5分			
		④监护人	监护人在操作票上填写结束时间,再在《操作记录》上填写结束时间	6	监护人没有在操作票上填写结束时间扣3分,监护人没有在《操作记录》上填写结束时间扣3分			
22	分值合计			410				

2. 设备巡视

【实例】110kV 1 号变压器保护装置连接片巡视检查

（1）1号变压器差动保护跳北昌线12断路器保护连接片投入。压接牢固，编号清晰准确。

（2）1号变压器差动保护跳52断路器保护连接片投入。压接牢固，编号清晰准确。

（3）1号变压器差动保护跳92断路器保护连接片投入。压接牢固，编号清晰准确。

（4）1号变压器差动保护跳内桥10断路器保护连接片投入。压接牢固，编号清晰准确。

（5）1号变压器高压侧后备保护跳北昌线12断路器保护连接片投入。压接牢固，编号清晰准确。

（6）1号变压器高压侧后备保护跳内桥10断路器保护连接片投入。压接牢固，编号清晰准确。

（7）1号变压器高压侧后备保护跳52断路器保护连接片投入。压接牢固，编号清晰准确。

（8）1号变压器高压侧后备保护跳92断路器保护连接片投入。压接牢固，编号清晰准确。

（9）1号变压器中压侧后备保护跳北昌线12断路器保护连接片在停用位置。

（10）1号变压器中压侧后备保护跳52断路器保护连接片投入。压接牢固，编号清晰准确。

（11）1 号变压器中压侧后备保护跳 92 断路器保护连接片在停用位置。

（12）1 号变压器中压侧后备保护跳内桥 10 断路器保护连接片在停用位置。

（13）1 号变压器中压侧后备保护跳分段 50 断路器保护连接片投入。压接牢固，编号清晰准确。

（14）1 号变压器低压侧后备保护跳北昌线 12 断路器保护连接片在停用位置。

（15）1 号变压器低压侧后备保护跳 52 断路器保护连接片在停用位置。

（16）1 号变压器低压侧后备保护跳 92 断路器保护连接片投入。压接牢固，编号清晰准确。

（17）1 号变压器低压侧后备保护跳内桥 10 断路器保护连接片在停用位置。

（18）1 号变压器低压侧后备保护跳分段 90 断路器保护连接片投入。压接牢固，编号清晰准确。

（19）1 号变压器本体重瓦斯保护连接片投入跳闸位置。压接牢固，编号清晰准确。

（20）1 号变压器有载调压重瓦斯保护连接片投入跳闸位置。压接牢固，编号清晰准确。

（21）1 号变压器压力释放保护连接片在停用位置。

（22）1 号变压器冷却装置全停跳变压器三侧保护连接片在停用位置。

（23）1 号变压器非电量跳北昌线 12 断路器保护连接片投入。压接牢固，编号清晰准确。

（24）1 号变压器非电量跳 52 断路器保护连接片投入。压接牢固，编号清晰准确。

（25）1 号变压器非电量跳 92 断路器保护连接片投入。压接牢固，编号清晰准确。

（26）1 号变压器非电量跳内桥 10 断路器保护连接片投入。压接牢固，编号清晰准确。

（27）1 号变压器高压侧后备保护 35kV 复合电压闭锁保护连接片投入。压接牢固，编号清晰准确。

（28）1 号变压器高压侧后备保护 10kV 复合电压闭锁保护连接片投入。压接牢固，编号清晰准确。

（29）1 号变压器中压侧后备保护 110kV 复合电压闭锁保护连接片投入。压接牢固，编号清晰准确。

（30）1 号变压器中压侧后备保护 10kV 复合电压闭锁保护连接片投入。压接牢固，编号清晰准确。

（31）1 号变压器低压侧后备保护 110kV 复合电压闭锁保护连接片在停用位置。

（32）1 号变压器低压侧后备保护 35kV 复合电压闭锁保护连接片在停用位置。

3．安全措施设置

【实例】变电设备停电现场安全措施设置评分标准

一、工作内容

工作地点及设备双重名称	工作内容
110kV 汇玻线 17 断路器，110kV 汇玻线 TA，110kV 汇玻线 17-4 隔离开关，110kV 汇玻线 17-3 隔离开关，110kV 汇玻线避雷器，110kV 汇玻线耦合电容器，110kV 汇玻线阻波器，110kV 汇玻线悬垂	110kV 汇玻线断路器，110kV 汇玻线 TA，110kV 汇玻线 17-4 隔离开关，110kV 汇玻线避雷器，110kV 汇玻线耦合电容器，110kV 汇玻线阻波器，110kV 汇玻线悬垂检修、预试、消缺，110kV 汇玻线 17-3 隔离开关大修

二、安全措施设置评分标准

安全措施填写内容	标准分	评分标准
应在 110kV 汇玻线 17 断路器、应在 110kV 汇玻线 17-3 隔离开关、应在 110kV 汇玻线 17-4 隔离开关、应在 110kV 汇玻线避雷器、应在 110kV 汇玻线耦合电容器周围装设遮拦，悬挂"止步！高压危险"标示牌，围栏内设置"在此工作"标示牌，在围栏靠近公路处留有出入口，在围栏出入口处设置"由此出入"标示牌	15	所设遮拦未将 110kV 汇玻线 17 断路器包含扣 2 分。所设遮拦未将 110kV 汇玻线 17-3 隔离开关包含扣 2 分。所设遮拦未将 110kV 汇玻线 17-4 隔离开关包含扣 2 分。所设遮拦未将 110kV 汇玻线 17-3 隔离开关包含扣 2 分。所设遮拦未将 110kV 汇玻线避雷器包含扣 2 分。所设遮拦未将 110kV 汇玻线耦合电容器包含扣 2 分。所设遮拦未悬挂"止步！高压危险"标示牌或悬挂错误，每缺少 1 个扣 1 分，最多扣 9 分。未在围栏靠近公路处留有出入口扣 5 分。在围栏出入口处未设置"由此出入"标示牌扣 2 分。所设遮拦支架歪斜，每处扣 1 分，最多扣 4 分。所设遮拦支架不全，每处扣 2 分，最多扣 6 分
应在 110kV 汇玻线架构爬梯上悬挂"从此上下"标示牌	6	未在 110kV 汇玻线架构爬梯上悬挂"从此上下"标示牌扣 6 分。在 110kV 汇玻线架构爬梯上悬挂的标示牌不是"从此上下"标示牌扣 6 分。在 110kV 汇玻线架构爬梯上悬挂"从此上下"标示牌不牢固扣 1 分
应在 110kV 汇玻线 17-1 隔离开关操作把手上悬挂"禁止合闸，有人工作"标示牌并闭锁	4	未在 110kV 汇玻线 17-1 隔离开关操作把手上悬挂"禁止合闸，有人工作"标示牌扣 4 分。在 110kV 汇玻线 17-1 隔离开关操作把手上悬挂的标示牌不是"禁止合闸，有人工作"标示牌扣 4 分。在 110kV 汇玻线 17-1 隔离开关操作把手上悬挂的"禁止合闸，有人工作"标示牌不牢固扣 1 分。110kV 汇玻线 17-1 隔离开关操作把手拉开后未在闭锁位置扣 4 分
应在 110kV 汇玻线 17-2 隔离开关操作把手上悬挂"禁止合闸，有人工作"标示牌并闭锁。	4	未在 110kV 汇玻线 17-2 隔离开关操作把手上悬挂"禁止合闸，有人工作"标示牌扣 4 分。在 110kV 汇玻线 17-2 隔离开关操作把手上悬挂的标示牌不是"禁止合闸，有人工作"标示牌扣 4 分。在 110kV 汇玻线 17-2 隔离开关操作把手上悬挂的"禁止合闸，有人工作"标示牌不牢固扣 1 分。110kV 汇玻线 17-2 隔离开关操作把手拉开后未在闭锁位置扣 4 分

安全措施填写内容	标准分	评分标准
应在 110kV 汇商线 11-4 隔离开关操作把手上悬挂"禁止合闸,有人工作"标示牌并闭锁	4	未在 110kV 汇商线 11-4 隔离开关操作把手上悬挂"禁止合闸,有人工作"标示牌扣 4 分。在 110kV 汇商线 11-4 隔离开关操作把手上悬挂的标示牌不是"禁止合闸,有人工作"标示牌扣 4 分。在 110kV 汇商线 11-4 隔离开关操作把手上悬挂的"禁止合闸,有人工作"标示牌不牢固扣 1 分。110kV 汇商线 11-4 隔离开关操作把手拉开后未在闭锁位置扣 4 分
应在 110kV 汇张线 12-4 隔离开关操作把手上悬挂"禁止合闸,有人工作"标示牌并闭锁	4	未在 110kV 汇张线 12-4 隔离开关操作把手上悬挂"禁止合闸,有人工作"标示牌扣 4 分。在 110kV 汇张线 12-4 隔离开关操作把手上悬挂的标示牌不是"禁止合闸,有人工作"标示牌扣 4 分。在 110kV 汇张线 12-4 隔离开关操作把手上悬挂的"禁止合闸,有人工作"标示牌不牢固扣 1 分。110kV 汇张线 12-4 隔离开关操作把手拉开后未在闭锁位置扣 4 分
应在 110kV 汇易线 13-4 隔离开关操作把手上悬挂"禁止合闸,有人工作"标示牌并闭锁	4	未在 110kV 汇易线 13-4 隔离开关操作把手上悬挂"禁止合闸,有人工作"标示牌扣 4 分。在 110kV 汇易线 13-4 隔离开关操作把手上悬挂的标示牌不是"禁止合闸,有人工作"标示牌扣 4 分。在 110kV 汇易线 13-4 隔离开关操作把手上悬挂的"禁止合闸,有人工作"标示牌不牢固扣 1 分。110kV 汇易线 13-4 隔离开关操作把手拉开后未在闭锁位置扣 4 分
应在 110kV 汇电线 14-4 隔离开关操作把手上悬挂"禁止合闸,有人工作"标示牌并闭锁	4	未在 110kV 汇电线 14-4 隔离开关操作把手上悬挂"禁止合闸,有人工作"标示牌扣 4 分。在 110kV 汇电线 14-4 隔离开关操作把手上悬挂的标示牌不是"禁止合闸,有人工作"标示牌扣 4 分。在 110kV 汇电线 14-4 隔离开关操作把手上悬挂的"禁止合闸,有人工作"标示牌不牢固扣 1 分。110kV 汇电线 14-4 隔离开关操作把手拉开后未在闭锁位置扣 4 分
应在 110kV 汇南线 15-4 隔离开关操作把手上悬挂"禁止合闸,有人工作"标示牌并闭锁	4	未在 110kV 汇南线 15-4 隔离开关操作把手上悬挂"禁止合闸,有人工作"标示牌扣 4 分。在 110kV 汇南线 15-4 隔离开关操作把手上悬挂的标示牌不是"禁止合闸,有人工作"标示牌扣 4 分。在 110kV 汇南线 15-4 隔离开关操作把手上悬挂的"禁止合闸,有人工作"标示牌不牢固扣 1 分。110kV 汇南线 15-4 隔离开关操作把手拉开后未在闭锁位置扣 4 分
应在 110kV 汇水线 16-4 隔离开关操作把手上悬挂"禁止合闸,有人工作"标示牌并闭锁	4	未在 110kV 汇水线 16-4 隔离开关操作把手上悬挂"禁止合闸,有人工作"标示牌扣 4 分。在 110kV 汇水线 16-4 隔离开关操作把手上悬挂的标示牌不是"禁止合闸,有人工作"标示牌扣 4 分。在 110kV 汇水线 16-4 隔离开关操作把手上悬挂的"禁止合闸,有人工作"标示牌不牢固扣 1 分。110kV 汇水线 16-4 隔离开关操作把手拉开后未在闭锁位置扣 4 分

安全措施填写内容	标准分	评分标准
应在110kV 母旁10-4隔离开关操作把手上悬挂"禁止合闸，有人工作"标示牌并闭锁	4	未在 110kV 母旁 10-4 隔离开关操作把手上悬挂"禁止合闸，有人工作"标示牌扣 4 分。在 110kV 母旁 10-4 隔离开关操作把手上悬挂的标示牌不是"禁止合闸，有人工作"标示牌扣 4 分。在 110kV 母旁 10-4 隔离开关操作把手上悬挂的"禁止合闸，有人工作"标示牌不牢固扣 1 分。110kV 母旁 10-4 隔离开关操作把手拉开后未在闭锁位置扣 4 分
应在1号变压器32-4隔离开关操作把手上悬挂"禁止合闸，有人工作"标示牌并闭锁。	4	未在 1 号变压器 32-4 隔离开关操作把手上悬挂"禁止合闸，有人工作"标示牌扣 4 分。在 1 号变压器 32-4 隔离开关操作把手上悬挂的标示牌不是"禁止合闸，有人工作"标示牌扣 4 分。在 1 号变压器 32-4 隔离开关操作把手上悬挂的"禁止合闸，有人工作"标示牌不牢固扣 1 分。1 号变压器 32-4 隔离开关操作把手拉开后未在闭锁位置扣 4 分
应在2号变压器34-4隔离开关操作把手上悬挂"禁止合闸，有人工作"标示牌并闭锁	4	未在 2 号变压器 34-4 隔离开关操作把手上悬挂"禁止合闸，有人工作"标示牌扣 4 分。在 2 号变压器 34-4 隔离开关操作把手上悬挂的标示牌不是"禁止合闸，有人工作"标示牌扣 4 分。在 2 号变压器 34-4 隔离开关操作把手上悬挂的"禁止合闸，有人工作"标示牌不牢固扣 1 分。2 号变压器 34-4 隔离开关操作把手拉开后未在闭锁位置扣 4 分
在110kV 汇玻线17-1隔离开关底座水泥支柱上装设"红白相间"警告布幔	5	未在 110kV 汇玻线 17-1 隔离开关底座水泥支柱上装设"红白相间"警告布幔扣 5 分。在 110kV 汇玻线 17-1 隔离开关底座水泥支柱上装设的"红白相间"警告布幔不牢固扣 2 分
在110kV 汇玻线17-2隔离开关底座水泥支柱上装设"红白相间"警告布幔。围栏相邻设备	5	未在 110kV 汇玻线 17-2 隔离开关出线架构上装设"红白相间"警告布幔扣 5 分。在 110kV 汇玻线 17-2 隔离开关出线架构上装设的"红白相间"警告布幔不牢固扣 2 分
在110kV 汇水线16-3隔离开关出线架构上装设"红白相间"警告布幔	5	未在 110kV 汇水线 16-3 隔离开关出线架构上装设"红白相间"警告布幔扣 5 分。在 110kV 汇水线 16-3 隔离开关出线架构上装设的"红白相间"警告布幔不牢固扣 2 分
在110kV 汇水线16-4隔离开关底座水泥支柱上装设"红白相间"警告布幔	5	未在 110kV 汇水线 16-4 隔离开关底座水泥支柱上装设"红白相间"警告布幔扣 5 分。在 110kV 汇水线 16-4 隔离开关底座水泥支柱上装设的"红白相间"警告布幔不牢固扣 2 分
在110kV 汇水线16-3隔离开关底座水泥支柱上装设"红白相间"警告布幔	5	未在 110kV 汇水线 16-3 隔离开关底座水泥支柱上装设"红白相间"警告布幔扣 5 分。在 110kV 汇水线 16-3 隔离开关底座水泥支柱上装设的"红白相间"警告布幔不牢固扣 2 分

续表

安全措施填写内容	标准分	评分标准
在 110kV 汇水线 16 断路器底座水泥支柱上装设"红白相间"警告布幔	5	未在汇水线 16 断路器底座水泥支柱上装设"红白相间"警告布幔扣 5 分。在 110kV 汇水线 16 断路器底座水泥支柱上装设的"红白相间"警告布幔不牢固扣 2 分
在 110kV 4 母线汇水线与汇玻线间水泥支柱上装设"红白相间"警告布幔	5	未在 110kV 4 母线汇水线与汇玻线间水泥支柱上装设"红白相间"警告布幔扣 5 分。在 110kV 4 母线汇水线与汇玻线间水泥支柱上装设的"红白相间"警告布幔不牢固扣 2 分

4. 事 故 处 理

实例：110kV Ⅰ母线支持绝缘子发生闪络故障评分标准

110kV Ⅰ母线支持绝缘子发生闪络故障

（一）	事故象征		
	铃响，喇叭响，1 号变压器 32 断路器绿灯闪光，汇商线 11 断路器绿灯闪光，汇易线 13 断路器绿灯闪光，汇南线 15 断路器绿灯闪光，汇玻线 17 断路器绿灯闪光，110kV 母旁 10 断路器绿灯闪光。"掉牌未复归"光字牌亮，"110kV 母差保护动作"光字牌亮，"110kV 电压回路断线"光字牌亮，"110kV 故障录波器动作"光字牌亮。110kV Ⅰ母线三相电压指示为零。汇商线三相电流表指示为零，汇商线有功功率、无功功率表指示为零，汇易线三相电流表指示为零，汇易线有功功率、无功功率表指示为零，汇南线三相电流表指示为零，汇南线有功功率、无功功率表指示为零，汇玻线三相电流表指示为零，汇玻线有功功率、无功功率表指示为零，110kV 母旁 10 断路器三相电流表指示为零，110kV 母旁 10 断路器有功功率、无功功率表指示为零，1 号变压器 110kV 侧三相电流表指示为零，1 号变压器 110kV 侧有功功率、无功功率表指示为零。110kV 母差保护动作信号继电器落牌	满分	实得分
（二）	事故原因		
	110kV Ⅰ母线靠近汇南线 15-1 隔离开关母线侧 A 相绝缘子发生闪络故障。（110kV Ⅰ母线与 110kV Ⅱ母线并列运行）		
（三）	事故处理步骤		
1	记录事故时间	1	
2	恢复音响	2	
3	检查 1 号变压器 32 断路器绿灯闪光	1	
4	将 1 号变压器 32 断路器控制开关切至分位置	1	
5	检查汇商线 11 断路器绿灯闪光	1	
6	将汇商线 11 断路器控制开关切至分位置	1	
7	检查汇易线 13 断路器绿灯闪光	1	
8	将汇易线 13 断路器控制开关切至分位置	1	
9	检查汇南线 15 断路器绿灯闪光	1	

续表

10	将汇南线 15 断路器控制开关切至分位置	1	
11	检查汇玻线 17 断路器绿灯闪光	1	
12	将汇玻线 17 断路器控制开关切至分位置	1	
13	检查 110kV 母旁 10 断路器绿灯闪光	1	
14	将 110kV 母旁 10 断路器控制开关切至分位置	1	
15	检查"掉牌未复归"光字牌亮	1	
16	检查"110kV 母差保护动作"光字牌亮	1	
17	检查"110kV 电压回路断线"光字牌亮	1	
18	检查"110kV 故障录波器动作"光字牌亮	1	
19	检查 110kV I 母线三相电压指示为零	1	
20	检查汇商线三相电流表指示为零	1	
21	检查汇商线有功功率表指示为零	1	
22	检查汇商线无功功率表指示为零	1	
23	检查汇易线三相电流表指示为零	1	
24	检查汇易线有功功率表指示为零	1	
25	检查汇易线无功功率表指示为零	1	
26	检查汇南线三相电流表指示为零	1	
27	检查汇南线有功功率表指示为零	1	
28	检查汇南线无功功率表指示为零	1	
29	检查汇玻线三相电流表指示为零	1	
30	检查汇玻线有功功率表指示为零	1	
31	检查汇玻线无功功率表指示为零	1	
32	检查 110kV 母旁 10 断路器三相电流表指示为零	1	
33	检查 110kV 母旁 10 断路器有功功率表指示为零	1	
34	检查 110kV 母旁 10 断路器无功功率表指示为零	1	
35	检查 1 号变压器 110kV 侧三相电流表指示为零	1	
36	检查 1 号变压器 110kV 侧有功功率表指示为零	1	
37	检查 1 号变压器 110kV 侧无功功率表指示为零	1	
38	检查 110kV 母差保护动作信号继电器落牌	1	
39	检查 110kV I 母线三相电压指示为零	1	
40	现场检查发现 110kV I 母线靠近汇南线 15-1 隔离开关母线侧 A 相绝缘子发生闪络故障	20	
41	做好记录	5	
42	向当值调度值班人员汇报	5	
43	将 110kV 母差保护相比切换开关切至单	2	
44	检查 110kV 母差保护单母线运行指示灯	2	

续表

45	停用 110kV 母差保护 I 母线电压连接片	2	
46	检查 110kV 母旁 10 断路器三相确已拉开	2	
47	拉开 110kV 母旁 10-1 隔离开关	2	
48	检查 110kV 母旁 10-1 隔离开关三相确已拉开	2	
49	拉开 110kV 母旁 10-2 隔离开关	2	
50	检查 110kV 母旁 10-2 隔离开关三相确已拉开	2	
51	检查 1 号变压器 32 断路器三相已拉开	2	
52	拉开 1 号变压器 32-1 隔离开关	2	
53	检查 1 号变压器 32-1 隔离开关三相确已拉开	2	
54	合上 1 号变压器 32-2 隔离开关	2	
55	检查 1 号变压器 32-2 隔离开关三相确已合好	2	
56	合上 1 号变压器 32 断路器	2	
57	检查 1 号变压器 32 断路器三相确已合好	2	
58	检查 1 号变压器 110kV 侧电流表指示正确	2	
59	检查汇玻线 17 断路器三相确已拉开	2	
60	拉开汇玻线 17-1 隔离开关	2	
61	检查汇玻线 17-1 隔离开关三相确已拉开	2	
62	合上汇玻线 17-2 隔离开关	2	
63	检查汇玻线 17-2 隔离开关三相确已合好	2	
64	合上汇玻线 17 断路器	2	
65	检查汇玻线 17 断路器三相确已合好	2	
66	检查汇玻线 17 断路器电流表指示正确	2	
67	检查汇南线 15 断路器三相确已拉开	2	
68	拉开汇南线 15-1 隔离开关	2	
69	检查汇南线 15-1 隔离开关三相确已拉开	2	
70	合上汇南线 15-2 隔离开关	2	
71	检查汇南线 15-2 隔离开关三相确已合好	2	
72	合上汇南线 15 断路器	2	
73	检查汇南线 15 断路器三相确已合好	2	
74	检查汇南线 15 断路器电流表指示正确	2	
75	检查汇易线 13 断路器三相确已拉开	2	
76	拉开汇易线 13-1 隔离开关	2	
77	检查汇易线 13-1 隔离开关三相确已拉开	2	

78	合上汇易线 13-2 隔离开关	2	
79	检查汇易线 13-2 隔离开关三相确已合好	2	
80	合上汇易线 13 断路器	2	
81	检查汇易线 13 断路器三相确已合好	2	
82	检查汇易线 13 断路器电流表指示正确	2	
83	检查汇商线 11 断路器三相确已拉开	2	
84	拉开汇商线 11-1 隔离开关	2	
85	检查汇商线 11-1 隔离开关三相确已拉开	2	
86	合上汇商线 11-2 隔离开关	2	
87	检查汇商线 11-2 隔离开关三相确已合好	2	
88	合上汇商线 11 断路器	2	
89	检查汇商线 11 断路器三相确已合好	2	
90	检查汇商线 11 断路器电流表指示正确	2	
91	检查 110kV Ⅰ 母线运行设备全部调至 110kV Ⅱ 母线运行	2	
92	检查 110kV 母差保护隔离开关切换指示灯指示正确	2	
93	将 110kV 母差保护 TV 切换开关切至 12TV 投入 11TV 停运位置	2	
94	将 110kV 故障录波器 Ⅰ 母线屏蔽按钮屏蔽	2	
95	将汇商线电能表电压开关切至 Ⅱ 母线位置	2	
96	将汇易线电能表电压开关切至 Ⅱ 母线位置	2	
97	将汇南线电能表电压开关切至 Ⅱ 母线位置	2	
98	将 1 号变压器 110kV 侧电能表电压开关切至 Ⅱ 母线位置	2	
99	将汇玻线电能表电压开关切至 Ⅱ 母线位置	2	
100	取下 110kV 11TV 二次熔断器	2	
101	拉开 110kV 11TV 二次快分开关	2	
102	拉开 110kV 11TV-1 隔离开关	2	
103	检查 110kV 11TV-1 隔离开关三相确已拉开	2	
104	检查 110kV Ⅱ 母线三相电压指示正确	2	
105	按下 110kV 母差保护复归按钮	2	
106	检查 110kV 母差保护信号正确	2	
107	在 110kV Ⅰ 母线 110-D11 接地开关母线侧验电确无电压	2	
108	合上 110kV Ⅰ 母线 110-D11 接地开关	2	

续表

109	检查 110kV I 母线 110-D11 接地开关三相确已合好	2	
110	在 110kV I 母线 110-D12 接地开关母线侧验电确无电压	2	
111	合上 110kV I 母线 110-D12 接地开关	2	
112	检查 110kV I 母线 110-D12 接地开关三相确已合好	2	
113	向当值调度值班人员汇报事故处理情况	5	
114	填写《事故及异常记录》	5	
合　计		220	

第八节　知　识　竞　赛

一、知识竞赛

知识竞赛可以由供电公司举办，也可以由班组举办，根据专业分为安全知识竞赛、变电运行竞赛、变电检修知识竞赛、线路运行竞赛、线路检修知识竞赛、配电运行、检修知识竞赛、抄核收知识竞赛、用电检查知识竞赛、计量知识竞赛、业扩知识竞赛、供电服务知识竞赛、调度专业知识竞赛、物资供应专业知识竞赛。知识竞赛一般分为两部分：理论考试和竞赛抢答。

二、知识竞赛理论试题举例

以下列举了电力营销服务各个专业的知识竞赛试题供班组开展知识竞赛时参考。

A. 电力营销服务电工基础类技能竞赛试题

（一）单项选择题

1. 正弦交流电的三要素是（　　）。
　　A. 电压、电动势、电位　　B. 最大值、角频率、初相位
　　C. 容抗、感抗、阻抗　　　　D. 平均值、周期、电流

答案：B

2. 电容器并联电路有如下特点（　　）。
　　A. 并联电路的等效电容等于各个电容器的容量之和
　　B. 每个电容两端的电流相等

255

C. 三并联电路的总容量等于最大电容器的容量

D. 电容器上的电压与电容量成正比

答案：A

3. 有两个正弦量，其瞬时值的表达式分别为 $u=220\sin(\omega t-10°)$，$i=5\sin(\omega t-40°)$。那么（ ）。

　　A. 电流滞后电压 40°　　　B. 电流滞后电压 30°

　　C. 电压滞后电流 50°　　　D. 电压滞后电流 30°

答案：B

4. 产生串联谐振的条件是（ ）。

　　A. XL＞XC　　　　　　　B. XL＜XC

　　C. XL＝XC　　　　　　　D. XL＋XC＝R

答案：C

5. 两个并联在 10V 电路中的电容器是 10μF，现在将电路中电压升高至 20V，此时每个电容器的电容将（ ）。

　　A. 增大　　　　　　　　B. 减小

　　C. 不变　　　　　　　　D. 先增大后减小

答案：C

6. 恒流源的特点是（ ）。

　　A. 端电压不变　　　　　B. 输出功率不变

　　C. 输出电流不变　　　　D. 内部损耗不变

答案：C

7. 两个平行导线通过同相电流时，导体之间相互（ ）。

A. 排斥　　B. 产生磁场　　C. 产生涡流　　D. 吸引

答案：D

8. 当频率低于谐振频率时，R、L、C 串联电路呈（ ）。

　　A. 感性　　　　　　　　B. 阻性

　　C. 容性　　　　　　　　D. 不定性

答案：C

9. 当电网发生故障时，如有一台变压器损坏，其他变压器（ ）过负荷运行。

　　A. 不允许　　　　　　　B. 允许 2h

　　C. 允许短时间　　　　　D. 允许 1h

答案：C

10. 电阻负载并联时功率与电阻关系是（   ）。

    A. 因电流相等，所以功率与电阻成正比

    B. 因电流相等，所以功率与电阻成反比

    C. 因电压相等，所以功率与电阻大小成反比

    D. 因电压相等，所以功率与电阻大小成正比

答案：C

（二）多项选择题

1. 表征电力系统运行经济性的具体指标有（   ）。

    A. 煤耗   B. 网损率

    C. 厂用电率   D. 电流密度

答案：ABC

2. 将交流电转变为直流电要经过（   ）等几个主要环节。

    A. 变压   B. 整流

    C. 滤波   D. 稳压

答案：ABCD

3. 电力系统中限制短路电流的方法有（   ）。

    A. 装设电抗器   B. 变压器分开运行

    C. 供电线路分开运行   D. 装设串联电容器

答案：ABC

4. 单相接地引起的过电压只发生在（   ）。

    A. 中性点不接地电网中

    B. 中性点经消弧线圈接地电网中

    C. 中性点直接接地电网中

    D. 中性点绝缘电网中

答案：AB

5. 作用于电力系统的过电压，按其起因及持续时间大致可分为（   ）。

    A. 大气过电压   B. 工频过电压

    C. 谐振过电压   D. 操作过电压

答案：ABCD

6. 电力系统中性点接地方式有（   ）等三种。

    A. 中性点不接地系统   B. 中性点经消弧线圈接地系统

    C. 中性点直接接地系统   D. 中性点绝缘系统

答案：ABC

7. 对称三相交流电源具有（　　）的特点。

    A. 三相电动势最大值相等

    B. 三相电动势角频率相同

    C. 三相电动势初相角相等

    D. 三相电动势的相位角互差 $120°$

答案：ABD

8. 关于有功功率和无功功率，下列说法中（　　）是正确的。

    A. 无功功率就是无用的功率

    B. 无功功率有正有负

    C. 在 RLC 电路中，有功功率就是在电阻上消耗的功率

    D. 在纯电感单相电路中，无功功率的最大值等于电路电压和电流的乘积

答案：BCD

9. 以下说法中，（　　）表述是正确的。

    A. 自感是电磁感应的一种

    B. 电路中产生感应电动势必有感应电流

    C. 互感是电磁感应的一种

    D. 电路中有感应电流就有感应电动势

答案：ACD

10. 在线路上产生电压损失的主要原因是（　　）。

    A. 供电线路太长，超出合理的供电半径

    B. 用户用电的功率因数低

    C. 线路导线截面太小

    D. 冲击性负荷，三相不平衡负荷的影响

答案：ABCD

（三）判断题

1. 电场中，两点间的电位差就是这两点间的电压。（　　）

答案：√

2. 在一定的时间内，功率越大的用电设备，其消耗的电能也就越多。（　　）

答案：√

3. 所谓"工频"，是指 50Hz 的交流电。（　　）

答案：×

4. 为减小测量误差，电压表的内阻应尽量小。（　　）

答案：×

5. 欧姆定律只适用于线性电路。（　　）

答案：√

6. 如果正弦交流电压的有效值是220V，则它的最大值为380V。（　　）

答案：×

7. 交流电在一周期中出现的最大瞬时值叫最大值。（　　）

答案：√

8. 高压输电线和变电站设备是会向其周围空间形成有效的能量辐射。（　　）

答案：√

9. 凡电压或电流的波形只要不是标准的正弦波，其中必然包含高次谐波，整流负载和非线性负载是电力系统的谐波源。（　　）

答案：√

10. 交流电的频率越高，电感线圈的感抗越大。（　　）

答案：√

（四）简答题

1. 什么是有功功率、无功功率和视在功率？

答：有功电流和电压产生的功率称为有功功率，用 P 表示。

无功电流和电压产生的功率称为无功功率，用 Q 表示。

电压 U 和电流 I 的乘积 UI 虽有功率的量纲，但不是电路实际消耗的功率，所以称为视在功率，用字母 S 表示。

2. 什么是变压器的空载损耗？

答：变压器的空载损耗指变压器二次绕组开路，一次绕组加上额定频率的额定电压时产生的有功功率损耗，也称为铁损。

3. 什么是并联谐振？其特点是什么？

答：在电阻、电感、电容的并联电路中，出现电路端电压和总电流同相位的现象，叫并联谐振。

它的特点是：并联谐振是一种完全的补偿，电源无需提供无功功率，只提供电阻所需的有功功率；谐振时，电路的总电流最小，而支路的电流往往大于电路的总电流，因此，并联谐振也称电流谐振。

发生并联谐振时，在电感和电容元件中会流过很大的电流，因此会造成电路的熔丝熔断或烧毁电气设备等事故。

4. 什么是最大运行方式？什么是最小运行方式？

答：最大运行方式，是指在最大运行方式运行时，具有最小的短路阻抗值，发生短路时产生的短路电流最大。

最小运行方式，是指在最小运行方式运行时，具有最大的短路阻抗值，发生短路时产生的短路电流最小。

5. 为什么低压网络中普遍采用三相四线制供电?

答：由于三相四线制供电可以同时获得线电压和相电压两种电压，这对于用电者来说是比较方便的。在低压网络中，常采用动力负荷与照明负荷混合供电，即将380V线电压供三相电动机用，220V相电压供照明和单相负荷用。另外，在三相负荷不对称时，因中性线的阻抗很小，所以也能够消除因三相负荷不对称时中性点的电压位移，从而能保证负荷的正常工作。所以综上所述，三相四线制供电获得广泛的应用。

（五）计算题

已知星形连接的三相对称电源，接一星形四线制平衡负载 $Z=3+j4\Omega$，若电源线电压为380V，问 A 相断路时，中线电流是多少?若接成三线制（即星形连接不用中线），A 相断路时，线电流是多少?

解：在三相四线制电路中，当 A 相断开时，非故障相的相电压不变，相电流也不变，这时中线电流为

$$\dot{I}_0=\dot{I}_B+\dot{I}_C=\frac{220\angle-120°}{3+j4}+\frac{220\angle120°}{3+j4}=44\angle126.9°(A)$$

若利用三线制，A 相断开时

$$\dot{I}_A=0,\ \dot{I}_B=\dot{I}_C=\frac{U_1}{2Z}=\frac{380}{2\sqrt{3^2+4^2}}=38(A)$$

在三相四线制电路中，A 相断开时，中线电流为 44A；若接成三线制，A 相断开时，B、C 两相线电流均为38A。

B. 电力营销服务法律法规类技能竞赛试题

（一）单项选择题

1. 在所有电力法律法规中，具有最高法律效力的是（　　　）。

　　A. 供电营业规则　　　　　　B. 电力法

　　C. 用电检查管理办法　　　　D. 电力供应与使用条例

答案：B

2.《电力设施保护条例》是（　　　）。

　　A．行政法规　　　　　　　B．法律
　　C．部门规定　　　　　　　D．基本法律
答案：A

3.《居民用户家用电器损坏处理办法》第十二条所指电机类家用电器的平均使用年限为（　　）年。
　　A．8　　　　　　　　　　　B．10
　　C．12　　　　　　　　　　D．15
答案：C

4.供电设施临时检修需停止供电，供电企业应当提前（　　）通知重要用户。
　　A．24 小时　　　　　　　　B．3 天
　　C．7 天　　　　　　　　　D．15 天
答案：A

5.《供电营业规则》第七十六条规定：对不具备安装计量装置条件的临时用电客户，可以按其（　　）、使用时间、规定的电价计收电费。
　　A．用电容量　　　　　　　B．设备容量
　　C．用电类别　　　　　　　D．支付能力
答案：A

6.电力监督检查的实施主体是（　　）。
　　A．电力管理部门　　　　　B．供电企业
　　C．技术监察部门　　　　　D．物价管理部门
答案：A

7.《中华人民共和国电力法》第四十三条规定，（　　）不得超越电价管理权限制定电价。
　　A．当地人民政府　　　　　B．电力管理部门
　　C．任何单位　　　　　　　D．电力企业
答案：C

8.《供电营业规则》规定，因违约用电或窃电导致他人财产、人身安全受到侵害的，受害人有权要求违约用电或窃电者停止侵害，赔偿损失。（　　）应予协助。
　　A．供电企业　　　　　　　B．电力管理部门
　　C．当地人民政府　　　　　D．电力使用者
答案：A

9.《电力设施保护条例实施细则》第十九条规定:( )对检举、揭发破坏电力设施或哄抢、盗窃电力设施的行为符合事实的单位或个人,给 2000 元以下的奖励。

  A. 供电企业   B. 电力管理部门

  C. 当地人民政府   D. 公安部门

答案:B

10. 由于供电质量问题引起的家用电器损坏,需对家用电器进行修复时,供电企业应承担( )责任。

  A. 赔偿   B. 被损坏元件的修复

  C. 更换   D. 维修

答案:B

(二)多项选择题

1. 调整供用电法律关系的国家法律和行政法规有( )。

  A.《电力法》

  B.《用电检查管理办法》

  C.《电力供应与使用条例》

  D.《供电营业规则》

答案:ABCD

2. 电力用户的主要用电义务有( )。

  A. 办理用电手续   B. 安装计量装置

  C. 交纳电费   D. 安全用电

答案:ACD

3. 用电检查人员进行监督检查时,有权( )。

  A. 查封用户的账册   B. 阅览有关资料

  C. 冻结用户银行账号   D. 进入现场检查

答案:BD

4. 处理触电人身损害赔偿案件应适用的法律有( )。

  A. 民法通则   B. 劳动法

  C. 公司法   D. 电力法

答案:AD

5. 凡有( )电源的用户,在投入运行前要向供电企业提出申请并签订协议。

  A. 自备   B. 备用

C. 安全　　　　　　　　D. 临时

答案：AB

6. 下列条款中，（　　）是供用电合同具备的条款。

A. 供电方式、供电质量和供电时间

B. 用电容量和用电地址、用电性质

C. 计量方式和电价、电费结算方式

D. 违约用电责任

答案：ABC

7.《居民用户家用电器损坏处理办法》规定属于电子类家用电器的是（　　）。

A. 电视机　　　　　　　B. 电冰箱

C. 录像机　　　　　　　D. 电炒锅

答案：AC

8. 触电人身损害赔偿案件的医疗包括（　　）。

A. 医药费　　　　　　　B. 住院费

C. 继续治疗费　　　　　D. 其他器官功能训练费

答案：ABCD

9. 以下哪些属于国家电网公司提出塑造的五个方面的形象（　　）。

A. 认真负责的国企形象　　B. 热情周到的服务形象

C. 团结进取的团队形象　　D. 公平诚信的市场形象

答案：ACD

10.《电力法》第十五条规定：输变电工程、调度通讯自动化工程等电网配套工程和环境保护工程，应当与发电工程项目（　　）使用。

A. 同时设计　　　　　　B. 同时建设

C. 同时验收　　　　　　D. 同时投入

答案：ABCD

（三）判断题

1.《中华人民共和国电力法》从 1994 年 4 月 1 日起开始施行。（　　）

答案：（×）

2. 在供用电合同中，电力的价格可以由供电人和用电人双方协商。（　　）

答案：（×）

3. 因电力运行事故给用户或者第三人造成损害的，电力企业应当依法承担赔偿责任。（　　）

答案：（√）

4.《中华人民共和国合同法》第九条规定，当事人订立合同，应当具有相应的民事权利能力和民事行为能力。（　　）

答案：　（√）

5.供用电双方协商同意，且不损害国家利益和扰乱供用电秩序，可以变更或解除合同。（　　）

答案：（√）

6.用户新装用电、变更用电和终止用电均应到当地的供电企业办理手续。
（　　）

答案：（√）

7.供电企业对危害电力设施安全的行为，应采取罚款措施。（　　）

答案：（×）

8.在供电设施上发生事故，应由供电企业承担因发生事故引起的法律责任。
（　　）

答案：（×）

9.临时用电期间，用户应设专人看管临时用电设施，使用完及时拆除。
（　　）

答案：（√）

10.在用户受电装置上作业的电工，应经培训，取得供电企业颁发的《电工进网作业许可证》（　　）

答案：（×）

（四）简答题

1.简述用电检查的概念，其法律依据是什么？

答：用电检查是指电网经营企业、供电企业根据国家有关电力供应与使用的法律法规、政策规定，对用户的电力使用进行检查的活动。目的是为了保障正常的供用电秩序和公共安全。

用电检查的法律依据是《中华人民共和国电力法》、《电力供应与使用条例》、《用电检查管理办法》。

2.《供电监管办法》规定，供电企业发现用电设施存在安全隐患时，应如何处理？

答：供电企业发现用电设施存在安全隐患，应当及时告知用户采取有效措施进行治理。用户应当按照国家有关规定消除用电设施安全隐患。用电设施存在严重威胁电力系统安全运行和人身安全的隐患，用户拒不治理的，供电企业可以按照国家有关规定对该用户中止供电。

3．现场用电检查确认有窃电行为的，应如何处理？

答：（1）用电检查人员应当场予以中止供电，制止其侵害，并按规定追补电费和违约使用电费。

（2）拒绝接受处理的，应报请电力管理部门依法给予行政处罚。

（3）情节严重，违反治安管理处罚规定的，由公安机关依法予以治安处罚。

（4）构成犯罪的，由司法机关依法追究刑事责任。

4．什么情况下运用不按抗辩权减少电费风险？

答：当用电人出现经营状况严重恶化；转移财产、抽逃资金以逃避债务的；丧失商业信誉的；用户有丧失或可能丧失履行债务能力的其他情形中的一种或几种时，供电企业应按照不按抗辩权的规定，在证据充分的情况下可中止供电，以保护电费债权。

5．供用电双方在哪些情况下可以免除责任？

答：（1）不可抗力。

（2）第三方责任。

（3）有正当理由的停限电或超负荷用电。

（4）对于供电方来说，由于用电方自己的过错，造成供用电合同不能履行，如用电内部发生事故而造成断电，由此引起的损失，供电方不承担违约责任。

（五）论述题

供电企业对用户拖欠电费行为如何处理？

答：根据《电力供应与使用条例》第三十九规定，逾期未交清电费的，供电企业可以从逾期之日起每日按照电费总额的千分之一至千分之三加收违约金，自逾期之日起计算，超过30日经催交仍未交付电费的，供电企业可以按照国家规定的程序停止供电。

《供电营业规则》第九十八条规定：用户在供电企业规定的期限内未交清电费时，应承担电费滞纳的违约责任。电费违约金从逾期之日起计算至交纳日止。每日电费违约金按下列规定计算：

（1）居民用户每日按欠费总额的千分之一计算。

（2）其他用户。①当年欠费部分，每日按欠费总额的千分之二计算；②跨年度欠费部分，每日按欠费总额的千分之三计算。

电费违约金收取总额按日累加计收，总额不足1元者按1元收取。

（六）案例分析题

2011年3月15日，某供电公司在10kV线路巡视中，发现某村村民张××，在 10kV 线路保护区内建设二层住宅楼，当场进行劝阻，并向房主下达了《安全隐患通知书》。房主未听劝阻，也拒绝在《安全隐患通知书》上签字。三月十九日十五时，施工人员邓××遭高压电击，从二楼顶摔落地面，造成顶部颅骨骨折，硬外膜血肿伴右侧肌力减退。

涉案 10kV 线路产权属该供电公司，现场测量 10kV 裸体导线对楼顶距离 1.78m，房主张××建房承包给李××的建筑队，邓×与李××系雇佣关系，每天支付工资 30 元。

邓×向法院起诉，要求施工建筑队队长李××、房主张××、某供电公司赔偿医疗费、误工费、住院伙食补助费、营养费、住院期间护理费、出院后期护理费、交通费等共计 98148 元及后续治疗费。

问：（1）三被告各应承担什么责任？为什么？

（2）原告自己有没有过错？是否应该承担责任，为什么？

答：（1）三被告的责任分别是：

1）建筑队队长李××系工程承包者，知道张××所建楼房上方有高压线，存在安全隐患，却仍施工建楼，疏于管理，致使原告受伤，邓×与李××系雇用关系。根据省高级人民法院《关于审理人身伤害赔偿案件若干问题的意见》第 34 条："雇员在按照雇佣活动中自身受到损害的，应以雇主为被告承担赔偿责任。"李××应承担主要赔偿责任。

2）房主张××明知所建楼房上方有高压线，但不听电力部门的劝阻，坚持在电力线路保护区内建房，违反了《电力设施保护条例》第十五条："任何单位或个人在架空电力线路保护区内不得兴建建筑物、构筑物"的规定，导致事故的发生，应承担相应的赔偿责任。

3）某供电公司不承担责任。按照《民法通则》第一百二十三条之规定，某供电公司应承担高压供电致人伤害的特殊侵权责任。但根据最高人民法院《关于审理触电人身损害赔偿案件若干问题的解释》第三条第四项，受害人在电力设施保护区从事法律、行政法规所禁止的行为之规定，某供电公司具备免责事由。不应承担赔偿责任。

（2）原告邓×自身有过错。邓×系完全民事行为能力人，理应知道在高压线下作业的危险性，而其疏忽大意以致事故发生。其行为违反《电力设施保护条例》第五十四条"任何单位和个人需要在依法划定的电力设施保护区进行可能危及电力设施安全的作业时，应当经电力管理部门批准并采取安全措施后，方可进行作业"之规定。应当减轻被告人所承担的责任。

（注　法院判决：建筑队队长李××承担 70% 的赔偿责任；房主张××承担

20%的赔偿责任；原告邓×自负10%的责任；某供电公司不承担民事赔偿责任。）

C. 电力营销服务用电检查类技能竞赛试题

（一）单项选择题

1. 有绕组的电气设备在运行中所允许的最高温度是由（   ）性能决定的。

    A. 设备保护装置　　　　　　B. 设备的机械

    C. 绕组的绝缘　　　　　　　D. 设备材料

答案：C

2. 《供电营业规则》第一百零三条规定：窃电时间无法查明时，窃电日数至少以（   ）计算，每日窃电时间：电力用户按12小时；照明用户按6小时计算。

    A. 一年　　　　　　　　　　B. 180天

    C. 三个月　　　　　　　　　D. 30天

答案：B

3. 对于单侧电源的双绕组变压器，常采用带制动线圈的差动继电器构成差动保护。其制动线圈应装在（   ）。

    A. 电源侧　　　　　　　　　B. 负荷侧

    C. 电源侧或负荷侧　　　　　D. 保护需要处

答案：B

4. 限流断路器的基本原理是利用（   ）来达到限流的目的。

    A. 短路电流所产生的电动力迅速使触头分开

    B. 断路器内的限流电阻

    C. 瞬时过电流脱扣器动作

    D. 断路器内的限流线圈

答案：A

5. 中性点接地系统比不接地系统供电可靠性（   ）。

    A. 高　　　　　　　　　　　B. 差

    C. 相同　　　　　　　　　　D. 无法比

答案：B

6. 全线敷设电缆的配电线路，一般不装设自动重合闸，是因为（   ）。

    A. 电缆线路故障几率少　　　B. 电缆线路故障多为永久性故障

C. 电缆故障不允许重合　　D. 装设自动重合闸会扩大故障

答案：B

7. 单侧电源的三绕组变压器，应在（　　）装设过负荷保护。

　　A. 高压侧　　　　　　　　B. 中压侧

　　C. 低压侧　　　　　　　　D. 三侧

答案：A

8. 一台容量为 1000kVA 的变压器，24h 的有功用电量为 15360kWh，功率因数为 0.85，该变压器 24h 的利用率为（　　）。

　　A. 54%　　　　　　　　　B. 64%

　　C. 75.3%　　　　　　　　D. 75%

答案：C

9. 用电检查人员对营业区内的客户进行用电检查，客户应当接受检查并为用电检查提供方便。用户对其设备的安全负责，用电检查人员（　　）因被检查设备不安全引起的任何直接损坏或损害的赔偿责任。

　　A. 不承担　　　　　　　　B. 承担部分

　　C. 承担全部　　　　　　　D. 按比例分担

答案：A

10. 负荷率是（　　）的主要指标。

　　A. 企业用电均衡程度

　　B. 企业用电有功负荷和无功负荷比例

　　C. 企业用电设备利用程度

　　D. 都不是

答案：A

（二）多项选择题

1. 下列陈述中，（　　）是对电气主接线的基本要求。

　　A. 可靠性，对客户保证供电可靠性和电能质量

　　B. 灵活性，能适合各种运行方式，便于检修

　　C. 操作方便，接线清晰，布置对称合理，运行方便

　　D. 实用性，在满足上述三个基本要求的前提下，力求实用

答案：ABC

2. 绝缘操作杆由（　　）三部分组成。

　　A. 工作部分　　　　　　　B. 绝缘部分

　　C. 手握部分　　　　　　　D. 指示部分

答案：ABC

3. 常用鼠笼式异步电动机的降压启动方法有（   ）。

    A. 定子回路串电抗器起动

    B. 采用自耦变压器降压起动

    C. 星形-三角形换接起动

    D. 转子串频敏变阻器起动

答案：AB

4. 用电检查工作必须以事实为依据，以国家有关电力供应与使用的（   ）以及国家和电力行业的标准为准则，对用户的电力使用进行检查。

    A. 法规   B. 方针

    C. 政策   D. 标准

答案：ABC

5. 电力变压器出现（   ）异常情况时，应立即停运。

    A. 变压器声响明显增大，内部有爆裂声

    B. 严重漏油或喷油，油面下降低于油位计的指示限度

    C. 套管有严重破损和放电现象

    D. 变压器放油阀有轻微渗漏

答案：ABC

6. 举证窃电的证据具有（   ）的特点。

    A. 客观性   B. 关联性

    C. 不完整性   D. 推定性

答案：ABCD

7. 客户功率因数低的主要危害是（   ）。

    A. 增加供电线路电能的损失

    B. 增加线路电压损失

    C. 降低供电设备的有效利用率

    D. 增加部分企业的电费开支

答案：ABCD

8. 由供电企业负责赔偿的电力运行事故有（   ）。

    A. 在 220/380V 供电线路上，发生相线与零线接错或三相相序接反

    B. 在 220/380V 供电线路上，发生零线断线

    C. 在 220/380V 供电线路上，发生相线与零线互碰

    D. 同杆架设或交叉跨越时，供电企业的高压线路导线掉落到 220/380V

线路上或供电企业高压线路对 220/380V 线路放电

答案：ABCD

9. 不停电工作是指（　　）。

    A. 高压设备部分停电，但工作地点完成可靠安全措施，人员不会触及带电设备的工作。

    B. 可在带电设备外壳上或导电部分上进行的工作

    C. 高压设备停电

    D. 工作本身不需要停电并且不可能触及导电部分的工作

答案：BD

10. 在带电的低压配电装置上工作时，应采取防止（　　）的绝缘隔离措施。

    A. 相间短路　　　　　　　B. 单相接地

    C. 导线反弹　　　　　　　D. 导线断股

答案：AB

（三）判断题

1. 变电站进线段过电压保护，是指在 35kV 及以上电压等级的变电站进出线全线安装避雷线。（　　）

答案：×

2. 避雷器的冲击放电电压和残压是表明避雷器保护性能的两个重要指标。（　　）

答案：√

3. 使用欠补偿方式的消弧线圈分接头，当增加线路长度时应先投入线路后再提高分接头。（　　）

答案：√

4. 未经供电企业许可，擅自引入电源、供出电源或者将自备电源擅自并网，属于窃电行为。（　　）

答案：×

5. 空载变压器合闸瞬间电压正好经过峰值时，其激磁电流最小。（　　）

答案：×

6. 在同一变压器供电的低压系统中，根据需要可以一部分设备保护接地，另一部分设备保护接零。（　　）

答案：×

7. 用电检查人员对有违章或窃电嫌疑的客户，只有取得确凿证据后，才能

依据相应的规定进行处理。(　　)

答案：√

8. 线损是电能在传输过程中所产生的有功、无功电能和电压损失的简称。
(　　)

答案：√

9. 解决月份之间线损率波动的主要方法是提高月末及月末日 24 点抄见电量比重。(　　)

答案：√

10. 多路电源供电的用户进线应加装闭锁装置或按供用双方协议调度操作。
(　　)

答案：√

(四)简答题

1. 变压器安装有载调压有何意义?

答：这种变压器用于电压质量要求较严的处所，还可加装自动调整、检测控制部分，它可随时保证电压质量合格。

它的意义在于能带负荷调整电压，调整范围大，可减少电压的波动，减少高峰低谷的电压差；如安装有电容器时，还可充分发挥电容器的作用。

2. 带电检查计量装置接线有哪些内容?

答：(1)测量各二次线(相)电压。

(2)检查接地点判明 V 相电压。

(3)测定三相电压的相序。

(4)测定各相负荷电流。

(5)检查电能表接线的正确性。

(6)测定电能表的误差。

3. 用电检查人员在什么情形下对客户停电可不经批准?

答：有下列情形之一者，不经批准即可中止供电，但事后应报告本单位负责人：

(1)不可抗力和紧急避险。

(2)确有窃电行为。

4. 对客户定期检查的周期是如何规定的?

答：对客户定期检查的周期规定如下：

(1)35kV 及以上电压等级的客户，至少每半年检查一次。

(2)10kV 客户(不含高供低计客户)至少每年检查一次。

（3）10kV高供低计、0.4kV及以下一般工商业客户至少两年检查一次。

（4）居民生活照明客户检查周期由各供电（电力）公司自定。

5.《国家电网公司客户安全用电服务若干规定》规定，在客户受电工程施工期间，用电检查人员应做哪些工作？

答：用电检查人员应根据审核同意的设计文件和有关施工及技术标准等，对隐蔽工程进行中间检查及施工质量抽检，包括电缆沟和隧道，电缆直埋敷设工程，接地装置工程，变压器、断路器等电气设备特性试验等，及时发现和纠正不符合技术规程要求的施工工艺及质量问题，并以书面形式向客户提出消除安全隐患的指导意见，提高受电工程的施工质量。

（五）计算题

某用电检查员在一次检查时发现某工业用户有功分时计费电能表（三相四线制）一相电流回路接反，已知从上次装表时间到现在为止该用户抄见有功电量为80000kWh、高峰电量为30000kWh、低谷电量为20000kWh。请问该用户应补交电费多少元？（假设该用户三相负荷平衡，平段电价为0.40元/kWh，高峰电价为平段电价的150%，低谷电价为平段电价的50%）。

解：因该户三相负荷平衡，一相电流线圈接反，所以电量更正率为200%。

应追补高峰电费＝30000×200%×0.40×150%＝36000（元）

低谷电费＝20000×200%×0.40×50%＝8000（元）

平段电费＝（80000－30000－20000）×200%×0.4＝24000（元）

应补交电费＝36000＋8000＋24000＝68000（元）

该用户应补交电费68000元。

（六）论述题

试述用电检查人员在业扩报装过程中有哪些工作。

答：（1）用电检查人员在接到报装部门发出的现场勘察通知书后，应积极配合报装，提出对供电方式、用电设施运行及保护方式等用电管理技术要求，并对用电工程图纸进行审核。在用电工程施工过程中还应进行中间检查。

（2）用电工程结束后，在接到报装部门发出的验收、供电通知书后，应配合报装进行工程质量验收、配合装表接电。

（3）在供电工作结束后，应根据业扩报装和用户提供的用电资料、图纸、供用电合同、通用书、有关协议等，按用户管辖范围建立用电档案。

（七）案例分析题

时值迎峰度夏之际，为确保重要用户安全用电，某供电公司决定实施重要用户专题用电检查，当用电检查员到达用户现场时，发现其变压器容量并非合同约定的 500kVA，而是 630kVA。

问：（1）依据《用电检查管理办法》，到用户进行用电检查工作前应做好哪些准备工作？

（2）用户上述行为属什么行为，应当如何处理？

（3）若用户确需继续使用，应告知用户办理什么业务，具体业务流程是什么？

答：（1）应做的准备工作。

1）按规定填写《用电检查工作单》，经审核批准后，方能赴用户执行查电任务。

2）按照检查的电压等级携带好相应的《用电检查证》、《用电检查工作单》、《用电检查结果通知书》、《违约用电、窃电通知书》等必要证件和单据。

3）对用户实施检查时至少由两人进行。

（2）违约行为及如何处理。用户上述行为属私自超过合同约定容量用电的违约用电行为，按照《供电营业规则》第 100 条的规定：应拆除私自增容设备，属于两部制电价的用户，应补交私增设备容量使用月数的基本电费，并承担三倍私增容量基本电费的违约使用电费；其他用户应承担私增容量每千瓦（千伏安）50 元的违约使用电费。

（3）告知事项及具体业务流程。用户要求继续使用时，应办理增容手续。依据《国家电网公司供电客户服务提供标准》规定，增容的流程：业务受理、现场勘查、供电方案确定及答复、业务收费、受电工程设计审核、中间检查及竣工检验、供用电合同签订、接电、资料归档、服务回访。

D. 电力营销服务电能计量类技能竞赛试题

（一）单项选择题

1. DL/T 448—2000《电能计量装置技术管理规程》规定，接入中性点绝缘系统的 3 台电压互感器，35kV 以下的宜采用（   ）方式接线。

    A. Y/y　　　　　　　　　B. Y_0/y_0

    C. V/V　　　　　　　　　D. Y/V

答案：C

2. 关于电能表的型号与字母的含义表述正确的是（   ）。

    A. D 表示单相，S 表示三相四线，T 表示三相三线，F 表示无功

B. D 表示单相，S 表示三相四线，T 表示三相三线，B 表示标准

C. S 表示三相三线，T 表示三相四线，F 表示复费率，Z 表示最大需量

D. S 表示三相三线，T 表示三相四线，B 表示无功，X 表示全电子

答案：C

3. 中性点有效接地的高压三相三线电路中，应采用（　　）的电能表。

A. 三相三线　　　　　　　　B. 三相四线

C. A、B 均可　　　　　　　　D. 高精度的三相三线

答案：B

4. 某 35kV 高压供电客户，计量方式高供高计，配置 100/5 的电流互感器，若上月抄表码为 7560，本月抄表码为 7570，则该用户当月实际用电量为（　　）kWh。

A. 200　　　　　　　　　　B. 7000

C. 20000　　　　　　　　　D. 70000

答案：D

5. 低压三相四线制线路中，在三相负荷对称情况下，U、W 相电压接线互换，则电能表（　　）。

A. 停转　　　　　　　　　　B. 反转

C. 正常　　　　　　　　　　D. 烧毁

答案：A

6. 电流互感器铭牌上所标示的额定电压是指（　　）。

A. 一次绕组的额定电压

B. 一次绕组对二次绕组和地能够承受的最大电压

C. 二次绕组的额定电压

D. 一次绕组所能承受的峰值电压

答案：B

7. 现场测得电能表第一元件接 I_u、U_{vw}，第二元件接 $-I_w$、U_{uw}，则更正系数为（　　）。

A. $\dfrac{-2\sqrt{3}}{\sqrt{3}+\tan\varphi}$　　　　　　　　B. $\dfrac{2}{1-\sqrt{3}\tan\varphi}$

C. $\dfrac{-2}{1-\sqrt{3}\tan\varphi}$　　　　　　　　D. 0

答案：B

8. 下列关于最大需量表说法正确的是（　　）。

A. 最大需量表只用于工业用户

B. 最大需量表用于两部制电价用户

C. 最大需量表按其结构分为区间式和滑差式

D. 最大需量表计算的单位为 kWh

答案：B

9. 负荷容量为 315kVA 以下的低压计费用户的电能计量装置属于（　　）类计量装置。

    A. I 类　　　　　　　　　　B. II 类

    C. III 类　　　　　　　　　 D. IV 类

答案：D

10. 当使用手持式红外测温仪时，由于环境温度的较大变化将影响红外测温仪的测量精度，当将仪器从一个环境拿到另一种环境温度相差较大的环境中使用时，将会导致仪器精度的暂时（　　）。

    A. 升高　　　　　　　　　　B. 降低

    C. 不变　　　　　　　　　　D. 升高或降低无法预测

答案：B

（二）多项选择题

1. 计量器具包括（　　）。

    A. 仪器仪表　　　　　　　　B. 计量基准

    C. 计量标准　　　　　　　　D. 工作计量器具

答案：BCD

2. II 类计量装置指（　　）。

    A. 月平均用电量在 100 万 kWh 及以上

    B. 200MW 及以上发电机

    C. 变压器容量在 2000kVA 及以上高压计费用户

    D. 供电企业内部考核点

答案：AC

3. 按照电能表接入被测电路的方式有（　　）接入式。

    A. 直接　　　　　　　　　　B. 间接

    C. 复合　　　　　　　　　　D. 相对

答案：AB

4. 互感器极性的试验方法有（　　）。

    A. 直流法　　　　　　　　　B. 交流法

C. 观察法　　　　　　　　D. 比较法

答案：ABD

5. 系统误差分类按误差来源包括有（　　　）。

A. 工具误差　　　　　　　B. 装置误差

C. 人员误差　　　　　　　D. 方法误差

答案：ABCD

6. 电子型电能表标准装置电源回路主要设备有（　　　）。

A. 滤波器　　　　　　　　B. 变压器

C. 整流器　　　　　　　　D. 稳压器

答案：BCD

7. 下面属于我国电力互感器准确度等级分类的是（　　　）。

A. 1 级　　　　　　　　　B. 0.2S 级

C. 0.1 级　　　　　　　　D. 0.3 级

答案：ABC

8. 用电压表测量电压互感器三相电压，可以判断出（　　　）。

A. 电压比　　　　　　　　B. 熔丝是否熔断

C. 极性是否正确　　　　　D. 二次侧是否接地

答案：ABCD

9. 采用防撬铅封对（　　　）的窃电有防范作用。

A. 欠压法　　　　　　　　B. 欠流法

C. 移相法　　　　　　　　D. 无表法

答案：ABC

（三）判断题

1. 三相电能计量的接线方式中，U、V、W 接线为正相序，那么 W、V、U 就为逆相序。（　　　）

答案：√

2. 感应式单相交流电能表主要由驱动元件、转动元件、计数器、制动元件、接线端钮盒及外壳等组成。（　　　）

答案：√

3. 10kV 电流互感器二次绕组 K_2 端要可靠接地。（　　　）

答案：√

4. 电压互感器二次回路连接导线截面积应按允许的电压降来计算，Ⅰ、Ⅱ类计量装置不超过 0.2%，其他计量装置不超过 0.5%，但至少应不小于 $2.5mm^2$。

（ ）

答案：√

5．电压互感器的误差可分为比差和角差。（ ）

答案：√

6．三相三线无功电能表在运行中产生反转的重要原因是，三相电压进线相序接反或容性负荷所致。（ ）

答案：√

7．三相三线内相角为60°的无功电能表，能够用在复杂不对称电路而无线路附加误差。（ ）

答案：×

8．为防止电流互感器在运行中烧坏，其二次侧应装熔断器。（ ）

答案：×

9．最大需量表测得的最大需量值是指电力用户在某一时段内，负荷功率按规定时限平均功率的最大值。（ ）

答案：√

10．用户要求校验计费电能表时，供电部门应迅速办理，不得收取校验费。（ ）

答案：×

（四）简答题

1．简述电能计量装置的概念。

答：电能计量装置是用于测量和记录发电量、厂用电量、供（互供）电量、线损电量和客户用电量的电能计量器具及其辅助设备的总称。它包括各种类型的计量用电能表、互感器及其二次回路、电能计量柜（箱）等。

2．简述电流互感器的基本结构。

答：电流互感器的基本结构是由两个互相绝缘的绕组和公共铁芯构成。与线路连接的绕组叫一次绕组，匝数很少；与测量表计、继电器等连接的绕组叫二次绕组，匝数较多。

3．电能计量装置包括哪些主要设备及附件？

答：电能计量装置包括的主要设备及附件有：

（1）有功、无功电能表。

（2）最大需量、复费率和多功能电能表，失压计时仪。

（3）计量用电压、电流互感器及其二次回路。

（4）专用计量柜和计量箱。

4. 智能电能表实现费控管理有几种方式？

答：费控管理需要由主站、终端、电能表多个环节协调执行，实现费控控制方式也有主站实施费控、终端实施费控、电能表实施费控三种形式。

5. 用电信息采集系统主要功能是什么？

答：系统主要功能包括系统数据采集、数据管理、控制、综合应用、运行维护管理、系统接口等。

（五）计算题

某电力客户供电电压为 380V，输出功率为 7kW 的电动机一台，已知电动机效率 $\eta=0.95$，$\cos\phi=0.85$，应如何配置电能表？

解：负荷电流：$I=P/\sqrt{3}\ U\ \eta\cos\phi=7\times10^3/\sqrt{3}\times380\times0.95\times0.85\approx13$（A）

故该客户应配置 3×220/380V，5（20）A 三相四线有功电能表。

（六）论述题

电能计量装置配置的原则是什么？

答：（1）具有足够的准确度。对于高压电能计量装置，不但电能表、互感器的准确度等级要满足《电能计量装置技术管理规程》（DL/T 448—2000）的要求，而且二次回路电压降误差也要满足《电能计量装置技术管理规程（DL/T 448—2000）的要求。

（2）具有足够的可靠性。要求电能计量故障率低，电能表一次使用寿命长，能适应用电负荷在较大范围变化时的准确计量。

（3）功能能够适应远抄管理的需要。一般情况下，电量计量装置应设置以下基本功能：记录有功、无功（感性及容性）电量，多率计量，最大需量，失压计时以及为负荷监控而设置的脉冲量或数字量传输。具体到某一用户，可以根据供用电合同中关于计量方式的规定，选用其中一部分（或全部）功能。

（4）有可靠的封闭性能和防窃电性能，封印不易伪造，在封印完整的情况下，做到用户无法窃电。

（5）装置要便于工作人员现场检查和带电工作。

E. 电力营销服务电费电价类技能竞赛试题

（一）单项选择题

1.电价政策是国家物价政策的组成部分，也是国家制订和管理电价的（   ）。

    A．经济原则　　　　　　　B．行为准则

    C．利益关系　　　　　　　D．产业政策

答案：B

2．供电企业应当按照国家有关规定实行分类电价、（　　）政策。

    A．统一管理　　　　　　　B．分时电价

    C．统一电价　　　　　　　D．统一定价

答案：B

3．客户备用变压器（含高压电动机）属热备用状态的或未加封的，不论运行与否，应（　　）基本电费。

    A．不收　　　　　　　　　B．收取

    C．收50%　　　　　　　　D．收75%

答案：B

4．《供电营业规则》第二十四条规定：在每一日历年内，客户可申请暂时停止用电（　　）次。

    A．1　　　　　　　　　　　B．2

    C．3　　　　　　　　　　　D．4

答案：B

5．电量差错在5万kWh及以上的，属于（　　）营业差错。

    A．一类　　　　　　　　　B．二类

    C．三类　　　　　　　　　D．四类

答案：B

6．对路灯的电价应按相应电压等级的（　　）电价计收电费。

    A．大工业　　　　　　　　B．农业生产

    C．居民生活　　　　　　　D．一般工商业

答案：D

7．在受电装置一次侧装有连锁装置互为备用的变压器，按（　　）计算其基本电费。

    A．单台变压器容量

    B．2倍的变压器容量

    C．可能同时使用的变压器容量之和的最大值

    D．变压器容量之和

答案：C

8．我省2012年7月1日施行的居民阶梯电价中规定：户籍人口5人及以

上的"一户一表"居民用户，第一档电量每月增加（　　）度至（　　）度。

  A. 100、310   B. 210、310

  C. 310、400   D. 210、400

答案：A

9. 对于执行峰谷分时电价的客户，对其加计的变压器损耗电量、线路损失电量应加在（　　）。

  A. 峰段   B. 谷段

  C. 平段   D. 峰谷平各段

答案：D

10. 为平衡季节用电差异，阶梯电价按（　　）为周期执行。全年分档电量按月度电量标准乘以月份计算，执行相应分档的电价标准。

  A. 月度   B. 季度

  C. 半年   D. 年度

答案：D

（二）多项选择题

1. 申请享受"户籍人口较多"政策的客户，填写户籍人口 5 人及以上用电申请单，并提供（　　）。

  A. 辖区公安部门核发的居民户口本原件

  B. 房产证原件

  C. 房屋产权人身份证原件

  D. 相关部门批复的文件

答案：ABC

2. 与电费核算有关的指标（　　）。

  A. 电费异常户数   B. 日均采集成功率

  C. 单户重算户数   D. 电费解款及时率

答案：AC

3. 《供电营业规则》第二十二条规定：下列（　　）几种情况为变更用电。客户需变更用电时，应事先提出申请，并携带有关证明文件，到供电企业用电营业场所办理手续，变更供用电合同。

  A. 增容   B. 暂换

  C. 减容   D. 移表

答案：BCD

4. 供电营业场所"三公开"的具体内容是指（　　）。

A．公开电价　　　　　B．公开电量

C．公开收费标准　　　D．公开服务程序

答案：ACD

5．抄表员在抄表时应注意客户（　　　）。

A．表计是否正常　　　B．有无违章用电行为

C．电量变化情况　　　D．生产经营状况

答案：ABCD

6．转供户计算最大需量的折算规则（　　　）。

A．照明及一班制：每月用电量 180 千瓦时，折合为 1 千瓦

B．二班制：每月用电量 360 千瓦时，折合为 1 千瓦

C．三班制：每月用电量 540 千瓦时，折合为 1 千瓦

D．农业用电：每月用电量 230 千瓦时，折合为 1 千瓦

答案：ABC

7．实施《功率因数调整电费办法》可起到（　　　）的作用。

A．改善电压质量　　　B．提高供电能力

C．增加地方附加费收入　D．节约电能

答案：ABD

8．（　　　）是供电企业收取电费的主要依据。

A．国家批准的电价政策

B．用电计量装置的电量记录

C．与客户签订的供用电合同

D．供电企业出台的文件

答案：ABC

9．电价由电力部门的（　　　）三个部分组成，由国家统一制定。

A．利润　　　　　　　B．税金

C．支出　　　　　　　D．成本

答案：ABD

10．下列（　　　）客户不执行峰谷分时电价政策。

A．医院　　　　　　　B．路灯

C．幼儿园　　　　　　D．商场

答案：ABC

（三）判断题

1．属自来水供应业的用电客户应执行峰谷浮动电价。（　　　）

答案：×

2．生产企业或事业单位职工集体宿舍属一般工商业用电。（　　　）

答案：√

3．电力法所指电价，是指电力生产企业的上网电价、电网间的互供电价、趸售电价。（　　　）

答案：×

4．执行两部制电价客户专门为调整用电功率因数安装的设备，如电容器、调相机等，可以不收取基本电费。（　　　）

答案：√

5．基本电费不论在何种情况下都以月计算，不可按天计算。（　　　）

答案：×

6．阶梯电价试行期间，居民用户发生用电变更，按照实际用电天数计算分档电量，用电不足一个月的按实际使用天数计算。（　　　）

答案：×

7．用户倒送电网的无功电量，参加计算月平均功率因数。（　　　）

答案：√

8．国网抄核收工作规范中规定远程抄表用户应 3 个月内至少到现场对远抄数据与用户端用电计量装置记录的有关计费数据进行现场校核一次。（　　　）

答案：√

9．《供电营业规则》规定，因抢险救灾需要紧急架设临时电源供电时，架设临时电源所需的工程费用和应付的电费，由供电部门承担。（　　　）

答案：×

10．无功电能表是用于实行峰、谷分时电价的计量装置。（　　　）

答案：×

（四）简答题

1．抄表周期为什么不能随意调整？

答：抄表周期不能随意调整，这是因为：

（1）抄表周期的变化会影响线损的正确计算。

（2）抄表周期的变化会影响功率因数、基本电费、变压器损耗的正确计算。

（3）调整抄表周期还会影响到电费回收。

（4）若遇电价调整，抄表周期变化会引起电费纠纷。

（5）抄表周期变化不利于客户核算成本和产品单耗管理。

2．营销稽查监控的定义是什么？

答：营销稽查监控是依据国家有关政策、法律、法规和电力企业营销相关的规章制度和管理规定，对本企业从事电力营销工作的单位或人员，在电力营销过程中的行为进行监督和检查。

3．简述两部制电价的概念。

答：两部制电价即由基本电价与电度电价之和构成。按照目前电价规定，实行两部制电价的客户，还要根据其用电功率因数的高低实行功率因数调整电费。因此，有的地区把两部电价叫做大工业电价。

4．《国家电网公司电费抄核收工作规范》中对抄表例日如何规定的？

答：（1）每月 25 日以后的抄表电量不得少于月售电量的 70%，其中月末 24 点时的抄表电量不得少于月售电量的 35%。

（2）对同一台区的客户、同一供电线路的专变客户、同一户号有多个计量点的客户、存在转供关系的客户，每一类客户抄表例日应安排在同一天。

（3）经批准确定的抄表例日不得随意变更。确需变更的，须报经电费管理中心办理审批手续。抄表例日变更时，应事前告知相关客户。

5．电费催缴通知书应包括哪些内容？

答：电费催缴通知书内容应包括催缴电费年月、欠费金额及违约金、缴费时限、缴费方式及地点等。

6．停电通知书应包括哪些内容？

答：停电通知书内容应包括催缴电费次数、欠费金额及违约金、停电原因等。

（五）计算题

某生产企业10kV 高压供电，设备容量3200kVA，本月有功电量278000kWh，无功电量 280000kWh，基本电价为 20 元/kVA，电度电价 0.50 元/ kWh。不考虑各项基金及附加费用，计算该厂本月力调电费。

解：本月基本电费=20×3200=64000（元）

本月电度电费=0.50×278000=139000（元）

该厂月加权平均功率因数 $\cos\varphi = \dfrac{W_\mathrm{P}}{\sqrt{W_\mathrm{P}^{2} + W_\mathrm{Q}^{2}}} = \dfrac{278000}{\sqrt{278000^{2} + 280000^{2}}} = 0.70$

该户执行力调功率因数为 0.9，按照《依功率因数调整电费办法》规定，该厂本月力调电费应加收 10%。

功率因数调整电费=（64000+139000）×10%=20300（元）

该厂本月力调电费为 20300 元。

（六）论述题

简述居民阶梯电价按年度为执行周期的电量分档和电价标准。

答："一户一表"居民用户按电力公司抄表周期正常交纳电费，年用电量2520度及以下执行现行电价每度0.5469元；2520～4800度部分执行第二档电量加价标准，为每度0.5969元；超过4800度部分执行第三档电量加价标准，为每度0.8469元。使用量控式卡表与电力公司结算的居民用户，以年度购电量执行上述标准。

F．电力营销服务营销业务类技能竞赛试题

（一）单项选择题

1．我们通常所说的一只5A、220V单相电能表，这里的5A是指这只电能表的（　　）。

    A．标定电流　　　　　　　B．额定电流

    C．瞬时电流　　　　　　　D．最大额定电流

答案：A

2．高压供电方案的有效期限为（　　）。

    A．半年　　　　　　　　　B．1年

    C．2年　　　　　　　　　 D．三个月

答案：B

3．客户暂拆原因消除，要求恢复供电在交付费用后（　　）内，供电企业应为该客户复装用电。

    A．7天　　　　　　　　　 B．10天

    C．3天　　　　　　　　　 D．5天

答案：D

4．目前对已受理的高压客户用电申请，供电企业确定供电方案的最长期限不超过（　　）。

    A．单电源半个月，双电源1个月

    B．单电源1个月，双电源2个月

    C．单电源2个月，双电源3个月

    D．单电源3个月，双电源6个月

答案：A

5．下列选项中，属于工业制造行业的有（　　）。

    A．自来水生产和供应业　　B．煤制品业

C．矿业采掘　　　　　　D．木材采运业

答案：B

6．业扩报装工作应坚持的"四个原则"是"一口对外、便捷高效、（　　）、办事公开"。

　　A．优质服务　　　　　　B．三不指定

　　C．平等自愿　　　　　　D．统一管理

答案：B

7．低压电力客户的供用电合同，应由（　　）签订。

　　A．授权委托人　　　　　B．用电检查人员

　　C．收费人员　　　　　　D．营销人员

答案：A

8．下列不属于国家电网公司供电服务"十不准"中三不指定内容的是（　　）。

　　A．不准指定设计单位　　B．不准指定施工单位

　　C．不准指定供货单位　　D．不准指定销售单位

答案：D

9．国家电网公司供电服务"十项承诺"中规定：城市地区居民电力客户端电压合格率不低于（　　）。

　　A．93%　　　　　　　　B．95%

　　C．96%　　　　　　　　D．99%

答案：C

10．热备用是指（　　）。

　　A．设备（不包括带串补装置的线路和串补装置）开关闭合，而刀闸仍在合闸位置

　　B．设备（不包括带串补装置的线路和串补装置）开关断开，而刀闸仍在合闸位置

　　C．设备（不包括带串补装置的线路和串补装置）开关闭合，而刀闸仍在拉开位置

　　D．设备（不包括带串补装置的线路和串补装置）开关断开，而刀闸仍在拉开位置

答案：B

（二）多项选择题

1．下列选项中，功率因数标准划分的影响因素有（　　）。

  A. 用电性质   B. 供电方式

  C. 设备容量   D. 电价类别

答案：ABCD

2. 《供电营业规则》中规定的违约责任有（ ）。

  A. 电力运行事故责任 B. 用电违约用电责任

  C. 频率质量责任   D. 用电人逾期交付电费责任

答案：ABCD

3. （ ）办法对改善功率因数有效。

  A. 合理选择电力变压器容量

  B. 合理选择电动机容量

  C. 合理选择测量仪表准确度

  D. 合理选择功率因素补偿装置

答案：ABD

4. 供电企业与用电方在（ ）情况下可以解除供用电合同。

  A. 供、用电任何一方不履行合同

  B. 一方虽无过错，但无法防止外因，致使合同无法履行

  C. 由于供电能力或国家对电力供应与使用政策的变化，使双方签订合同时的依据被取消或修改

  D. 不可抗力致使合同无法继续履行

答案：BCD

5. 电力客户对电力供应的要求有（ ）。

  A. 安全供电   B. 可靠供电

  C. 经济供电   D. 电能质量合格

答案：ABCD

6. "彩虹工程"常态运行的四个机制建设是：（ ）激励。

  A. 保障   B. 服务

  C. 高效   D. 监督

答案：ABD

7. 下列内容中，是"一强三优"中"服务优质"内涵的是（ ）。

  A. 事故率低   B. 可靠性高

  C. 流程规范   D. 服务真诚

答案：ABC

8. 业扩现场勘查的危险点包括（ ）。

A．现场勘察工作，误碰带电设备造成人身伤亡

B．误入运行设备区域、客户生产危险区域

C．查看带电设备时，安全措施不到位，安全距离无法保证

D．现场通道照明不足，基建工地易发生高空落物，碰伤、扎伤、摔伤等意外情况

答案：ABCD

9．对于（　　）情况，宜采用由系统变电站新建线路或提高电压等级供电的供电方式。

A．具有冲击负荷　　　　　　B．波动负荷

C．季节性负荷　　　　　　　D．非对称负荷的客户

答案：ABD

10．接户线应符合的基本要求有（　　）。

A．同一接户线使用同一型号的导线

B．可使用带有多处接头的软导线

C．使用的导线应绝缘良好

D．构件应牢固，无严重锈蚀或腐朽

答案：ACD

（三）判断题

1．供电企业应不断改善供电可靠性，增加设备检修和电力系统事故对电力客户的停电次数及每次停电持续时间。（　　）

答案：×

2．减容的最短期限是三个月，最长期限是不超过两年。（　　）

答案：×

3．35kV 及以上公用高压线路供电的，以客户厂界处或客户变电站外第一基电杆为分界点。（　　）

答案：√

4．私自超过合同容量用电的，除应拆除私增容量设备外，客户还应交私增容量 50 元 / kW 的违约使用电费。（　　）

答案：√

5．对客户受送电工程验收不合格的，用电检查人员应当一次性提出口头意见，并要求客户整改，直至验收合格。（　　）

答案：×

6．临时电力客户也可以办理用电变更事宜。（　　）

答案：×

7.用户用电容量在100kW及以上或需用变压器容量在50kVA以上的，可采用三相低压供电。（　　）

答案：×

8."四到户"的具体内容包括：维修到户、抄表到户、收费到户、服务到户。（　　）

答案：×

9.《国家电网公司员工道德规范》中"优质服务"规定的服务方针：优质、方便、规范、真诚。（　　）

答案：√

10.客户受电变压器总容量在20～100MVA时，宜采用110kV电压等级供电。（　　）

答案：√

（四）简答题

1.业扩报装工作包括哪些环节？

答：业扩报装工作包括业务受理、现场勘查、供电方案确定及答复、业务收费、受电工程设计审核、中间检查及竣工检验、供用电合同签订、接电、资料归档、服务回访等环节。

2.电能计量方式有哪几种？

答：计量方式一般有高供高计，低供低计、高供低计三种方式。

（1）高供高计。高压供电的用户，在高压侧安装电能计量装置。

（2）低供低计。低压供电的用户装设低压电能计量装置。

（3）高供低计。高压供电的用户如有特殊情况不能高供高计时，在低压侧安装电能计量装置，但需加计高压侧产权分界点到低压侧电能计量装置安装位置之间的电能损失量。

3.国家电网公司核心价值观是什么？怎样理解？

答：核心价值观是"诚信、责任、创新、奉献"。

公司核心价值观是公司的价值追求，是公司和员工实现愿景和使命的信念支撑和根本方法。

4.供电营业窗口实行"首问负责制"含义是什么？

答：无论办理业务是否对口，接待人员都要认真倾听，热心引导，快速衔接，为用户提供准确的联系人、联系电话和地址。

5．哪些电源可作为应急电源？

答：（1）独立于正常电源的发电机组。

（2）供电网络中独立于正常电源的专用的馈电线路。

（3）蓄电池。

（4）干电池。

（五）计算题

有一客户，电能表上标有"200/5、10000/100、×100"字样，其实际装配TA变比为400/5A和TV变比为35000/100V，电能表两个月读数差为275。试计算该电能计量装置实际计费电量为多少？

解：设该计量装置实际计费倍率为K，则有

$$\frac{200/5\times10000/100}{100}=\frac{400/5\times35000/100}{K}$$

$$K=(400/5\times35000/100)\times100\div(200/5\times10000/100)=700$$

$$计费电量=275\times700=192500（kWh）$$

实际计费电量为192500kWh。

（六）论述题

客户申请用电时选择变压器容量的原则是什么？

答：（1）在满足近期电力需求的前提下，保留合理的备用容量，为未来发展留有余地。一般讲，备用容量不宜过大，否则，变压器利用率低，客户设备投资和运行费用高，电网无功损耗大，功率因数低。

（2）确保变压器不超载及安全运行的前提下，同时考虑减少电网的无功损耗，一般选择计算负荷等于变压器额定容量的70%～75%为宜，这个容量是比较经济的。

（3）对于用电季节性强、负荷分散性大的客户，既要考虑能满足季节或高峰期用电的需要，又要防止用电淡季或低谷期变压器轻载、空载、无功损耗过大的问题。例如，对于农业排灌泵站和一些临时用电，可适当降低单台变压器容量，增加变压器台数，即采取小容量密布点的方式加以解决。

（七）案例分析题

赵某到一个炼钢厂抄表，等候了半天也无找不到该厂电工。于是赵某想起上星期李某去过该厂处理过计量故障，于是打电话给李某问其底码，并根据李某提供的底码填入抄表卡。供电企业在核算该户电费时发现，该用户于2010年9月15日报装，报装容量315+250kVA，10月1日报停一台315kVA变压器，因容量不足315kVA,供电部门将其走改类,报停期间按普通工业电价执行。2010

年 12 月 3 日该用户暂停恢复，2011 年 2 月又报停一台 315kVA 变压器，6 月暂停恢复，目前（2011 年 8 月）该户又申请暂停业务，接洽员认为该户自报装未满一年报停三次，且累计达 6 个月，不能予以报停。为此，用户认为不合理，拒交电费。经过三次催费，该用户仍然未交清电费，供电部门通知该用户将予以停电，当天下午实施了停电，造成废钢损失。

答：本次事件违反以下规定：

（1）未按抄表计划进行抄表，并违反抄表规范，等于是进行了估抄。

（2）《供电营业规则》第二十四条第一款规定："用户在每一日历年内，可申请全部（含不通过受电变压器的高压电动机）或部分用电容量的暂时停止用电两次，每次不得少于十五天，一年累计暂停时间不得超过六个月。"

（3）《供电营业规则》第二十四条第二款规定："按变压器容量计收基本电费的用户，暂停用电必须是整台或整组变压器停止运行。供电企业在受理暂停申请后，根据用户申请暂停的日期对暂停设备加封。从加封之日起，按原计费方式减收其相应容量的基本电费"。供电企业在暂停期内执行普通工业电价是错误的。

（4）根据《国家电网公司供电服务"十项承诺"》："对欠电费客户依法采取停电措施，提前 7 天送达停电通知书，费用结清后 24 小时内恢复供电。"该供电企业当日实施了停电。

暴露的问题：

（1）抄表人员专业意识不强。

（2）电价政策执行不到位。

（3）对国网公司"三个十条"内容不清楚。

（4）停电业务流程不规范等。

措施建议：

（1）加强工作人员专业技能素质培训。

（2）加强业务人员的电价政策培训和解读。

（3）健全考核制度。

（4）完善审核监督机制。

第九节　技能竞赛奖励

供电公司应该根据有关规定出台《员工技能竞赛奖励考核办法》，对在国家级、省级、市级、县级各个层面的员工技能竞赛中取得优异成绩的员工实施奖励，创造员工技能提升的良好环境。各基层单位和班组也要制定相应的《员工技能竞赛奖励绩效考核办法》，对本班组员工在国家级、省级、市级、县级各个层面的员工技能竞赛中取得优异成绩的员工实施奖励。根据技能竞赛获奖情况，奖励可以分为团体和个人，奖励金额、奖励名次、奖励人员应该由主管部门在《员工技能竞赛奖励考核办法》中规定。

第十一章　激励措施

第一节　激励措施

　　建立完善员工技能提升激励机制，创造员工技能提升的良好环境。员工培训成绩应纳入班组内部绩效考核，培训结果作为员工年度绩效考核的依据之一。在班组业绩考核标准中，应将员工的培训成绩纳入绩效考核。班组长每月按培训计划组织培训，并对班组员工月度培训计划工作完成情况进行总结，将员工的培训考核情况，纳入班组绩效考核之中。班组要对参加上级竞赛中取得优异成绩的员工给予奖励。班组技术培训员将奖励的情况记入员工培训记录、培训档案。对在技能建设工作中出现的问题，要进行认真地分析，查找产生的原因，制定整改措施，并跟踪整改情况，将培训考核工作与班组月度绩效考核同时进行。班组技术培训员对培训工作中取得优异成绩的员工，特别是获得公司及以上技能竞赛中取得优异成绩的员工，树立为班组内部标杆，总结提炼，号召全体员工向其学习。以下是班组培训质量绩效考核标准：

　　（1）班组师徒合同签订率 100%，对没有签订师徒合同的，扣减责任人 1分。对于全部完成师徒合同培训内容，徒弟在合同期内达到培训要求的奖励师徒各 3 分。

　　（2）参加上级竞赛中取得优异成绩的员工给予奖励：

　　1）参加国家级竞赛获得第一名的奖励 10 分。

　　2）参加国家级竞赛获得第二名的奖励 9 分。

　　3）参加国家级竞赛获得第三名的奖励 8 分。

　　4）参加国家级竞赛获得名次的奖励 7 分。

　　5）参加省级竞赛获得第一名的奖励 7 分。

　　6）参加省级竞赛获得第二名的奖励 6 分。

　　7）参加省级竞赛获得第三名的奖励 5 分。

　　8）参加省级竞赛获得名次的奖励 4 分。

　　9）参加市级竞赛获得第一名的奖励 4 分。

　　10）参加市级竞赛获得第二名的奖励 3.3 分。

　　11）参加市级竞赛获得第三名的奖励 3 分。

12）参加市级竞赛获得名次的奖励 2.5 分。

13）参加车间级竞赛获得名次的奖励 2 分。

（3）参加上级调考、抽考、安规等各类考试取得优异成绩的员工给予奖励：

1）参加国家级考试获得第一名的奖励 10 分。

2）参加国家级考试获得第二名的奖励 9 分。

3）参加国家级考试获得第三名的奖励 8 分。

4）参加国家级考试获得名次的奖励 7 分。

5）参加省级考试获得第一名的奖励 7 分。

6）参加省级考试获得第二名的奖励 6 分。

7）参加省级考试获得第三名的奖励 5 分。

8）参加省级考试获得名次的奖励 4 分。

9）参加市级考试获得第一名的奖励 4 分。

10）参加市级考试获得第二名的奖励 3.3 分。

11）参加市级考试获得第三名的奖励 3 分。

12）参加市级考试获得名次的奖励 2.5 分。

13）参加车间级考试获得名次的奖励 2 分。

（4）参加上级组织的各类培训班员工给予奖励：

1）参加国家级组织的各类培训班考试合格并取证的奖励 5 分。

2）参加省级组织的各类培训班考试合格并取证的奖励 3 分。

3）参加市级组织的各类培训班考试合格并取证的奖励 1 分。

（5）岗位实训计划。

完成上级和班组岗位实训计划的员工每人奖励 1 分，没有完成上级和班组岗位实训计划的员工每人扣减 1 分。

（6）现场培训。

班组员工完成技术问答、抽签考问、技术讲座、事故预想、反事故演习、计算机仿真培训等培训工作的员工每人奖励 1 分，没有完成技术问答、抽签考问、技术讲座、事故预想、反事故演习、计算机仿真培训等培训工作的员工每人每次扣减 1 分。

第二节　职 业 生 涯

构筑员工职业生涯阶梯式发展通道，拓展员工职业发展空间，形成员工职业生涯发展良性机制。

一、员工职业生涯发展通道原则

构筑班组员工职业生涯发展通道要坚持实事求是的原则，要准确的认识自我和正确的评价自我，在考虑到客观环境条件下，确定个人职业目标和职业道路，个人的职业目标一定要同个人的能力相一致，个人的特质要与工作适应性相符合。个人职业计划目标要与企业目标协调一致。离开企业的目标，个人的职业发展就难以实现。

二、员工职业生涯发展通道类型

（1）纵向职业发展通道。此类通道多用于管理人员职业的发展，即职位上的晋升。

（2）横向职业发展通道。此类职业发展通道多用于技术性班组员工职业发展，这是非行政级别的职业发展过程。

（3）双阶梯职业发展通道。设计多条平等的晋升通道，满足各个班组各种类型员工的职业发展需求。可以在技术专业领域继续发展，也可以从技术人员向管理阶梯的转变。

三、班组员工职业生涯阶梯式发展通道

由行政通道、技术通道、政工通道三种职业发展通道组成，班组员工职业生涯阶梯式发展通道，如图 11-1 所示。

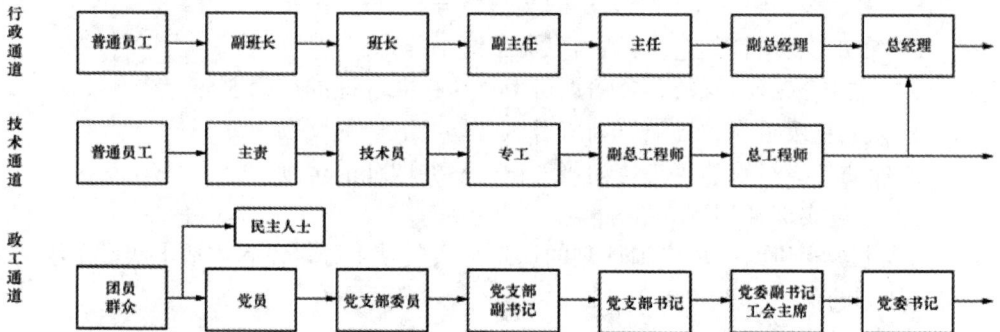

图 11-1　班组员工职业生涯阶梯式发展通道

班组创新建设

第四篇

第十二章 "创争"管理

第一节 班组"创争"活动

一、"创争"活动管理标准

××供电公司"创争"活动管理标准

××供电公司"创争"活动管理标准的制定要以"创建学习型组织，争做学习型员工"活动为目标，全面提升企业素质，最终形成员工素质与企业实力相融合，达到员工权益与企业效益共发展的互动局面的目的。公司要健全"创争"活动组织体系，建立"创争"活动工作体系，定期召开会议，掌握"创争"活动开展情况，对班组开展"创争"活动要组织定期检查，要及时推广班组"创争"活动的典型经验，为班组配备书橱，为员工购置相关书籍，鼓励员工多读书，读好书，结合管理创新、科技创新、文化创新等组织员工开展集中培训和自我培训，不断提高员工的创新意识，增强员工的创新能力。

二、班组"创争"活动工作计划

班组要根据公司"创争"活动要求，在年初制定本班组的"创争"活动工作计划，按计划开展"创争"活动，活动开展情况记入班务记录。年底前对活动情况进行总结并存档。

序号	项目名称	工作计划内容	完成日期	负责人	配合人	检查人	备注
1	党群工作	结合班组年度开展的QC成果、"五小"成果、合理化建议、技术攻关等内容，组织班组制定员工"创争"学习需求	2013-01-10	徐××	班组全员	班长	
2	党群工作	根据班组员工学习需求制定班组"创争"学习计划	2013-01-20	徐××	李××	班长	
3	党群工作	组织班组员工开展读书活动	2013-2-30	徐××	李××	班长	
4	党群工作	组织班组员工了解学习型组织的基础知识	2013-3-30	徐××	班组全员	班长	

续表

序号	项目名称	工 作 计 划 内 容	完成日期	负责人	配合人	检查人	备注
5	党群工作	组织员工学习"五项修炼法"	2013-4-30	徐××	班组全员	班长	
6	党群工作	组织员工学习班组专业涉及的"新设备、新技术、新知识、新工艺"	2013-5-30	徐××	班组全员	班长	
7	党群工作	组织员工学习《职业能力培训手册》	2013-7-30	徐××	班组全员	班长	
8	党群工作	组织员工学习《学习型企业特点》	2013-8-30	徐××	班组全员	班长	
9	党群工作	组织员工学习《团队学习,建设高效团队,构建和谐班组培训教材》	2013-9-30	徐××	班组全员	班长	
10	党群工作	开展"每月学习明星"评选活动	每月30日	班长	班组全员	班长	
11	党群工作	开展岗位读书学本领征文活动	2013-10-30	班长	班组全员	班长	
12	党群工作	对班组"创争"活动进行总结	2013-12-10	徐××	李××	班长	

三、"创争"活动工作措施

（1）根据班组员工学习需求由班组制定班组"创争"学习计划和常态学习管理制度，对班组员工规定每周集中学习一次，每次两个小时，每月组织一次学习交流活动，开展班组员工讲课活动，针对"创争"学习计划，由班组员工结合自身学习谈体会、谈感想、谈收获，达到互学、互助的目的。

（2）班组结合员工的学习情况，每月开展"月度学习明星"评选活动，车间依据班组的考评结果，做好员工学习与绩效相结合，激励员工争当学习明星。

（3）公司为班组配备学习资料和相关专业书籍，以车间为单位建立阅览室，配备积极向上、内容健康的书籍，方便班组员工开展读书活动，使班组员工都有书读，都有读书的场所，持续提高班组人员的文化和技术素质。

（4）公司要每年召开班组"创争"学习经验交流会，结合班组安全、生产、经营、营销、服务、管理等专业工作，邀请班组学习明星集中讲课，传授学习技巧和学习方法，选树"创争"学习中出现的典型经验、学习方法、最佳实践进行推广，形成全员读书学习的良好氛围。

第二节 "创争"工作与学习相结合

一、激发员工学习兴趣

（1）以小型、多样、新颖的班组学习活动激发员工学习兴趣，充分利用多媒体教育、互联网教育、互动式教育形式，抽签考问、技术讲座、安全知识大讲堂百问不倒等培训载体，培育员工用创新思维开展工作和解决实际问题，以达到培养员工创新工作能力的目的。班组要按"创争"活动工作计划举办各种学习交流与培训活动，促进班组间相互了解，积极营造和谐班组氛围，不断增强班组的凝聚力和创新能力。

（2）根据班组专业特点和实际情况，各班组应组建读书小组并认真开展活动。读书活动内容可以是和谐班组建设、团队建设、执行力方面的知识，激发员工的学习兴趣。开展岗位读书学本领征文活动，为员工搭建畅谈体会、交流经验的平台。

二、学习与岗位创新、岗位成才相结合

（1）公司要关心员工职业生涯发展，建立班组知识管理制度，构筑班组员工职业生涯阶梯式发展通道，搭建班组员工学习交流平台，实现知识和技能在班组员工中的共享，鼓励班组员工在工作岗位上自学成才，利用业余时间参加本专业更高层次的学习。

（2）对班组长的培训要重点对政治素质高、协调能力强、业绩突出和具有领导潜能的优秀班组长重点培养，尽力将他们选拔到相关管理、技术或领导岗位上来，为他们提供岗位晋升阶梯和职业生涯接续通道。

（3）班组长在关注班组目标的同时，要深入分析班组员工发展的需要，充分发掘班组员工潜能，发现班组员工的工作特点，为班组员工提供一个施展才能的平台，为班组员工个人愿景的实现创造条件，并给予一定的发展空间。

三、工作学习化、学习工作化

引导班组员工树立自觉学习、终身学习的意识，将学习渗透到工作过程，实现学习工作化，工作学习化；不断完善专业竞赛、人才管理和科技进步机制，形成"岗位靠竞争、靠实力，收入凭业绩、凭贡献"和人才脱颖而出的良好机制，通过学习和实践，营造干事创业、争先创优的浓厚氛围，在学习工作化中培育管理精细、作风扎实的学习型班组。要结合班组实际工作，将学习成果转化成工作实践。要充分调动班组员工的积极性和创造性，用所学的知识指导工作，用工作质量去检验学习的效果。

第十三章 群众性经济技术创新活动

第一节 合理化建议

一、合理化建议管理标准

××供电公司合理化建议管理标准

合理化建议管理标准要明确合理化建议管理工作流程,从××供电公司下发《关于征集职工合理化建议的通知》开始,班组根据通知要求发动班组职工填写《合理化建议申报表》,由班组长对职工合理化建议组织进行初审,通过后将《合理化建议申报表》报送所在车间,车间合理化建议评审小组对本单位提出的合理化建议进行评审,筛选后提出推荐意见,填写《合理化建议申报表》报送所在供电公司工会专责人,供电公司工会组织专业人员进行评审,向公司推荐最佳合理化建议并组织实施,对于实施成效显著的组织进行合理化建议发布。评出公司合理化建议先进单位、先进个人,并给予表彰。

二、征集职工合理化建议通知

××供电公司《关于征集职工合理化建议的通知》

××供电公司下发《关于征集职工合理化建议的通知》,班组根据通知要求发动班组职工填写《合理化建议申报表》,并将《关于征集职工合理化建议的通知》在班组建设管理信息系统中建档。

三、班组合理化建设工作计划

××班组合理化建设工作计划

序号	项目名称	工作计划内容	完成日期	负责人	配合人	检查人	备注
1	党群工作	组织班组员工填写《合理化建议申报表》	2013-03-22	班组全体员工		班长	

续表

序号	项目名称	工作计划内容	完成日期	负责人	配合人	检查人	备注
2	党群工作	组织对班组员工合理化建议进行初审	2013-03-25	刘××，徐××。	李××	班长	
3	党群工作	汇总班组员工合理化建议上报相关部门	2013-03-29	刘××		班长	
4	党群工作	组织参加公司举办的员工合理化建议发布会	2013-10-30	刘××		班长	
5	党群工作	对班组员工获得合理化建议先进个人的给予奖励	2013-11-20	班长		班组员工	
6	党群工作	对获得合理化建设组织班员推广应用	2013-12-10	刘××		班长	

四、开展合理化建议的工作措施

（1）成立班组合理化建议工作小组，明确负责人和专人负责，安排工作计划组织填写班组合理化建议，汇总后组织专人初评，提出修改意见，组织班组人员填写《合理化建议申报表》报送所在车间，并将《合理化建议申报表》在班组建设信息系统中建档，对于公司确定实施的合理化建议，班组长要重点组织班组按照计划实施，合理化建议实施后，准备资料参加公司合理化建议发布会，达到全面推广的目的。参加公司合理化建议发布会的全部资料也应在班组建设信息系统中建档。

（2）确保班组合理化建议全员参与率达到 100%。组织班组开展合理化建议活动与提高企业效益、降低成本相结合，引导职工紧密结合本单位、本岗位实际，围绕公司工作，在安全生产和提高工作效率上做文章，切实把合理化建议活动落实到班组每个岗位、每个人，达到全员参加的目的，组织每个职工提 1 条合理化建议，确保合理化建议全员参与率达到 100%。

（3）将班组合理化建议获奖情况与班组绩效考核相结合，对于参加合理化建议交流发布会的成果和被公司采纳的合理化建议进行奖励和推广。

五、申报表

合理化建议申报表

建议名称	建议采取措施抑制变频信号对剩余电流保护装置的干扰				
建议人姓名	张××	职务（工种）	班长	职称（技术等级）	中级工
工作单位	××供电公司××班组				
建议时间	2013-03-20	采纳时间	2013-04-25	实施时间	2013-05-6

建议内容及实施方案	为适应国家建设节能社会的要求，许多新型节能设备应运而生开始逐步替代高耗能设备进入市场，新型的电力节能设备也为越来越多的农村用电客户所青睐，接入农村低压电网的三相变频电动机、单相变频空调、三相变频空调、变频冰箱、吃水井三相变频水泵等设备与日俱增，这些设备一旦接入农村低压电网运行，都会产生高次谐波并流入电网，由此产生的谐波干扰必将对低压电网产生一定的污染，特别是对农村低压电网的剩余电流动作保护装置产生的干扰尤为严重，经常造成脉冲型保护装置误动作，既降低了农村低压电网的供电可靠性，又给供电企业与农村用电客户造成经济损失。建议对剩余电流总保护装置进行改造，将保护装置所用零序电流互感器的二次输出和接入保护的电源线加装专用滤波器后，再进入剩余电流总保护装置，可防止谐波干扰电源导致保护装置误动作跳闸。还有一种方法是提高剩余电流总保护装置的动作电流整定值和延长动作时间也能对变频干扰信号起到一定的抑制作用，对脉冲型剩余电流总保护装置的动作时间和电流动作整定进行调整，总保护的动作时间可延长至 0.5s，额定动作电流整定值可放大到 60mA，其保护动作值为 30mA·s；如果选择动作时间为 0.4s，额定动作电流整定值 70mA，其保护动作值为 28mA·s，两种情况均能确保人身安全的 30mA·s 范围内，末级保护的电流动作整定值整定为 30mA，动作时间为 0.1s，这样总保护和末级保护无论是在动作时间还是在电流动作整定值上均能做到相互配合分级保护，可有效避免保护装置的越级动作跳闸
建议实施后预计年效益	（1）经济效益：本建议实施后预计年效益在 85 万元。 （2）社会效益：提高了农村低压电网的供电可靠性，又避免了供电设施停电造成的农村用电客户经济损失
所在单位推荐意见	此建议有一定推广价值 （盖　章） 2013 年 3 月 22 日
公司合理化建议办公室评审意见	同意采纳，对干扰严重的农村配电台区剩余电流总保护装置进行逐步改造，待改造成功后再进行全面推广 （盖　章） 2013 年 4 月 25 日

六、合理化建议汇总

2013 年××供电公司合理化建议汇总表

序号	××班组	建议人	建 议 内 容	评审委员意见	实施时间
1					
2					
3					
4					
5					
6					
7					
8					
9					
10					
11					
12					
13					
14					
15					
16					
17					
18					
19					

第二节 QC 小 组 活 动

一、QC 小组活动管理标准

××供电公司 QC 小组活动管理标准

××供电公司 QC 小组活动管理标准要依据中国质量协会《关于转发 QC 小

303

组活动成果评审标准的通知》（中质协小组字〔2000〕02 号）、中国水利电力 QC 协会《关于颁布〈电力行业 QC 小组活动成果评审办法〉（试行）的通知》（水电质〔1999〕18 号）和中国电力企业联合会《电力行业 QC 小组活动成果评审办法》制定，要围绕企业的经营战略、方针目标和现场存在的问题，以改进质量、降低消耗、提高人的素质和企业经济效益为目的，组织班组运用 QC 的理论和方法开展活动，按照"现场型"、"管理型"、"服务型"、"攻关型"以及"创新型"等类型成立 QC 小组。及时做好注册登记工作，对停止小组活动持续一年时间的 QC 小组予以注销，凡未注册的 QC 小组，不能参加公司组织的成果发布会。QC 小组活动应坚持"小、实、活、新"的原则，根据企业工作任务和方针目标，围绕提高质量、降低消耗、改善方法、班组建设、提高效率、安全生产、科技开发、优质服务、增加效益、提高员工素质、创建团结向上的集体和整洁文明的场所等方面选择课题、开展活动。QC 小组应按照"计划（P）、实施（D）、检查（C）、处理（A）"工作程序开展工作，做到目标明确、对策具体、方法得当、措施落实、责任到人。不断学习、借鉴、消化、吸收国内外先进的 QC 经验，努力做到专业技术、管理技术相结合，恰当运用统计工具和其他科学方法。QC 管理部门要不断对小组组长、骨干及成员进行分层次 QC 知识培训和教育，全面提高小组活动质量和成员素质。各班组应做好 QC 小组活动成果的申报工作，凡是公司审核通过的班组 QC 成果，均应由班组制作成 QC 成果演示片。发布内容以图表、数据为主，突出体现小组特色和成果的关键内容。发表形式可以灵活多样，不拘一格，务求简明、实效。成果发布人应着装整齐，从容大方，有礼貌进行成果发布。回答问题时应态度诚恳、简明扼要。成果发布人必须是 QC 小组成员。成果发布时间应控制在 20 分钟以内。公司对优秀 QC 小组活动成果颁发荣誉证书和奖状，对小组成员颁发荣誉证书，对优秀 QC 成果推荐参加上级 QC 成果发布。

二、QC 小组注册

××供电公司《××供电公司关于注册 QC 小组活动的通知》

××供电公司下发《××供电公司关于注册 QC 小组活动的通知》，班组根据通知要求发动班组职工填写《××供电公司 QC 小组注册登记表》，并将《××供电公司关于注册 QC 小组活动的通知》和《××供电公司 QC 小组注册登记表》在班组建设管理信息系统中建档。

××供电公司 QC 小组注册登记表

所在单位	小组名称		登记日期		注册登记号		
营销部	抄表班 QC 小组		2010 年 3 月		ZQ2013-95		
组长姓名	王×	性别	女	年龄	32	文化程度	本科	职务	班长

成员情况 成员姓名	性 别	年 龄	职务或职称	文化程度	组内分工
雷×	男	46	副班长	大专	具体负责
张×	女	29	组员	大专	现场调查
于×	女	39	组员	本科	具体实施
陈×	女	35	组员	本科	信息采集

课题名称	实现阶梯电价执行率 100%

选题理由及预计完成日期：

自居民客户试行阶梯电价后，阶梯电价的涉及面广，电价执行，以及抄表数据的正确与否直接影响企业社会形象。阶梯电价客户的用电情况复杂，"一户一表"、合表、"一户多人口"、电采暖的电价类别需要正确认定。

该项目预计 2013 年 8 月完成。

本单位意见： 签字： 年 月 日	主管部门意见： 签字： 年 月 日	课题类型	
		现场	
		服务	
		管理	√
		攻关	
		创新	

××供电公司 QC 小组注册登记表

所在单位	小 组 名 称		登 记 日 期	注 册 登 记 号			
线路工区	线路班 QC 小组		2006 年 3 月	ZQ2013-63			
组长姓名	李×	性别	男	年龄	36	文化程度	本科	职务	班长

成员情况　　成员姓名	性 别	年 龄	职务或职称	文化程度	组内分工
战×	男	49	副班长	本科	技术指导
张×	男	50	组员	中专	具体负责
邹×	男	47	组员	大专	实际操作
陈×	男	51	组员	大专	信息采集
课题名称	研制线路护区树木修剪工具				

选题理由及预计完成日期：

　　针对近几年线路防护区速生树木增多问题，各线路运行管理单位每年都需要组织人员修剪对线路安全距离不足的树木。且修剪时工作人员需要用竹梯登高进行。研制线路保护区树木修剪工具后不再需要工作人员进行登高修剪树木，在地面即可完成修剪工作。减少了工作人员的劳动强度，提高了工作效率。相同工作时间下，工作量提高两倍。同时避免了高空作业产生的不安全因素。

　　该项目预计 2013 年 10 月完成。

本单位意见： 签字： 　年　月　日	主管部门意见： 签字： 　年　月　日	课题类型	
		现场	
		服务	
		管理	
		攻关	
		创新	√

××供电公司 QC 小组注册登记表

所在单位	小 组 名 称		登 记 日 期	注 册 登 记 号		
配电工区班	配电班 QC 小组		2011 年 2 月	ZQ2013-112		
组长姓名	刘×	性别	男	年龄	43	文化程度	高中	职务	班长
成员情况 成员姓名	性 别	年 龄	职务或职称	文化程度	组内分工	
张×	男	35	副班长	本科	技术指导	
王×	男	29	组员	中专	具体负责	
赵×	男	37	组员	大专	实际操作	
徐×	男	47	组员	大专	信息采集	
课题名称	研制便携式正杆器					

选题理由及预计完成日期：

在正杆工作中减少人力和携带的工具，减少正杆时间，工作人员不需要登杆，即可完成正杆工作，有效保证了人身安全及设备安全。预计 10 月份完成便携式正杆器的制作及实验工作。

该项目预计 2013 年 10 月完成。

本单位意见： 签字： 年 月 日	主管部门意见： 签字： 年 月 日	课题类型	
		现场	√
		服务	
		管理	
		攻关	
		创新	

307

三、工作计划

××班组 QC 小组活动工作计划

序号	项目名称	工作计划内容	完成日期	负责人	配合人	检查人	备注
1	企业管理	填写《××供电公司QC小组注册登记表》	2013-03-1	刘××	张××	班长	
2	企业管理	组织审核并上报《××供电公司QC小组注册登记表》	2013-03-25	徐××	李××	班长	
3	企业管理	编写QC成果文字材料	2013-06-30	徐××	李×× 刘×× 张××	班长	
4	企业管理	组织对QC成果文字材料进行审改	2013-07-10	徐××	李×× 刘×× 张××	班长	
5	企业管理	上报QC成果文字材料	2013-07-25	吴××		班长	
6	企业管理	对于参加公司发布的QC成果，组织QC小组人员制作QC成果演示片	2013-09-10	徐××	李×× 刘×× 张××	班长	
7	企业管理	确定QC成果发布人，安排发布人进行演练	2013-09-30	徐××	李××	班长	
8	企业管理	参加公司组织的QC成果发布	2013-10-30	徐××	李××	班长	
9	企业管理	对公司组织的QC成果发布中获奖人员进行奖励	2013-11-10	班长		班长	
10	企业管理	QC活动的所有材料录入系统	2013-12-5	徐××	李××	班长	

四、××班组开展 QC 小组活动工作措施

（1）成立班组 QC 小组活动工作小组，明确负责人和专人负责，安排工作计划组织开展班组 QC 小组活动，根据《××供电公司关于注册 QC 小组活动的通知》要求，填写《××供电公司 QC 小组注册登记表》并组织专人初评，提出修改意见，报送所在车间，并将《××供电公司 QC 小组注册登记表》、《××供电公司关于注册 QC 小组活动的通知》在班组建设信息系统中建档，对于公司确定实施的 QC 小组，班组长要重点组织班组员工按照计划实施，QC 小组活动实施后，准备资料参加公司 QC 小组活动发布会，达到全面推广的目的。参加公司 QC 小组活动发布会的全部资料也应在班组建设信息系统中建档。

（2）确保班组 QC 小组活动完成率达到 100%。组织班组开展 QC 小组活动与提高企业效益，降低成本相结合，引导职工紧密结合本单位、本岗位实际，围绕公司工作，在安全生产和提高工作效率上做文章，切实把 QC 小组活动落实到班

组每个岗位、每个人，达到全员参与的目的，组织班组每个职工全部参加 QC 小组活动，确保 QC 小组活动全员参与率达到 100%。

（3）将班组 QC 小组活动获奖情况与班组绩效考核相结合，对于参加 QC 小组活动交流发布会的成果和被公司及以上单位奖励的 QC 小组进行奖励。

五、QC 成果申报要求

（1）采用 A4 纸规格，页面外边不加任何修饰或页眉、页脚。

（2）每项成果一般不超过 40 页，课题不单占一页。

（3）"课题名称"用 2 号宋体字。"单位及小组名称"用 4 号楷体字。一般文字内容为 4 号仿宋体字（标题或表格内文字除外），"发布人"用括号标识在文件正文之后。

（4）压缩文件正文中的图表尺寸，在一页纸上尽量多排列文件正文中的图表。

（5）为便于评选，全部材料图表、文字要清晰简洁。

附件：申报成果材料格式

题　目（2 号宋体）

×× 供电公司　××××××QC 小组（小 4 号楷体）

一、小组概况（小 4 号仿宋体或黑体）

（表格：5 号宋体）

小组名称			成立日期		发布人	
小组成员	姓　名	性别	年龄	文化程度	职务及职称	小组职务	组内分工

二、选题理由：（小 4 号仿宋体或黑体）

理由一：（正文：5 号宋体）　……

理由二：　……

三、现状调查与分析（小 **4** 号仿宋体或黑体）

……（正文：5 号宋体）

……

（发布人：×××　×××）

六、QC 成果实例

研制输电线路导线就位器

线路班 QC 小组

1　小组概况

鲁山县供电公司牛郎织女 QC 小组概论见图 1。

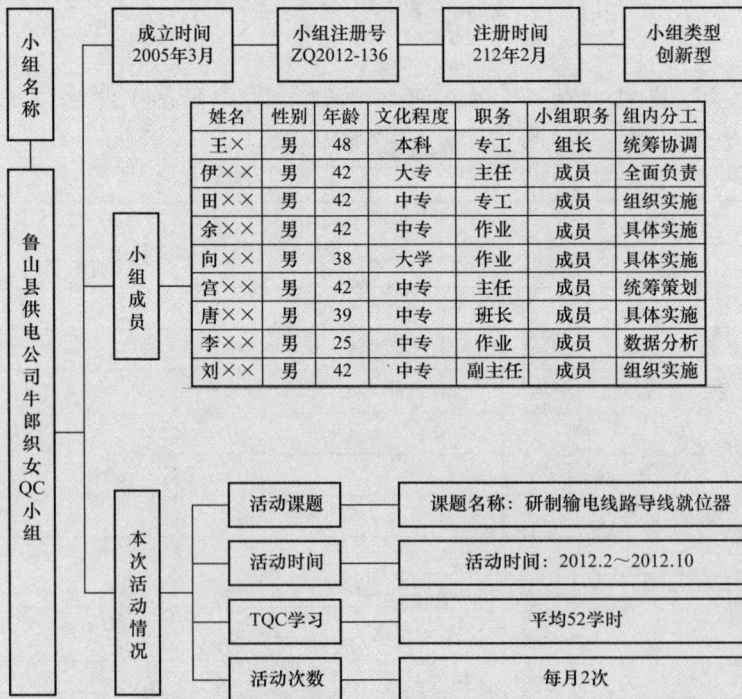

图 1　QC 小组概述

2 选择课题

2.1 公司现状

（1）35kV 架空线路多采用水泥杆使用三角形排列及使用支柱绝缘子架设。随着电网的发展建设，新架设和改造旧线路的工作日益繁重，工程量大。导线的就位问题已经成为当前施工中的重要环节。

（2）由于鲁山县地处鲁中山区，境内地形复杂，高差大。工作受地形和档距影响，导线受下压力，异常沉重。

（3）从公司当前工作方式来看，一般采用肩扛或拖拽的方式。极其耗时费力，严重影响工作效率，威胁作业人员的安全。

2.2 同行业调查

为了进一步了解目前国内电力系统在 35kV 导线就位中的工作方法，QC 小组对甲供电公司、乙供电公司、丙供电公司等山区县供电公司的工作情况进行了调查统计，见表1。

表1　　　　　　　　同行业公司工作方式情况统计表

公司名称	工作方式		
甲供电公司	肩扛	钢管提升	料绳滑轮提升
乙供电公司	肩扛		料强滑轮提升
丙供电公司	肩扛	钢管提升	

从统计表中可以看出，同行业公司目前使用的工作方法仍是传统以人力为主的工作方法，传统就位方案缺点分析见图2。

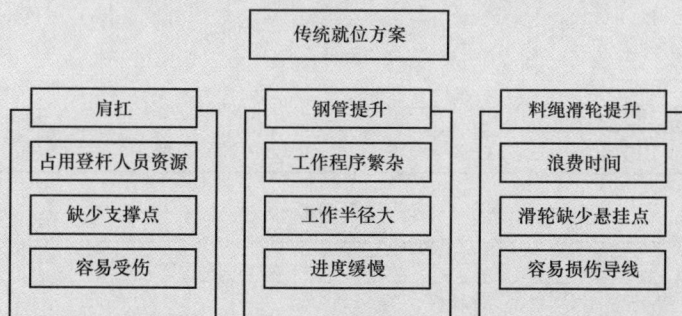

图2　传统就位方案比较

传统工作方法既不能省时省力，又不能提高工作效率也不能避免工作人员身体受到伤害。因此，研制新型导线提升就位装置，成为 QC 小组设定的课题。

2.3　课题查新

小组成员余××、田××于 2012 年 2 月 23 日赴××省科学技术情报研究所进行了课题查新，结果发现还没有新型导线提升就位装置的文献报道。

3　设定目标

3.1　总目标设定

QC 小组设定的总目标为成功研制满足输电线路导线提升就位工具，以满足 35kV 输电线路导线就位的要求。

3.2　确定目标值

按照《输电线路施工工艺规程》的技术要求，所要研制的新型输电线路导线提升就位专用工具应集提线、放线功能于一体，满足工作现状与人员各方面要求，总质量小于 10kg，提升工作效率，降低工作时间，平均单杆工作时间为 40min，登杆人员 1 人，地面人员 1 人，承受拉力为 5000N，承受载荷值为 0.25t，消除隐患，确保安全。

4　提出并确定最佳方案

4.1　提出方案

小组成员运用头脑风暴法，集思广益，初步确定施工方案为电动工具提升法，液压工具提升法和动力棘轮装置提升法。

针对电动工具提升法、液压工具提升法及动力棘轮装置提升法三种新型提升就位方案，小组成员对其优缺点进行了详细分析对比，见表 2～表 4。

表 2　　　　　　　　　　　　电动提升法分析表

名　称	优　点	缺　点	提升能力	
电动工具提升法	操作简便，省时省力，轻便	1. 电池容量有限，提升导线数目有限 2. 维护，维修麻烦	线路短	导线轻
作原理	充电电池作为动力源，带动齿轮转动，齿轮绞紧钢丝绳，提升导线			
结论	由于电池能量小，只对于较短线路，且较轻线路进行提升		小采用	

表 3　　　　　　　　　　　　　液压提升分析表

名　称	优　点	缺　点	提升能力	
液压工具提升法	提升中相导线简便，安全可靠轻便	1. 体积轻 2. 固定难度大 3. 容易损坏	线路较长	导线重
工作原理	工作原理是：将导线置于钢管顶端滑轮内，反复按压液压手柄，缓慢提升钢管，钢管带动滑轮至导线顺利就位			
结论	提升两边相难度较大，且需要不停按动手柄，操作麻烦		不采用	

表 4 动力棘轮装置提升法分析表

名　称	优　点	缺　点	提升能力	
动力棘轮装置提升法	操作简便，省时省力，安全可靠	外观不如液压提升工具及电动提升工具美观	线路长	导线重
工作原理	工作原理是：动力棘轮上缠绕调节钢丝绳，通过棘轮摇臂进，丁对棘轮的操作。起吊钩挂在导线上用来调节钢丝绳，通过动力棘轮的转动和承重杆顶端的滑轮，带动起吊杆上下移动，来调节导线横向移动。起吊杆顶端起吊棘轮装置，来完成对导线的纵向升降。通过定位装置将起吊杆固定在承重杆上，完成中相导线的就位工作			
结论	操作简便，省时省力，安全可靠，经济实用，维护、维修方便零件容易寻找　　　　　　　　采用			

　　为了提高效率，降低研制成本，决定与××巨力机械有限公司协作开发，由此小组设计技术方案，通过专业单位加工的方式进行合作。

4.2　方案分解并选择最佳方案

　　小组成员余××、向××通过资料查询得知，导线就位器包括固定部分、承重部分和提升部分。

　　设计一个利用固定部分作为双腿，打好基础，扎好马步，固定导线就位器并平衡导线上升，下降时的力。承重部分作为脊柱，承受来自导线及导线就位器的自身重量。利用提升部分作为双臂，牢固的把导线由横担提升至绝缘子。

　　因此采用一个动力提升装置，动力提升装置上缠绕钢丝绳，铡丝绳连接在导线上，通过对动力提升装置的操作，逐渐缠绕，缩短钢丝绳来完成对导线的纵向及横向就位工作。导线就位器工作流程图见图3。

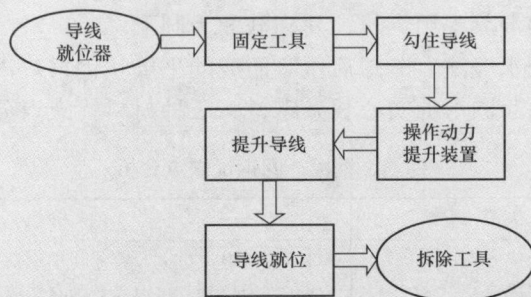

图 3　导线就位器工作流程图

4.2.1　方案分解

根据导线就位器的结构设计，导线就位器结构分解见图4。

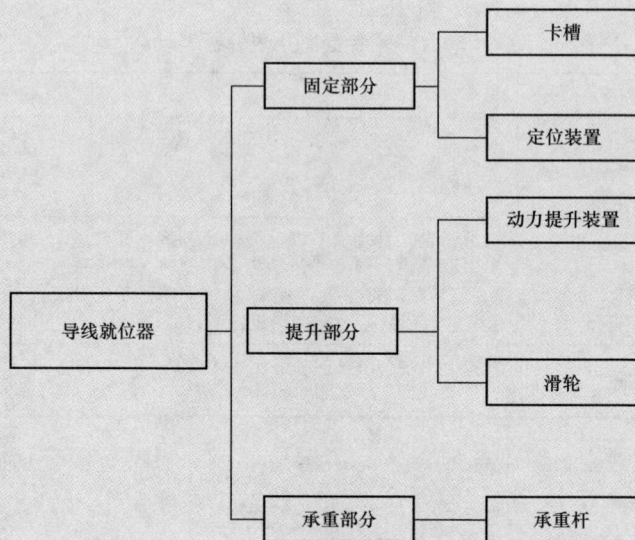

图 4　导线就位器结构分解图

4.2.2　选择最佳方案

4.2.2.1　固定部分

（1）固定部分的设计将影响就位器在导线提升过程中的稳定性及可靠性，固定部分的工作方式可以分为定位固定和移动固定。定位固定是直接将导线就位器固定在脑袋铁的螺栓位置，移动部分则是根据脑袋铁的型号自由调节，达到最佳固定效果。QC 小组认为能作为固定部分的一般有钢筋、钢板、钢管三种。

钢筋是指钢筋混凝土用钢材，其横截面为圆形。

钢板是指用钢水浇注，冷却后压制而成的平板状钢材。

圆钢是指截面为圆形的实心长条钢材。三种材料优缺点分析见表 5。

表 5　　　　　　　　　　钢筋、钢板、圆钢优缺点分析

名　称	优　点	缺　点
钢筋	1. 承受拉力大 2. 可塑性强	1. 焊接电流过大，容易烧伤钢筋，降低强度 2. 受力达到一定值，容易发生弯曲，发生较大变形
钢板	1. 接触面大，摩擦力大 2. 承受拉力大，易于接受各种加工	成本稍高
圆钢	1. 可塑性强 2. 材质好，多为低碳钢	1. 圆形，与脑袋铁螺栓接触面小，容易滚动，不稳定 2. 太重

经比较钢板的性能更好，并且具有寿命长、接触面大的优点，将极大提高固定部分的稳定性和可靠性，最终选择钢板。

4.2.2.2 提升部分

导线就位器提升部分是影响导线提升性能的重要因素，而动力堤升装置则是整个导线就位器装置的心脏部分，导线能否成功就位，提高工作效率，完全在于动力提升装置的选择。

QC 小组认为能作为动力提升装置的一般有手拉葫芦和千斤顶，其优缺点分析见表 6。

表 6　　　　　　　　　　　　手拉葫芦和千斤顶分析表

名　　称	优　　点	缺　　点
手拉葫芦	1. 结构紧凑，提升，牵引，下降，校准等性能优越 2. 操作简单，应用广泛	重量稍沉
千斤顶	1. 机械率高 2. 体积小	1. 成本高 2. 维护维修困难

千斤顶体积小，携带方便，但是需要专业人士维修，维护，且维修成本太高。手拉葫芦结构紧凑，应用广泛，维护维修方便并且当前线路工作中就用到手拉葫芦，选材很便捷，因此 QC 小组最终选择手拉葫芦。

为了选出可靠稳定的最优方案，4 月 16 日小组成员田××、余××分别对金属滑轮、塑料滑轮、玻璃纤维滑轮的优缺点进行了对比，见表 7。

表 7　　　　　　　　　　　　　　滑轮分析表

名　　称	优　　点	缺　　点
金属滑轮	1. 强度大 2. 材料选择便捷	与轨道接触时容易产生噪声
塑料滑轮	质地坚硬	1. 容易碎裂 2. 使用时间一长会发涩，变硬，推拉感变的很差
玻璃纤维滑轮	1. 韧性，耐磨性好 2. 滑动顺畅	1. 费用较高 2. 适合导线就位器的型号不好寻找

塑料滑轮质地坚硬，但是容易碎裂，使用时间长转动不灵活，玻璃纤维滑轮韧性耐磨性好，但是费用较高，金属滑轮强度大，材料极容易寻找，但是与轨道接触时容易产生噪声，考虑到当前导线就位器的使用情况，虽然玻璃纤维滑轮性能较好，但是金属滑轮的性能已能满足当前的需要，且金属滑轮线路施工中经常使用，选材方便，且费用低，因此 QC 小组最终选择金属滑轮。

4.2.2.3 承重部分

导线就位器承重杆设计、选择是影响导线就位器承载性能的重要因素，承重部分的选择是否合理，将直接关系到导线就位在未来施工中的运用以及能承载多大重力，见表8。

表8　　　　　　　　　　　　　　　　承重杆分析表

名　称	优　点	缺　点
钢管	1. 抗载荷能力强 2. 形状可塑性强，便于携带	与其他部分连接面积小
槽钢	抗载荷能力强	1. 形状为方形，可塑性差 2. 钢丝绳暴露在槽钢一侧，容易损坏钢丝绳

槽钢虽然抗载荷能力强，但是形状不好塑造，而且携带也不方便，冈为将钢丝绳置于槽钢沟槽内时，钢丝绳不免暴露于外部环境，在操作中容易使钢丝绳划出沟槽，给施工及维护带来不必要的麻烦。

钢管抗载荷能力强，且为圆柱形，可塑性强，携带方便，而且钢丝绳置于钢管腹内，便于保护钢丝绳。因此 QC 小组最终选择钢管作为承重杆。

QC 小组确定的最佳方案见图5。

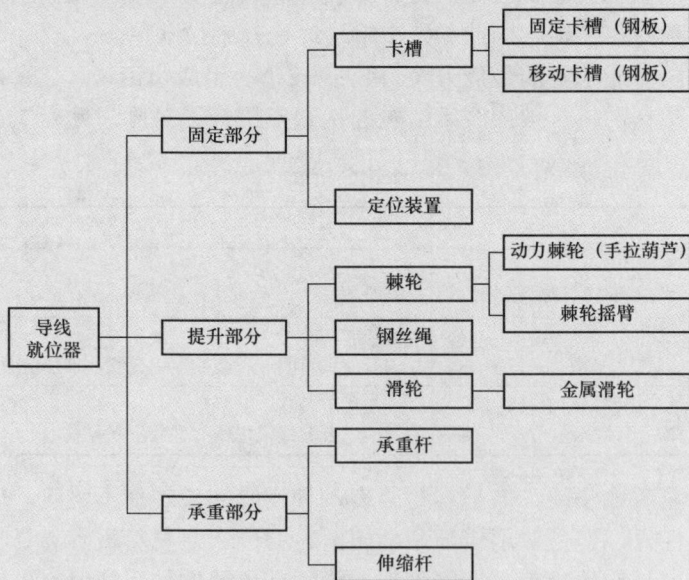

图5　导线就位器最佳组成方案

4.2.3 最佳方案可行性预评估产

（1）在资金方面，公司领导高度重视小组活动课题，提供了充足的硬件设备支持，并根据小组活动进度给予资金保障。

（2）在人员方面，小组成员田××、余××具有丰富的 35kV 线路施工工作经验，向××等参与过多项公司科技项目研制，具有一定的科技研发经验，小组由工区主任、专工和班组技术骨干组成，实力雄厚。

（3）在外部资源方面，QC 小组与机械制造专业单位建立了合作关系，他们将为小组提供导线就位器的专业技术指导和研发支持。

（4）在课题可行性分析报告中，公司专业技术部充分肯定了实施方案的合理性和可操作性，并提出导线就位器具有很大的优越性和开发潜力。

5 研制实施方案

导线就位器研制进度安排见表 9。

表 9   导线就位器研制进度表

序号	对策	目标	措施	地点	完成时间	负责人	检查人
1	理论框架设计	总质量小于 10kg，登杆人员 1 人，地面人员 1 人，能提升总量在 5000N；提升载荷为 0.5t。消除隐患，确保安全	1. 制作整体三维效果图 2. 制作各部位分解三维效果图 3. 器具外形美观大方，可于杆上进行导线就位工作，集提线放线功能于一体；满足工作现状与人员各方面要求	办公室 办公室	2012.04.28 2012.04.28	向×× 向××	王× 王×
2	研制固定部分	满足应力 500 N	1. 设计绘制 CAD 平面图 2. 严格按照图纸焊接制作 3. 能安全可靠地将就位器固定在电杆上	运维检修工区	2012.05.08	唐××	田××
3	研制提升部分	提升载荷 0.5t	1. 设计绘制 CAD 平面图 2. 严格按照图纸焊接制作 3. 提升导线，使导线稳定安全的就位	运维检修工区	2012.05.15	李××	刘××
4	研制承重部分	满足承重 5000N	1. 设计绘制 CAD 平面图 2. 严格按照图纸焊接制作	运维检修工区	2012.05.21	唐××	刘××

续表

序号	对策	目标	措施	地点	完成时间	负责人	检查人
4	研制承重部分	满足承重 5000N	3．支撑并承受住提升导线过程中的重力	运维检修工区	2012.05.21	唐××	刘××
5	整体组装	1．焊接牢固稳定，确保安全可靠性 100％ 2．整体结构强度大，承重 250kg 以上 3．能提升总量在 5000N；提升载荷为 0.5t	1．严格按照设计图纸组合制作 2．认真监督专业五金厂进行承重试验	运维检修工区	2012.05.26	李×× 唐×× 余××	伊×

5.1　理论框架设计

为确保导线就位器达到预期的实用效果，小组成员组织召开会议认真研讨导线就位器的各部位及整体尺寸，结合实际工作经验，确定导线就位器尺寸如图 6 所示，图中数值单付为厘米。

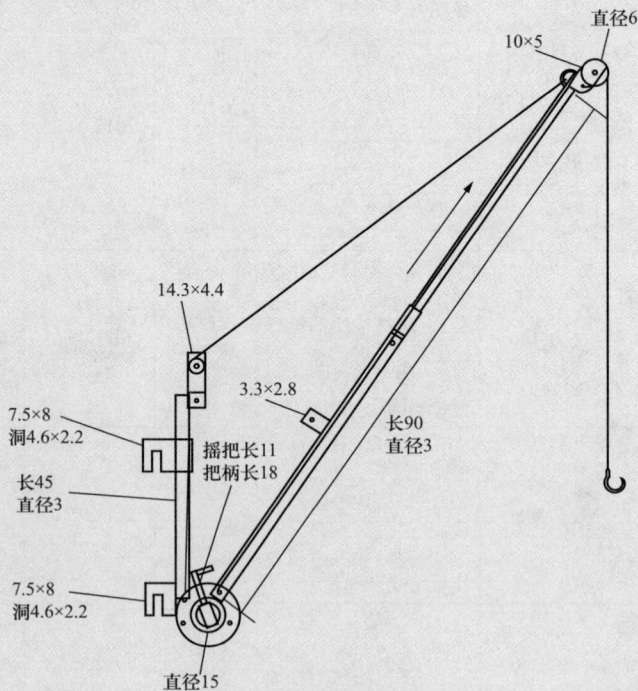

图 6　导线就位器平面图

5.2 制作导线就位器固定部分

（1）QC小组采用低成本、高可靠性的310S钢板作为导线就位器固定卡槽，移动卡槽，首先设计出固定部分原理图（见图7），之后制作固定部分，固定部分制作工序分解如图8所示，固定部分方案分析见表10。

图7 固定部分制作原理

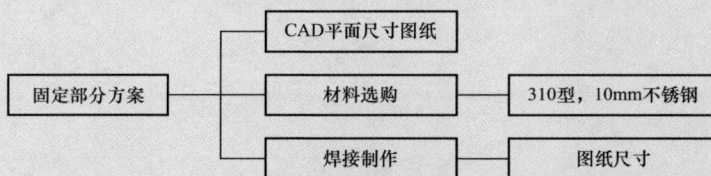

图8 固定部分制作工序分解图

表10 固定部分方案分析表

方案	分解	分 析	用材尺寸
固定部分	移动卡槽	根据脑袋铁型号的大小及上下螺栓的距离，机动调整开槽位置，起到固定作用	80mm×75mm，钢板
	固定卡槽	插入并固定在脑袋铁螺栓上，起固定导线就位器的作用	80mm×75mm，钢板
	定位装置	是连接承重杆及伸缩杆的部件，起固定伸缩杆的作用	10mm×5mm，钢板

（2）小组成员田××通过对固定装置进行选择。将钢板焊接在承重杆上。对钢板进行拉力试验。

（3）小组成员对固定装置进行20次测试，统计数据见表11。

表11 固定部分拉力试验统计表

固定部分拉力试验（N）									
5250	5212	5223	5233	5198	5217	5318	5210	5243	5196
5132	5312	5211	5225	5099	5214	5252	5213	5232	5245
试验时间	4月28日		试验地点	实验室		试验人员		余×× 田××	

固定部分拉力平均值为 5221.75N，满足 5000N 拉力范围。经资料查询拉力在此范围内的固定部分能够承受所载导线及在导线施工中产生的力。

5.3　制作导线就位器承重部分

导线就位器承重部分尺寸如图 9 所示。

（1）5 月 5 日，QC 小组完成了承重部分结构图纸设计。

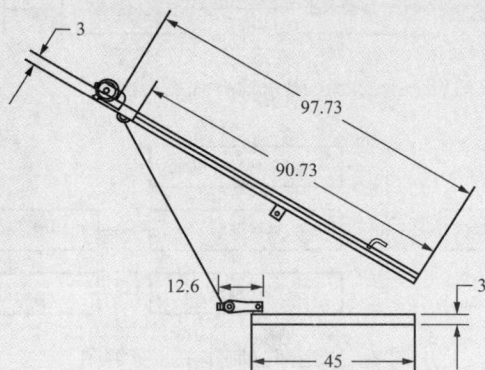

图 9　导线就位器承重部分尺寸图

伸缩杆藏于承重杆内测，长度略大于承重杆，承重杆固定在动力棘轮上，调节钢丝绳从伸缩杆内部穿过，由滑轮侧伸出。起吊钢丝绳穿过短承重杆，固定在承重杆固定环上。承重部分方案分析见表 12。

表 12　　　　　　　　　　　　　承重部分方案分析表

方　案	分　解	分　析
固定部分	承重杆	450mm×ϕ30mm，起承受导线提升时所产生重量的作用
	调节钢丝绳	调节导线就位器开度，利用三角形原理，具有稳定的作用，及分散导线提升时的作用
	伸缩杆	根据导线需要及提升位置的不同，操作伸缩杆，调节适当高度，并承受来自导线上升时的翻用作用力

（2）目前承重部分钢管的选择主要有热轧无缝钢管、冷轧无缝钢管、薄壁无缝钢管三种。

承重杆、伸缩杆材料选择，广泛查阅无缝钢管的相关资料，并分别统计各类规格参数，汇总数据见表13。

表 13	无缝钢管规格参数汇总表	
无缝钢管类别	外径（mm）	壁厚（mm）
热轧无缝钢管	>32	2.5～75
冷轧无缝钢管	>6	0.25～2.5
薄壁无缝钢管	>5	≥0.25

　　根据工作经验，将承重杆和伸缩杆（外）确定为外径 30mm，伸缩杆（内）为外径 25mm，将材质确定为冷轧无缝钢管。

　　根据活动目标中总质量<10kg 的要求，推算出每米钢管质量为 1.508kg，经计算确定钢管壁厚为 2.2mm。

　　（3）根据钢丝绳规格标准参数选用多层不旋转面接触钢丝绳，具体数据见提升部分。

　　余××、田××赴加工厂根据设计图纸制作承重部分，承重杆及伸缩杆由冷轧无缝钢管制造而成，钢管强度可靠，能承受提升导线所引起的重量。

　　（4）5 月 25 日承重部分制造完成后，QC 小组对承重部分进行试验，试验数据表明，承重杆承受最大应为 6681N，实验结果见表 14。

表 14		承重部分检验表			
实验序号	实验时间	实验地点	实验人员	承受应力（N）	
1	2012-5-25		田××	6681	6578
2	2012-5-25		田××	6542	6621
3	2012-5-25		田××	6631	6324
4	2012-5-27		余××	6423	6345
5	2012-5-27	实验室	余××	6334	6335
6	2012-5-27		余××	6213	6319
7	2012-5-28		向××	6436	6433
8	2012-5-28		向××	6421	6427
9	2012-5-28		向××	6408	6389
平均承受应力（N）				6431.1	

　　从检验表可以看出，承重部分的平均拉力为 6431.1N，满足导线提升拉力 5000N 要求。

5.4　制作导线就位器提升部分

5.4.1　根据表 15 中最优方案分析，小组选用 1t 导链，WJ1202 滑轮，8mm 多层股不旋转面接触钢丝绳。

表15　　　　　　　　　　　　　提升部分方案分析表

方　案	构　成	分　析
固定部分	动力棘轮	φ150mm，载重 1t，提升导线就位器，钢丝绳及挂钩，带动挂钩上导线缓慢上升
固定部分	棘轮摇臂	调节钢丝绳，使伸缩杆根据导线的距离，远近及长短，调节不同的开度，合理调整，提升导线
	滑轮	φ600mm，使起吊钢丝绳顺利穿过滑轮，减少钢丝绳在提升过程中的阻力及减轻钢丝绳的磨损，有效提升导线
	起吊钩	勾住导线并承受导线重量，使导线固定在挂钩内，缓慢提升
	起吊钢丝绳	承受导线重量且伸缩自如，使导线在规定操作下自如上升，下降
	吊环	固定调节钢丝绳，并使承重杆及伸缩杆连接可靠

5.4.2　动力棘轮的选择是整个导线就位器的核心，动力棘轮选择是否恰当，将直接影响到导线就位器功能的运行及导线就位器的安全可靠使用。

动力棘轮必须满足现场使用条件，能够经受复杂的环境因素考验，并且具有足够的提升能力。目前考虑范围内的导链主要有 0.5t、1t、1.5t 三种。结合导线就位器的结构要求，对三种动力棘轮的优缺点进行详细分析比较，见表 16。

表16　　　　　　　　　　　　三种动力棘轮优缺点比较

序号	方案	优点	缺点	评价	结论
1	0.5t	1. 体积小； 2. 便于携带	1. 承受载荷相对较小； 2. 不能应变在工作中的各种突发方案	导线提升就位中，导线线径一般较大，且下压导线受力不均匀	不采用
2	1t	1. 满足承受载荷； 2. 体积较小	1.相对于 0.5t 导链体积稍大； 2. 杆上操作简单	满足承受载荷要求，且不影响总体质量，便于携带	采用
3	1.5t	满足承受载荷	1. 体积大； 2. 太重，杆上操作不方便	虽然满足承受载荷要求，但太沉，杆上工作人员操作时比较吃力，难以维持平衡	不采用

最终，选择了可靠性高、满足承受载荷且体积较小的 1t 导链作为动力棘轮。

QC 小组根据实际情况主要考虑的滑轮有 8 种（见表 17），主要对三种较适合的型号进行比较筛选，见表 18，最终选择 WJ1202 型滑轮。起吊钩、吊环、定位装置、棘轮摇臂根据具体实际尺寸从不使用工具中选择，拆除使用。

表 17　　　　　　　　　　　滑轮钢丝绳型号配适统计表

滑轮代号	钢丝绳直径	主要尺寸									推荐轴承型号	参考质量
		D	D1	R	b	W	f	D2	D3	B		
WJ201	8～14	280	325	7	37	28	5	55	63	63	211	14.5
WJ202								60	69	66	212	15
WJ203								65	75	68	213	1 6
WJ204								70	80	70	214	1 6
WJ2201	14～19	355	415	10	50	38	8	80	90	74	216	26
WJ2202								85	96	78	217	27.5
WJ2203								90	102	82	218	28.5
WJ2204								95	108	86	219	30

表 18　　　　　　　　　　　滑轮选择表

序号	方案	优点	缺点	评价	结论
1	WJ1201	1. 体积小；2. 质量轻	1. 滑轮槽较浅；2. 转动半径小	导线提升就位中，钢丝绳需要在滑轮槽中转动很多圈，较浅的滑轮槽不能储存较多圈钢丝绳	不采用
2	WJ1202	1. 体积较小；2. 滑轮槽深浅适中	体积稍大	满足承受载荷要求，且不影响钢丝绳在滑轮槽中的转动，能储存较多钢丝绳	采用
3	WJ1203	1. 体积大；2. 滑轮槽深	1. 体积大；2. 转动半径过大	相对于 WJ1202 滑轮，较深的槽有些浪费，且价格较贵	不采用

安装完成后，对提升部分进行了试验，见表 19。从检验表可以看出，承重部分的平均载荷为 1.23t，满足导线提升拉力 0.2～0.5t 要求。

表 19　　　　　　　　　　　承重害区分检验表（导链部分）

实验序号	实验时间	实验地点	实验人员	提升质量（t）	
1	2011-6-18	实验室	余××	1.23	1.26
2	2011-6-18		余××	1.22	1.33
3	2011-6-18		余××	1.12	1.24
平均试验载荷				1.23	

5.5 整体组装、调试

导线就位器固定在抱箍螺钉处，以提升边相为例，将主臂放置与副臂90°角，绞紧钢丝绳，将主臂钢丝绳连接固定在导线上的滑轮，并绞紧。操作装置底部倒链，提升主承重臂，使主副承重臂夹角小于60°，使导线离开绝缘子。开始更换绝缘子，更换完毕后，开始进行导线就位操作。逐渐放下主臂牵引绳，使导线位于绝缘子顶端沟槽正上方，缓慢放下主臂顶端牵引绳，导线就位。更换中相绝缘子时，将主副臂之间牵引绳绞紧，使其达到平行，并将主副臂之间连接扣环扣好，增加操作的安全性；将主臂牵引绳与滑轮连接后，固定在中项导线上，只依靠调节主臂牵引绳的升降来完成导线的升降。操作完毕后，绞紧所有牵引绳，收回主臂伸缩杆，完成操作。

小组成员对研制出的导线就位器各部位进行组装充分利用了杠杆原理及滑轮原理。升降装置采用棘轮原理，通过两个棘轮的正反向转动来完成吊绳和吊杆的目的。位置固定采用嵌入插接式固定，方便操作，插取灵活。质量轻，一人可独自完成工作。操作简单，操作方法一目了然。承重主臂采用伸缩式设计，存放不占用太多空间。采用嵌入式可活动插销，直接嵌入中相横担。升降装置为齿轮装置，提升时利用齿轮传动，充分利用倒链原理，操作采用摇臂式，重逾1t的导线，单手可以操作。最终，小组成功制造出了组合工具，承重立柱高1.5m，伸缩范围0.8m，负荷大于1.0t，全套自重7.6kg，见图10。

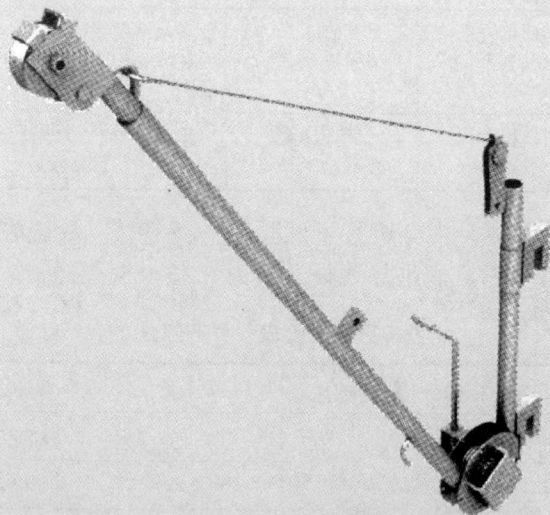

图10 导线就位器整体效果图

导线就位器整体组装完成后，分别选取了 35kV 燕唐线 56 号、57 号、58 号、60 号杆线路进行试验。传统工艺更换绝缘子施工情况和使用导线就位器更换绝缘子施工情况分别见表 20、表 21。

表 20　　　　燕唐线 56 号、57 号杆停电更换绝缘子
施工情况统计表（传统工艺）

杆号	杆上人员	工具总重（kg）	相位	登杆及传递工具材料用时（min）	更换绝缘子用时（分）	导线拉力（N）	导线就位用时（min）	地面作业人数
58	2	28	左	4	4	1011	17	4
			中	2	3	1122	18	
			右	2		1032	17	
60	2	28	左	5		1078	16	3
			中	2	3	1243	21	
			右	3	4	1069	17	
合计	4	28		18	22		106	7

表 21　　　　燕唐线 58 号、60 号杆停电更换绝缘子施工
情况统计表（导线就位器提升）

杆号	杆上人员	工具总重（kg）	相位	登杆及传递工具材料用时（min）	更换绝缘子用时（min）	导线就位用时（min）	导线拉力（N）	地面作业人数
58	1	7.6	左	1	4	4	1020	1
			中	3	5	6	1.250	
			右	1	4	5	1054	
60	1	7.6	左	1	3	5	1126	1
			中	4	4	7	1348	
			右	2	3	5	1232	
合计	2	7.6		12	23	32		2

比较可知，利用导线就位器进行导线就位工作总质量为 7.6kg，平均用时为 33.5min，杆上登杆人员 1 人，杆下工人 1 人，平均提升载荷为 1171.6N。提升工作效率，降低工作时间，减少工作人员，消除隐患，确保安全。

6 效果检查

6.1 目标值检验

6.1.1 检测平均时间及工作效率值

6月2日，小组成员余××、田××对35kV荆张Ⅱ线34号、42号杆进行了平均用时及工作效率值检验，监测数据见表22。

表22　　　　　　　　　35kV荆张Ⅱ线34号、42号杆新架导线
施工情况统计表（导线就位器提升）

杆号	杆上人员	工具总重（kg）	登杆及传递工具材料用时（min）	相位	更换绝缘子用时	导线就位用时（min）	导线拉力（N）	地面作业人数
34	1	8.6	1.5	左	3	3.5	987	1
			3	中	4	5	1125	
			2	右	4	4	1022	
42	1	8.6	2	左	3	4	1231	1
			3	中	5	5	1398	
			1	右	2.5	4	1265	
合计	2	8.6	12.5		21.5	25.5		2

导线就位器在35kV荆张Ⅱ线34号、42号杆提升导线施工工作中总单杆平均用时为29min，杆上工作人员平均为1人，地面工作人员平均为1人，平均提升载荷为1171.3N大大提高了工作效率，减少了工作人员。

6.1.2 检测承受拉力及承受载荷能力

6月6日，对导线就位器进行了抗弯、抗压、抗拉能力检验，检测数据见表23、表24。

表23　　　　　　　　　　　导线就位器抗压检验表

实验序号	垂直提升压力（N）	45°提升压力（N）	90°提升压力（N）
1	6421	5426	5311
2	6366	5371	5214
3	6217	5213	5231

表24　　　　　　　　　　　导线就位器抗拉检验表

实验序号	垂直提升载荷（t）	45°提升载荷（t）	90°提升载荷（t）
1	1.2	1.03	1.01

续表

实验序号	垂直提升载荷（t）	45°提升载荷（t）	90°提升载荷（t）
2	1.12	1.05	1
3	1.18	1.11	1.03

所研制的导线就位器平均承受拉力为 5641.1N，平均承受载荷为 1.08t，满足目标要求。

6.2　导线就位器验收

将导线就位器送至生产技术部检验，苏××、伊×、朱××进行了检查验收，成果结构合理，焊接牢固，结构强度大，承重试验 1t 以上，安全系数大于等于 4。

检验报告绪论指出：该导线就位器满足《输电线路施工工艺规程》指标要求，导线提升就位性能比传统输电线路施工工艺提高工作效率，安全可靠。

6.3　取得效益

6.3.1　直接效益

本次活动总成本为 0.36 万元，并且满足《输电线路施工工艺规程》要求，与使用传统工具相比，新工具重量大大减轻，减小了工作人员的劳动强度，间接保证了安全生产。杆上人员由 2 人减少到 1 人，更换时间平均用时约为 29min，提高了劳动效率。

9 月 22 日运维检修部对 35kV 燕唐线 24～41 号杆进行了改造，因 35kV 燕唐线大部分位于山区，地势高低不平，档距跨度大，施工有难度。因此，运维检修部选择用导线就位器来完成 35kV 燕唐线部分杆塔的导线就位工作。施工情况统计见表 25。

表 25　　　　35kV 燕唐线 24～41 号杆导线施工情况统计表

杆号	杆上人员	工具总重（kg）	登杆及传递工具材料用时（分）	相位	更换绝缘子用时（分）	导线就位用时（分）	导线拉力（N）	地面作业人数
24 号	1	8.6	6.5	ABC	10	12.5	987	1
25 号	1	8.6	7	ABC	12	11	1125	1
26 号	1	8.6	7	ABC	11	12	1022	1
27 号	1	8.6	6	ABC	11	10	1231	1
28 号	1	8.6	7.5	ABC	13	13	1398	1
31 号	1	8.6	6	ABC	10	11.5	1265	1

续表

杆号	杆上人员	工具总重（kg）	登杆及传递工具材料用时（分）	相位	更换绝缘子用时（分）	导线就位用时（分）	导线拉力（N）	地面作业人数
32 号	1	8.6	8	ABC	9	11	1220	1
33 号	1	8.6	7	ABC	12	11	1345	1
34 号	1	8.6	5	ABC	11	13	1213	1
35 号	1	8.6	5	ABC	9	10	1233	1
37 号	1	8.6	6.5	ABC	12.5	12	1326	1
38 号	1	8.6	7	ABC	12	11	1287	1
39 号	1	8.6	6	ABC	11.5	11	1215	1
40 号	1	8.6	6	ABC	10	11	1103	1
41 号	1	8.6	6	ABC	11	12	1248	1
合计			96.5		165	172	18218	

35kV 燕唐线 24～41 号杆于上午 11 时 16 分导线放线，紧线，完毕，13 时 30 分施工人员分为 5 个小组开始杆上导线就位工作，于 14 时 02 分杆上所有杆上导线就位完毕。每基杆塔平均用时 28min，比传统施工工艺节约用时约 45min，整体工程比传统工艺提前 135min 完成。杆上登杆人员平均 1 人，地面作业人员平均 1 人，保证了安全生产需要。

结论：按照 35kV 燕唐线路正常情况每天输送电量 43 万 kW·h 计算，线路改造提前 135min 送电，增加供电量 4.1 万 kW·h 电量，提高了企业的经济和社会效益。

6.3.2 间接效益

如果能够在电力系统中广泛推广使用，达到规模化生产，将进一步提高 35kV 输电线路的工作效率，节约成本，降低劳动力。导线就位器的顺利应用，在线路抢修及客户电力生产工作中，给公司及客户带来实实在在的效益。

7 标准化

为了巩固成果，QC 小组编写了《输电线路导线就位器施工作业指导书》9 月份被公司批准，并纳入了公司标准化体系。本课题填补国内空白，改变了传统的施工工艺，提高了工作效率，节省了时间，消除了在工作中的安全隐患，极大的保证了生产、安全的需要。已成功电请专利厂专利号：ZL201120272135.5。

第三节 "五小"活动

一、"五小"活动管理标准

在班组开展"五小"活动是贯彻落实全心全意依靠员工办企业方针的具体体现,是推广新技术转化成新成果的重要途径,是引导员工在本职岗位上创造性劳动的重要举措,也是班组自主创新体现的重要环节。因此,"五小"活动管理标准要紧紧围绕公司安全生产、经营管理、营销服务、队伍建设、电网建设、质量管理、现场管理、操作方式、节能降耗、环境保护、产品质量和工程质量、企业文化建设、思想管理工作等方面,坚持结合员工自身岗位实际和需要,立足于班组,从解决小问题,克服小困难入手,组织广大员工开展"五小"活动,激发班组员工的积极性和创造性,形成人人关心、人人参与、人人争优的创新工作氛围,进一步增强班组员工研发攻关能力,提高创新成果质量,用"五小"活动取得的成果解决实际工作中遇到的问题,克服设备存在的缺陷,最终达到提高员工自主创新能力、提高企业经济效益,增强员工业务素质的目的。要细化"五小"活动管理工作流程,从组织、发动、提出、收集、汇总、评审到奖励形成"五小"活动制度化、规范化的长效机制。班组要制定"五小"活动工作计划,根据计划组织实施,要制定"五小"活动工作措施,根据公司要求填写"五小"活动申报表,按照公司要求完成"五小"活动成果的发布。"五小"活动的开展要注重进步性、创新性、经济性、可行性。公司每年应组织员工开展"五小"活动成果申报工作,每年 11 月份开展一次对"五小"活动申报成果的评审、发布、表彰奖励和总结现场会。根据评审发布情况,对"五小"活动中取得的经验和存在的问题及时总结分析,将有价值的"五小"活动进行有效推广。

二、小革新实例

对配电室 10kV 配电变压器的木制摆放式遮栏进行革新,运行人员在巡视配电室设备时,经常搬开摆放式遮栏进入 10kV 配电变压器运行区,抄表的工作人员每月抄表时,也会进入 10kV 配电变压器运行区,极易造成人身触电伤亡事故发生。班组对木制摆放式遮栏进行了革新,研制一种利用电气闭锁进行控制的装置,在塑刚绝缘遮栏门上安装电气闭锁装置,装置电源与变压器二次侧相连接,配电变压器不停电,电气闭锁装置打不开,工作人员就无法打开遮栏门进入,有效防止人员进入 10kV 配电变压器运行区,该电气闭锁遮栏门应用后,可解决 10kV 配电变压器运行区传统遮栏不安全管理模式,可以减少因误触和误碰带电设备造成的人身伤亡事故,安全隐患得到有效排除,为企业增效创收提供了有力保障。

三、小改造实例

电能表集表箱箱体长期在户外运行，箱体和箱门容易出现错位，形成的缝隙都在 4mm 左右，遇有雷雨季节，雨水可以直接淋到漏电断路器上，二级漏电断路器损坏率相当高，往往造成用户停电。改造小组在箱体一侧用 3.2mm 的钻头制作了定位孔，并插入 3mm 的定位销，然后将箱体一面的锁孔用电钻加大，锁上挂锁，经过定位销定位的箱体非常严实，雨水再也不会进入电能表集表箱。采取这项小改造后，电能表集表箱经过长期运行、检验，达到了经济、实用、安全、可靠的效果，提高了二级漏电断路器使用寿命，减少了低压供电设施故障率，提高了供电可靠性。

四、小设计实例

班组在查看图纸时，发现用充电保护合 220kV 母联 20 断路器时不经本身断路器液压机构中的合闸闭锁，为此班组攻关小组组织运行和检修人员将现场二次接线与竣工图纸进行了一一对应查看，发现二次回路实际接线确实存在用充电保护合 220kV 母联 20 断路器时不经本身断路器液压机构中的合闸闭锁，检查的结果是图纸与实际接线完全相符，证明了上述缺陷确实存在。班组攻关小组在充分分析问题的基础上，对相关的二次回路进行了设计改正，由图 1 改为图 2。

（一）用充电保护合 220kV 母联 20 断路器时的动作过程

如图 1 所示，＋、－为控制小母线；1FU、2FU 为控制小母线熔断器；3XB 为母线充电保护连接片；3SB 为充电合闸按钮；KCC1 为断路器三相合闸中间继电器；KCC2 为断路器三相合闸继电器；M721、M722、M723 为同期小母线；SM 为同期转换开关；SA 为断路器手动合闸控制开关；KL3 为断路器液压机构合闸闭锁常开触点。当用上母线充电保护连接片 3XB（即将连接片 3XB 由 1－3 位置切于 1－2 位置）时，按下启动母线充电保护合闸按钮 3SB，使断路器三相合闸中间继电器 KCC1 励磁，其动作过程：＋→1FU→3XB→3SB→KCC1→RKCC1→2FU→－。KCC1 继电器的常开触点瞬时接通断路器三相合闸继电器 KCC2，使 KCC2 励磁，其动作过程：＋→1FU→3XB→KCC1→KCC2→RKCC2→2FU→－。KCC2 继电器动作后，其常开触点闭合，使 220kV 母联 20 断路器三相合闸，很显然用母线充电保护合 220kV 母联 20 断路器是不经过合闸闭锁的。

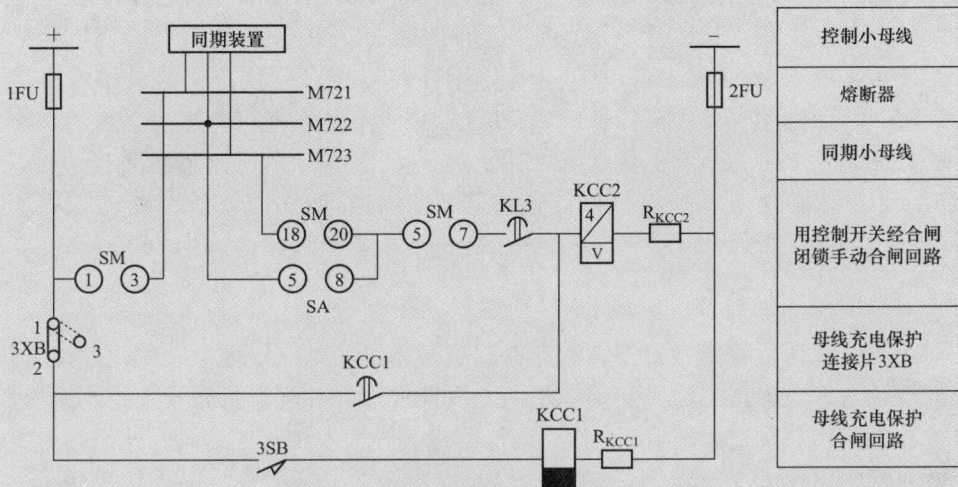

图 1　用母线充电保护合 220kV 母联 20 断路器不经合闸闭锁的二次接线图

（二）设计改正方案

为了消除"用母线充电保护合 220kV 母联 20 断路器时不经其液压机构的合闸闭锁"这一缺陷，班组攻关小组在充分调研的基础上对母线充电保护二次回路做了适当的修改。提出了设计改正方案，如图 2 所示，只须将 II D57 端子至 II D50 端子的连接线拆除，将端子 II D57 与 II D49 连接起来，使母线充电保护合 220kV 母联 20 断路器充电母线时经本身断路器液压机构合闸闭锁，当 220kV 母联

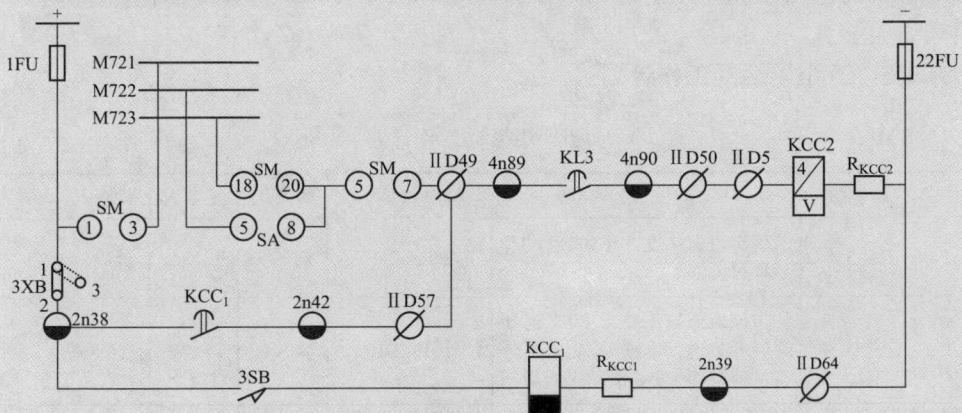

图 2　用充电保护合 220kV 母联 20 断路器经合闸闭锁的改正方案

331

20 断路器经任一相液压机构油压下降至不允许断路器合闸时，合闸闭锁继电器 KL3 动作失磁，其常开触点延时打开，从而断开了手动及用母线充电保护合 220kV 母联 20 断路器的通路，杜绝了断路器慢合闸现象。这种改进方案比较简单，由于所改接的端子、连接线均在同一屏后的同一排端子排上，不须另外敷设电缆。只须在ⅡD 端子排上改动连接线，无须加装新的端子排，也不会因母线充电保护二次回路的改进而影响其他保护二次回路的正常工作，此设计方案简单可行。

五、小建议实例

由于电能计量箱封签管理方面存在漏洞，为了堵塞窃电现象发生，建议将传统的现场封印改为带有激光防伪标识的一次性封印，并配有封印管理控制系统，电能计量封印从购进、领用、报废、运行管理等方面实现程序管理，杜绝假封签、无效封签的出现。

六、小发明实例

农村低压电网一般实行三级保护，由于三级保护器之间动作电流值和动作时间不匹配，造成保护越级跳闸，影响到客户的安全可靠用电。为了解决三级保护器不匹配，班组成立小发明研发组，研制剩余电流动作保护器模拟测试台，该测试台可对一、二、三级保护器之间动作时间和动作电流值的匹配情况进行测试，防止因三级之间不匹配而引起的保护器误动作，从而保障客户安全可靠用电。该测试台可实现模拟低压电网一、二、三级剩余电流保护器动作电流和动作时间，模拟防越级跳闸实验，模拟调试三相线路对地泄漏电流，模拟重复接地，模拟变频测试功能，模拟测试保护器运行参数，还可以作为班组人员的保护器动作测试培训试验装置。

七、"五小"活动工作计划

"五小"活动工作计划

序号	项目名称	工作计划内容	完成日期	负责人	配合人	检查人	备注
1	工会工作	确定班组年度"五小"活动开展项目	2013-2-1	刘××	张××	班长	
2	工会工作	组织对班组年度"五小"活动开展项目进行审核，确定人员分工，制定"五小"活动工作措施	2013-2-10	徐××	李×× 刘×× 张××	班长	
3	工会工作	开展"五小"活动	2013-9-20	徐××	李×× 刘×× 张××	班长	

序号	项目名称	工 作 计 划 内 容	完成日期	负责人	配合人	检查人	备注
4	工会工作	提炼"五小"活动成果材料	2013-9-30	徐××	李×× 刘×× 张××	班长	
5	工会工作	完成"五小"活动成果材料的申报	2013-10-8	吴××		班长	
6	工会工作	对于参加公司发布的"五小"活动成果,组织人员制作"五小"活动成果演示片	2013-10-25	徐××	李×× 刘×× 张××	班长	
7	工会工作	确定"五小"活动成果发布人,安排发布人进行演练	2013-11-5	徐××	李××	班长	
8	工会工作	参加公司组织的"五小"活动成果发布	2013-11-15	徐××	李××	班长	
9	工会工作	对公司组织的"五小"活动成果发布中获奖人员进行奖励	2013-11-28	班长		班组员工	
10	工会工作	"五小"活动的所有材料录入系统	2013-12-5	徐××	李××	班长	

八、"五小"活动工作措施

（1）成立班组"五小"活动工作小组，明确负责人和专人负责，确定人员分工，安排工作计划，组织开展班组"五小"活动，对于公司确定实施的"五小"活动，班组长要重点组织班组按照计划实施，"五小"活动实施后，组织人员参加公司"五小"活动发布会，达到全面推广的目的。参加公司"五小"活动发布会的全部资料也应在班组建设信息系统中建档。

（2）确保班组"五小"活动完成率达到100%。组织班组员工将开展"五小"活动与安全生产、经营管理、营销服务、队伍建设、电网建设、质量管理、现场管理、操作方式、节能降耗、环境保护、产品质量和工程质量、企业文化建设、思想管理工作等方面相结合，引导员工紧密结合本班组、本岗位实际，切实把"五小"活动落实到班组每个岗位、每个人，达到全员参与的目的，组织每个员工积极参与"五小"活动，确保"五小"活动全员参与率达到100%。

（3）将班组"五小"活动获奖情况与班组绩效考核相结合，对于参加"五小"活动交流发布会的成果和被公司采纳的"五小"成果进行奖励。

九、"五小"活动成果申报表

<table>
<tr><td colspan="9" style="text-align:center">公司"五小"活动成果申报表</td></tr>
<tr><td>项目名称</td><td colspan="6" style="text-align:center">三相负荷不平衡调整装置</td></tr>
<tr><td>申报单位</td><td colspan="4" style="text-align:center">公司配电班</td><td>成员人数</td><td>5</td></tr>
<tr><td rowspan="6">项目小组成员</td><td></td><td>姓　名</td><td>性别</td><td>年龄</td><td colspan="2">职称</td><td colspan="2">岗位</td></tr>
<tr><td>负责人</td><td>刘××</td><td>男</td><td>38</td><td colspan="2">工程师</td><td colspan="2">班长</td></tr>
<tr><td rowspan="4">主要成员</td><td>周××</td><td>男</td><td>28</td><td colspan="2">助工</td><td colspan="2">技术专责</td></tr>
<tr><td>章××</td><td>女</td><td>48</td><td colspan="2">技师</td><td colspan="2">主责</td></tr>
<tr><td>吴××</td><td>男</td><td>51</td><td colspan="2">技师</td><td colspan="2">主责</td></tr>
<tr><td>李××</td><td>男</td><td>21</td><td colspan="2"></td><td colspan="2">作业</td></tr>
<tr><td>项目类别</td><td colspan="8" style="text-align:center">小发明</td></tr>
<tr><td rowspan="2">项目概况</td><td>简介</td><td colspan="7">本项目是一种三相负荷平衡装置，它包括断路器和三只熔断器，其特征在于断路器的输入端分别连接三相电源线，断路器的输出端的A、B、C三相分别连接插入式熔断器的输入端，三只插入式熔断器的输出端设置公共端，公共端与零线一起接入单相表箱的输入端，所述的断路器和插入式熔断器分别设置在由断路箱和熔断箱组成的箱体内。调整一次分支线负荷由过去的1个小时缩短到现在2分钟，大大缩短了停电时间，缩小了停电范围避免了整个台区停电，减少了工作强度，提高了供电可靠性，使三相负荷平衡保持在合理的范围内。断路器和熔断器的箱门可以设置闭锁装置，保证了工作人员在调整负荷时因操作顺序不当造成拉弧短路等事故，提高了安全性</td></tr>
<tr><td>创新点</td><td colspan="7">可以在主线路不停电的情况下调整用户三相负荷平衡，解决了过去调整用户三相负荷平衡必须将主线路停电</td></tr>
<tr><td rowspan="2">项目实施效果</td><td>经济效益</td><td colspan="7">在13个台区安装，每月3人调整一次。减少停电时间96小时，增加供电量5.3万kWh。减少因调整负荷需人工工作日468个，节省费用2.34万元。平均降低线损1.5%，每年减少损失电量7.2万kWh</td></tr>
<tr><td>社会效益</td><td colspan="7">减少了停电时间，增加了供电可靠性和安全性，降低线损，提高用户电压质量，从而提升了供电企业服务水平</td></tr>
<tr><td colspan="2">项目成果转化情况</td><td colspan="7">本成果已经推广安装在13个台区，今后将大面积推广使用</td></tr>
<tr><td colspan="5" style="text-align:center">活动实施单位推荐意见</td><td colspan="4" style="text-align:center">公司意见</td></tr>
<tr><td colspan="5" style="text-align:center">

申报单位盖章

年　　月　　日</td><td colspan="4" style="text-align:center">

盖　章

年　　月　　日</td></tr>
<tr><td colspan="2">成果评审意见</td><td colspan="7"></td></tr>
</table>

第四节　创　新　成　果

一、创新成果管理标准

××供电公司管理创新成果管理标准

　　××供电公司管理创新成果管理标准要依据中国电力企业联合会颁发的《全国电力行业管理创新成果评审办法》制定，要求各班组运用现代科学理论，从管理理念、管理方式、管理方法和管理手段以及企业软实力等方面提出的具有改进、创新因素的办法和措施，并经系统化实践证明，有明显作用和效果的加以推广。

二、管理创新成果申报

　　××供电公司《关于申报管理创新成果的通知》，班组创新成果可分为专业性管理创新成果和单项性管理创新成果。班组针对某一专业或某一层次的管理领域编写专业性管理创新成果，也可以针对某一特定的管理范围或某一管理要素编写单项性管理创新成果，在此基础上提出班组管理工作有创造性的改进、改革，能解决班组管理中实际问题的管理创新成果，填写××供电公司管理创新成果申报书并报送公司主管部门。班组管理创新成果必须经过一段时间的应用和实践后方能申报。

××供电公司管理创新成果申报书

成果名称						
申报单位						
申报时间						
成果 创造人	姓名		姓名		姓名	
	姓名		姓名		姓名	
成果创造时间，在本企业实际应用时间和范围						
成果已取得经济效益，包括年平均数和上年数						
本成果是否在其他单位推广应用， 推广应用中改进建议						
成果简介（不超过1000字）						

申报单位盖章：　　　　　　　　　　　　　　　　单位负责人签字：

三、管理创新成果工作计划

序号	项目名称	工 作 计 划 内 容	完成日期	负责人	配合人	检查人	备注
1	企业管理	填写《××供电公司管理创新成果申报书》	2013-3-1	刘××	张××	班长	
2	企业管理	编写班组管理创新成果文字材料	2013-3-25	徐××	李×× 刘××	班长	
3	企业管理	组织对管理创新成果文字材料进行审改	2013-4-30	徐××	李××	班长	
4	企业管理	组织对管理创新成果进行应用和实践	2013-9-10	徐××	李×× 刘×× 张××	班长	
5	企业管理	将应用和实践中的经验充实到班组管理创新成果中	2013-9-25	吴××		班长	
6	企业管理	上报《××供电公司管理创新成果申报书》管理创新成果文字材料	2013-10-10	徐××	李××	班长	
7	企业管理	确定管理创新成果发布人,安排发布人进行演练	2013-10-30	徐××	李××	班长	
8	企业管理	参加公司组织的管理创新成果发布	2013-11-30	徐××	李××	班长	
9	企业管理	对公司组织的管理创新成果发布中获奖人员进行奖励	2013-12-10	班长		班长	
10	企业管理	管理创新成果的所有材料录入系统	2013-12-20	徐××	李××	班长	

四、管理创新成果示例

示例一: 提高电费审核正确率

(××电费核算班)

一、以提高电费审核正确率为导向提出的背景

(一)满足社会发展和提升企业服务质量的要求

××供电公司电费核算班主要负责公司所辖区、县公司××万余户的电量电费集中核算、电费档案审核工作。负责在规定时限内审核业扩报装及日常营业等工作单,保证客户计费信息准确。负责对电费差错进行分类统计、汇总、分析,并提出整改意见。汇总各项电费核算数据,编制电费核算工作质量简报。

负责财务管控与营销系统每日应收电费的对账工作。近年来随着用电客户数量不断增加，电费核算班人均电费核算工作量呈逐年上升趋势，人员少和工作任务重的矛盾日益突出，企业对核算员电费审核质量和工作时限提出了更高的要求，工作量大，工作强度高，工作时间紧，应用新的管理方法提高工作效率已迫在眉睫。

（二）减少电费核算差错，确保公司经济效益

新的营销系统管理流程设计科学且功能较齐全，但电力营销是一个综合管理部门，每种变更业务都有可能影响客户的正常计费，由于业务不同，使发生变更的计费信息不同，当变压器运行状态中存在较多业务时，新程序容易造成错收基本电费或变损现象。对核算员当月反馈的异常信息，如：电价执行是否正确、档案信息不完善、变压器超负荷运行等，各供电单位需现场核实，防止出现异常信息滞后现象，造成退补电量电费的发生。

（三）加强电费审核异常信息的精益化管理，提高电费审核工作质量

为加强电费审核异常信息的管理，核算班成员设计了《电费审核异常工作单》对抄表员上传数据进行二次把关，提高了电费审核的正确率。但是随着用电客户的不断增加，工单填写和传递工作量加大，当核算员发现异常信息时，要根据不同的抄表册填写《电费审核异常工单》，还要经过若干环节的整理完毕后，再通过 OA 分别传给各个抄表员，抄表员填写反馈后再通过 OA 传给核算员，整个过程中信息整理和传递工作耗费了很多时间，增加了核算员的工作量，延长了发行时间。

二、提高电费审核正确率的目的及意义

电费计算关系到千家万户，其工作质量直接接受客户监督，关系到公司的社会形象，决定着公司的经济效益，准确及时地传递应收电费信息，对于提升供电企业的社会形象，保障经济效益，具有十分重要的意义。

（一）制定目标

一级目标：实现提高电费审核工作效率的目标。多年来单纯人工审核工作量大、准确性差。而且计算机审核遇到信息丢失时，也难以发现，安全性差。新系统要人机灵活运用，发现问题并及时处理问题，避免重复劳动。

二级目标：实现提高电费工作质量正确率的目标。引进先进的信息交互技术，改变传统的工作方式，设计一套科学规范的电费核算异常信息精益化管理信息系统。核算员发现问题，直接输入，抄表员进入系统则直接可以反馈核算员发现的问题。加强电费审核异常信息的精益化管理，提高电费审核工作质量，将原来电费工作质量一次核算准确率由 93% 提高到 100%。

（二）主要思路

1. 加强人员协作，完善电费审核规则，落实工作措施

根据企业对核算员电费审核质量和工作时限的要求，解决数据传递工作量大，工作强度高，工作时间急的问题，优化相应工作流程，提高电费审核的效率。完善电费审核规则，更好的提高电费审核效率，有效促进内部工作机制良好、快速运转。

2. 建立异常管理信息系统

以提高电费审核正确率为目标，建立一套流程规范，职责划分明确，操作方便的管理系统，提高电费审核的准确性和发行速度。利用先进的信息交互技术，改变传统的工作方式。核算员发现问题后，可直接输入系统，抄表员进入系统则直接可以进行反馈，核算员可以根据他们的反馈信息及时处理，大大提高了电费发行准确率。

3. 建立线上线下双轨运行机制

为确保核算质量，针对用电大户，我们推行线上线下双轨运行，即专门为这些用电大户制定 Excel 算费表格，每月在基层抄表人员录入营销系统数据之后，将数据导出，通过人工制作的 Excel 算费表格，进行线下算费，再与营销系统计算数据核对，如果两者差距较大，再通过仔细对比，查找错误点；如果差距很小，说明系统算费正确，经过进一步核实检查无误后，即可发行电费。通过这个方法的开展，大大提高了核算人员的工作效率，为电费核算上了"双保险"。

4. 建立电费异常户稽查制度

通过每月下发《电费审核工作质量简报》，促使各单位对电费差错原因进行分析，并制定避免差错的措施，降低营业差错。通过下发《电费审核工作质量简报》及时将电费差错及违章用电杜绝在萌芽之中，实现抄核收闭合管理模式。充分发挥电费结算中心监管作用，提高各营业单位的工作积极性，降低营业差错，增加企业经济效益。

5. 建立用户电费审核跟踪预警机制

针对当月电费核算异常以及因电价调整等因素造成的电费异常情况，充分借助用电信息采集系统、营销业务应用系统对电费异常户的远抄数据、客户业务变更、负荷变化等情况进行核对，通过数据的比对分析，初步确定客户是否存在窃电、违约用电嫌疑，对存在嫌疑的客户，及时启动电费审核跟踪预警机制。此项机制自运行以来取得明显成效，维护了公司的经济利益，窃电、违约用电行为大幅减少。

三、以提高电费审核正确率为目标的主要做法

针对电费核算班人员少，业务水平参差不齐以及工作量大，工作强度高，工作时间急等问题，电费核算班成员采取了一系列有针对性的措施，加以改进、完善。

1．制定培训计划，提高专业技能水平

针对电费核算人员系统操作不熟练，电费电价以及业扩报装相关知识不熟悉造成的电费审核时限较长的情况，电费核算班建立了班组培训资料库，对班组员工进行电费电价知识、业扩知识、装表接电、电费MIS系统知识以及计算机知识的培训，每周进行一次抽签提问，努力提高班组员工电费核算水平和分析、解决问题的能力。进一步加大职业技能鉴定的培训力度，目前班组员工已全部取得高级工资格鉴定证书，有3名成员顺利通过了技师资格鉴定。

同时，班组每月进行一次业务竞赛，评选"业务标兵、核算能手"，充分调动了员工的工作积极性，业务素质全面提升，达到了缩短电费审核时间的目的。

2．加强人员协作，优化工作流程，完善电费审核规则

利用现有营销技术支持系统，以提高电费审核正确率为导向，完善相关信息，缩短对核算员和抄表员之间的异常工单传递、反馈时间。

（1）缩短数据上传时间。抄表员根据抄表例日抄录电能表后，上传系统抄表数据的时间为3天。造成抄表员在抄表数据上传后，在抄表复核环节对抄见电量等信息筛选检查的时限缩短。以至于出现错抄和录入表码错误较多。为减少因为抄表错误产生的异常工单，将抄表员上传数据的时间缩短为1天，在抄表数据上传后，核算员协同抄表员操作，对抄见电量等信息仔细筛选检查，对电量异常户进行数据核查，发现错误及时更改，提高了数据上传的正确率。

（2）增设新上客户异常提示。核算员在审核抄表段时，无法判断客户是否为新上户。在审核规则中增设该户为本月新上户提示，对新上户的所有计费信息逐一认真审核，保证第一次算费的正确率。

（3）增设变更客户异常信息提示。客户办理每种变更业务都有可能影响其正常计费，由于业务不同，使发生变更的计费信息不同，由于程序的不完善，当电能表轮换、计量装置故障以及变压器运行状态有较多业务时，容易造成多计、漏计电量，错收基本电费或变损。在审核规则中增设客户有业务变更、新装不足两年办理暂停、客户灯力比变化、倍率变化等审核项，使核算员对客户的电能表变化一目了然，减少了因业务变更的异常信息，保证了计费电量，基本电费以及变损的计收准确。

（4）增设客户超负荷变化提示。核算员属内勤人员，现场经验少，不熟悉

客户的生产经营规律和负荷变化情况，不能区分电量变化是否正常，使反馈的计费异常户增多。班组采取的对策是在审核规则中增设客户超负荷变化以及力率变化审核项，核算员可根据提示判断客户电量变化是否正确，变压器运行是否正常，减少了计费疑问户的反馈，提高了电费审核的效率。

（5）加强分时电价的审核。班组管辖的 10kV 及以上高压客户近 1 万户，已全部执行分时电价，低压客户已执行分时电价的 3.5 万户。这些客户的电费正确与否直接影响公司的平均电价指标，是企业经营成果和经济效益的直接体现。

由于分时客户户数多，核算员在审核时，人工核查繁琐且易出现疏漏，现有程序对分时电价执行情况提示较少以及电费审核环节的异常信息审核相关规则不完善，造成每月该类客户反馈的异常工单较多，分时电费变化较大，致使公司平均电价指标不稳定，也影响了公司的经济效益。

班组通过专业知识培训要求核算员熟练掌握峰谷分时电价办法，密切注意各时段电量变化情况，并在审核规则中增设"电能表上月的峰谷比例以及本月的峰谷比例"，"客户应执行分时电价的计费信息中增加该户未执行分时电价"，"峰、谷、平段与总不平差数"等异常提示，使系统对分时电费异常的自动检索功能明显加强，减少了因分时变化反馈的异常工单，切实提高了分时客户的电费审核正确率。

3. 改进系统相关功能，提高电费发行速度

（1）对于电费审核中核算员反馈的异常信息，抄表员无法看到，核算员也无法提取其反馈内容的情况，督促系统管理员对此环节进行修改，使抄表员按核算员退回的异常情况进行针对性的回复，并直接录入该户的处理情况，缩短核算员和抄表员之间的异常工单的传递、反馈时间。

（2）对电费审核环节，审核规则中有些项目无提示的情况，提出审核规则中"业务变更"，无提示和"大工业无基本电费"筛选的不正确等改进意见。进一步加强系统参数的正确率，完善系统的筛选功能，提高程序审核的正确率。

（3）对于在审核非产权户（共用专变户）电费时，无法直接查询产权户信息，以及产权户的变损计算电量的情况，提出在审核非产权户（共用专变户）电费时，在变压器损耗中显示产权户户号以及变损计算电量，以便于核算员对客户的变损计算及分摊情况的审核。

（4）对异常户不能直接回退复核环节的情况。提出在电费审核界面，对异常户选中后，不用拆分工单，可直接选择回退到复核岗位，使抄表员能看到每户的异常原因进行复核，并针对性给核算员回复。以简化审核流程，提高电费发行速度。

4. 开发电费审核异常管理信息系统

异常信息管理系统的目标是建立一套流程规范、职责划分明确、操作方便的管理系统。

（1）在进行电费审核工作时，核算员发现存在问题的电费用户时，直接把信息计入异常信息管理系统，抄表员或班长则可直接通过该系统对这些信息进行反馈，核算员可以根据他们的反馈信息及时处理，从而提高电费审核的准确性和发行速度。每月电费核算结束时，系统可以按照各个抄表直接生成本月电费异常信息统计表，为电费审核质量简报提供相关数据信息。方便整理和考核。

（2）电费审核工作涉及到多个班组的工作人员，需要大家分工合作，共同做好系统的正常运行，保证及时完成电费审核和发行。要明确相关人员的职责，

客户服务中心系统专责人负责系统的日常维护和总体协调，电费核算班班长负责各种参数的审核以及与各客户服务分中心抄表班的协调，电费核算班核算员负责对每月审核出的异常信息计入电费异常信息管理系统，并对抄表员反馈的信息进行核对，各分中心抄表员负责对核算员下发的客户异常信息进行反馈并录入处理情况。

（3）电费审核中遇到的异常信息处在不断增加中，各种异常信息必须是动态定义和可维护的。每个客户服务分中心遇到的问题可能不同，但是同一类型的用户遇到的问题大部分是相同的，系统在设计时充分考虑到这些特点，在保证参数准确的同时，方便维护人员对参数进行维护。

（4）电费核算异常管理信息系统上线后，为了能更好的适应该系统，各客户服务分中心选择骨干人员到营销部进行统一培训，对系统流程，人员操作不熟练，各种异常信息的审核等问题进行重点培训，要求各分中心每月对系统的使用情况进行反馈，以便于系统的进一步完善。

（5）此项措施实施后，抄表员错抄和录入表码错误明显减少，抄表差错户、电费差错户明显降低，仅电费差错户就从 2010 年 1～6 月的 429 户，下降到 2012 年 1～6 月的 154 户，回退工单量也大幅下降，大大提高了电费发行准确率。

5. "线上线下双轨运行"为电费核算上了"双保险"

公司加大电网改造力度，开拓市场，积极鼓励客户改善供电方式，但很多用电大户仍存在供电线路之间互相套扣、对周边用户委托转供等情况，在营销系统上用电信息复杂，极易出现算费卡壳，核查错误困难等情况，造成电费核算人员工作难度大、工作效率低。为确保核算质量，针对这些用电大户，班组

推行线上线下双轨运行，即专门为这些用电大户制定 Excel 算费表格，每月在基层抄表人员录入营销系统数据之后，将数据导出，通过人工制作的 Excel 算费表格，进行线下算费，再与营销系统计算数据核对，如果两者差距较大，再通过仔细对比，查找错误点；如果差距很小，说明系统算费正确，经过进一步核实检查无误后，即可发行电费。通过这个方法的开展，大大提高了核算人员的工作效率，为电费核算上了"双保险"。

6. 充分发挥电费核算的监管作用，保障企业经济效益

强化电价管理的监管性，加强分时电价的执行力度，监督各分中心符合执行力率调整电价的客户是否执行到位，充分利用营销技术支持系统，密切注意用电客户各时段电量变化情况，实行电价全过程的监管，切实提升电价管理的防错纠错能力。核算员根据日常电费核算中出现的问题，对电价执行疑似差错户和电费异常户每月下发《电费审核异常工作单》，下发各分中心进行核实，对供电单位当月不能处理的电费异常户，核算员要进行跟踪核查。每月开展电价、电费核算分析例会，对当月电费核算出现的问题集中分析和讨论，对核实的问题在当月及时进行纠正。每月下发《电费审核工作质量简报》，将各供电单位对异常户处理意见进行监督。《电费审核工作质量简报》以营销技术支持系统中的统计数据和电费核算班日常核算过程中的记录为依据，真实反映各营业单位抄核收完成情况。简报中每个内容都代表了工作中的一个环节，这些关键环节直接影响营业工作质量和企业经济效益。通过控制抄表差错率、电费差错率、单户重算率可以提高抄表核算工作质量，确保电费能够及时正确的发行。抽检用电客户电价执行正确率，充分利用营销稽查系统对目前营销系统中的分时电价执行到位情况、力率电费执行情况进行核查，组织各单位对所有客户峰谷分时电价执行到位情况进行核查整改，要求对未安装复费率计量装置的客户全部进行表计轮换。通过核查在第一季度，高压客户未执行分时电价达 2402 户，力率执行错误 183 户，在班组成员核查督办下，到第二季度高压客户分时电价执行到位率和力率执行正确率均达到 100%，低压客户峰谷分时电价执行率由 9% 提高到 54%。确保电价政策执行到位。此项措施实施后，电费异常户明显减少，及时将电费差错及违章用电杜绝在萌芽之中，实现抄核收闭合创新管理模式。提高了各营业单位的工作积极性，降低了营业差错，充分发挥电费结算监管作用，增加了企业经济效益。

7. 建立用户电费审核跟踪预警机制，有效维护企业利益不受损失

针对当月电费核算异常以及因电价调整等因素造成的电费异常情况，充分借助用电信息采集系统、营销业务应用系统对电费异常户的远抄数据、客户业

务变更、负荷变化等情况进行核对，通过数据的比对分析，初步确定客户是否存在窃电、违约用电嫌疑，对存在嫌疑的客户，及时启动电费审核跟踪预警机制。此项机制自运行以来取得明显成效，维护了公司的经济利益，窃电、违约用电行为逐年减少。具体事例如下：

2012 年 3 月份发送到供电单位电费异常清单中，户号 010791962 超负荷运行，进行跟踪核查，稽查班有效查处该户私自接用变压器违约用电行为，追补电费 2.4 万元。2012 年 3 月电费审核异常工作单见表 1。

表 1　　　　　　　　　　　2012 年 3 月电费审核异常工作单

户号	异常情况	核算员处理情况	供电单位核实情况反馈
010791662	电量超负荷运行，请现场核实	单户回退	已报稽查班检查，有窃电行为严厉查处
062453691	电量突增，用电量 12572，请核实	单户回退	现场核实，抄表正确
010105613	400kVA 变执行工商业电价，与行业分类不符	单户回退	核实，档案改正
010783695	容量与变损编号不符	单户回退	核实，档案改正

四、提高电费审核正确率的实施效果

1. 优化了业务流程，创立了以电费异常信息为核心的闭环管理模式

为了保证电费准确、按时发行，电费核算班认真贯彻落实国家各项法律法规和陆续出台的电价调整政策，尤其是国家发改委出台阶梯电价政策后，居民电费的核算规则发生较大变化，为确保电费核算保质保量的按期完成，班组成员进一步优化业务流程，创立了以电费异常信息为核心的闭环管理模式，电费审核管理流程图如图 1 所示。

电费核算班把当月行之有效的经验或措施总结归纳到下个月的新循环中，形成了"电费核算班发现问题→相关单位处理问题→降低计费差错→客户及时足额缴纳电费"的良性循环。

2. 提高了电费审核的正确率，减少了差错，保证了电费工作质量

（1）经济效益。通过对营销技术支持系统的完善和相关功能的改进，增强了计费模块的检错性和操作性，班组成员就营销系统中在核算环节、统计环节及其他环节中提出程序缺陷共计 11 条，功能需求及核算规则的添加共计 23 条，部分需求已经满足，程序缺陷已得到修改。截止到 2012 年 6 月，审核电费异常共计 7695 户，回退 2169 户，审核出的抄表差错户共计 285 户，挽回经济损失

电费审核管理流程图

分管领导	计量班	抄表班	核算班	账务班

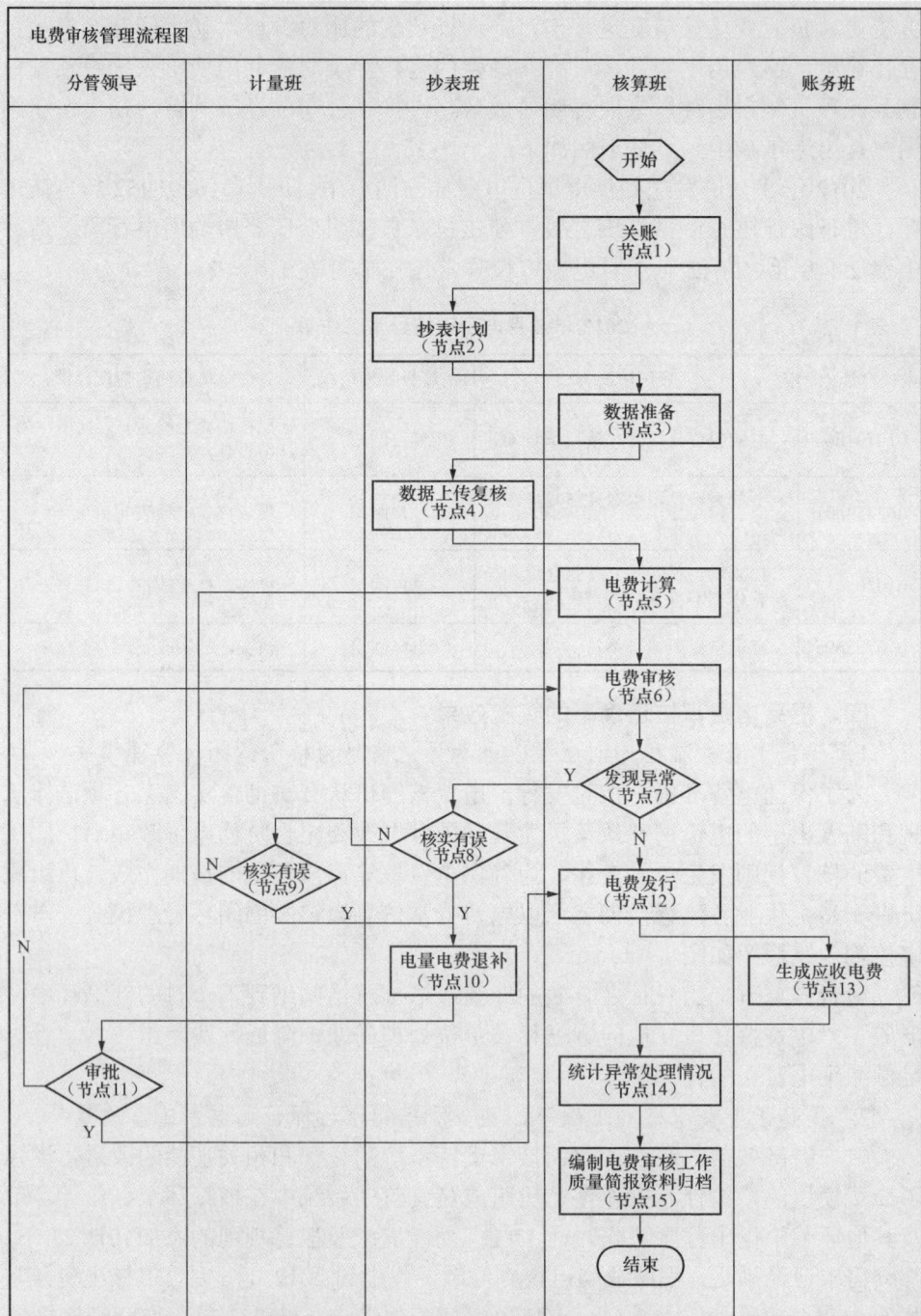

图1　电费审核管理流程图

达 30 余万元，有效的杜绝了电费差错的发生，提高了电费审核质量。电费异常户、抄表差错户、电费差错户、单户重算户数明显降低，电费审核正确率和电费发行及时率达到 100%。电费核算各项指标统计表见表 2。

表 2　　　　　　　　　　　　电费核算各项指标统计表

月份 指标	2010 年（1～6 月）						2012 年（1～6 月）						同比减少 %
	1 月	2 月	3 月	4 月	5 月	6 月	1 月	2 月	3 月	4 月	5 月	6 月	
电费异常户	2016	1332	1075	1089	855	724	1184	1271	798	736	893	714	↓21%
电费差错户	137	44	64	69	65	50	26	16	19	34	26	33	↓64%
抄表差错户	57	36	61	70	65	57	42	24	26	53	43	41	↓34%
单户重算户	37	15	42	12	19	24	25	22	14	28	28	28	↓3%

通过对执行分时电价、力率电费政策及分类电价执行情况的核查，公司各单位高压用户分时电价执行到位率、力率电费政策执行到位率均达到 100%，对符合执行峰谷分时电价条件的客户全部执行到位，变压器容量 100kVA 未执行力调，加装无功表执行力调，居民户电量超出 1000 度，现场核实加装非居民定量等为公司增收电费 22 万元，平均电价比年度计划提高 0.31 元/kWh 时。电费审核跟踪预警机制的启动，对超负荷运行客户及违约用电客户进行严厉查处，挽回经济损失共达 90 余万元。

（2）社会效益。电费计算关系到千家万户，准确及时地传递应收电费信息，关系到公司的社会形象，其工作质量直接接受客户监督，决定着公司的经济效益，电费核算班通过建立和完善相关系统及机制，减少了工作差错，2012 年 2 月，核算员在核查某居民客户电费时发现其电量突增 300 多度，达到客户平均月份用电量的 3 倍多，仔细比对后发现是因换表工单走晚而出现的错误，核算员及时填报异常工单，下发分中心核实改正，为客户正确缴纳电费提供了保障，提升了供电企业的社会形象。电费发行后因未审核出异常而引起客户投诉或纠纷的次数为零，电费审核正确率的提高，电价执行的标准化，减少了供、用电企业的用电纠纷和投诉现象，促进社会和供电企业的和谐发展。

班组民主、思想、文化建设

第五篇

第十四章　班组民主建设

第一节　班组民主管理制度

班组应建立民主管理制度，发挥班组民主管理作用，增强员工主人翁意识，调动员工参与企业发展决策的积极性。以下是班组民主管理制度实例。

班组民主管理制度

民主管理是班组员工对班组的各项工作进行讨论、审议、决定和检查，实现员工参与管理班组的一种有效管理形式，是班组全体员工在法律范围内行使的一种受法律保护、管理班组的民主权利。根据《企业法》相关规定，结合班组民主管理的实际情况，制定班组民主管理制度。

一、职责与权利

（1）负责贯彻落实公司、车间职工代表大会决议中涉及本班组的有关事宜。负责制定讨论班组工作计划、班组的经济责任制方案，提出落实的具体措施。负责讨论制定和落实班组各项规章制度和改革方案。负责制定和讨论决定班组奖金分配办法和有关员工生活福利事项。

（2）班组员工有参加班组组织的一切政治活动权利，有选举权和被选举权，有批评和自我批评的权利，有受各种规章制度的保护并维护各项规章制度的权利和义务。有权听取班组长的工作报告，有权民主讲评班组工作。根据公司工作部署，有权民主选举班组长和民主管理员。

二、民主管理程序

首先，由班组长或班组员工提出议题，并对议题材料进行说明，班组全体员工对议题进行讨论，提出多种方案，或者分别进行各自方案设计。将全体员工的提议进行汇总，形成提案。也可以就方案本身的可行性、科学性组织班组全体员工进行讨论，共同决议出确定方案。编制具体方案实施的步骤。方案实施过程中情况跟踪，包括方案实施情况信息反馈和上级采纳提议情况反馈等。

三、会议制度

（一）民主生活会制度

（1）班组民主生活会是班组民主管理的基本形式。班组民主生活会由班组全体员工直接参加，积极支持班组长行使行政管理和组织职能的职权。

（2）班组民主生活会每月召开一次，会议由班组长主持。班组民主生活会要有本班组三分之二以上的员工出席方能召开，讨论决定的事项，要有班组全体员工过半数同意，才能生效。经班组民主生活会讨论决定的事项，未经重新讨论，不得随意改变。

（3）班组民主生活会决定的事项，与班组长意见不一致时，应相互协商解决，通过协商意见仍不一致时可报请车间协调解决。

（4）班组民主生活会的每次会议由政治宣传员（兼民主管理员）做好记录，原始记录要做到完整、准确，并妥善处理。

（5）开会时充分发扬民主，尊重员工的民主权利，给全班成员充分发表意见的机会，允许发表不同意见和反对意见。活跃会议气氛，形成宽松、和谐、严肃、认真的局面。

（二）班委会制度

班委会成员由全班人员选举产生，可由班组员工兼职，由班长根据工作需要进行任命，包括政治宣传员（兼民主管理员）、安全员、经济核算员、材料工具员、技术培训员、生活考勤员。每月召开一次班委会，班组六大员必须全部参加。班委会上班长要通报当月工作完成情况，布置下月工作计划，班组六大员对自己所负责的工作项目进行小结，对存在的问题提出改进意见，经班委会讨论并实施。开会前，班委会要召开会议，确定民主生活会的议题，准备好讨论材料，对有些问题也可在会前通过班组白板提出，引导班组员工进行思考和讨论。

四、工作任务

贯彻落实公司、车间职工代表大会决议中涉及本班组的有关事宜。制定和讨论班组工作计划、班组的经济责任制方案，提出落实的具体措施。讨论制定和落实班组各项规章制度和改革方案。制定和讨论决定班组收入分配办法和有关员工生活福利事项。开展合理化建议活动。开展家访和谈心活动。开展互济活动，并帮助班组员工解决生活中的后顾之忧。根据公司要求及班组实际情况，开展文体娱乐活动。

五、民主管理六大员

班组要设立民主管理员，负责班组日常民主管理的具体工作。民主管理员可以专职也可以兼职，一般可由政治宣传员兼任，班组要设立民主管理六大员，包括政治宣传员（兼民主管理员）、安全员、经济核算员、材料工具员、技术培训员、生活考勤员。六大员职责见第一章，第二节，三、班组班委分工。

第二节　民主生活会

积极引导员工参与班组民主管理，每月召开一次班组民主生活会，班组民主生活会由民主管理员主持，会议内容主要针对贯彻落实公司、车间职工代表大会决议中涉及本班组的有关事宜。制定和讨论班组工作计划、班组的经济责任制方案，提出落实的具体措施。讨论制定和落实班组各项规章制度和改革方案。制定和讨论决定班组收入分配办法和有关员工生活福利事项。开展合理化建议活动。开展家访和谈心活动。开展互济活动，帮助班组员工解决生活中的后顾之忧。根据公司要求及班组实际情况，开展文体娱乐等活动将开展情况在"班务记录"上记录。及时征求员工对班组工作的意见和建议。班组员工每年6月底前填写"班组民主建设征求意见表"，工会小组长对员工提出的意见进行评审和推荐，并在班组民主生活会上给予答复。同时作为参加公司献计献策的一种活动方式上报公司。民主生活会记录实例如下：

民主生活会记录

班组	变电运维班	主持人	高××
活动日期	2012 年 08 月 5 日	参加人员	吴××、李××、赵××、徐××、张××
班组人数	6	参加会议实际人数	6
活动内容	（1）组织讨论《×××变电站典型操作票》。 （2）制定落实公司职工代表大会决议的具体措施。 （3）组织修订《×××变电站现场运行规程》。 （4）公布班组《7月份电力安全工作规程》考试结果。 （5）公布班组员工7月份出勤情况。 （6）公布班组《7月份员工绩效考评》结果		

第三节 班 务 公 开

一、班务会

因为班务会的民主决策程序是班组民主管理的核心环节，所以班组的重大决定都应该通过班务会进行讨论决定，班组应每月组织召开一次班务会，也可与民主生活会一并召开。班务会内容包括上月工作完成情况、月度考核情况和本月工作安排等相关工作。班组长填写"班务记录"。班组长将班务公开的内容在班务会上公开。班务公开的内容由班组长在班组内部公示栏上张贴，并在"班务记录"中建档保存，保存期与综合记录相同。班务公开的形式，坚持实际、实用，注重实效的原则，因地制宜，以方便员工观看、有利于员工知情为目的，确定公开形式。如张贴在班组公开公示栏、会议发布等形式。

二、班务公开要求

班务公开是民主管理的基础，因此要建立班务公开机制，使班务公开常态化运作，为了避免班务公开流于形式，班务公开还必须严格遵循提出、审查、公开、检查、整改五个步骤，坚持科学化、规范化、制度化，才能有良好的效果。要将绩效考核、收入分配、评先选优、岗位晋级等大家最关心的事情都公布于众，实施民主透明，热点问题才能退烧。班务公开包括：班务公开的内容，班务公开的时间，班务公开的形式，班务公开的负责人，班务公开的意见反馈，班务公开的意见处理等，实践中，班务公开形式多种多样，有会议式公开、公开栏定期公开、提案式公开、迫切性及时公开、阶段性要点公开等。以下是班组班务公开项目表。

班组班务公开项目表

序号	项 目	内 容	范 围	形 式	时 间	备注
1	工作计划	周工作计划、月工作计划、年工作计划	班组员工	班务会	每周末、每月底前、每年初	
2	工作总结	周工作总结、月工作总结、年工作总结	班组员工	班委会	每月月初	
3	考勤表	班组员工出勤、请假情况	班组员工	书面公开	每 天	
4	绩效考核	班组业绩考核办法修订、通过情况	班组员工	班务会	每年第一季度	

续表

序号	项 目	内　　容	范　围	形　式	时　间	备注
5	岗位晋级	岗位变动情况	班组员工	书面公开班务会	适时	
6	评先、选优	先进事迹	班组员工	书面公开班务会	每年年底	
7	收入分配	员工收入分配情况	班组员工	书面公开	每月月初	
8	班组长选拔	班组长竞岗，后备班组长选拔	班组长	书面公开班务会	根据需要	

第四节　绩　效　沟　通

由班组长担任组长成立班组绩效管理小组，负责制定《班组绩效考评办法》，负责制定班组绩效计划，负责考评班组员工工作绩效，负责组织实施班组其他绩效管理工作。负责开展绩效面谈和双向沟通，及时受理班组成员绩效意见反馈，妥善解决绩效考评的矛盾。绩效面谈可由班组长也可以由班委会成员进行。面谈中说明对其考核情况，解释本月绩效考核内容及依据，与被沟通人就考评结果达成共识。绩效面谈时，针对班组员工工作中存在的问题，谈话人需帮助其分析发生问题的原因，就工作的改进，共同制定措施，以激励和促使其实现工作改进。绩效考评完成后，班组长要将考评结果反馈至被考评者并进行充分沟通，对存在问题分析原因，确定改进措施。对考评结果有异议，不能达成共识的，有权向上一级组织申诉，由上一级协调处理。班组长应及时总结、评估绩效面谈和沟通的经验和方法，绩效面谈和双向沟通情况，做好日常工作安排及考核记录，公布班组员工考评得分情况。实例：《班组员工工作态度考评量表》。

班组员工工作态度考评量表

被考评人姓名：　　　　　　　　　　　　　　　　　　岗位：

A 非常满意；B 比较满意；C 基本满意；D 不太满意；E 不满意			
评价项目	评价要素	基本分	评价等级
工作责任感	忠于职守，严格执行制度，认真负责地完成每一项工作任务，敢于承担责任	20	A　　B　　C　　D　　E

续表

评价项目	评价要素	基本分	评价等级				
工作积极性	自觉履行职责，不需要督促，乐于接受新任务，主动改进工作，遇到问题或困难不回避，努力克服	20	A	B	C	D	E
工作协作性	集体荣誉感强，与上级、同事能良好合作，和睦相处	20	A	B	C	D	E
服务意识	对服务对象礼貌、热情，为客户着想，语言和行为符合规范要求	20	A	B	C	D	E
工作时效性	工作严谨细致，及时完成领导交办的各项工作，并回馈	20	A	B	C	D	E

备注：工作态度考评得分=Σ每项基本分×评价等级/5（A=5，B=4，C=3，D=2，E=1）。

第五节　劳动保护监督

　　发挥班组员工在安全生产中的民主监督检查作用，做好劳动保护监督检查工作，提高员工的自我保护意识和能力。班组民主管理员与班组安全员进行劳动保护监督检查工作，每季度进行一次。检查包括：危险源辨识、风险评价及控制措施制定及实施情况。贯彻各项劳动保护法律、法规，执行劳动保护标准情况。劳动保护设施状况，督促车间及公司按照国家规定发放劳动防护用品，保护职工的安全利益。执行国家关于劳动时间、休息时间的规定等。关心女职工生活，依法维护女职工的合法权益和特殊利益等。检查可单独进行，亦可以按公司管理体系内审、安全检查、安全性评价等要求同时进行。检查范围覆盖公司生产、经营、营销服务、后勤、物资等各专业的班组。班组民主管理员按上级工作安排组织职工进行体检，并做好班组体检记录。班组民主管理员发现工作场所职业病危害因素超过国家标准和卫生要求时，发生伤亡事故和严重职业危害事件时，应及时通知工会组织。由工会通知其所在单位；该单位和班组应采取有效措施，把危害程度降低到国家标准和卫生要求所允许的范围。班组应在接触有毒有害物质和存有较大危险的工作场所设置有毒有害信息卡、危险源点警示卡等安全标识。对粉尘等有害物质超标的作业地点，应采取有效的治理措施，确保达到国家、行业规定标准。对查出的事故隐患，应采取有效措施彻底整改。班组民主管理员应将检查情况记录《劳动保护监督检查表》中。

劳动保护监督检查表

班组名称	变电检修班	职工人数	11 人	
民主管理员	何××	联系电话	××××××	
检查内容				
内　容	项　目			检查情况
劳动防护用品管理	劳动防护用品保管、发放、使用、报废情况			√
	从业人员正确配戴和使用劳动防护用品情况			√
违反劳动防护管理规定的行为	未按规定或者标准配发劳动防护用品			√
	是否以货币或其他物品替代应配备的劳动防护用品			√
	劳动防护用品管理混乱，存在隐患			√
危险源管理	是否组织危险源辨识工作			√
	有毒有害物质的工作场所是否设置危险源警示卡等安全标识			√
其他权益	劳动时间、休息时间是否符合规定			√
	女职工权益是否得到保护			√
	其他违反劳动防护用品管理的行为			√
检查人员签字	席××	2013 年 02 月 22 日		

第六节　建　言　献　策

　　班组应组织员工围绕公司改革发展、安全生产、经营管理、营销服务、降本增效等方面开展建言献策活动，发放"班组民主建设征求建言表"，由班组员工填报自己的建议。征集建言献策活动的内容，可包括：加强管理，科学发展，提高企业"双效"的建议。加强安全管理，实现安全生产"可控、在控、能控"的建议。增产增收和挖潜节支、修旧利废的建议。有益于促进企业内部各项改革、加强班组员工队伍建设的建议。建设学习型组织，落实执行文化的建议。进一步提高班组员工素质和劳动生产率的建议。在公司电力市场开拓、农电管理、企业管理、科技进步等专题方面的建议。

355

班组民主建设征求建言表

班组名称	配电班	岗位	主责
建议人	边××	建言类型	安全生产
电话	××××××	建言性质	一般
建言内容	目前开发区负荷密集，10kV 线路分段开关少，分段不合理，当线路发生故障时，不能合理隔离故障点，造成大面积甚至是整条线路停电，另外，线路局部停电时不能灵活调度负荷，对供电可靠性影响较大。且各变电站间 10kV 拉手线路少，或拉手线路线径细，带负荷能力低，运行方式不灵活。建言结合城农网改造及大修技改工程，强化配电网络，增加导线线径和分段开关数量，增加线路拉手率。 　　　　　　　　　　　　　　　　　　　　　2012 年 06 月 15 日		
班组意见	同意 　　　　　　　　　　　　签名：李×× 2012 年 06 月 17 日		
车间意见	同意 　　　　　　　　　　　　签名：郑×× 2012 年 06 月 20 日		
其他说明	无		

第十五章 班组思想建设

第一节 政治理论学习

加强班组员工的政治理论学习，对班组员工要经常开展社会主义、爱国主义、集体主义教育，引导班组员工树立正确的世界观、人生观和价值观。

一、爱国主义教育

爱国主义教育是指树立热爱祖国并为之献身的思想教育。爱国主义教育是思想政治教育的重要内容。爱国主义是中华民族的优良传统。中国爱国主义教育的特点是：艰苦奋斗、辛勤劳动，不断丰富和发展中华民族的物质文化财富，反对民族分裂和国家分裂，维护各民族的联合、团结和国家的统一，在外敌入侵面前，团结对外，英勇抵抗，维护祖国的主权和独立，同一切阻碍历史发展和社会进步的势力和制度进行斗争，推动祖国的繁荣和进步。在社会主义初级阶段，爱国主义主要表现为热爱祖国的壮丽河山、悠久的历史、灿烂的文化，关心祖国的前途和命运。热爱社会主义制度和社会主义现代化建设事业，热爱中国共产党和各族人民，维护祖国的独立和统一。在班组建设中开展爱国主义教育，就是要组织班组员工从学习历史入手，主要是学习近代史和现代史，使班组员工了解祖国的历史和现状，引导班组员工树立民族自尊心和自信心，树立对自己祖国的高度责任感和祖国利益高于一切的思想，树立为祖国、为人民勇于献身的精神，把爱国之心、报国之志转化为爱国行动，为实现台湾回归祖国，完成祖国统一积极效力；为建设有中国特色的社会主义，实现共产主义的远大的理想而努力奋斗。在班组建设中开展爱国主义教育，还必须同开展无产阶级国际主义教育结合起来，坚持爱国主义与国际共产主义相统一的原则，使班组员工懂得我们既是爱国主义者，又是国际主义者。爱国主义是中华民族的光荣传统，是推动中国社会前进的巨大力量，是各族人民共同的精神支柱，是社会主义精神文明建设主旋律的重要组成部分，爱国主义教育是提高班组员工整体素质的基础性工程，是引导班组员工树立正确理想、信念、人生观、价值观，提升班组建设的一项重要工作。

二、集体主义教育

（一）集体主义思想

集体主义思想反映着无产阶级和劳动人民的整体利益，体现着个人利益和社会集体利益的辩证统一。在建立了社会主义所有制的中国，集体主义是处理社会成员之间以及个人和集体、个人和国家之间关系的根本原则。这个原则的基本点是从无产阶级和人民的根本利益出发，坚持集体利益高于个人利益，在保证集体利益的前提下，把集体利益和个人利益结合起来，在两者发生矛盾时，个人利益要服从集体利益，集体利益还要服从国家利益。

（二）如何开展集体主义教育

在班组建设中，通过集体主义教育，主要是培养班组员工树立大公无私的思想，防止和清除个人主义的影响，教育班组员工树立人民利益高于一切，一切为了人民的观点。教育班组员工相信群众，依靠群众，虚心向群众学习，自觉地维护人民群众的利益，全心全意为人民提供优质供电服务。培养班组员工善于在集体中生活的习惯，自觉遵守集体纪律，维护集体荣誉，培养集体主义情感，关心集体，关心他人，助人为乐。

三、世界观

世界观是人们对整个世界以及人与世界关系的总的看法和根本观点。世界观、人生观和价值观三者是统一的，有什么样的世界观就有什么样的人生观，有什么样的人生观就有什么样的价值观。在班组建设中，引导班组员工树立马克思主义的辩证唯物主义和历史唯物主义观点，克服唯心主义和形而上学的观点，在工作和生活中，形成对现实世界各种具体事物的正确看法和观点。

四、人生观

人生观的核心问题是认识与处理个人发展同社会进步的关系，也就是公与私的关系问题。马克思主义认为，各种人生观都是一定的社会生产力和生产关系的产物。在班组建设中，引导班组员工克服个人主义，克服一切从自我出发，克服一切以个人为中心的利己主义思想。引导班组员工牢固树立集体主义，一切为了人民群众的利益，把大公无私、舍己为人、全心全意为人民服务视为人生的根本意义和价值，把实现社会主义和共产主义理想视为人生最高的目标。

五、价值观

社会主义价值观是实现社会主义价值目标的思想保证和行动指南。社会主义价值观分为社会主义一般价值观和社会主义核心价值观两类。党的十八大报告提出，倡导富强、民主、文明、和谐，倡导自由、平等、公正、法治，倡导爱国、敬业、诚信、友善，积极培育社会主义核心价值观。这是对社会主义核心价值观的最新概括。富强、民主、文明、和谐，是我国在社会主义初级阶段的奋斗目标。社会主义作为一种先进的生产关系和社会制度，极大地解放和发展了社会生产力，必将创造出比以往社会形态条件下更为发达的物质文明和高度的精神文明，为迈向共产主义社会奠定坚实基础。实现富强、民主、文明、和谐，反映了近代以来中国历史发展的根本要求。倡导富强、民主、文明、和谐，是改革开放新时期以来我们党的基本主张。在当代中国，实现国家昌盛、人民幸福和民族复兴，符合近代以来中国人民寻求民族复兴的共同愿景，昭示中国特色社会主义伟大事业的美好前景，始终是一个鼓舞人心、振奋精神的价值理想，是一个能够凝聚起亿万人民群众智慧和力量的宏伟目标。自由、平等、公正、法治，反映了社会主义社会的基本属性，始终是我们党和国家奉行的核心价值理念。我们党是马克思主义政党，马克思主义追求的终极目标是人的自由而全面的发展，我们党从成立之初就将其写在自己的旗帜上，并为之做出不懈奋斗，在实践上极大发展了人民的自由和平等，极大发展了社会的公正和法治。富强、民主、文明、和谐体现了社会主义核心价值观在发展目标上的规定，是立足国家层面提出的要求。自由、平等、公正、法治体现了社会主义核心价值观在价值导向上的规定，是立足社会层面提出的要求。爱国、敬业、诚信、友善体现了社会主义核心价值观在道德准则上的规定，是立足公民个人层面提出的要求。这三个层次的理念相互联系、相互贯通，实现了政治理想、社会导向、行为准则的统一，实现了国家、集体、个人在价值目标上的统一，兼顾了国家、社会、个人三者的价值愿望和追求。

第二节 职业道德教育

抓好班组员工的职业道德教育，培育企业主人翁意识，牢固树立遵纪守法、诚实守信、乐于奉献的理念，强化服务意识，自觉维护企业形象。

一、遵纪守法

组织班组员工认真学习《宪法》和国家基本法律，遵守国家法律法规，依法行使权利和履行义务。不参加非法组织和非法活动，不搞封建迷信，自觉抵制黄、赌、毒的侵害，敢于同违法行为和邪恶势力做斗争，维护社会和企业的稳定。严格遵守保密法规和保密纪律，不泄露国家秘密和企业商业秘密，妥善保管涉密文件和资料，不传播、不复制机密信息和文件，不携带机密资料出入公共场所，自觉维护国家安全和企业利益。认真执行电力法律法规和相关法律政策，严格遵守电力市场秩序，依法办电，依法治企，自觉维护国家利益和正常的经济秩序，维护企业自身和用户的合法权益，模范遵守劳动纪律，不发生违章违纪行为。认真贯彻"安全第一、预防为主、综合治理"的安全方针，严格执行电网调度指令，自觉维护电网正常、稳定的运营秩序，严格遵守企业的各项规章制度，认真执行企业工作标准、管理标准、技术标准。杜绝违章指挥和违章操作。

二、诚实守信

组织班组员工以诚实守信为基本准则，坚持真理、求真务实、恪守职责，修正错误，以诚实的劳动获取报酬。说老实话，办老实事，做老实人，表里如一，加强修养，完善人格，扬善祛恶，光明磊落，按原则和政策办事，对外办理业务坚持公开、公平、公正的原则，秉公办事，一视同仁，不徇私情。处理事务实事求是，言行一致，客观公正。在社会经济交往和工作关系中，守信用、讲信誉、重信义，做到互帮、互让、互惠、互利，认真履行合同、契约和社会服务承诺，不任意违约。

三、爱岗敬业

班组员工要了解电力发展史和现状，明确电网公司在社会发展中肩负的责任，树立强烈的事业心和责任感。立足本职，不断进取，认真履行岗位职责，勤奋工作、勇于创新、精益求精，高标准、高质量地完成自己承担的各项任务，努力创造一流成果和突出业绩。班组员工要努力学习政治、业务和科学文化知识，熟练掌握本职业务和工作技能，不断学习新知识，掌握新技术，努力提高思想道德素养、专业技术素质和实际工作能力，做本专业的行家能手。班组员工要有强烈的市场意识、竞争意识和创新意识，为企业改革发展稳定勇挑重担，真正做到干一行、爱一行、专一行。

四、优质服务

班组员工要熟悉国网公司的宗旨内容，为电力客户提供卓越服务，自觉维护国家电网公司的社会形象。

国网公司的宗旨是服务党和国家工作大局，服务电力客户，服务发电企业，服务经济社会发展，即"四个服务"。

1. 服务党和国家工作大局

公司作为关系国家能源安全、国民经济命脉的国有重要骨干企业，承担着确保国有资产保值增值，增强国家经济实力和产业竞争力的重要责任。公司坚持局部利益服从全局利益，把维护党和国家的利益作为检验工作成效和企业业绩的根本标准。

2. 服务电力客户

公司作为经营范围遍及全国 26 个省（自治区、直辖市），供电人口超过 10 亿的供电企业，承担着为电力客户提供安全、可靠、清洁的电力供应和优质服务的基本职责。公司坚持服务至上，以客户为中心，不断深化优质服务，持续为客户创造价值。

3. 服务发电企业

公司作为电力行业中落实国家能源政策、联系发电企业和客户、发挥桥梁作用的经营性企业，承担着开放透明、依法经营的责任。公司遵循电力工业发展规律，科学规划建设电网，严格执行"公开、公平、公正"调度，与合作伙伴共同创造广阔发展空间。

4. 服务经济社会发展

公司作为国家能源战略的实施主体之一，承担着优化能源资源配置，满足经济社会快速增长对电力需求的责任。公司坚持经济责任与社会责任相统一，保障电力安全可靠供应，服务清洁能源开发，推进节能降耗，保护生态环境，履行社会责任，服务社会主义和谐社会建设。

第三节 创 先 争 优

开展创建工人先锋号、党员服务窗口、青年文明号、巾帼建功和岗位能手等创先争优活动，宣传先进典型，培育进取精神。

一、参与"创先争优"活动

班组要设立"善小"图书角，配备必要的书籍，定期组织班组员工进行思想道德教育，以班组为阵地，突出抓好重点培训项目和技能竞赛，组织班组员工参加公司的远程教育、技术比武、优秀人才评选，利用岗位成才的平台输送岗位人才。重点做好新设备、新技术、新知识、新工艺培训，提高现场应用能力。实行"双师带徒"制度，从理论和操作两个层面对员工进行"二对一"的专业培训。引导班组员工树立自觉学习、终身学习的意识，将学习渗透到班组工作的全过程，实现学习工作化，工作学习化。不断完善劳动竞赛、人才管理机制，形成"岗位靠竞争、靠实力，收入凭业绩、凭贡献"的良好机制，通过学习和实践，营造干事创业、争先创优的浓厚氛围。班组要强化"创先争优"宣传工作，利用公司宣传网页、报纸、杂志、OA 系统等宣传平台，广泛宣传开展"创先争优"活动的重要意义，自学成才的先进典型，班组要实施"善小"关爱行动计划，每年开展一次"善小扶贫济困慰问"活动，将扶老、助残、助学、济困、赈灾作为一种社会责任和班组思想建设结合在一起。班组要抓好"创建学习型组织，争做学习型员工，争当学习型班组"活动的开展，逐步形成班组员工素质与企业实力相促进，班组员工权益与企业效益共发展的良性互动局面。

二、青年文明号

组织班组员工积极参与创建"青年文明号"活动，根据公司《"青年文明号"管理条例》要求，充分发挥班组广大青年员工的生力军和突击队作用，实现创建全国"青年文明号"的奋斗目标。创建"青年文明号"基本要求是班组有规范的岗位创建标准、活动计划及措施，资料、记录完备齐全，按时按规定参赛、申报"青年文明号"创建活动，创建活动要标准化、制度化、规范化。创建班组 35 岁以下青年员工占 70%以上，主要负责人之一年龄不超过 35 周岁。班组广大青年员工立足岗位、恪尽职守、弘扬爱岗敬业、诚实守信、办事公道、服务群众、奉献社会的职业道德和职业文明。重视科学文化和业务知识的学习，积极开展科技攻关、QC 小组活动和"五小"活动，集体成员达到业务熟练、技术过硬，实现管理的科学化、现代化。本岗位要有一定数量的青年成为岗位能手。加强岗位训练和技术培训，制定详细的培训计划和实施措施，积极开展"应知应会一百卡"、"双师带徒"以及各类技术比武和劳动竞赛，提高集体成员的整体业务技术素质。圆满完成全年的各项经济技术指标和工作任务，在生产、经营、管理、服务等方面取得突出成绩，工作质量、管理水平名列前茅，创出一流工作成绩，荣获星级班组或其他各类荣誉称号。电力服务"窗口"班组要对青年员工进行职业责任、职业道德和职业纪律的教育，强化服务意识，提高服务质量。文明用语、礼貌待人、热情服务。公开收费标准、公开办事程序、公开监督电话、公开服务规范。大力推行"青年文明号"服务卡，履行服务承诺，主动为客户排忧解难，受到人民群众和社会各方赞誉。电力生产岗位要突出抓好青年员工的安全教育和培训，认真遵守执行电力生产各项安全规程和安全条例，积极开展安全生产系列活动，安全生产有规定、有措施，本岗位创出较高的安全生产纪录，为公司安全文明生产做出突出贡献。

三、党员服务窗口标准

（1）服务形象：容貌整洁端庄，语言举止文明得体，与客户沟通亲切友善，答疑解惑耐心周到，充分展示国家电网的良好形象。

（2）业务技能：熟练掌握应知应会，业务技能样样精通，实现岗位操作标准化，服务流程简洁规范，服务质量优质高效，推进服务标准化建设，充分展示新时期电力服务科学化、专业化、精细化的成效。

（3）创新服务：创新服务方式，大力推进"善小"弱势群体帮扶，切实解决实际困难，充分展示诚信、责任、创新、奉献的企业核心价值观。

（4）职业道德：热爱电力事业，坚守本职岗位，以求真务实的作风和积极进取的态度不断提高优质服务水平，廉洁自律，甘于平凡，热忱服务，充分展示国家电网的企业使命、企业宗旨和企业精神。

四、巾帼建功

活动的总目标和任务是：为了全面提高班组女员工整体素质，鼓励班组女员工中优秀人才脱颖而出，促进企业安全生产和经济效益的提高。班组应根据上级工会要求，开展"巾帼建功"活动，积极参与公司组织的各种技能培训、技能比武，力争公司加入"巾帼建功"活动先进队伍中，努力获得公司"巾帼建功标兵"

和"巾帼文明示范岗"的称号。

（一）"巾帼建功标兵"标准

（1）有高度的政治责任感。热爱祖国，拥护党的路线、方针和政策，思想进步、政治坚定。识大体，顾大局，关心国家大事和企业的发展，积极投身企业改革和建设。

（2）有科学文化及专业技术素质。有一定的科学文化知识和本专业技术业务素质，并精通本岗位的专业技术技能，全年无任何责任事故，在工作和服务中贡献突出。

（3）有与时俱进的创新能力。不断学习新知识，接受新观念，懂现代管理知识和技能，在本企业、本岗位有新业绩，并具有较强的时代特征和广泛的代表性，其成绩显著。

（4）有较强的社会责任心。遵纪守法，诚实守信，爱岗敬业，积极参加爱心奉献等社会公益活动，具有良好的社会公德和职业道德。

（5）倡导富强、民主、文明、和谐，倡导自由、平等、公正、法治，倡导爱国、敬业、诚信、友善，积极培育社会主义核心价值观。

（二）"巾帼文明示范岗"标准

"巾帼文明示范岗"标准

项目	考　核　内　容	标准分	考评得分	扣分原因
基本情况 （40分）	（1）有班组女员工 5 人以上或班组女员工占班组人员 70%的班组	10		
	（2）班组长必须有一名是女性，班组成员团结互助有爱心奉献精神	10		
	（3）班组长重视，有专人负责，把创建活动纳入班组全年工作计划	5		
	（4）班组全员参加创建活动，有明确的争创目标、计划和措施，班组全员明确岗位责任和创建任务	10		
	（5）班组成员关心公司发展，树立主人翁意识，有理想、有道德、有文化、有纪律，社会信誉好	5		
创建过程 （40分）	（6）结合班组实际，积极参加全员培训、合理化建议、技术攻关、技能比武及创新活动，并取得优异成绩	10		
	（7）根据公司工作目标，制定了本班组的年度计划，全年安全生产无责任事故，经济效益取得显著成绩	10		
	（8）岗位成员遵纪守法，爱岗敬业，有良好的职业道德和社会公德，全年无违纪现象发生	5		
	（9）组织班组女员工积极参加现代化管理知识的学习，并能灵活应用现代化管理工具，树立终身学习和创建"学习型组织"的理念	5		

项目	考　核　内　容	标准分	考评得分	扣分原因
创建过程（40分）	（10）认真落实班组女员工的有关劳动保护，并依法维护班组女员工合法权益和特殊利益	5		
	（11）管理规范，建立激励机制，并付诸实施	5		
创建效果（20分）	（12）坚持开展社会主义价值观教育，班组成员的文化素质、专业技能有明显提高	5		
	（13）公司工会定期对创建活动进行督导、检查，根据需要不断更新创建内容，使班组的文明生产、经营管理等有显著提高	5		
	（14）工作业绩突出，是本单位年度先进集体	5		
	（15）加大活动的宣传力度，及时上报活动信息	5		

第四节　队　伍　稳　定

深入细致地做好员工思想政治工作，维护员工队伍稳定，保证班组各项工作任务的圆满完成。坚持以人为本，始终把班组员工的利益和需求放在突出位置，切实维护班组员工正当权益，开展多种形式的"送温暖"活动，为班组员工解决生产生活中的困难，消除不和谐因素，确保班组员工队伍整体稳定。加强班组员工的思想引导和交流沟通，把不稳定苗头和矛盾解决在萌芽状态，引导班组员工树立正确的价值观、利益观，理性对待改革发展过程中的利益关系和利益调整，自觉融入和维护公司和谐稳定大局。在抓班组队伍稳定工作中要掌握由事后处置向事前防范转变，由被动处理向主动解决转变，由单一治标向综合治本转变，切实把问题解决在基层，按照日常排摸定期查、敏感时期重点查、突发情况随时查的要求，做好重要时期、敏感时段的动态排查处理工作，做到早发现、早介入、早处置。强化班组员工队伍稳定制度一体化建设，进一步分解业务流程，明确流程中每一个节点和环节的工作标准和要求，认真执行队伍稳定各项通用制度，逐步构建覆盖风险排查、矛盾化解、事项处理、责任落实、检查考核等队伍维稳工作的制度体系，提升队伍稳工作规范化水平。将队伍稳定风险评估作为班组维稳重要环节来抓，预见可能出现的情况，并做好充分的准备，对于稳定风险较大、可能造成社会影响的事项，班长组织班委会制定有针对性的防范化解措施，避免发生队伍稳定问题。

第十六章 班组文化建设

第一节 价值观与远景

一、核心价值观

以国家电网公司核心价值观为例：

"诚信、责任、创新、奉献"的核心价值观是国家电网公司的价值追求，是国家电网公司和员工实现愿景和使命的信念支撑和根本方法。"诚信"，是企业立业、员工立身的道德基石。每一位员工、每一个部门、每一个单位，每时每刻都要重诚信、讲诚信，遵纪守法、言行一致，忠诚国家、忠诚企业。这是国家电网公司履行职责，实现企业与员工、国家电网公司与社会共同发展的基本前提。"责任"，是勇挑重担、尽职尽责的工作态度。国家电网公司在经济社会发展中担负着重要的政治责任、经济责任和社会责任。每一位员工都要坚持局部服从整体、小局服从大局，主动把这种责任转化为贯彻国家电网公司党组决策部署的自觉行动，转化为推进"两个转变"的统一意志，转化为推动工作的强劲动力，做到对国家负责、对企业负责、对自己负责。"创新"，是企业发展、事业进步的根本动力。国家电网公司发展的历程就是创新的过程，没有创新就不可能建成世界一流电网、国际一流企业。需要大力倡导勇于变革、敢为人先、敢于打破常规、敢于承担风险的创新精神，全面推进理论创新、技术创新、管理创新和实践创新。"奉献"，是爱国爱企、爱岗敬业的自觉行动。企业对国家、员工对企业都要讲奉献。广大员工在平凡的岗位上恪尽职守、埋头苦干，脚踏实地做好本职工作，同样是奉献。坚持在奉献中体现价值，在奉献中赢得尊重，在奉献中提升形象。

二、共同愿景和员工个人远景

共同愿景是班组员工共同愿望的景象，是团队中人们所共同持有的意向或景象，它是在人们心中的一股令人感召的力量。共同愿景的力量来自共同的关切，它创造出的是众人一体的感觉，让人难以抗拒，不能放弃。共同愿景包括以下 4 方面的内容：

（1）愿景。愿景即想要实现的未来图像。

（2）价值观。价值观指为达到目标，我们将采取的运作方式和行为指南。

（3）使命。使命即组织存在的理由。

（4）目标。目标指在短期内期望达到的里程碑。建立共同愿景可以激励组织成员为实现愿景而创造性的开展工作。它对全体成员具有导向、凝聚、激励作用并规范组织成员的行为，使之能为实现愿景而做出奉献。

第二节　团　队　建　设

班组要以"创建学习型组织"为目标，制定切实可行的"读书月"主题活动计划，倡导职工在"读书月"活动期间读一本书。充分利用公司举办读书报告会、主题征文等多种形式，鼓励班组职工读书受益、快乐工作。

创新载体，搭建平台。组织员工利用公司工会开设"职工之家"网站专栏，举办"我读书、我快乐、我进步"论坛，职工可通过撰写个人读书心得，推荐好书等，共同交流读书中的体会与收获。

学以致用，展示成果。班组要积极引导广大职工紧密联系工作实际和思想实际，把读书与做人做事的感悟、家庭读书的乐事及通过读书学以致用、自学成才的故事记录下来，达到相互学习、相互促进、相互提高的目的。

第三节　职　工　小　家

班组要认真贯彻落实"全心全意依靠职工办企业"的工作方针，按照公司发展的总体要求，以创建温暖"职工小家"为载体，开展互助互济活动，把班组建设成为和谐的小家庭，在班组员工中广泛树立"家"的思想，努力打造"家"文化，充分发挥员工主力军作用，增强企业凝聚力，提高班组员工的工作积极性，营造班组团结和谐的氛围，为公司又好又快发展打下坚实基础。

一、"职工小家"建设

（一）基本原则

（1）坚持服务大局的原则。围绕中心开展建家活动，正确把握开展建家活动与促进班组发展之间的关系，把班组员工的智慧和力量凝聚到为企业发展做贡献上来。

（2）坚持为班组员工服务的原则。以建设"班组员工小家"活动为载体，围绕班组中心工作，积极开展各项活动，为促进班组乃至公司建设、发展和稳定起到积极的推动作用。

（3）坚持员工为主体原则。坚持员工建家、爱家、管家、用家，充分发挥员工的主人翁精神。

（二）建设目标

以建设学习型、服务型和贡献型"职工小家"为目标，积极反映班组员工意愿，维护好班组员工的各项合法权益，不断加强学习，提高班组员工的思想道德和业务素质；尽心尽力地为班组员工排忧解难，化解矛盾，促进和谐，充分调动班组员工积极性和创造性，在推动公司改革，提高服务质量中实现自身价值，使班组员工对"小家"真正有可依可靠的归宿感，人人都把"小家"看作家庭之外的又一温馨和谐的"小家"，做到"人人献出一份爱"，让"小家"充满温暖。人人都爱家，家家都暖人。

（三）建设方法

（1）以章治家。深入贯彻国家法律及企业规章制度。教育班组员工遵纪守法，爱岗敬业，为公司发展献计献策，使班组员工小家成为民主之家。

（2）以勤建家。广泛开展群众性经济技术创新和班组员工技能提升工程，开展双增双节活动，向科学管理要效益，向技术创新要效益，使班组员工小家成为创新之家。

（3）以德育家。用班组员工喜闻乐见，健康向上的文体活动吸引班组员工，使建设班组员工小家活动与建队伍、建企业紧密结合，努力提高班组员工队伍素质，使班组员工小家成为文明之家。

（4）以情爱家。密切联系班组员工，倾听他们的呼声，了解他们的疾苦，反映他们的意愿，解决他们的困难。不断完善困难班组员工生活保障体系，建立多形式、多层次的互助帮扶保障体系，使班组员工小家成为温暖之家。

（5）以严管家。在班组员工中深入开展学习国家制定的有关劳动安全卫生法律法规，不断改善劳动安全卫生条件，切实消除事故隐患，提高全员的劳动安全卫生意识，使班组员工小家成为劳动安全卫生之家。

（四）建设内容

（1）按时完成或超额完成上级下达的各项任务指标，无责任事故发生。开展丰富多彩的思想教育和学政治、学业务、学技术、学先进模范人物活动，增强团队精神，提高班组员工队伍整体素质，积极开展班组员工技能培训和岗位练兵活动，采取多种形式努力提高班组员工技术业务素质和生产技能。

（2）深入贯彻落实全心全意依靠班组员工办企业的方针，在政治上保证班组员工的主人翁地位，在制度上保证班组员工民主参与、民主管理、民主监督的权利，在生活上关心班组员工的疾苦，不断改善班组员工的生产生活条件，班组员工收入随企业效益增长不断增加，干群关系融洽，班组员工对企业领导满意度高。

（3）加大送温暖力度，优化建家环境，建立健全困难班组员工动态管理体系，建立困难班组员工档案，做到班组员工困难状况底数清、情况明，定期展开调查谈心活动。

（4）每月召开一次家庭会议。每个"班组员工小家"每年至少提1条合理化建议。完善图书角，倡导每位班组员工每季读一本好书。班组根据各自的工作实际开展传帮带活动，大力开展名师带徒、技能比武活动。开展亲情互动活动，与班组员工畅谈心声，帮助班组员工解决生产、生活中的实际困难。

二、"职工小家"设施配置（参照下例，根据班组实际，设施配置可适当增减）

（1）班组职工图书角：书架3组，内设各类书籍，阅读书桌1组，10把椅子。报纸架1组。刊物架1组。5种报纸，6种刊物。

（2）乒乓球台1组。羽毛球拍3副，乒乓球拍3副，羽毛球、乒乓球各10个，跳绳10根，毽子10只，篮球2只。健身器材2套。握力器、哑铃组合各2组。

（3）音响设备一组。投影仪一台。电脑一台。视频会议室。

（4）文化展示厅。

（5）职工仿真培训室。

（6）淋浴室一间、洗衣机一台。

（7）电子阅览室。

三、"职工小家"互助联系卡

（1）当您家中有事情时请联系我。 （2）当您情绪不稳定时请联系我。 （3）当您思想有波动时请联系我。 （4）当您和别人发生矛盾时请联系我。 （5）当您遇到困难时请联系我。 （6）当您需要帮助时请联系我。 （7）当您需要服务时请联系我。			
车间：××	班组：××	岗位：××	姓名：××
电话号码：×××		手机号码：××××××××	
家庭住址：××××××		E-mail： ×××@××	

四、开展互助互济活动

2月1日，班组一名员工的家属徐××，因患病住进医院需要很高的手术费，因为徐××家庭经济状况较为困难，手术遇到困难，班组组织员工开展了互助互济活动，得到了班组全体员工的积极响应。班组全体员工共捐款2千元。由班组长和员工代表将2千元送到徐××手中，此举带动了整个单位，出现了人人自愿参与、爱心捐助的善举，一笔笔带着爱与关怀的善款汇集到一起，温暖了这个寒冬。

第四节　员工行为准则

全面落实公司员工守则、基本礼仪规范和"三个十条"等规章制度，培养良好的职业道德行为习惯，做到遵纪守法、言行一致，自觉维护国家利益和企业利益。

一、国家电网公司员工守则

《国家电网公司员工守则》是公司全体员工应共同遵守的基本行为准则。

（一）遵纪守法，尊荣弃耻，争做文明员工。

（二）忠诚企业，奉献社会，共塑国网品牌。

（三）爱岗敬业，令行禁止，切实履行职责。

（四）团结协作，勤奋学习，勇于开拓创新。

（五）以人为本，落实责任，确保安全生产。

（六）弘扬宗旨，信守承诺，深化优质服务。

（七）勤俭节约，精细管理，提高效率效益。

（八）努力超越，追求卓越，建设一流公司。

公司员工应努力做到遵纪守法、尊荣弃耻、忠诚企业、奉献社会、爱岗敬业、令行禁止、团结协作、勇于创新，努力成为政治坚定、业务精通、品质优秀、甘于奉献，适应"一强三优"现代公司发展需要的高素质员工。

公司员工应自觉加强自身能力素质建设，着力提升持续学习、沟通协调、团队合作、诚信务实、以变制变、变革创新等六个方面的基本能力和素质。

二、基本礼仪规范

公司崇尚文明，讲究礼仪，公司员工应自觉学习基本礼仪常识，提高文明素质，在日常生活和工作中，注意一言一行，树立公司良好形象。

仪容仪表——整洁清爽，端庄大方；

着装服饰——规范得体，便于工作；

言谈举止——自然优雅，充满自信；

接待交往——主动热情，把握分寸；

接打电话——简明扼要，温和有礼；

乘坐车辆——尊长优先，注意礼让。

三、国家电网公司供电服务"十项承诺"

《国家电网公司供电服务"十项承诺"》是公司对客户作出的庄严承诺。公司视信誉为生命，弘扬宗旨，信守承诺，不断提升客户满意度，持续为客户创造价值。

（1）城市地区：供电可靠率不低于 99.90%，居民客户端电压合格率 96%；农村地区：供电可靠率和居民客户端电压合格率，经国家电网公司核定后，由各省（自治区、直辖市）电力公司公布承诺指标。

（2）提供 24 小时电力故障报修服务，供电抢修人员到达现场的时间一般不超过：城区范围 45 分钟；农村地区 90 分钟；特殊边远地区 2 小时。

（3）供电设施计划检修停电，提前 7 天向社会公告。对欠电费客户依法采取停电措施，提前 7 天送达停电通知书，费用结清后 24 小时内恢复供电。

（4）严格执行价格主管部门制定的电价和收费政策，及时在供电营业场所和网站公开电价、收费标准和服务程序。

（5）供电方案答复期限：居民客户不超过 3 个工作日，低压电力客户不超过 7 个工作日，高压单电源客户不超过 15 个工作日，高压双电源客户不超过 30 个工作日。

（6）装表接电期限：受电工程检验合格并办结相关手续后，居民客户 3 个工作日内送电，非居民客户 5 个工作日内送电。

（7）受理客户计费电能表校验申请后，5 个工作日内出具检测结果。客户提出抄表数据异常后，7 个工作日内核实并答复。

（8）当电力供应不足，不能保证连续供电时，严格按照政府批准的有序用电方案实施错避峰、停限电。

（9）供电服务热线"95598"24 小时受理业务咨询、信息查询、服务投诉和电力故障报修。

（10）受理客户投诉后，1 个工作日内联系客户，7 个工作日内答复处理意见。

四、国家电网公司员工服务"十个不准"

《国家电网公司员工服务"十个不准"》是公司对员工服务行为规定的底线、不能逾越的"红线"。

（1）不准违规停电、无故拖延送电。

（2）不准违反政府部门批准的收费项目和标准向客户收费。

（3）不准为客户指定设计、施工、供货单位。

（4）不准违反业务办理告知要求，造成客户重复往返。

（5）不准违反首问负责制，推诿、搪塞、怠慢客户。

（6）不准对外泄露客户个人信息及商业秘密。

（7）不准工作时间饮酒及酒后上岗。

（8）不准营业窗口擅自离岗或做与工作无关的事。

（9）不准接受客户吃请和收受客户礼品、礼金、有价证券等。

（10）不准利用岗位与工作之便谋取不正当利益。

五、国家电网公司调度交易服务"十项措施"

《国家电网公司调度交易服务"十项措施"》是公司坚持开放透明、依法经营，正确处理与合作伙伴关系的基本准则。公司主动接受监管和监督，依法合规经营，不断提高服务发电企业水平。

（1）规范《并网调度协议》和《购售电合同》的签订与执行工作，坚持公开、公平、公正调度交易，依法维护电网运行秩序，为并网发电企业提供良好的运营环境。

（2）按规定、按时向政府有关部门报送调度交易信息，按规定、按时向发电企业和社会公众披露调度交易信息。

（3）规范服务行为，公开服务流程，健全服务机制，进一步推进调度交易优质服务窗口建设。

（4）严格执行政府有关部门制定的发电量调控目标，合理安排发电量进度，公平调用发电机组辅助服务。

（5）健全完善问询答复制度，对发电企业提出的问询能够当场答复的，应当场予以答复；不能当场答复的，应当自接到问询之日起6个工作日内予以答复；如需延长答复期限的，应告知发电企业，延长答复的期限最长不超过12个工作日。

（6）充分尊重市场主体意愿，严格遵守政策规则，公开透明各类电力交易，按时准确完成电量结算。

（7）认真贯彻执行国家法律法规，严格落实小火电关停计划，做好清洁能源优先消纳工作，提高调度交易精益化水平，促进电力系统节能减排。

（8）健全完善电网企业与发电企业、电网企业与用电客户沟通协调机制，定期召开联席会，加强技术服务，及时协调解决重大技术问题，保障电力可靠有序供应。

（9）认真执行国家有关规定和调度规程，优化新机并网服务流程，为发电企业提供高效优质的新机并网及转商运服务。

（10）严格执行《国家电网公司电力调度机构工作人员"五不准"规定》和《国家电网公司电力交易机构服务准则》，聘请"三公"调度交易监督员，省级及以上调度交易设立投诉电话，公布投诉电子邮箱。

班组长队伍建设

第六篇

第十七章 班组长选用

第一节 班组长选拔任用

明确规定班组长选拔、任用的条件，规范班组长选拔程序，提倡竞聘上岗，保证班组长队伍整体素质。公司人力资源部负责制定《班组长选拔、任用管理办法》，负责完成公司班组长选拔、任用工作。

一、班组长任职条件

1. 基本条件

思想政治素质好、责任意识强，具有良好的职业道德。熟悉生产，懂业务，技术精。了解现代管理知识，具有一定的管理水平和分析问题、解决问题的能力。以身作则，坚持原则，办事公道，关心爱护和团结员工，有较好的群众基础，身心健康。新提拔的班组长年龄不得超过45周岁。

2. 必备条件

（1）重要技术岗位生产、营销类班组长：取得相应工种技师及以上职业资格和工程师及以上专业技术资格。取得工作票签发人或工作负责人资格。在本岗位工作满5年及以上。

（2）一般技术岗位生产、营销类班组长：取得相应工种技师及以上职业资格和助理工程师及以上专业技术资格。取得工作票签发人或工作负责人资格。在本岗位工作满5年及以上。

（3）辅助生产、营销类班班组长：在本岗位工作满5年及以上。

二、班组长选拔流程

选拔由民主推荐或竞争上岗两种方式产生。车间组织召开班组人员会议，会议上明确班组长任职条件，并采取无记名方式推荐班组长候选人。车间召开党、政、工负责人及部分一般管理人员联席会议，研究确定班组长人选。车间将确定的班组长人选及推荐过程的相关材料报人力资源部和相关职能部室。职能部室组织对班组长人选进行理论考核和专业技能考核。考核合格后，人力资源部会同其相关职能部室对班组长人选进行考察，提出任职建议方案，报分管领导审核后，最后报公司领导集体研究决定。人力资源部办理任职文件。

三、班组长竞争上岗程序

人力资源部发布班组长竞争上岗通知，组织公开报名。人力资源部会同相关职能部室、所属车间党、政、工负责人对报名人员进行资格审查，公布符合条件的报名人员。人力资源部会同相关职能部室组织统一笔试和面试。人力资源部会同职能部室确定初步人选，报公司领导集体研究决定。人力资源部公布人选，并予公示。人力资源部办理任职文件。

第二节　班组长责权利

合理规定班组长的责权利，落实并保障班组长待遇，保证职责和权利相互统一，以利于班组长组织开展工作。

一、班组长职责

班组长是本班组的安全生产第一责任人，组织带领班组员工贯彻执行企业标准和各项规章制度，定期组织开展班组安全教育和安全活动，保证安全生产。组织带领班组员工搞好本班组的生产、营销、后勤等专业管理工作，全面完成安全、生产、营销、后勤工作任务，组织带领班组员工完成班组年度各项经济技术指标。组织带领班组员工完成班组岗位技术培训工作，不断提高班组员工的技术、业务水平，推行现代化管理，组织班组员工开展技术革新 、QC 活动、专利申请、"五小"（小发明、小革新、小改造、小设计、小建议）、合理化建议活动。组织带领班组员工做好班组的思想政治工作。实行民主管理，听取班组员工的意见和建议，做好班组员工的绩效考核工作，做到考勤、考核、分配三公开。组织带领班组员工搞好文明生产和设备管理工作，确保所管辖设备完好、整洁、标志齐全。搞好班容班貌建设工作。

二、班组长权限

有权组织制定和修订本班组管理规定、制度和办法，有权组织和管理本班组的生产、营销、后勤工作。有权组织召开安全活动会、民主生活会、班务会等会议，有权制定预防事故措施。有权拒绝违章指挥和制止违章作业。有权向提出对本班组员工的奖惩建议。有权组织制定和修订班组经济责任制。有权检查班组员工工作计划和经济技术指标完成情况。有权检查班组员工培训工作计划完成情况。有权维护班组员工的合法权益。有权根据工作需要调整本班组的劳动组织。

第三节　班组长动态考核

公司要组织对班组长实行动态考核管理，建立班组长培养、选拔、使用、评价、退出等机制，做好班组长职业生涯设计，确保实现岗位能上能下。公司要建立班组长的激励机制，将班组长工作经历作为本单位中层干部或部门专工任职的重要条件，优先从优秀班组长队伍中提拔使用干部。加大各类评先树优、人才评选等工作中对班组长选树的倾斜力度，提高从班组长队伍中推选劳模、先进候选人的比例。各单位要实行岗位交流管理，通过内部的岗位轮换、挂岗锻炼培养人才，举办班组长培训班，有计划组织优秀班组长外出学习，不断加强班组业务交流。供电公司要制定《班组长动态管理办法》，每年要对班组长进行测评确定班组长工作业绩，动态考评每年不少于一次。通过测评确定其是否称职。对在测评中不称职的班组长采取进行教育培训的方式，经培训仍不能胜任工作的，由班组长所在车间提出建议，经管理部门审核，进行下岗培训，按照竞争上岗的原则，招聘择优录用新人员。当班组长出现严重违法违纪，因直接责任原因造成重大事故，因个人原因给企业造成直接重大经济损失或给企业造成严重不良影响的，工作责任心差，工作业绩差，工作能力不强，不能胜任班组长岗位要求的，因身体原因不适合担任班组长职务的，可解聘班组长职务。

2011 年××班组长（郑××）测评表

姓名 \ 测评内容	品德（25 分）	能力（25 分）	勤奋（25 分）	业绩（25 分）	综合得分	评测日期
赵××	25	25	25	23	98%	2012 年 1 月
郝××	25	24	25	25	99%	2012 年 1 月
李××	25	24	25	22	96%	2012 年 1 月
周××	25	24	25	25	99%	2012 年 1 月
章××	25	24	25	22	97%	2012 年 1 月
吴××	25	24	24	21	94%	2012 年 1 月
总　分					97.2%	

第十八章　班组长培养

第一节　班组长培训规划与计划

建立班组长的培训制度及培训规划，加强班组长培养，提高班组长综合素质。抓好班组长培训。以尽快掌握现场管理、安全管理、员工管理、沟通协调、团队建设、有效激励等方面的知识与技能，提高班组长的综合管理水平。通过专家讲座、拓展训练、讨论交流等有特色的互动式教学模式对班组长进行系统培训，保证培训效果。要有计划的组织班组长进行新知识的更新培训，使班组长掌握和了解班组建设的管理理念、管理方法、管理信息系统、标准化建设等知识，以进一步提高班组长管理水平。把班组长培养成为政治强、业务精、懂技术、会管理和具有现代化管理意识的基层管理者。

××班组长培训计划

姓名	班组名称	培训内容	培训日期	培训方式
吴××	变电运维一班	安全管理知识培训班	1月5日～1月7日	集中培训
吴××	变电运维一班	"两票"标准化执行细则培训班	1月19日～1月22日	集中培训
吴××	变电运维一班	变电设备缺陷流程及定性培训班	2月2日～2月3日	集中培训
吴××	变电运维一班	反事故措施技术培训班	3月17日～2月18日	集中培训
吴××	变电运维一班	信息安全培训	2月22日～2月22日	集中培训
吴××	变电运维一班	变电设备巡视管理技巧	7月10日9：00～ 7月10日11：30	现场培训
吴××	变电运维一班	标准化建设培训	7月15日～7月19日	集中培训
吴××	变电运维一班	质量管理培训	7月28日～7月29日	集中培训
吴××	变电运维一班	6S管理培训	11月26日～11月27日	集中培训
吴××	变电运维一班	变压器运行管理培训	12月1日9：00～ 12月1日12：00	现场培训
吴××	变电运维一班	变电运维一体化业务技能培训	12月10日～12月13日	集中培训
吴××	变电运维一班	消防常识培训	12月10日9：00～ 12月10日12：00	现场培训

第二节　班组长技能培训

根据工作安排和班组长的个人特点，有针对性地安排班组长参加各类专业技能培训。以变电运维班班长为例，公司要安排计划对运维班班长进行倒闸操作票、变电站工作票、现场停电安全措施、变电设备巡视管理、变电设备缺陷管理、变电设备维护管理、变电站事故处理、变电站现场运行规程的管理、变电站记录填写、变电运行分析等进行专业技能培训。以下列举对变电运维班班长进行专业培训的具体内容。

一、变电运行分析方面的专业培训

公司要定期组织变电运维班班长学习变电站运行分析方面的技能培训，了解运行分析的各个步骤，通过培训变电运维班班长应能达到熟练掌握电网及变电设备的事故分析，电网及变电设备经济运行的分析，变电站运行方式的分析，变电站工作票、操作票合格率的分析，变电站电气设备异常、危急缺陷、重大缺陷的分析，变电设备完好率、设备可用率、继电保护及自动装置正确动作率的分析，变电设备试验数据、仪表指示情况的分析，变电设备的耗能指标、母线电量不平衡率、电压质量的分析，气候变化对变电设备影响的分析，变电站文明生产及人员培训情况的分析，变电站记录和资料管理的分析，夏季"四防"检查，冬季"四防"检查分析，变电运行值班人员执行规章制度情况的分析。

二、变电站记录填写方面的专业培训

由于变电设备的种类和数量不断增多，从事变电运行、维护人员也相应增加，特别是变电站实施无人值班后，变电运行的管理将更为复杂，变电运行、维护人员的各项工作、变电设备的运行管理、各种标准制度的执行如何才能有机的结合起来，变电站记录成为变电运行管理的可靠依据和有效载体，为了确保电网安全、设备安全和人身安全，有必要对班组长进行这方面的技能培训，目的是让班组长全面了解记录格式、掌握记录的填写说明，明确各种记录之间的关系和分工，指导变电运行、维护人员正确的填写变电站各种记录，避免由于记录填写错误造成管理工作的失误，导致变电设备的不安全运行，真正把记录作为变电运行管理的第一手资料运用好保管好，正确认识到变电站记录在变电运行管理中的重要性，使变电站记录填写规范、标准、正确，从而杜绝变电站记录的漏填、不填、错填等现象。对班组长进行的变电站记录填写技能培训应包括变电站值班运行工作记录、交接班记录 、操作指令记录、巡视检查记录、设备缺陷记录、设备检修试验工作记录、继电保护及自动装置工作记录、变压器有载调压分接开关调整记录、电容器投切记录、断路器故障跳闸记录、蓄电池检查记录、避雷器动作记录、高频通道测试记录、变电站测温记录、安全消防用具记录、变电站钥匙借用记录、解锁钥匙使用记录、安全活动记录、运行分析记录、班组建设记录、绩效考核记录、月考勤记录、培训考试记录、反事故演习记录、事故预想记录、技术问答记录、技术讲座记录、抽签考问记录等28种记录的培训。

三、变电站事故处理方面的专业培训

公司要定期组织变电运维班班长学习变电站事故处理方面的专业培训，通过培训变电运维班班长，使其掌握事故处理的任务和基本要求，当发生事故并进行处理时变电运维班班长能做到头脑清醒，判断事故准确，处理事故果断，能迅速解除故障设备对人身和正常运行设备的威胁，能停止故障设备的运行，设法保持未受损害设备的正常运行。通过培训变电运维班班长，使其达到在事故处理中，能根据运行方式的变化以及潮流分布情况，打印记录情况，保护及微机遥信的故障指示，设备故障的征状及环境气象条件，判明故障的性质、地点及其范围。组织变电运行人员立即投入备用设备，尽快恢复对已停电用户的供电。对于不能自行处理损坏的设备，应保护好事故现场，做好抢修的安全措施，汇报调度，通知检修单位前来处理。变电运维班班长是事故处理的主要负责人，事故处理时，变电运维班班长对事故处理的正确与迅速性负完全责任。当发现变电运行人员在处理事故时处理错误或误判断时，运维班班长有权解除或终止值班员的错误操作，并可代为处理。无论发生事故或异常时，运维班班长都应首先按规定的内容向调度值班员汇报，必须主动将事故及异常处理的每一阶段迅速而正确的汇报调度及上级领导，在调度值班员的统一指挥下进行处理，这些要求必须是运维班班长通过培训达到的能力素养。

第三节　班组长能力培训

开展班组长管理能力专项培训，学习绩效、安全、质量等方面的现代管理方法和技巧。

一、绩效管理培训

公司应组织班组长进行现代化管理培训，掌握绩效管理方法和技巧，运用绩效管理这一人力资源管理工具，实现班组员工工作计划和能力发展，实现过程的可控在控，确保班组各项工作目标的实现。以下是绩效管理基本知识。

（一）绩效合约

绩效合约是员工或部门与其直接上级之间签订的，在月度或年度内需完成

的具体工作及其达成的具体目标，并就其实际工作结果进行分析与评价的协议。《绩效合约》主要包含：合约类别、合约内容、评价标准、工作性质、分值、完成情况、评价人评价、考核办评价意见、绩效分析等项目。合约类别主要包括专项合约、日常合约、执规合约。合约内容主要依据部门职能、岗位职责及分管领导和上级主管当期安排的各项工作内容。评价标准指的是本项合约内容完成情况的评价标准，主要从完成本项工作的成本、时间、质量、数量等方面的详细界定和对应的评分。工作性质指的是合约内容对应工作的紧急程度与重要程度，可分为：重要且紧急、重要不紧急、紧急不重要和常规工作四类。完成情况：指考核期间结束本项合约工作的实际完成情况，如完成、部分完成、阶段性完成、某项指标未达成或未完成等。考评人评价：是考评人根据评价标准对工作的实际进度作出的合理评价。考核办评价：考核管理办公室核实考评人的评价或综合部门互评意见与有关领导意见后，依据各项合约的权重转换成本部门或岗位实际百分制得分。具体转换通过绩效管理信息软件自动实现。绩效结果分析：由考核人应用绩效结果分析工具与被考核人共同分析做出的客观评价。

（二）员工绩效考评

1. 绩效评价

由班组长完成当月班组员工绩效合约的签订工作，根据班组制定的《员工绩效计划》，由班组长完成班组员工的绩效评价工作，经班委会讨论确定员工在考评期内的薪酬。

2. 绩效反馈

绩效评价完成之后，班组长将绩效评价结果反馈给被评价人，并进行沟通，员工对评价结果如有异议，尽量通过协商解决，双方认可在评价结果上签名确认。绩效反馈是为了肯定成绩、指出问题、交流看法，共同分析工作目标和结果之间的差距，寻找差距的原因，并制订绩效改进行动计划，班组长适时跟踪计划的实施情况。

二、质量管理培训

公司应组织班组长进行质量管理培训，使班组长能了解和掌握质量管理的方法和技巧，以下是质量管理基本知识。

1. PDCA 循环

找出问题加以分析，持续改进，第一个循环结束后，则进入下一个更高级的循环，循环往复，梯式上升。

（1）P——plan，计划，在计划阶段中，找出问题逐项列出，制定计划组织改进。

（2）D——do，执行，在执行阶段中，根据计划实施改进，并收集相应的数据。

（3）C——check，检查，在检查阶段中，对改进的效果进行检查，用数据进行评价，对照实际结果与原定目标有无差距。

（4）A——act，处理，在处理阶段中，对于改进效果好的加以推广，对于改进效果不好的进行下一个 PDCA 循环。

2. QC 成果开展的特色

广泛开展、热情参与、求真务实、灵活创新、成效显著、长盛不衰。

3. QC 课题类型

"现场型"、"管理型""服务型"、"攻关型"以及"创新型"等类型。

4. QC 小组活动程序

QC 小组活动程序分为"问题解决型"（包括"现场型"、"管理型""服务型"、"攻关型"）和"创新型"两种

5. "问题解决型"QC 活动的阶段和步骤

（1）P 阶段包括 6 个步骤。选择课题、现状调查、设定目标、原因分析、确定要因、制定对策。

（2）D 阶段包括 1 个步骤。按照制定对策组织实施。

（3）C 阶段包括 1 个步骤。检查实施后的效果。

（4）A 阶段包括 2 个步骤。制定巩固措施、总结及下一步打算。

6. "创新型"QC 活动的阶段和步骤

（1）P 阶段包括 4 个步骤。选择课题、设定目标、提出各种方案并确定最佳方案、制定对策表。

（2）D 阶段包括 1 个步骤。按照制定对策表组织实施。

（3）C 阶段包括 1 个步骤。确认效果。

（4）A 阶段包括 2 个步骤。标准化、总结及今后打算。

7. QC 老七种工具

分层法、调查法、排列图、因果图、直方图、控制图、散布图。

8. QC 新七种工具

系统图、关联图、亲和图、矩阵图、矢线图、PDPC 法、矩阵数据分析法。

9. QC 小组活动的其他方法

简易图表、正交试验设计法、优选法、水平对比法、流程图、头脑风暴法。

10. QC 小组活动开展程序

组建 QC 小组、登记注册、制定活动计划、开展活动、培训、总结经验、检查交流、表彰奖励。

第四节 班组长学习交流

组织班组长学习交流班组建设的先进经验和管理方法，开展班组长论坛、活动日、座谈会等交流活动。

班组长学习交流活动记录

时　间	2012-2-10	地点	××车间培训室
主持人	赵××	记录人	肖××
参加人员	吴××、刘××、徐××、柴××、杜××、马××		
活动题目	《国家电网公司班组建设信息系统》应用学习交流		
交流内容	组织各个班组长对《国家电网公司班组建设信息系统》应用过程中出现的问题进行交流学习，对系统中的公告栏、班组简介、荣誉栏、工作计划、工作总结、生产指标、文明管理、班组愿景、班务公开、工作感悟、培训管理、创新活动和班组园地等十三个栏目进行了演示操作，从后台的添加、修改、查看、审核发布、下发、推荐等功能进行了交流学习，了解了站点导航、管理入口、资料总库、班组建设、班组考评、班组对标、我的主页、留言簿和注销九个功能模块的使用。结合《国网公司班组建设评分细则》，从班组基础建设、安全建设、技能建设、创新建设、民主建设、思想建设、文化建设、班组长队伍建设等八个方面入手逐条逐项检查培训。针对各班组在系统应用中发现的问题进行交流，就各班组提出的26条问题进行了答疑解惑，使班组长明确了班组建设工作常态化、标准化、精益化的重要性。树立了班组建设全员参与、全过程管理、全方位对标的理念		

第五节 班组长选拔培养

重视班组长后备人才的选拔和培养，加强班组长后备人才储备，建立班组长后备人才库（见表18-1），形成合理的人才队伍梯次结构。车间应建立班组长后备人才库，做好班组长后备人才的储备，形成合理的人才队伍梯次结构（如图18-1所示）。后备班组长主要由副班长、其他班组的班长、副班长和本班组及其他班组的业务骨干组成。如果班组长人选需要调整，应由车间优先从后备班长队伍中推荐选拔。后备梯队主要由班组内各小组长及业务骨干组成。如果副班长人选需要调整，应由车间优先从后备梯队中推荐选拔。

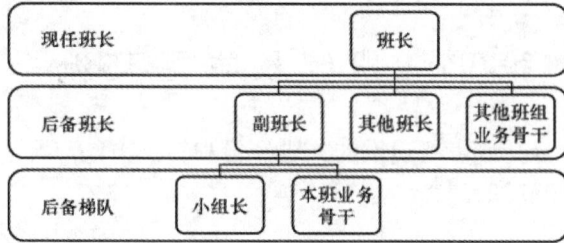

图 18-1　×××班后备人才梯队示意图

表 18-1　　　　　　　　　×××班班组长后备人才库

序号	单位	岗位	姓名	性别	政治面貌	年龄	工作时间	学历	职称	毕业学校	所学专业	备注
1	×××班	副班长	李××	男	党员	37	1999-7	本科	高级工程师	山东大学	电气自动化	
2	×××班	主责	张××	男	党员	32	2007-7	研究生	助理工程师	华中科技大学	电气自动化	
3	×××班	主责	吴××	男	党员	25	2011-8	专科	助理工程师	华北电力大学	电气自动化	
4	×××班	主责	陈××	女	群众	29	2007-8	本科	工程师	四川大学	电气自动化	

附录 A　国网公司班组建设评分表

序号	考评项目	考评内容	评分标准	标准分
1	班组基础建设			20
1.1	岗位及人员设置（2分）	1.1.1　按照公司有关规定的要求，设立班组，配齐班组人员	班组设置不符合规定，扣1分；相应岗位人员配备不齐全，扣0.2分/人	1
		1.1.2　班组岗位设置合理，职责明确，班委会分工清晰	岗位设置不合理，扣0.2分/岗；岗位职责不明确，扣0.2分/岗；班委会分工不清晰，扣0.5分	1
1.2	工作过程管理（6分）	1.2.1　对应于本班组基本职责的每项工作，班组均应建立可量化、可检查的目标值。班组应积极保障所承担的各项生产（工作）指标（任务）的实现	未建立可量化、可检查的目标值，扣0.1分/项	0.5
		1.2.2　班组应按照主管单位（部门）下达的年度、月度工作计划，制定本班组月度工作实施计划，并按年度、月度检查分析计划完成情况，对未按计划完成的工作应有分析说明，对发现的问题、相应的改进措施应有跟踪记录。班组应根据自身实际工作需要，将月度工作计划细化为周计划、日计划或每个轮值计划等	未制定月度工作实施计划，扣1分；未检查分析计划完成情况，对发现的问题、相应的改进措施未进行跟踪记录，扣0.2分/次	1
		1.2.3　班组的工作项目或作业项目，应有相应标准或作业指导书（卡）等标准化作业文本。标准化作业文本应包含和符合上级有关法规、标准、制度、规范、文件的要求；应明确工作或作业全过程中对人、事、物的要求；应明确工作环节或作业环节中应填写的记录、报告、报表等，实现对关键环节进行控制和追溯。主管单位（部门）要定期组织对标准化作业文本执行情况进行评价，对班组在执行中反馈的意见和建议进行分析，不断完善标准化作业文本	未建立相应标准或作业指导书（卡），扣0.2分/项目；未明确工作或作业全过程中对人、事、物的要求，扣0.1分/项目；未明确填写的记录、报告、报表等，扣0.1分/项目；未定期组织对相关标准或作业指导书执行情况进行评价，扣0.5分	1
		1.2.4　班组应严格执行标准化作业文本的规定。作业前逐条对照并确认准备工作已全部完成；作业过程应严格按要求逐条实施，确认无漏项，并按规定填写记录、报告；作业结束必须做到工完料净场地清，经检查确认后方可进行验收	作业前未逐条对照并确认准备工作项目，扣0.2分/项目；作业过程未严格按要求逐条实施，扣0.2分/次；未按规定填写记录、报告，扣0.2分/次；作业结束未做到工完料净场地清，扣0.2分/次	2

序号	考评项目	考评内容	评分标准	标准分
1.2	工作过程管理（6分）	1.2.5　班组每项工作或作业项目均应明确负责人，对工作或作业项目全过程进行管理。对所负责的工作项目或作业项目进行检查，对问题提出改进建议，并对问题、原因、措施、完成情况进行跟踪并记录	作业项目未明确负责人，扣1分/项目； 未对工作或作业项目进行全过程管理，扣0.5分/项目； 对发现问题未提出改进建议，并进行跟踪和记录，扣0.2分/项目	1
		1.2.6　班组应定期对全面工作开展检查、总结，对存在问题提出改进意见和具体措施，并对问题、原因、措施、完成情况进行记录	未定期对工作进行检查、总结，扣0.5分； 对存在问题无改进意见、整改措施和相应记录，扣0.1分/次	0.5
1.3	资料管理（4分）	1.3.1　班组资料包括管理规范、技术资料台账、综合性记录三种类型	未按要求建立管理规范、技术类资料台账、综合性记录，扣1分/类	2
		1.3.2　管理规范包括班组应执行的各项管理标准、岗位工作标准、管理制度以及班组内部管理规定，是班组成员的行为规范和准则	管理规范不齐全，扣0.1分/项	
		1.3.3　技术资料台账包括班组应执行的用以指导生产作业的各项技术标准、规程、图纸、作业指导书（卡）及原始记录、专业报表等	技术资料台账不齐全，扣0.1分/项	
		1.3.4　班组记录应有工作日志、安全活动记录、综合记录三种	缺少班组工作日志、安全活动记录、班组综合记录，扣0.3分/种	
		1.3.5　工作日志记录班组每天工作开展情况	未按要求记录，扣0.1分/次	
		1.3.5.1　安全活动记录按相关规定记录安全活动的开展情况	未按要求记录，扣0.1分/次	
		1.3.5.2　综合记录主要记录班务会、民主生活会、班组学习培训、思想文化建设等班组管理工作的开展情况，各项活动可合并记录	未按要求记录，扣0.1分/次	
		1.3.6　班组应分类建立资料台账目录并能检索到相应的文本，实现动态维护并保持其有效性。资料台账的管理应尽量使用电子文档，避免重复记录	未建立资料目录，扣1分； 资料文本检索不方便，扣0.5分； 缺少资料文本，扣0.1分； 未动态维护版本有效性，扣0.1分	1
		1.3.7　各类资料台账、记录均应有记录格式、填写规定和管理要求，班组成员对其应清楚和掌握，并有专人管理。各类原始记录、台账、报表，要求资料完整、数据准确、内容真实	未建立资料台账填写规定和管理要求，扣1分； 无专人管理，扣0.2分； 资料不完整、数据不准确、内容不真实，扣0.1分/项	1

序号	考评项目	考评内容	评分标准	标准分
1.4	信息化管理（3.5分）	1.4.1 应按照公司信息化工作的相关要求，在专业管理信息系统中为班组信息化管理创造条件	无班组专业管理信息化平台扣1分	1
		1.4.2 应在专业管理信息系统中建立班组设备电子档案、人员信息库、班组培训标准及试题库、班组资料管理等功能模块	未建立班组设备电子档案、人员信息库、培训标准及试题库、班组资料管理等功能模块，扣0.2分/项	1
		1.4.3 加强专业管理信息系统的培训，使班组成员掌握并熟练应用生产管理、营销管理及办公自动化等信息系统，提高班组信息化应用水平	未进行管理信息系统的培训，扣1分；抽查班组成员不能熟练应用系统功能，扣0.2分/人	1
		1.4.4 应建立班组建设信息化平台，反映工作动态，加强情况交流，促进共同提高	无班组建设网站扣0.5分	0.5
1.5	文明管理（4.5分）	1.5.1 应结合本单位实际，加强班组环境建设，统筹协调，改善班组成员工作、学习、生活条件	未明确班组环境建设要求，扣1分；未达到要求，扣0.5分	1
		1.5.2 班组实行定置管理，班容班貌做到五净（门窗、桌椅、资料柜、地面、墙壁干净）、五齐（桌椅放置、资料柜放置、桌面办公用品摆放、上墙图表悬挂、柜内资料物品摆放整齐）	未实行定置管理，扣0.3分；班容班貌未做到五净、五齐，扣0.1分/处	0.5
		1.5.3 库房物品摆放整齐，保管条件符合要求，标志正确清晰，领用手续齐全	库房物品摆放不整齐，扣0.2分；物品标志不正确、不清晰，领用手续不齐全，扣0.1分/件	0.5
		1.5.4 卫生责任区域和室外生产区环境整洁。生活设施配置到位、摆放整齐，符合卫生条件	责任区域和生产区环境不整洁、场地不平整，有杂物、杂草、烟头，扣0.1分/处；生活设施配置不到位、不符合卫生条件，扣0.5分	1
		1.5.5 上岗员工着装符合劳动保护的要求，佩带岗位标志	上岗员工着装不符合劳动保护的要求或未佩带岗位标志，扣0.1分/人	0.5
		1.5.6 工作现场做到四无（无垃圾、无杂物、无积水、无油污）	工作现场未做到四无，扣0.2分/处	1
2	班组安全建设			20
2.1	安全目标及责任制（6分）	2.1.1 结合班组实际制定可量化考核的安全目标，逐级签订安全承诺书（责任书），提高班组成员安全意识	班组未制定可量化考核的安全目标，扣2分；未逐级签订安全责任书，扣0.2分/人	2

序号	考评项目	考评内容	评分标准	标准分
2.1	安全目标及责任制（6分）	2.1.2　年度班组全员安规考试合格率应达到100%	年度安规考试合格率未达到100%，扣1分	1
		2.1.3　建立健全安全生产责任制，全面有效落实班组长、安全员、工作负责人、工作许可人和班组成员的安全生产岗位职责	未建立健全安全责任制和监督控制体系，扣3分； 未有效落实班组长、安全员、工作负责人、工作许可人、班组成员的安全生产岗位责任制，扣0.5分/岗	3
2.2	安全管理（8分）	2.2.1　作业现场的安全、技术措施必须严格执行《电力安全工作规程》和相关规程规定	作业现场的安全、技术措施未严格执行《电力安全工作规程》和相关规程规定，扣0.5分/处	2
		2.2.2　开展作业安全风险辨识和防范，根据生产组织和作业管理流程，系统辨识和防范作业过程事故风险，落实安全组织措施、技术措施和应急预案相关措施，确保作业安全得到有效控制	未开展危险点动态分析和预控工作，未进行作业安全风险辨识，安全预控机制不完备，扣0.2分/项目； 缺少安全生产应急预案，扣0.2分/项	2
		2.2.3　积极开展班组安全性评价、事故隐患排查治理、日常安全自查整改工作和安全日活动，落实员工"三不伤害"（不伤害自己、不伤害别人、不被别人伤害）要求，严格执行"两票三制"，坚持"四不放过"（事故原因不清楚不放过、事故责任者和应受教育者没有受到教育不放过、没有采取防范措施不放过、事故责任者没有受到处罚不放过）原则，深刻吸取事故教训，举一反三，落实整改措施，提高员工自我防范能力	未按"四不放过"的原则召开分析会扣1分/次； 事故原因分析不清、责任划分不明、责任者未受到处罚、未制定相应防范措施扣1分/次； 未开展安全性评价和自查整改工作，扣1分； 未按照要求开展班组安全日活动，扣1分	3
		2.2.4　加强班组劳动保护和职业安全卫生工作，保障员工在生产劳动中的安全健康	未开展劳动保护和职业卫生检查，扣1分； 发现影响员工安全健康的隐患，扣0.2分/处	1
2.3	反违章工作（6分）	2.3.1　认真执行各种安全规程和各项安全规章制度，以班组长为第一责任人杜绝班组人员"三违"（违章指挥、违章作业、违反劳动纪律）	未建立班组长为第一责任人的反违章工作机制，扣2分； 发现有"三违"行为，扣2分	2
		2.3.2　建立员工反违章常态机制，开展创无违章班组活动	反违章常态机制不健全，扣1分； 未开展创无违章班组相关活动，扣1分	2
		2.3.3　应制定班组反违章工作措施，对反违章工作进行总结分析和考核	未制定反违章工作措施，扣2分； 反违章工作措施不健全，扣1分； 对违章行为未进行考核处罚，扣0.5分/次； 未对违章情况进行月度总结分析，扣0.5分/次	2

序号	考评项目	考评内容	评分标准	标准分
3	班组技能建设			10
3.1	培训管理（4分）	3.1.1 不断完善培训机制，积极贯彻培训规范，加强现场培训，增强培训的针对性，提高员工实际操作技能水平和分析、解决问题的能力	未建立培训机制扣0.5分；机制不完善扣0.3分；培训方式单一，扣0.2分	1
		3.1.2 加强班组培训资源建设，完善培训基础设施，提供充足的班组培训教材、课件和书籍，为员工创造良好的学习条件	培训设施不完善扣0.3分；培训教材不充足，扣0.2分	0.5
		3.1.3 做好班组培训需求调查，制定满足生产需要和员工发展的培训计划，加强培训效果评估，建立并及时更新培训资料库，将员工培训情况和个人能力评价纳入人员信息库进行管理	未进行培训需求调查扣0.2分；未制定相关培训计划或计划不能满足需求扣0.5分；未进行培训效果评估，扣0.5分；未建立或未及时更新培训资料库扣0.2分；未将培训情况和个人能力评价纳入人员信息库管理扣0.3分	1
		3.1.4 合理安排工作计划，创造员工受训机会，做好受训员工的岗位补充支持工作。引导班组成员利用业余时间积极参与培训和业务学习，主动提升岗位工作能力	员工未及时按计划受训扣0.2分/人	1
		3.1.5 应建立开放式的学习系统，发挥职工书屋、电子阅览室的作用，为班组提供必要的图书音像资料；充分发挥网络培训的作用，为班组提供学习交流的渠道和平台	未建立职工书屋或电子阅览室扣0.5分；未利用网络培训方式扣0.5分	0.5
3.2	岗位实训（4分）	3.2.1 应制定班组岗位实训计划，组织开展形式多样的班组岗位实训活动	未制定班组实训计划扣0.5分；未完成实训计划或实训无记录，扣0.5分	1
		3.2.2 组织开展师带徒、技术讲课、反事故演习、事故预想、计算机仿真模拟培训等活动，提升班组成员岗位技能水平	未开展师带徒、技术讲课，未按规定开展反事故演习、重大应急处置预案未演练，未开展计算机仿真模拟培训等活动，扣0.2分/项	1
		3.2.3 组织开展劳动竞赛、技术比武、岗位练兵、知识竞赛、技术交流等活动，营造"比、学、赶、帮、超"的竞争氛围，促进员工岗位成才	未参加劳动竞赛、技术比武、岗位练兵、知识竞赛、技术交流活动，扣2分	2
3.3	激励措施（2分）	3.3.1 建立完善员工技能提升激励机制，创造员工技能提升的良好环境。员工培训成绩应纳入班组内部绩效考核，培训结果作为员工年度绩效考核的依据之一	未建立激励措施扣1分；培训成绩未纳入绩效考核扣0.5分	1

序号	考评项目	考评内容	评分标准	标准分
3.3	激励措施（2分）	3.3.2 对在各类竞赛中获得优秀成绩的班组和员工，应按规定给予相应的奖励	在竞赛中取得优异成绩，未按规定给予相应奖励扣 0.2 分/次（人）	0.5
		3.3.3 构筑员工职业生涯阶梯式发展通道，拓展员工职业发展空间，形成员工职业生涯发展良性机制	无员工职业生涯规划，扣 0.1 分/人	0.5
4	班组创新建设			10
4.1	创争活动（4分）	4.1.1 大力开展班组"创争"（创建学习型组织、争做知识型员工）活动，着力提高班组成员的学习能力、创新能力和竞争能力	未开展班组"创争"活动，扣 2 分；"创争"活动无计划、无措施、未实施、未总结各扣 0.2 分	2
		4.1.2 以小型、多样、新颖的班组学习活动激发员工学习兴趣，引导员工将学习与岗位创新、岗位成才相结合，实现工作学习化、学习工作化	学习活动未结合岗位实际扣 1 分；工作与学习未有机融合扣 1 分	2
4.2	群众性经济技术创新活动（6分）	4.2.1 培育创新思维，提高创新技能，立足岗位创新，开展合理化建议、技术攻关、"五小"（小发明、小革新、小改造、小设计、小建议）、QC 小组等群众性经济技术创新活动	未开展合理化建议、技术攻关、"五小"、QC 小组等群众性经济技术创新活动，各扣 0.5 分；活动开展无计划、无措施、未实施、未总结各扣 0.2 分	3
		4.2.2 加快创新成果转化，促进创新成果的推广应用，实现创新创效，为员工参加创新成果的评比和专利成果的申报创造条件	创新成果未推广应用，扣 2 分；未为员工创新成果的评比和专利申报创造条件，扣 1 分/项	3
5	班组民主建设			10
5.1		建立班组民主管理制度，发挥班组民主管理作用，增强员工主人翁意识，调动员工参与企业发展决策的积极性	未建立班组民主管理制度扣 2 分	2
5.2		积极引导员工参与班组民主管理，不定期召开班组民主生活会，及时征求员工对班组工作的意见和建议	未按规定召开班组民主生活会，扣 0.5 分；未征求员工对班组的工作意见扣 0.5 分	1
5.3		实施班务公开，公开绩效考核、奖金分配、评先选优、岗位晋级等情况	未实施班务公开扣 3 分；缺少公开内容扣 0.5 分/项	3
5.4		开展绩效面谈和双向沟通，及时受理班组成员绩效意见反馈，妥善解决绩效考评的矛盾	未开展绩效面谈和沟通扣 0.5 分；未受理班员绩效反馈意见扣 0.5 分；未妥善处理绩效考评矛盾扣 1 分	1
5.5		发挥员工在安全生产中的民主监督检查作用，做好劳动保护监督检查工作，提高员工的自我保护意识和能力	未按规定开展劳动保护监督检查扣 2 分	2

序号	考评项目	考评内容	评分标准	标准分
5.6		围绕企业改革发展、安全生产、经营管理、优质服务、降本增效等方面开展建言献策活动	未开展建言献策活动扣 1 分	1
6	班组思想建设			10
6.1		加强政治理论学习，开展社会主义、爱国主义、集体主义教育，引导员工树立正确的世界观、人生观和价值观	未按规定开展政治理论学习扣 2 分	2
6.2		抓好员工的职业道德教育，培育企业主人翁意识，牢固树立遵纪守法、诚实守信、乐于奉献的理念，强化服务意识，自觉维护企业形象	发生影响企业形象的行为，扣 3 分	3
6.3		开展创建工人先锋号、党员服务窗口、青年文明号、巾帼建功和岗位能手等创先争优活动，宣传先进典型，培育进取精神	未参加创先争优活动，扣 1.5 分；未开展先进典型宣传教育活动，扣 0.5 分	2
6.4		深入细致地做好员工思想政治工作，维护员工队伍稳定，保证班组各项工作任务的圆满完成	发生员工队伍不稳定现象，扣 3 分；由于思想政治工作不到位，出现违反公司信访工作规定行为的，扣 2 分	3
7	班组文化建设			10
7.1		贯彻公司基本价值理念体系，弘扬"努力超越、追求卓越"的企业精神，践行"诚信、责任、创新、奉献"的公司核心价值观，建立班组共同愿景和员工个人愿景，引导员工在推进公司发展中实现自身价值，努力实现公司和员工的共同发展	未进行公司基本价值理念体系的宣传教育活动，扣 1 分；无班组共同愿景，扣 1 分；缺少员工个人愿景，扣 0.2 分/人	2
7.2		组织开展健康向上、特色鲜明、形式多样的班组文体活动，培养员工高尚的道德情操	未开展班组文化活动扣 2 分	2
7.3		加强班组团队建设，构建和谐班组，塑造班组良好形象，提升班组凝聚力、执行力和战斗力	存在不团结现象或影响班组整体形象行为，扣 1 分；凝聚力、执行力、战斗力不强扣 1 分	2
7.4		创建"职工小家"、开展互助互济活动，营造班组团结和谐的氛围	未开展 "职工小家"建设活动，扣 2 分	2
7.5		遵守公司行为准则，规范员工行为，培养员工文明习惯	发生违反公司行为准则的现象，扣 2 分	2
8	班组长队伍建设			10

序号	考评项目	考评内容	评分标准	标准分
8.1	班组长选用（5分）	8.1.1　明确规定班组长选拔、任用的条件，规范班组长选拔程序，提倡竞聘上岗，保证班组长队伍整体素质	未规定班组长选拔、任用的条件，扣1分； 班组长选拔程序不规范，扣2分	2
		8.1.2　合理规定班组长的责权利，落实并保障班组长待遇，保证职责和权利相互统一，以利于班组长组织开展工作	班组长责权利不落实、不统一，扣2分	2
		8.1.3　对班组长实行动态考核管理，建立班组长的激励机制，落实相应奖惩措施	未实施班组长动态考核，扣1分	1
8.2	班组长培养（5分）	8.2.1　建立班组长的培训制度及培训规划，加强班组长培养，提高班组长综合素质	未建立班组长培训制度及规划，扣1分； 未按制度及规划开展培训扣0.5分	1
		8.2.2　根据工作安排和班组长的个人特点，有针对性地安排班组长参加各类专业技能培训	未按要求参加班组长技能培训的，扣1分	1
		8.2.3　开展班组长管理能力专项培训，学习绩效、安全、质量等方面的现代管理方法和技巧	未开展班组长管理能力专项培训，扣1分	1
		8.2.4　组织班组长学习交流班组建设的先进经验和管理方法，开展班组长论坛、活动日、座谈会等交流活动	未开展班组长学习交流活动，扣1分	1
		8.2.5　重视班组长后备人才的选拔和培养，加强班组长后备人才储备，建立班组长后备人才库，形成合理的人才队伍梯次结构	未建立班组长后备人才库扣1分； 人才队伍梯次结构不合理，扣0.5分	1

参 考 文 献

[1] 岳玲. 现代班组学习管理实务. 北京：红旗出版社，2010.

[2] 李淑玲. 现代班组管理艺术与技巧. 北京：红旗出版社，2010.

[3] 马克勤. 电力企业班组建设操作事物. 北京：中国电力出版社，2013.

[4] 王晴. 变电站运行记录填写工作手册. 北京：中国电力出版社，2014.